教育
多棱镜

培养学生自主学习能力的
研究与实践

李颖华 / 主编

东北师范大学出版社

长 春

图书在版编目（CIP）数据

教育多棱镜：培养学生自主学习能力的研究与实践 /
李颖华主编. — 长春：东北师范大学出版社，2023.3
ISBN 978-7-5771-0166-8

Ⅰ.①教… Ⅱ.①李… Ⅲ.①中小学生－学习能力－
能力培养 Ⅳ.①G632.46

中国国家版本馆CIP数据核字（2023）第054547号

□责任编辑：石纯生　　　　　□封面设计：言之凿
□责任校对：刘彦妮　张小娅　□责任印制：许　冰

东北师范大学出版社出版发行
长春净月经济开发区金宝街 118 号（邮政编码：130117）
电话：0431-84568023
网址：http://www.nenup.com
北京言之凿文化发展有限公司设计部制版
北京政采印刷服务有限公司印装
北京市中关村科技园区通州园金桥科技产业基地环科中路 17 号（邮编：101102）
2023年3月第1版　2023年12月第1次印刷
幅面尺寸：185mm×260mm　印张：23.75　字数：499千

定价：58.00元

序 言

PREFACE

在学习科学的研究中，自主性、能动性被赋予极其重要的地位，我甚至认为它们应该是学习和教育研究中统领性的、核心性的理念。人的自主性和能动性既是时代发展为个人提供的条件和机会——时代发展到一定程度个人才更有可能发挥自主性和能动性，也是时代发展对个人的发展提出的要求——在当前和未来充满不确定性与选择机会的时代里，非有自主能力不能胜任之。我们的教育目标是培养人，首先要培养独立的人，培养能够独立进行判断、决断、行动并为之负责的人。这其中就蕴含了自主能力的目标。没有自主性，人云亦云，因循守旧，就谈不上发展，更谈不上创新。

而自主性的培养离不开自主学习。这与现代教育中普遍注重学生主体性的理念是一致的。如果缺乏自主学习经历，自主学习能力就无从谈起，自主性的育人目标也就无从实现。《人是如何学习的2：学习者、境脉与文化》这本汇集21世纪学习研究成果的报告中这么讲述学习："学习是一个主动动词，是学习者做的事情，而不是发生在学习者身上的事情。"学习者主动去做就有了自主性，只是自己做主的程度有所不同而已。在自主学习中，学习者在学习的内容、方式、时间安排等方面享有主导权甚至控制权，这为学习的有效发生提供了良好的条件。学习者在这种方式的学习中锻炼和发展自己的学习能力，逐步达到"学会学习"的目标，并成为可持续发展的终身学习者。

从学校教育和学生学习的普遍方式看，学生自主性的培养、自主学习的开展、自主学习能力的提升等都是针对现有教育问题而进行的。虽然被动学习、机械操练的学习方式仍然存在，学生学业负担重、学习效率低下、学习动力不足的情况时有发生。但是，教育工作者正在反思教学方式，变革教学方法，思考与实践如何真正从自主学习角度出发重构教育教学模式。对此，国内外教育研究者从学习发生机制到教学设计、课程开发方法等多个方面进行了理论论证和实证研究，广泛证实了注重自主学习的各种教学方法的有效性，包括在标准化考试成绩及高阶能力发展等多个方面的表现。相应的实践探索和模式推广也如火如荼地展开着，教育变革的洪流浩浩汤汤。

令人欣慰的是，最近几年，国内在自主学习方面的探索方兴未艾，既有大学里教育学、心理学研究者的理论研究，又有一线教师的实践行动。这些都有力地推动了教育教学的变革，更让教育者重新思考教师与学生、教与学的关系，进而重构自己的教育理念，为教育教学变革的持续推进奠定了思想基础。

上海市浦东新区福山唐城外国语小学李颖华校长带领着学校的教师在这一方向上迈出了坚实的步伐，并形成了丰厚的成果。当我看到这本厚厚的文稿摆在案头时，敬佩之心不禁油然而生。一线教师工作繁重，加上几年来疫情的影响，完成常规的教学任务已经很辛苦，再完成这份沉甸甸的研究，其中艰辛可想而知。感念同道中人的努力，细细品读，并推介给教育界的同人。

这本书是学校对自主学习进行系统探索的结晶。其系统性首先表现在从理论基础到整体构架，再到学科的实践方案，进而到各项教学策略、学科具体目标的实现方法、典型课例与片段、具体观察与分析工具的开发与应用等。各个层面上都有研究与探索，形成了具有一致的设计与行动。系统性还表现在对自主学习的实践探索进入了各个学科，从语文、数学、英语到科学、艺术和德育等学科，形成了一个完整的统一体。读者可以总览全书得其要旨，可以驻足具体学科深入学习，也可以观其细节借鉴体会。

从书中，我们可以看到全校教师在自主学习这个方向上的共同努力和有序推进，以及教师通过研究在专业发展上的协作与进步；可以看到教师团队以锐意进取的姿态在实践共同体中携手前行的足迹；也可以看到在教育实践场域中开展研究的价值，以及开展研究的路径。当教育研究面对的是真实而有意义的问题并以解决这些问题为旨归时，它才是服务于实践的，甚至融入实践而成为创新实践的有机组成部分。

回首几十年来从事教育研究和实践的经验，我深深觉得，教育者要有长足的进步，就要兼顾理论、实践模式、实践经验/案例（包括他人的和自己的）三个层面并加以融合，直至在三个层面中自由穿梭：在阅读分析理论时联系、演绎、延伸至实践模式和实践经验/案例；在了解实践模式时弄清背后的理论基础并和具体经验/案例相结合；在观察到实践经验/案例时要上升到模式并考察其理论旨趣。对自己的经验也要加以概括化，尝试提炼为实践模式并回应所关注的理论问题。在这本著作中，我很高兴地看到，我的观点和教师做的事情不谋而合。作为一名教育理论研究者，我深深地认识到，理论的分析要有实践引导力和实践解释力，才有可能在与实践模式和经验的结合中发挥其影响力，从而实现自身的意义。

感谢本书的作者们，让我在读你们的文字时更深入地思考教育问题，相信教育界的读者们也会产生同样的共鸣。

郑太年

2023年2月于丽娃河畔

目 录
CONTENTS

1

绪　论

基于元认知理论
培养学生自主学习能力的实践研究总结报告

一、研究背景

（一）研究缘由

现有教育更关注生命的意义，动手操作、自主探索、合作交流成为学生主要的学习方式，这是教育的进步。但目前的课堂教学依然存在学生过度依赖教师的现象，即课堂教学以教师讲为中心，学生只能被动接受。学生学什么、怎样学，都在教师的严格控制之下。部分教师未能充分考虑学生的认知需要、认知体验、认知方法，重知识轻能力的现象也比较严重。因此出现了虽然课堂活起来了、学生动起来了，但是课堂的驾驭却难起来了，学习效率也低下来了。

本课题是研究者对践行办学思想、深化学校办学理念的深入研究和思考。学校倡导"尊重、责任、合作、温馨"的校风，把"学会做人、学会做事、学会学习、学会合作"作为育人目标，因此，本课题期望引领各位教师在教学中真正融合这些理念和目标，体现这些元素，将学校的办学思想有效落实。

（二）研究意义

本课题期望通过研究达到培养学生的元认知能力，增强学生的自主学习的意识，促进学生深入学习，提高学生学习效率的目的。目前，学生在自主学习时存在以下问题对于学什么、为什么要学、怎样学较为茫然；遇到新问题，一筹莫展，不知从何下手；单纯地依赖模仿与记忆；老问题一而再，再而三地出现；学习被动，缺乏内省；等等。若想解决这些问题，既需要让学生形成正确的学习态度和学习方法，又要培养学生的思维方式，更要提高学生的元认知水平。

元认知是一种学习能力，是个体对认知活动的自我意识、自我控制。被教师唤起元认知意识的学生可以用自我提问的方法提示自己，使自己在学习活动前、学习活动中和学习活动后的整个过程不断向自己发问，就学习的各种变量以及学习过程中的种种问题和认识结果进行自我反省，以元认知理论为指导，从而更好地把握学习活动的进程，提高学习效率，顺利地达成学习目标，为可持续性学习打下坚实的基础。这符合皮亚杰"儿童应当通过活动来学习"的活动教学理论。仅坐听而没有活动的学习，只不过是口头的学习，缺乏教育、教学和发展的价值。

（三）研究现状

元认知是一个比较新的研究课题，该课题在很多方面都有待深入研究。一般认为，元认知的能力发展比儿童的认知能力发展来得晚。这是因为，一方面，元认知能力是在各种认知活动的经验基础上形成、发展起来的。另一方面，具有元认知能力就意味着儿童在认知活动中，需要将自己的注意力及时有效地集中在两个客体上，一是认知活动涉及的客体，二是正进行着认知活动的主体本身及其正在进行的认知活动过程，即儿童此时具有双重身份，既是自己认知活动的主体，又是自己认知活动的客体。因此，进行这种元认知活动要比仅仅将注意力集中于活动所涉及的客体上的认知活动要复杂、困难得多。

学生的元认知发展具有过程性，如果从小就具有元认知的意识和认知，对学生的整个学习生涯都会大有裨益。所以，把元认知这种心理学概念运用到小学教学中，使学生进行深度学习并有意识地提高自己的学习能力，不仅有助于提高学生的学业成绩，还有助于提高学生的学习兴趣、学习效率以及终身学习的能力，进而有助于提高教师的教学效果和教学效率。

元认知理论在教学中的应用，不仅可以缩小教育理论与教学实践之间的差距，还有利于学生学会学习，更有助于教师专业能力的提高。强调元认知，是强调核心素养的本质，也是强调学生学习的内涵、品质和深度。深度学习最近几年在中国的兴起，便是深化课程教学改革的必然选择。深度学习是触及心灵深处的学习，是深入知识内核的学习，是展开问题解决思路的学习。本课题期望培养学生的元认知能力，促使学生深度学习。学生在教师的引领下，全身心积极参与体验，获得有意义的学习过程，从而让学生获得批判理解、有机整合、建构反思和迁移运用的学习能力，进而让学生学会学习、学会做事、学会合作。

基于"元认知"的深度学习，是教师尊重学生、尊重认知规律的表现，也是教师展开与学生间的有效合作，建构温馨和谐的师生、生生关系的需要。

二、研究概述

（一）研究目标

通过对学生元认知能力的提升，使学生在获取知识的同时，也能学会学习的方法，掌握学习的策略，其自我调控、自我反思、自我评价和合作学习的能力将会得到发展。本课题的研究将会探索出提高学生自主学习能力的途径和方法，创造出一种崭新的教学方式，教师的教学水平、学生的学习能力也会因此再上新台阶。

本课题的具体研究目标是：

（1）通过研究儿童元认知理论，结合学生的心理特征，增强学生自主学习意识，让学生掌握适合自己的学习方法、学会自我调控、提高认知水平、充分发挥学习的主动性。

（2）通过研究，使各学科教师初步掌握并运用元认知理论，如通过调查研究获得学生自主学习能力的现状与水平的数据，并结合数据与学生的心理特征，研究自主学习的教学策略和途径，并尝试建立学生自主学习能力的评价方法。

（二）研究内容

1. 小学生自主学习能力的现状与水平的研究

为了更好地研究小学生的自主学习能力，我们必须充分了解基于元认知的小学生自主学习现状并分析其中存在的问题，这是本课题的研究基础。因此，本课题采用调查问卷法和观察法对本校学生基于元认知的自主学习能力进行调查并分析其中存在的问题和不足，为实现本课题的最终目标——提升学生自主学习能力，提供现实依据。

2. 基于元认知理论的教学策略研究

元认知的实质是对认知的认知，是个体对自己的认知加工过程的自我觉察、自我反省、自我评价与自我调节。它包括元认知知识、元认知体验和元认知监控三个成分。元认知的发展水平直接影响着个体智力的发展，对学生的学习有着重要影响，因此，在教学中对学生进行元认知开发，提高学生的元认知发展水平，对于让学生学会学习、促进学生智力发展无疑具有重要作用。为此，本课题将研究不同学科教师培养学生元认知能力的方法和途径，并尝试建立学生自主学习能力的评价方法。

3. 学生自主学习能力培养的研究

为提高学生的自主学习能力，本课题将从以下内容进行研究和分析：

（1）研究对学生的自主学习的计划和安排进行监督、评价和反馈的方法。

（2）以学生小组合作学习为载体，研究提高合作效率以及克服学习困难的策略。

（3）指导、训练学生掌握并运用学习策略，提高学生灵活解决问题的能力，使学生尽快实现从策略意识到策略使用的转变。

（三）研究方法

本课题主要采用文献法、调查法、行动研究法、案例研究法及经验总结法进行研究。

1. 文献法

文献法主要用于研究准备阶段，以与"元认知"和"自主学习"相关的理论为主要内容，研究其理念、思想、方法、制度，提炼理论内核。

2. 调查法

调查法主要用于对学生自主学习能力现状的调研，主要方法是通过家长、教师、学生了解学生自主学习的现状。

3. 行动研究法

行动研究法主要用于资源利用、主题探索、合作学习、效果评估。应用行动研究法时，应在准备阶段制订的研究方案的基础上，分两轮进行实践，每轮为一学年，按计划—实践—反思—改进计划—再实践—再反思—总结的程序操作，整个研究过程需要用到案例（个案）研究及经验总结等方法。

（四）研究过程

1. 准备阶段（2020年3—6月）

文献资料分析、综述，制订课题研究方案。

2. 实施阶段（2020年6—2022年6月）

2020学年根据课题的目标进行实践研究，组建子课题，积累案例。

2020年6月进行总结，并根据课题进展实际状况适当调整研究计划。

2021学年继续进行实践研究，积累案例，并准备中期考核资料。

完成课题中期考核任务。

3. 总结阶段（2020年7月—2023年6月）

汇总资料，撰写研究报告。

召开结题汇报会，总结课题经验并深化研究。

三、研究实践

（一）元认知理论视角下学生自主学习能力的内涵及要素分析

1. 概念界定

（1）元认知。

约翰·弗拉维尔认为，元认知是以各种认知活动的某一方面作为对象或对其加以调节的知识或认知活动，它的核心意义是"关于认知的认知"。这是当前关于元认知含义的一种被人们广为接受的观点。按照约翰·弗拉维尔的观点，对元认知可以有两种理解：一方面，它可以被理解为一种相对静态的知识体系，该体系反映个体对认知活动及其影响因素的认识；另一方面，它可被理解为一种动态的认知活动过程，即个体对当前认知活动所做的监督和调节。这个定义中有了三个关键点：

第一，元认知是一种认知活动或者是心理活动。学习中，学生既进行各种认知活动（感知、记忆、思维等），又要对自己的各种认知活动进行积极的监控和调节。

第二，元认知的本义是关于认知的认知，是以人的认知操作的各个方面为对象，并对个人的认知操作进行监视、控制和调节。

第三，认识的对象不是别人的学习活动，而是自己的学习活动，不是一般的学习活动，而是特殊的、具体的学习活动。也就是说，元认知是人对自身的学习活动的认识和了解，是一种带有自我反思、反省性质的认识。

自约翰·弗拉维尔提出元认知概念以来，众多研究者对元认知做了不同的界定。

Kluwe认为，元认知指认知主体对于自己及他人思维方面的认识。

Brown认为，元认知是认知主体对自己知识的了解以及对自己认知系统的控制。

Sternberg对元认知概念的表述是关于认知的认知。前一个认知包含对世界的知识以及运用这种知识去解决问题的策略，而元认知涉及对个人的知识和策略的监测、控制和理解。

总之，研究者普遍认为元认知既是一个静态的概念，又是一个动态的过程，既包括认知的知识，也包括对认知的调节。换句话说，元认知是一个知识实体，它包含关于静态的认知能力、动态的认知活动等知识；元认知也是一种过程，即对当前认知活动的意识过程、调节过程。作为"关于认知的认知"，元认知被认为是认知活动的核心，在认知活动中起着重要作用。

（2）自主学习。

自主学习教育思想有着悠久历史，在国外可以追溯到古希腊时期，在国内可以追溯到先秦时期，但明确提出自主学习的主张并对其展开系统性的研究始于20世纪60年代，由美国开始。自主学习引起人们的重视主要有两方面的原因：一是人本主义心理学的影响，二是学科教育研究对象和方法的转变。人本主义心理学认为，人的学习是以自主学习潜能的发挥为基础的，人具有自我主动学习的自然倾向，学习的目的是走向自由（自主）和自我实现，因此主张在教育过程中以学生为中心，强调个性化和自主化的学习，要求教育回归到人的发展，让学生为自己的学习负责。同时，研究者在研究教师"如何教"才能取得进展的情况下，开始思索学习的本质并转而研究学生"如何学"。

学生的自主学习能力，指学生顺利完成自主学习任务的各种品质的总和，具有综合性的特点和复杂的结构。根据齐莫曼以及庞维国从横向角度对自主学习进行的界定，本研究认为，学生的自主学习能力指学生个体在学习动机、学习内容、学习时间、学习方法、学习环境等方面进行自觉选择和控制，以及正确评价自己的学习结果，反思总结经验的能力。与传统的被动式学习相比，自主学习强调以学生为主体，让学生通过独立分析、探索、实践、质疑、创造等多种方式方法来实现自己的学习目标。

2. 元认知与自主学习的关系

元认知理论是指导学生学会学习、掌握学习管理技能、培养自主学习能力的学习理论。元认知理论与学生自主学习有如下关系：自主学习是元认知调控的认知系统与学习任务、行为表现、外部反馈等因素相互作用的过程，元认知理论和自主学习能力培养密切相关。自主学习是元认知理论追求的结果和目标。元认知和自主学习是一个事物的统一体，密不可分：自主学习是结果和目标，元认知则是追求结果的内部动力和实现目标的有力手段。

（1）元认知是自主学习的前提条件。

自主学习必须以一定的心理发展水平为基础。从发生学的角度来看，自主学习是在自我意识产生之后出现的。在现代认知心理学中，自我意识大致等同于元认知，因此元认知是自主学习的前提条件。

元认知不是人先天性的个人反应，而是个体在学习中随着经验的增长而逐渐发展起来的。有学者对不同学段的学生（包括幼儿，学前期儿童，小学二年级学生、小学三年级学生）和成人等五组不同人群进行了记忆广度实际值与预期值差异性的比较与分析，发现成人对记忆广度估计的正确性最高，预期值和实际值几乎一致；而四个阶段的儿童，随着年龄的增长，预期值与实际值的差距越来越小。这说明随着年龄的增长，儿童的元认知水平逐渐提高。如果儿童的元认知能力没有发展起来，就不可能将自己的学习活动作为认识的对象，进而主动做出的该对象的监控和调节，也就不能进行自主学习。

（2）元认知是自主学习的重要成分。

麦考姆斯认为，自我认知的过程包含目标设置、自我监控、自我判断、自我评价、自我强化等；巴特勒和温内认为，元认知水平影响目标的设置、策略的选择，元认知监控对执行学习任务和对学习结果的评估起着重要调节的作用，该作用有利于学生获得与学习任务标准和学习要求相匹配的学习结果；齐莫曼则指出，自主学习中目标设置、策略选择、自我评价等成分尤为重要。从这三种自主学习观点看，自主学习的元认知过程包含学习的计划过程、学习的自我监控和调节过程以及学习的自我评价过程。

（3）元认知策略是促进学生自主学习的有效手段。

元认知策略是培养学生自主学习能力的关键，掌握了元认知策略意味着学生能够对自己的学习负责。自主学习并不是简单的自发学习，必须以一定的学习策略作为学习的保障和前提。从某种意义上讲，自主学习是一种全面自我调节的学习，而元认知策略是一种对信息加工进行自我调节的策略，是个体用于计划、监控和调节自己学习过程的策略，所以自主学习的实现离不开元认知策略的支持。研究表明，成功的自主学习者往往能正确合理地使用元认知策略。教师要想提高学生的自主学习能力，就要对学生进行元认知策略的训练，这不仅是必要的，而且是有效的。元认知策略的训练，能使学生意识到元认知策略的重要性，使学生养成确立学习目标、制订学习计划、选择学习策略、评估学习效果及任务完成情况等学习习惯，从而实现让学生自主学习的目标。当学生对自己的学习具有较高的元认知意识时，他们就能适时使用元认知策略在学习过程中进行自我监控、自我调节，修正不足，还可以在学习任务完成后进行自我评价。学生自觉或不自觉地将元认知策略运用在整个认知过程中，不仅表现出对学习的一种负责任的态度，也体现了自主学习的特点。

（4）元认知理论是培养学生自主学习能力的基础。

元认知理论对培养学生的自主学习能力起着很重要的作用。对学生进行元认知理论的培训有助于提高学生管理和支配自己学习的能力。教师在教学实践中，一方面，要提高学生自主学习的元认知意识，即让学生对学习过程涉及的要素有清醒的认识，例如，让学生明确学习目标，自觉制订和选用合适的学习计划和学习方法，对学习过程进行有意识的监控，等等；另一方面，引导学生经常反思自己的学习，帮助学生对自己的学习效果进行自我判断与评估；例如，让学生自己通过订正课后作业中存在的问题并找到解决问题的办法，为制订今后的学习计划奠定基础。

（5）元认知理论可优化学生的自主学习效果。

学生自主学习能力获得的过程是一个从外控到自控、从被动依赖到自觉能动、从无意识到有意识再到自动化的过程，而元认知理论的学习为自主学习提供了这种内化的可能。学生元认知理论的获得与改良就是一个内化过程，这一过程使元认知理论由外在的理论变为自身学习能力的组成部分。因此，学习和掌握元认知理论，有助于学生完成内在改造，有助于学生在学习自主性上产生内在的质的飞跃。元认知理论的获得促使学生对学习的主动参与，而这种主动参与正是自主学习的要义，它有助于提升学生自主学习的自控性和能动性，从而提升自主学习的效果。同时，学生自主学习能力的获得过程和元认知理论的内化过程是可以相互转化的，学生自主学习的良好效果为其掌握元认知理论建立了必要的平台。元认知理论与学生的自主学习在不断的相互作用中实现良性循环，不断升华，并最终有利于达到预期的理想学习效果。

3. 自主学习能力的构成要素

在系统论中，要素是系统内部相互联系和相互作用的各个组成部分。

对于自主学习能力的构成要素，不同的学派有不同的看法。借鉴已有的研究成果，笔者认为，自主学习能力主要包括自我规划能力、自我管理能力、自我调节能力、自我监控能力、自我反馈能力以及自我评价能力等。

（1）自我规划能力。

《现代汉语词典》中将规划解释为"比较全面的长远的发展计划"。学生的自我规划能力指学生这一学习主体凭借自身条件和可利用的资源，对个人发展作出的全面的长远的计划，因此，具有超前性和自觉性，是自主学习的起点。

（2）自我管理能力。

自我管理能力，指学习主体在学习过程中在进行对各项要素，包括学习时间、学习内容、学习方法、学习预期效果等的统筹规划和整体调度时的心理状态和特征。

（3）自我调节能力。

自我调节能力在自主学习中扮演缓冲的角色。它强调学习主体对各项学习要素和自身学习状态内部及其相互之间的协调。这种协调有助于学习主体在学习过程中保持旺盛的学习精力，获得较好的学习效果。

（4）自我监控能力。

自我监控也称自我控制、自我调整等，是自我意识的重要成分。自我监控能力，指学习主体对自身的心理与学习行为进行主动掌握的能力。

自我管理能力、自我调节能力以及自我监控能力都是学习者主体性和自我意识的集中体现。

（5）自我反馈能力。

自我反馈能力，指学习主体将学习过程和结果传递给自身时所具备的心理状态，其主要作用在于将结果和预期进行比较，明确二者间的差距，分析产生差距的原因，进而及时调整行为自我反馈环节是自主学习的重要环节。

（6）自我评价能力。

自我评价，指学习主体主动对自我学习过程和学习结果做出判断。在学习中，学习主体通常将自我评价与他人评价相联系，以便使自我评价更为客观，从而获得科学的学习对策。自我评价能力是培养学生自主学习能力的关键。

以上六种能力在学生自主学习中各司其职，相互影响，彼此渗透。为适应社会发展和人的全面发展的需要，教师应该充分挖掘、着力培养学生的这六种能力，注重学生的可持续发展，以激励和指导为主要教学方式，提高学生的元认知能力，为学生终身学习打下良好基础。

（二）小学生自主学习能力的现状调查

自主学习最基本的特征是学生的自主性，学生的自主学习能力是指学生在教师的引导下进行自主学习的过程中所涉及的自我调节、自我监控等能力。元认知引导贯穿整个自主学习过程，并且强调学生的自主体验，即强调学生学习策略的自主选择、学习过程的自主管理和监控、学习结果的自我评价。本研究通过进行学生自主学习能力的现状调查，从学生与教师两个层面了解各年级学生自主学习能力的总体情况，以期为进一步提高学生自主学习能力奠定基础。

本研究采用问卷调查法、访谈法与课堂观察法进行调查研究，研究过程依照教育调查研究的一般步骤，包括：① 依据本研究课题的性质、目的，确定调查对象、调查地点；② 拟订调查计划；③ 做好各种技术与组织准备；④ 制定学生版与教师版的调查问卷与课堂观察量表；⑤ 实施调查；⑥ 整理调查材料，分析调查结果，得出调查结论；⑦ 撰写调查报告，提出相应建议。

1. 调查目的与对象

本研究旨在通过问卷调查法、访谈法与课堂观察法了解本校学生自主学习能力的现状，分析存在的问题，以此构建更符合本校学生特点的自主学习能力的培养方式，为促进本校学生自主学习习惯的养成、提高学生的元认知能力提供帮助。该调查也为本研究的顺利完成提供了科学依据。

调查实践是构建学生自主学习能力培养策略的前提，也是开展基于元认知的小学生自主学习能力研究的必要步骤。

本研究的研究对象为上海福山唐城外国语小学，因此调查在本校校园内进行，选取本校1~5年级的944名学生与94名教师作为调查对象。

2. 调查内容与方法

（1）问卷调查法。

问卷调查具有方便实用、省时、便于搜集大样本信息、收效大、便于归纳整理等多种优点，本研究根据所确定的调查对象特点，最终选择问卷调查法获取研究数据。

本研究参考前人研究中使用的"自主学习"问卷，结合调查对象学校的实际情况编制了《小学生自主学习能力调查问卷（学生版）》与《小学生自主学习能力调查问卷（教师版）》。问卷设计的理论依据为：①国外语言学家对自主学习特点的描述；②语言心理学家对自主学习者的描述；③元认知的有关知识和元认知策略的理论。

学生版问卷的理论基础分为学习态度与动机、学习过程以及自我效能感三个维度。由于调查对象为小学生，因此问题的文字表述需要简明扼要、通俗易懂、容易作答，并且需要避免有暗示倾向以及避免使用诱导性的用语或带有主观意向和情绪色彩的用语；在问题数量上，需要考虑问题数量的适度性，既要避免因问题太多使学生产生厌倦情绪，从而导致学生回答时敷衍塞责，又要避免问题太少，导致难以获取本研究所需的基本事实材料。学生版问卷主要采用第一人称，便于小学生理解作答，题目数量控制在30个以内，避免学生产生厌恶情绪。当问卷回收后，针对个别问题，本研究还从每个班级中各选取3名学生进行进一步访谈，通过访谈内容辅助问卷数据分析。

教师版问卷中包含教师对元认知的认知及应用、教师对学生自主学习能力的认识、教师对学生元认知及元认知策略的认识三个方面。考虑到如果完全按照理论构想设计问题，也许会引导回答者按着问题思路走，难以得到真正有价值的答案，因此，本研究在教师版问卷的最后设计了3个开放式问题：

①测验中小明答错了很多题，请您分析他出现失误的可能原因。

②假如您需要记住以下16个词，您会怎么做？这种方法为什么让您记得又快又准？

轮船 书桌 火龙果 白鹭 动车 沙发 茶几 麻雀 苹果 百灵鸟 汽车 葡萄 椅子 鸽子 橙子 飞机

③请您设计一个小活动，使学生学会专心。

为了提高调查问卷的科学性，本研究在咨询相关专家之后进行了问卷的修改与完善，最终确定了学生版与教师版的问卷（本书56页附1、59页附2）。

（2）课堂观察法。

观察，是指人们对周围存在的事物的认识。"观"是看，"察"是分析研究。观察是一种有目的、有意识的感性认识活动，属于认识论范畴而不是生理学范畴，观察的重要特点在于强调在"自然发生"的条件下，对观察对象不加以任何干预控制。课堂观察法是指研究者或观察者带着明确的目的，凭借自身感官（如眼、耳等）以及有关辅助工具（观察表、录音录像设备等）直接或间接（主要是直接）从课堂情境中收集资料，并依据资料作相应研究的一种教育科学研究方法。为进一步了解学生自主学习能力的现状，本研究设计相应的课堂观察量表，观察学生的总体学习情况，以获取第一手资料。

在设计之初，为了便于了解总体情况，本研究在课堂观察量表中设置了自我计划、自我策略的选择、自我调控、自我反思以及自我评价五个观察点，对学生的自主学习习惯、自主学习能力、自主学习成效进行观察，对学生的自主学习状态进行三级划分，并系统统计不同状态的学生数量，对课堂观察内容进行量化处理，初步形成学生自主学习总体情况观察表，见表1。

表1

授课内容：_____

班级：_____ 学生数：_____ 任课教师：_____ 观察日期：_____

友情提示：根据学生在课堂上的表现圈出符合实际的选项编号（A、B或者C），并记录学生数量（单位：人）

观察点	自主学习习惯	自主学习能力	自主学习成效	备注
自我计划	A. 学生有做自我计划的习惯 B. 说不清楚 C. 学生没有作自我计划的习惯	A. 学生具有自我计划的能力 B. 说不清楚 C. 学生没有任何自我计划能力	A. 学生的自我计划完善 B. 说不清楚 C. 学生无任何自我计划成效	
	数量：_____	数量：_____	数量：_____	
自我策略的选择	A. 学生有自我策略选择的习惯 B. 说不清楚 C. 学生没有自我策略选择的习惯	A. 学生有自我策略选择的能力 B. 说不清楚 C. 学生没有任何自我策略选择的能力	A. 学生的自我策略选择有效 B. 说不清楚 C. 学生无任何自我策略选择成效	
	数量：_____	数量：_____	数量：_____	
自我调控	A. 学生有自我调控的习惯 B. 说不清楚 C. 学生没有自我调控的习惯	A. 学生有自我调控能力 B. 说不清楚 C. 学生没有任何自我调控能力	A. 学生的自我调控有成效 B. 说不清楚 C. 学生没有任何自我调控成效	
	数量：_____	数量：_____	数量：_____	
自我反思	A. 学生有自我反思的习惯 B. 说不清楚 C. 学生没有任何自我反思的习惯	A. 学生有自我反思的能力 B. 说不清楚 C. 学生没有任何自我反思的能力	A. 学生的自我反思准确 B. 说不清楚 C. 学生没有任何自我反思成效	
	数量：_____	数量：_____	数量：_____	

续 表

观察点	自主学习习惯	自主学习能力	自主学习成效	备注
自我评价	A. 学生有自我评价的习惯 B. 说不清楚 C. 学生没有任何自我评价的习惯	A. 学生有自我评价的能力 B. 说不清楚 C. 学生没有任何自我评价能力	A. 学生的自我评价到位 B. 说不清楚 C. 学生没有任何自我评价成效	
	数量：_____	数量：_____	数量：_____	
分析与建议（我们还能做些什么来支持、促进和拓展学生自主学习）				

　　除了需要把握学生自主学习能力的总体情况，对于单个学生的观察也能够为调查结论的形成提供辅助。尽管在总体情况观察量表中，数据分析能够为本研究提供理性的分析，但是针对单个对象的观察，观察量表应当包含更多的观察细节，以便于为本研究提供更多质性资料。因此，在针对单个观察对象设计量表时，本研究尝试加入对各观察视角关键事件的描述栏，以期还原更多细节，为此形成了学生自主学习能力课堂观察记录表，见表2。

表2

学科：_____　　授课内容：_____
班级：_____　　学生数：_____　　任课教师：_____
观察对象：_____　　观察者：_____　　观察日期：_____

任务	观察点	观察现场记录
分析与建议（我们还能做些什么来支持、促进和拓展学生的学习）		

3. 调查结果分析

（1）总体情况分析

学生版问卷分析

学生版的问卷调查旨在了解本校学生自主学习能力现状，为本课题的后续研究提供

数据支持，并期望采取有效措施，切实提高学生自主学习能力。

①问卷基本信息。

本问卷共计26题，1～2题为调查样本的基本信息，主体部分分为三方面内容，包括学习态度与动机（第4、5、15、17、23题）、学习过程（第3、6～14、16、19、21～22、24～26题）以及自我效能感（第18、19、20题）。

问卷借助问卷星软件进行线上发放，共收集问卷944份，样本基本信息见表3。

表3

		人数	百分比%
性别	男	507	53.71
	女	437	46.29
年级	一年级	248	26.27
	二年级	246	26.06
	三年级	179	18.96
	四年级	166	17.58
	五年级	105	11.12

②学习态度与动机。

学生上课现状统计结果见表4。

表4

问题	选项	百分比%
当老师上课提问时，我_____	A. 主动举手回答老师问题	81.67
	B. 跟其他同学齐声回答	8.58
	C. 等着老师叫我回答问题	7.84
	D. 希望老师叫其他同学回答，不要叫我	1.91
如果上课内容听不明白时，我_____	A. 认真听下去	50.00
	B. 想办法让自己明白	43.22
	C. 反正不懂，不听了	1.17
	D. 不知道怎么办	5.61

从总体调查结果来看，本校学生学习态度良好。其中，81.67%的学生表示能够在课堂上主动举手发言回答问题，但在课堂观察与访谈中发现，对于难度较低的问题，学生举手发言人数稍多，大约为班级总人数的1/3；而对于难度较高的问题，举手人数仅为零

星几人，许多学生表示，当教师所提问题难以回答时，希望教师不要点到自己，想要先听别人如何回答，或是等待教师直接解答。在访谈中也有学生表示，自己在知道答案的情况下也不想举手发言，因为"不喜欢举手"或是"感觉站起来表达不清楚自己想要表达的内容"。对于这一类学生，教师可采用鼓励等方式，多为他们提供发言机会，激发学生表达的欲望。当遇到不理解的问题时，93.22%的学生表示自己能够继续认真听课或是想办法解决，消极对待的学生仅占1.17%，还有小部分学生表示在上课过程中跟不上老师思路、听不懂授课内容时会感觉茫然。

王称丽等人在对上海7～15岁学生注意力发展特点的研究中发现，学生的注意力与意志的品质会随着年龄的上升而提高，且不存在明显的性别差异，其中7～8岁是注意力发展的重要年龄段，此阶段学生注意力发展较为迅速；8～9岁则发展较为平缓。当上课内容听不明白时，学生的反应与选择往往与学生本身的注意力与意志品质相关，但分析后发现，各年级学生的注意力与意志品质不存在显著性差异，表现在能够继续认真听课或想办法解决的学生比例很高。这样的数据与学生年龄过小，没有形成客观的自我认知有关，该客观因素很可能会导致数据出现偏差。而学生正确的自我认知是基于元认知培养自主学习能力的前提，因此教师应当注意对学生的引导，帮助学生正确认识自身的能力，从而让学生形成客观的自我认知。为获取真实信息，本研究就学生上课现状进行了深度访谈。

访谈中许多学生表示，当上课内容听不懂时，他们会在上课时直接提问与教师探讨，或是在课后询问教师。其主要原因是教师对学生提问持积极鼓励态度，因此许多学生愿意在课堂中或课堂后就不理解的问题向教师请教。可见学生提问发言的主动性受外界因素——教师的鼓励与表扬的影响较大，而非学生自己是否意识到知识的价值。另外，访谈中，教师反映学生认真听课的比例也与调查问卷显示结果存在差异，部分学生会在上课"开小差"，教师主要通过提问的方式提醒学生认真听课；也有小部分学生经提醒后仍然不能够集中注意力，需要教师特别的关注与引导。在注意力转移速度方面，林镜秋在学生注意力转移实验中发现，年级越低，注意力转移速度越快，年级越高，注意力转移速度大大变缓，其中，二到五年级是学生专注力的第一个上升期，同年龄不同性别学生注意力转移性发展水平一致，无显著差异。小学生年龄较小，注意力集中时间较短，当他们注意力停留在与课堂内容无关的事物上时，需要教师引导与关注才能将自己的注意力转移到课堂内容中。除此之外，学生自我评价能力也有待提高，教师应当培养学生自我评价的意识与信念，帮助学生了解自我评价的内容，通过设立可被学生内化的学习目标、使用与目标相匹配的评价标准、教给学生合理的自评方式提高学生自我评价能力。教师要在班级中营造自我评价的气氛，在学习中渗透自我评价文化的精神，为学生自我评价提供外在环境支持，从而潜移默化地提升学生自我评价能力。

学生作业完成现状见表5。

表5

问题	选项	百分比%
如果不能按时完成作业，我觉得_____	A. 羞愧，以后一定按时完成作业	72.35
	B. 没有关系，只是一次而已	5.08
	C. 无所谓，谁没有过这时候呢	1.28
	D. 不会出现这样的情况	21.29

调查数据显示，大部分学生能够按时完成教师布置的作业，21.29%的学生表示一直能按时完成作业，72.35%的学生表示偶尔不能按时完成作业时会感到非常羞愧，并表示会在以后的学习中避免出现这样的情况。

学生错题订正习惯统计结果见表6。

表6

问题	选项	百分比
当你的考试或作业出现错误时，_____（可多选）	A. 自己订正错题，还仔细分析出错的原因	84.43%
	B. 感到伤心，不断责怪自己	19.49%
	C. 请老师或同学帮助自己订正错题	50.53%
	D. 觉得没关系，谁没出过错呢	9.43%
	E. 不订正了，老师讲了再订正	4.24%

调查数据显示本校学生错题订正习惯良好，84.43%的学生表示不但能够自己订正错题，还能够主动分析自己的错误原因；50.53%的学生表示当订正遇到困难时，会请老师或者同学帮助自己；仅4.24%的学生在发现错题后不订正，等老师讲了才订正。

相关数据都显示出学生具有较强的责任意识与自觉性，且学习态度良好，能够按时完成作业，积极订正错题。但这一结果与教师问卷结果相矛盾，50.00%的教师认为本班学生学习责任意识较弱，依赖思想严重，对此项目组进行了深入调查与分析。

从访谈中得知，从一年级起，教师就已经开始有意识地引导学生及时订正作业。一名一年级学生表示"老师会要求我们订正完作业才能回家"，一名二年级学生表示"老师会让我们把能订正的先订正好"。另外，学生对于作业订正的自觉性也随着年龄的上升而增强，一名三年级学生表示："我会在发现错题后，把能够订正的内容先订正了，不能够订正的内容等老师上课讲解之后再订正。"同时在访谈中发现，一年级到五年级的学生都表示，教师在平时会反复强调学生的作业订正，并作出要求，提醒学生及时订正。这说明教师重视学生良好订正习惯的养成，学生错题订正的自觉性与责任意识的逐渐提高与教师的要求与培养分不开。人的责任意识与自觉性的发展需经历三个不同性质的阶段，即他律—自律—高度理性。对于小学生而言，形成较高的学习自觉性与责任感有赖于外部的要求与命令，即他律的影响，并在他律过程中，逐步转向自律，因此教师对学生的学习习惯做出相关规定对于学生自主学习能力的发展是必要的。

对小学生而言，学习的内在动力主要来自对事物的好奇心以及自身兴趣。根据自身的兴趣爱好进行学习，能使得学生从学习活动本身获取满足感。通过调查发现，95.23%的学生表示，对感兴趣的内容，会学得更快更好，因此教师在进行教学设计时可选用与学生生活相联系的教学内容激发其学习兴趣；采用新颖有趣的教学方式，吸引学生注意力，激发其内在学习动机。

③学习过程。

调查中发现，大部分学生能够明确教师的要求，知道学习重点。许多学生希望改变以教师讲授为主的课堂教学形式，65.25%的学生表示希望在课堂老师上少讲，学生多发言或讨论。用SPSS 22.0（一种社会科学统计软件）对不同年级的学生进行多重比较，发现不同年级学生对此问题不存在显著性差异。

不同年级学生对课堂教学形式的期望统计结果见表7。

表7

年级	我_____希望老师在课堂上少讲，小朋友多发言或讨论				总计
	A（非常）	B（比较）	C（不）	D（无所谓）	
1	40	92	85	31	248
2	50	112	57	27	246
3	28	94	43	14	179
4	16	100	31	19	166
5	18	66	10	11	105
总计	152	464	226	102	944

将各年级学生的数据进行交叉比较发现，学生中希望教师少讲，学生多讲的比例一年级为53.23%，二年级为65.85%，三年级为68.16%，四年级为69.88%，五年级为80.00%。尽管各年级学生中选择教师少讲，学生多讲的比例都较高，但学生能否在上课讨论过程中明确讨论内容与方法，以及能否通过讨论与发言来解决问题还有待进一步调查。讨论与发言环节在一定程度上能够调动学生学习与课堂参与的积极性，培养学生解决问题的能力，但若无明确的讨论内容，或讨论时间过长则可能分散学生注意力，降低学生讨论的参与度与效率，因此关于课堂讨论的时长、讨论的具体内容应该由教师根据教学内容和实际情况作出安排。

④学习计划。

调查数据显示，90%以上的学生表示自己明确放学后该做什么、不该做什么，50.21%的学生能够自己独立安排学习任务，48.10%的学生在教师与父母的帮助下安排学习任务，仅1.69%的学生不安排学习任务。

使用SPSS22.0将不同年级学生的数据进行多重比较，发现相邻两个年级的学生的独立安排能力差异不显著，但高年级与低年级学生之间则存在显著差异，五年级学生的独立安排能力显著高于一年级学生。从数据上看，随着年级的增长，学生的独立安排能力不断增强。另外，通过访谈发现，学生独立安排能力的增长除了与年龄相关之外，父母的引导也起到了重要作用。部分家长注重子女的学习计划能力，在低年级通过询问"你今天想先做哪一项作业呢"等方式引导子女安排作业完成顺序。不同年级学生独立安排能力的多重比较见表8.

表8

因变数：通常我＿＿＿＿＿＿＿安排自己每天的学习任务。 LSD（最小显著差异法）						
年级（I）	年级（J）	平均差异（I–J）	标准错误	显著性	95%信赖区间	
					下限	上限
1	2	0.154	0.081	0.059	−0.01	0.31
	3	0.316*	0.088	0.000	0.14	0.49
	4	0.494*	0.090	0.000	0.32	0.67
	5	0.690*	0.105	0.000	0.48	0.90
2	1	−0.154	0.081	0.059	−0.31	0.01
	3	0.162	0.089	0.068	−0.01	0.34
	4	0.341*	0.091	0.000	0.16	0.52
	5	0.536*	0.105	0.000	0.33	0.74
3	1	−0.316*	0.088	0.000	−0.49	−0.14
	2	−0.162	0.089	0.068	−0.34	0.01
	4	0.179	0.097	0.066	−0.01	0.37
	5	0.374*	0.111	0.001	0.16	0.59
4	1	−0.494*	0.090	0.000	−0.67	−0.32
	2	−0.341*	0.091	0.000	−0.52	−0.16
	3	−0.179	0.097	0.066	−0.37	0.01
	5	0.195	0.112	0.082	−0.03	0.42
5	1	−0.690*	0.105	0.000	−0.90	−0.48
	2	−0.536*	0.105	0.000	−0.74	−0.33
	3	−0.374*	0.111	0.001	−0.59	−0.16
	4	−0.195	0.112	0.082	−0.42	0.03

*表示平均值差异在0.05层级显著。此为SPSS数据分析判断标准。例如，显著性一栏的数据，如果小于等于0.05，说明两者存在显著差异，如果大于0.05，说明差异不显著。

学生放学后时间安排统计见表9。

表9

问题	选项	百分比%
老师布置的家庭作业，我通常_____	A. 完成作业就休息	18.01
	B. 完成作业后，会复习，也会预习	32.20
	C. 完成作业后，自己看课外书或者做其他练习	49.79
每天放学后我_____	A. 先休息一段时间再做作业	30.93
	B. 赶紧把作业做完，剩下的时间再休息	17.37
	C. 尽快把作业做完，再继续学习（如看课外书，上兴趣班，做额外的习题，等等）	28.18
	D. 尽快把作业做完，做自己喜欢的事	23.52

表9的数据显示，学生已经初步具有时间管理与计划意识，课后活动也较为多样。32.2%的学生在完成家庭作业后自主预习、复习，49.79%的学生在完成作业后自己看课外书或做其他练习，少部分学生只完成教师布置的家庭作业。访谈中大部分学生表示，放学后父母还给自己报了兴趣班、补习班、晚托班等课外辅导机构，在完成学校作业后还需要进行其他内容的学习，放学后时间被父母安排较满，自己不需要进行安排。

虽然调查数据表明学生具有一定时间管理与学习计划的意识，但学生计划的执行程度与达成效果，以及时间的有效利用水平仍有待进一步提升。

在学习任务的具体安排中，尽管86.76%的学生可以分析老师布置的作业的难易程度，但在完成家庭作业时，却少有学生根据任务难度预计完成时间，而且无法根据自身情况进行调节，合理安排完成顺序。52.65%的学生表示不管任务难度，仅根据科目一项一项完成。有4.24%的学生完全没有计划性，随便拿起一本作业就做。这说明大部分学生虽然具备学习计划的意识，但缺乏有效的实施策略，不能够合理安排学习任务，造成时间的浪费。

⑤学习策略。

学生预习复习情况统计见表10。

表10

问题	选项	百分比%
每天我_____	A. 按照老师的要求预习	83.69
	B. 自行预习	13.67
	C. 没有时间预习	1.91
	D. 不预习，因为没有必要	0.73

续 表

问题	选项	百分比%
每天放学后，我_____	A. 把学过的内容看一遍或者背下来	58.47
	B. 用思维导图总结或帮助自己复习学过的内容	22.25
	C. 不复习，上课听懂就可以了	11.33
	D. 不知道怎么复习	7.95

调查数据显示，学生的学习策略选择与运用的能力都较弱。虽然97.36%的学生能够进行预习，但是大部分学生主要依赖教师提供的预习单，将完成预习单作为完成预习的评价标准，能够自我独立预习的学生仅占13.67%。访谈中得知，在新课教授之前，语文学科教师会下发预习单，从一年级起，教师教会学生"标自然段""圈生字"等预习方法；数学与英语学科的教师要求学生在上新课之前翻看教材的对应内容，学生按照教师要求完成预习。在预习方面，学生的依赖性较强，自主性有待提高。在复习方面，每天都进行复习的学生的数量略低于每天都预习的学生的数量，达80.72%，但其中58.47%的学生仅进行简单复习，即将学习的内容看一遍或背下来，只有22.25%的学生能够利用思维导图等方法对所学内容进行总结与复习；11.33%的学生认为上课听懂就可以了，没有复习的必要；7.94%的学生因缺乏相应的复习方法，对于复习，无从下手。日常教学中，教师主要通过习题等方式，引导学生复习，部分教师会要求学生通过做错题集来进行复习，缺乏对复习方法的引导和训练。部分学生表示，在考试之前主要由父母或补课教师带领自己进行系统复习，这说明学生对于复习的意识还有待提升，依赖性强，缺乏正确的复习方法，自主复习的效率较低。

学生背诵情况统计见表11。

表11

问题	选项	百分比%
当背诵语文或英语有困难，记不住时，我通常_____	A. 自己想一些方法记住	33.47
	B. 反复读和背诵，直到记住为止	48.73
	C. 请教老师、父母和同学帮助自己	15.89
	D. 先不背了，以后再说	1.91

对需要记忆的内容，48.73%的学生倾向于采用死记硬背的方式完成记忆的任务，33.47%的学生表示会使用一些其他方法帮助记忆，15.89%的学生通过求助父母和教师来完成记忆。总体而言，学生缺乏有效的记忆策略，大部分学生无法在理解基础上自主寻找合适的方法帮助记忆。学习中难题解决方式选择的饼状图如图1所示。

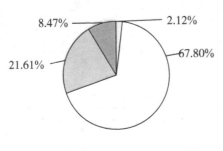

□ A. 请老师或家长帮助
■ B. 主动与其他同学讨论，一起解决
■ C. 自己上网或者看书寻找资料，自己解决
□ D. 不做了，等着老师课堂上讲解

图1

从上图可以看到，在问题解决方面，学生的选择较为多样，采用了请老师或家长帮助、与同学讨论解决、自己上网查找资料解决等多种方式。仅2.12%的学生采取放任态度，30.08%的学生能够自主解决问题，但有67.80%的学生主要依靠教师或家长解决问题。数据表明，学生自主解决问题的能力较弱，自主学习能力有待提升。

学生难题巩固情况统计见表12。

表12

问题	选项	百分比%
我不懂的题目，老师或者同学帮我讲解后，我通常_____	A. 马上再做一遍	34.00
	B. 再做一遍，还要想想我为什么没有做出来	58.90
	C. 不再理睬它了	7.10

由上表可知，在难题巩固方面，34.00%的学生在他人帮助下解决难题之后会马上再做一遍，对此加以巩固，58.90%的学生会思考自己没有解决的原因，仅7.10%的学生在难题解决后会将其抛在一边，不再理睬。但在后续访中我们谈了解到的内容与问卷数据结果存在差异。在访谈中，许多学生表示在难题解决后通常不会再重做一次，也不会思考自己没做出来的原因，只有在老师与父母的要求下会将难题摘录进错题本，或是由教师与父母找好类似题型，自己再做一次。学生认为，在父母或教师要求下重新做题或反思，也属于自主难题巩固。这说明学生对于自主性的内涵缺乏正确认识，教师应当加以引导，并培养学生巩固难题的习惯。

⑥ 归因。

积极的归因模式与消极归因模式会对学生学习产生截然不同的效果，引导学生运用正确的归因方式（图2），发挥归因教育的作用，能够激发学生的学习动机。

培养学生自主学习能力的研究与实践

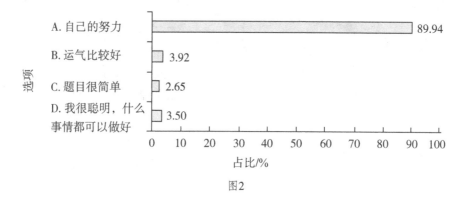

图2

在访谈中，部分学生表示，教师会在日常学习中有意识引导自己通过努力取得好成绩。因而在对本校学生归因调查中发现，89.94%的学生认为取得好成绩，主要是源于自身的努力，与题目难度无关；仅3.50%的学生认为成功的原因在于自己的智商较高，能力较强；将成功归因于运气与任务难度等外在因素的学生都占5%以下。

这说明大部分学生具有积极的归因模式，即便在考试成绩不理想时，也能够鼓励自己加倍努力。除此之外，调查中19.49%的学生表示，在面对大量错题时会感到伤心，不断责怪自己，这说明学生具有反思意识，教师应当注意情绪引导。

总体而言，本校学生已经有了一定的自主学习意识与能力，学习态度良好，但缺乏高效的学习策略与方法，对教师依赖性强，自主学习能力一般。在调查中也发现，教师对学生进行适时的、有针对性的引导，可帮助学生养成良好的学习习惯，提高学生的自主学习能力。

后续课题研究中，一方面，教师应当依据学生年龄发展特点，引导学生做客观的自我评价，逐渐形成正确的自我认知；另一方面，小学生年龄较小，自主性较差，学习方式单一，教师在日常的学习生活中应当引导学生形成高效的学习策略，锻炼学生的反思能力，使学生养成良好学习习惯。

教师版问卷分析

教师版调查问卷的内容主要分为教师基本信息（1～6题）和教师对元认知及学生自主学习能力的认识（7～20题）两大部分，题目包括17个封闭性问题，1个半开放性问题，2个全开放问题，以此了解本校教师的基本情况、教师对元认知的认知及应用、教师对学生自主学习能力的认识、教师对学生元认知及元认知策略的认识。

本次问卷调查采用在线问卷形式进行，共收到有效问卷94份，调研对象为本校所有任课教师。

①调研对象基本情况。

教师调查样本统计见表13。

表13

题目	选项	百分比%	题目	选项	百分比%
性别	A. 女	89.36	年龄	A. 30岁以下	57.45
				B. 30~40岁	27.66
	B. 男	10.64		C. 41~50岁	11.7
				D. 50岁以上	3.19
执教年级	A. 一年级	29.79	教龄	A.0~3	40.43
	B. 二年级	21.28		B.4~6	19.15
	C. 三年级	18.09		C.7~10	14.89
	D. 四年级	17.02		D.11~15	9.57
	E. 五年级	13.83		E.16~20年	2.13
	—	—		F.20年以上	13.83
学科组长	A. 是	6.38		B. 否	93.62
执教学科	A. 语文	32.98		B. 数学	19.15
	C. 英语	22.34		D. 音乐	5.32
	E. 体育	7.45		F. 美术	4.26
	G. 思想品德	1.06		H. 实践活动	1.06
	I. 社团活动	0		J. 其他（自然、信息）	6.38

调查样本数据表明，我校女教师约占教师总数的90%，我校57.45%的教师年龄在30岁以下，教龄小于3年的教师占40.43%，教龄为6~10年和20年以上的教师分别占14.89%和13.83%，可见我校女教师占绝大多数，教师年龄趋于年轻化，新手教师较多。

由于我校为新建学校，高年级班级数量较低年级少，选择调查对象时，采取分层抽样的方法，调查结果显示我校一年级教师占比29.79%，二、三年级占比分别为21.28%和18.09%。调查数据还表明，我校语文教师人数最多，占所有任课教师总人数的32.98%，英语教师占22.34%，数学教师占19.15%，这表明我校的师资配置结构符合小学教师学科分配结构。

② 教师对元认知的认识及应用。

教师对元认知的认识情况统计见表14。

表14

问题	选项	百分比%
您_____了解元认知	A. 是	89.36
	B. 否	10.64
您认为元认知是_____ （可多选）	A. 对自己的认知	83.33
	B. 对学习内容的认知	83.33
	C. 对学习策略的使用方法和认知	97.62

调查显示，有89.36%的教师表示了解元认知理论，在后续对元认知的分类调查中，有97.62%的教师认为元认知是对学习策略的使用方法的认知，有83.33%的教师认为对自己的认知和对学习内容的认知也是元认知的重要内容。由此可见，不同教师对于元认知的理解存在差异，许多教师对于元认知的认识并不清晰。

如调查问卷第19题：假如需要您记住以下16个词，您会这么做？这种方法为什么可以让您记得又快又准？

轮船、书桌、火龙果、白鹭、动车、沙发、茶几、麻雀、苹果、百灵鸟、汽车、葡萄、椅子、鸽子、橙子、飞机

对这道半开放题的调查结果显示，绝大部分教师会选择分类记忆的方法进行记忆，部分教师选择通过图片、编故事、编顺口溜、造句、编儿歌等方式进行记忆。

虽然教师采用各种方法记忆这些词语，但是很多教师并没有深入分析为什么使用这种方法会记得又快又准，说明部分教师缺乏基本的分析意识，而且运用相关理论进行分析的能力有待提高。因此，我校教师需要加强对基本理论知识的学习，尤其是对与本课题相关的元认知理论和自主学习理论的学习。

③ 教师对学生自主学习能力的认识。

第一，自主学习。

调查结果显示，94.68%的教师认为学生的自主学习包括学生之间通过沟通交流进行合作学习，还有87.23%的教师认为学生的自主学习包括教师给学生搭好学习框架，学生在框架内自主完成学习。但还有31.91%的教师认为学生的自主学习是教师只给学生安排任务，学生自主完成学习。

分析学生自主学习存在的问题时，有一半的教师认为自己的学生学习责任意识较弱，依赖思想严重，还有31.91%的教师认为自己的学生学习没有目标和计划，缺乏对学习的监控和调整（图3）。

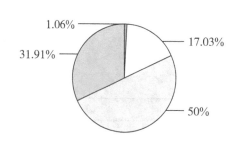

图3

由此可以初步判断，我校教师对于学生的自主学习的内涵并不清楚，在引导学生自主学习方面存在较多问题。

第二，自主学习能力。

对小学生的自主学习能力内容的调查中显示，有96.81%的教师认为小学生的自我管理规划能力是小学生自主学习能力的重要体现。而学生的元认知能力、自我归因能力、自我调整能力都是小学生自主学习能力的重要部分（图4）。

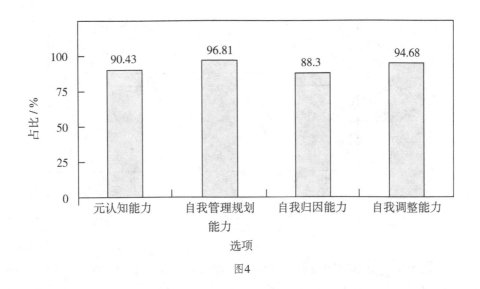

图4

从影响学生的自主学习能力的内因条形图（图5）可以看出，绝大多数教师认为学生的成就目标、自我效能感、自我监控能力学习策略以及意志是影响学生自主学习能力的重要因素，有64.89%的教师认为学习任务的价值是影响学生自主学习能力的内因之一，还有27.66%的教师认为性别差异也是影响学生自主学习能力的内因之一。

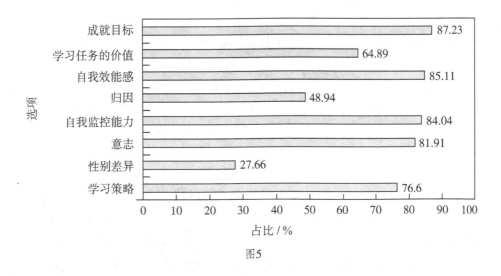

图5

根据调查显示，教学中78.72%的教师采用分析讨论的形式提高学生的自主学习能力，还有部分教师通过观察研究、动手实践、课外阅读、课后习题以及设计导学案的方式提高学生的自主学习能力。

根据图6学习能力强弱等级条形图显示，有82.98%的教师认为自己所带班级的学生自主学习能力一般，还有7.45%的教师认为自己所带班级的学生自主学习能力较差。

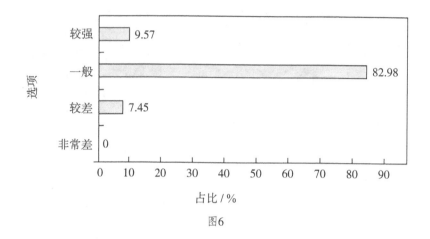

图6

以上数据表明，虽然教师使用了多种教学方法来培养学生的自主学习能力，但是学生的自主学习能力并没有得到显著提高，而且绝大多数教师认为自己所带班级的学生自主学习能力一般。

④ 教师对学生元认知及元认知策略的认识。

根据图7饼状图数据显示，有88.1%的教师认为自己的学生在学习中使用了元认知策略。调查中发现学生使用的认识策略中计划策略最多，其次多的是调节策略和监控策略。

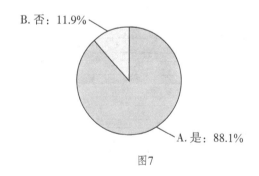

图7

对于开放性问题第18题"测验中小明答错了很多题，请您分析他出现失误的可能原因"，大多数的教师把小明失误的原因归结为学习态度不认真、学习习惯不科学、考试时出现情绪问题等，很少有教师谈及学生的认知——学习策略出现问题，说明教师只观察到了表面现象，却忽视了内在的原因。虽然图7的数据显示，88.1%的教师认为自己的学生在学习中使用了元认知策略，但是教师并不能对学生的问题进行深入、内在的分析，说明教师需要强化心理学和教育学理论知识，尤其是认知和元认知基本理论知识，从而提高自己从理论高度和教育本质思考教育的能力，以及提高自身的专业能力，最终大大促进学生的发展。

在回答开放性问题第20题"请您设计一个小活动，使学生学会专心"时，大部分教师回答通过做小游戏、分组合作、小组竞赛等方式使学生学会专心，但是许多教师在设计小活动时只考虑到学生的外在表现，未能考虑学生的内在认知及元认知，而且部分教师设计这个活动只是为了设计而设计，并没有将认知和元认知理论与实践结合起来。

因此，在本课题后续的研究中，我们将强化教师的理论知识，以叙事研究和行动研究的方式促进教师把理论知识灵活运用到教育实践中，促使教师从元认知理论的视多方面地切实培养学生自主学习能力。

（三）元认知策略及其在教学实践中的运用

在个体的整个身心发展过程以及认知过程中，学习策略在达成学习任务与目标、提高学习效率方面起着重要作用。在所有学习策略中，元认知策略更加注重个体发挥主观能动性、自主性与创造性。在教师的指导下，学生通过自我计划、自我监控、自我调节来反馈信息从而解决问题，这有利于培养学生的自主学习能力，也符合现代教育理念，同时适应时代发展的需要。

1. 自我计划策略

（1）定义

自我计划策略指根据认知活动的特定目标，在认知活动之前计划各种活动，在活动过程中选择适当的策略，预测可能出现的问题并提出解决问题的方法，以及最后对活动结果的有效性进行评估。

自我计划策略包括目标设定、对学习活动进行排序和安排时间、有选择地将注意力集中在目标上以及组织实现目标的学习策略。

具体来说，自我计划策略包括设置学习目标、浏览学习材料、选择完成任务的方法等。学习目标是学生学习活动的预期结果。

（2）作用

学生的自我计划策略，可使学生在课程开始之前先制订一个合理的学习目标，学生通过对教材内容进行预习，初步了解所要学习的内容，之后再根据这些信息制定学习流程，自己找到重点、难点知识，以在课堂中更加高效、更有针对性地听课，从而真正提升学习效率。

而且，学生确定最终目标后，可根据总目标制定不同的子目标，以子目标的逐步实现作为实现最终目标的途径。各子目标的实现，不仅可以展示学生的进步，还可以培养学生对所承担任务的信心和兴趣。

（3）在实践中的运用

课题研究中课题组成员根据执教学科的不同，从学科自身的特点出发，根据学生的特点不断进行尝试。

语文学科教师对于学生自我计划能力的培养要从自主预习入手。低年级和中高年级学生元认知能力不一样，因此采用不同的方式来培养学生自主预习的能力。对于低年级学生，教师布置常规预习任务，引导学生采用自主选择的方式进行自主预学。学生通过预习单，建立新旧知识的前后联系，逐渐掌握正确的学习方法，并激发学习的兴趣，从而达到自主探究的目的。中高年级学生在教师指导下自行设计预习单。结合小学阶段文本特点及学情，教师可以指导学生从"课文朗读、字词学习、内容感知、阅读质疑"等几个角度入手制订预习目标。学生在预习课文时，针对自己制定的目标，选择一定的方法和策略进行预习，在预习单上写下收获。

课题组中的数学教师根据数学学科的特点，采用自主预习的方式培养学生自我计划能力。教师指导学生利用教师精心设计的前置性作业，进行有目的的自主预习，让学生先自我思考"我想要学到什么内容"，再进行自我计划，从而帮助学生积累预习的经验。然后数学组内讨论交流形成适合各个年级学生的自我计划模式，并进行推广。课题组成员不断通过自己的课堂实践进行研究以助学生掌握正确的、科学的预习方法，并且学会预习、乐于预习、学会学习，提高学生获取知识的能力培养学生良好的数学习惯，全面提高课堂教学的效率。

对于小学高年级的学生，要求学生通过阅读教材提出问题。在课前预习时，要求"三读"教材，即一读，画出知识点；二读，想想为什么；三读，提出问题，并将问题写下来。

课题组中的英语学科教师结合学校开展的阅读项目，让学生制订自我阅读计划，结合英语学科的特点，让学生用"I want to..."表达自己的学习目标，完成阅读计划。由于各年级学生水平不一样，表达内容应由浅入深。

课题组音乐学科教师，引导学生制订学习计划，让学生不断感受到"我能学"。在中高年级的音乐课上，让学生有选择地进行预习，每个学生都可以根据自己的能力自由制订计划。例如，学习能力强的学生上网查乐曲的背景资料和相关知识点，做成PPT在课堂上展示；乐感好的学生可先自行学会歌曲，多名学生展示不同版本的歌曲；学过器乐的可以用乐器演奏，录制下来并对比更适合的乐器；音乐及音乐学习能力比较弱的学生可以组织提问——"你想从中学习到什么？"

课题组自然学科教师，主要通过学生自主进行实验设计来培养学生的自我计划能力。在教师的指导下，学生通过自主选择材料、制订实验方案和分工安排来完成自主实验设计。对于低年级学生，在他们的自主实验设计中，教师要多加指导，以免学生因不知道要做什么而浪费宝贵的学习时间。例如，在给定实验材料的情况下请学生设计简单实验，或者在实验材料范围限制的情况下让学生选择合适的材料进行实验。通过稍微降低设计的自主程度，循序渐进地培养学生的自主能力。而对于高年级学生，在他们积累一定的经验后，教师可以逐渐放手，仅仅在学生有需要的时候进行指导。

课题组的体育教师，通过让学生自主设计学练计划，培养学生的自我计划能力。学生明确练习或游戏任务和规则后进行自我或者小组规划，如无障碍行进中应选择的方式、穿越时应选择的方式、小组合作时人员先后站位的安排等，学生在做计划时每作出一个安排须想好理由，在按计划执行时还应观察和记录，以便于反思与调整。

2. 自我监控策略

（1）定义

自我监控在实际的认知活动过程中，结合认知活动目标对活动的结果进行及时准确的反馈和判断，以此来评定认知主体在整个活动过程中达到了何种水平或所选择的方法策略及自身行为是否得当。

自我监控策略是在实际的认知活动过程中，根据认知活动目标对活动的结果及时反馈和判断，正确估计自己达到认知目标的程度和水平，判断自身所选择的方法是否得当。自我监控策略主要包括：自我记录、自我提问、领会监控（如变化阅读的速度，重读较难的段落，中止判断、猜测，等等）、集中注意（如提前注意学习目标，标识重点，告知重要性，等等）。自我监控策略要求学生在为实现目标计划而进行的学习活动和策略时，有意识地检查并诊断学习的有效性，换句话说是检查个人是否仍在"正确学习轨道上"。

（2）作用

自我监控策略促使学生及时评估自身学习目标的达成程度，通过自我质疑或自我反思来判读采取行动的准确性，并在必要时修改所采用的学习策略或调整计划。这些都能促使学生意识到注意力不集中情况或不恰当的学习策略，进而提醒学生根据学习目标来调整学习行为。

自我监控策略的应用可以促进学生自我调整学习行为，并提高学习效率。

自我监控策略是对认知活动的结果加以调整，对出现的问题及不到位之处加以解释补救和修正，以保证学习有效、顺利进行。

学生读课文时遇到不熟悉的字词、不理解的内容时放慢速度；做习题或完成作业时，遇到困难时重新阅读题目，仔细审题，或再次查阅教材和笔记等；测验时跳过某个难题而先做简单的题目；等等。这些自我监控策略能帮助学生矫正自身学习行为，弥补学习策略不足，并在一定程度上提高学习效率。

（3）在实践中的运用

课题研究中，语文学科教师先从阅读教学开始进行尝试。教师在阅读教学中通过训练故事预测，引导学生自我检验，从而推动学生自我调整，进行深度阅读。阅读教学中，教师引导学生不断地对故事进行预测，激发学生继续阅读的兴趣，然后通过原文推荐让学生阅读原文，当学生继续深入阅读，发现自己的想法与故事实际内容不吻合的时候，他们就会开始反省和监控自己的认知活动是否沿着正确的方向进行，从而正确估计自己达到认知目标的程度、水平，继而能够根据文本中的关键信息，及时修正自己的一些想法。或者学生通过阅读原文在阅读过程中寻找资料、信息或依据来检验假设，从而形成新的假设，再进行阅读检验，判断自己的预测的思路和原文是否吻合。这样学生不断对阅读内容进行猜测和自我检验，这是一个自我监控、自我调节的过程，这一过程实现与文本之间的积极相互作用，推进了自主阅读，教师要为学生的预测搭建平台，创设多次预测、修正的机会。

数学学科教师通过情景操作和实验操作等方法，引导学生进行自我调控。学生首先进行个人尝试，再以小组为单位，交流练习结果，小组成员之间可以各自发表独立的见解，也可以修正他人的意见，还可以将几个人想法合成一个更佳的想法，即互相评议、互相补充，目的是使学生的个人自学成果转化为全组成员的共同认识的成果，从而拓展和加深学生对于有关学法的理解，也为学困生提供了更多参与学习的机会，培养了学生群体意识和群体活动能力。小组讨论交流后再指派小组代表向全班汇报交流成果，教师根据学生汇报情况及时小结，通过交流的方式引导学生提出不同看法、想法，从而让学生通过取长补短进行自我调整。

音乐学科中教师在表演环节中引导学生自主设计排演，让学生与团队通力合作，取长补短。在这个过程中可能会出现各种问题，教师需引导学生经历选择、讨论、调整、排练等一系列努力过程，让学生在自我调控之下最终完成表演，最后通过将团队的成果展示在班级的舞台上，使学生体验合作的乐趣。

自然学科中，教师引导学生设计实验，因为很多细节学生在实验前无法预料，所以在实验操作过程中，学生可能会遇到各种各样的问题，教师应鼓励学生及时调整实验来解决问题。实验后，学生通过交流还会发现新的问题。经过交流分享，学生会更深入地了解实验的注意事项以及如何才能使实验结果更加精确、如何才能使实验更有效，这个交流与发现的过程是学生自主学习能力提高的重要一环。

体育组教师在培养学生自我计划能力的基础上，先设计了"自主学练任务单"，后来又设计了"自主学练改进记录表"，以此来提高学生的自我调控能力。学生通过记录表的信息开展讨论，找到产生问题的原因，并通过原因的分析来调整下一次的学练计划。

3. 自我评价策略

（1）定义

自我评价策略即认知主体在完成任务后，重新审视自身的学习过程或学习结果。该策略对于学生控制自己的学习或培养学生的自主性至关重要，自我评价策略与自我监控策略的区别在于，它发生在学生完成学习任务后。通过自我评估，学生将学习结果与自已制订的学习计划进行比较，以评估自己的学习质量或进度，如交作业、交卷子之前检查答案，将结果与目标进行比较。

（2）作用

确认性的自我评估结果可以提高学生的自我满意度、自我效能感，并激励学生进步。负面的自我评估结果表明学生需要在随后的学习过程中调整其学习行为或策略，以取得更好的学习成效。此外，自我评估也涉及因果归因。学习成败的归因对学生的学习动机、付出的努力以及后续学习行为有重要影响。

在教育教学中，教师可引导学生掌握合理的自我评价方法。我国学者钟至贤曾提出6种自我评价的方法：自我评价表单、成长记录袋、自我评分法、自我测评法、修改作品法、自我提问法。

在以学生为中心的课堂中，学生是掌握自我评价策略的主体，这有利于发展学生健全的自我意识，有利于学生将不断获得的经验和知识通过自我评价的过程纳入自己的认知结构，从而内化为主体的认知能力。学习效率高的学生的一个特点就是他们对自己的优势和弱点有客观的认识并且能运用自己已经取得成绩的知识来指导学习使之更富成效（Boud）。正确、规范地使用自我评价能够引导学生客观地估计自己的优势和不足，使学生对未来的需求更加明确。

（3）在实践中的运用

为了提高学生的自我评价能力，语文学科教师通过记载收获的方式，引导学生进行自我评价，这是使学生在课后及时反思、评估学习过程的载体。通常由教师指导学生围绕这一单元目标，结合课时的主要内容共同研究设计，主要由学生参与，最终促进学生形成反思性的评价。学生依托"美文收获园"的记载，对课堂上学到的学法进行反思总结，当场交流本节课自己的收获，可以尝试多角度地自我提问，带着问题深入阅读，依据单元阅读要素筛选核心问题，自己尝试去发现解决问题的路径。以这一形式让学生重新认识并总结这堂课的阅读好方法，反思预学方法的隐痛。学生不仅可以分享自己的收获点滴，还可以从同伴之间的交流中得到启迪，从而在下次的学习中及时调整自己的学习计划、方法等。

课题组中的德育教师，借助评价表来引导学生进行自评。例如，在培养班干部管理班级时，首先引导学生自己写评估，鼓励学生自己总结自己，培养学生客观认识自己的能力，从而使学生正确地评价自己平时管理时出现的问题或者产生的疑惑，解剖自己、分析自己，从而清楚地认识自己。学生只有正确地认识、评价自己（表15），才能有效地更新、改造自我，达到自主管理的目的。

表15

我的特长	
我比较擅长的岗位	
平时在班级管理工作中的疑惑	

如在"劳动岗位我负责"的主题班会课的总结阶段，同学们讨论：

（1）在这堂主题班会课上学到了哪些劳动小技巧？我今后该怎么做？

（2）对于主题班会课的开展还有什么好建议？

最后，通过评价表来反思本次主题班会课情况，学生要完成评价表（表16）。

表16

	自评	互评
能在班会课前做计划和准备	☆ ☆ ☆ ☆ ☆	☆ ☆ ☆ ☆ ☆
能积极参与课堂，及时修改调整	☆ ☆ ☆ ☆ ☆	☆ ☆ ☆ ☆ ☆
能反思这堂课的收获，知道今后该怎样做	☆ ☆ ☆ ☆ ☆	☆ ☆ ☆ ☆ ☆

（四）基于元认知理论培养学生自主学习能力的策略

1. 创设自主学习的生活化情境

情境是指人们生活的一切内部条件和外部条件的总和。情境是由人的认知、感情、意志、行为和个性等主观心理因素及生产生活场景、语言材料等客观环境因素构成的，与活动主体内心体验和感受呈高相关性。

在有限的课堂活动中，创设良好的自主学习情境，为学生提供较多的自主学习时间是提高学生自主学习能力的重要内容。在具体学科的学习活动中，学生是知识的主动发现者和探索者，也是知识的主要接受者。在学习活动中创设有效的自主学习情境，是学生发展自主学习能力的关键。

（1）从生活情境中发现问题

低年级学生在学习数学时，自主学习意识比较薄弱，对于一些难的、抽象的概念无法理解。教师可通过学生熟悉的生活情境和感兴趣的事情提升学生的自主探究能力，并引导学生将所学的知识运用在生活中。《9的乘、除法》的教学内容是乘法口诀里句数多、得数大、比较难记的内容，教师引导学生在小松鼠跳数射线的具体的情境中探究、认知这一部分内容。通过多次的实践与操作，学生在理解的基础上自己编出9的乘法口诀，并且使用这个数的乘法口诀来解决生活相关的除法问题，积累感性认识，加深对9的乘除法的掌握。

在自然学科中，教师指导低年级学生完成"种小葱"的长周期作业，为完成这个长周期作业，学生不仅要计划如何实验，还要在种植过程中根据实际调整计划。完成长周期作业的同时，学生的自主学习能力得到了提升。

（2）在复杂的情境中自主提取信息

课题组中的数学教师在教9的乘法口诀时发现，因为该口诀句数多、得数大，所以很多学生在记忆中会出现错误。因此，教师从学生熟悉的摆一摆五角星的情境出发，先出示了一行★，让学生找到规律：1个9，比10少1，是9；接着出示第两行★，2个9，比20少2，是18……学生在出示的一行行的★中发现几个9就是几十减几这一规律，有学生从中提取信息——这其实就是另一种熟记9的乘法口诀的方法。很多之前在记忆9的乘法口诀中出错的学生，用新提取出的信息熟练记忆9的乘法口诀，体会到了成功的喜悦。通过播放视频9在手指上的秘密，学生跟着视频一起动动手指，背一背乘法口诀。经过这两个环节的互动，把9的乘法口诀和生活情境相结合，学生可以从情境中自主提取信息，选择自己喜欢的方式方法去记忆理解9的乘法口诀，不再单纯地靠死记硬背掌握知识。

课题组中的自然学科教师在讲述《空气》时，先引导学生观察、讨论、实验和阅读资料，在此基础上让学生了解空气的成分，让学生发现空气是由多种成分组成的混合物，并不单一；实验过程中，学生通过分析实验现象认识到空气中还有氧气，并通过观看视频知道氧气具有助燃性，再通过进一步的实验积极分析、整理实验中出现的现象和数据。在这次实验课上，学生能够自主设计选取实验材料，自主进行实验验证猜测。这样的操作让课堂充满了未知与趣味性，学生的思维得到了更好的拓展。材料的选择也让学生尝试了不同的实验表现，有时候同一种方法，适用于不同的材料，而材料的不同也可能会引起实验结果的不同，一切都是未知；实验的改进，可以培养学生更好的思维能力，让学生自己设计的实验更完美。

（3）学会在不同的情境中应用知识，解决问题

三年级学生正处于逐渐掌握具体运算的阶段，他们在学习数学时，能从一个概念的各种具体变化中抓住实质或本质的东西，但这一抓取过程还离不开具体事物的支持。既然周长的本质是"长度"，那么测量周长的活动就是学生感悟周长实际含义的有效方式，也是探究周长计算方法的前提。因此，课题组的数学教师在教学设计中加入"描一描树叶"的操作来让学生感知"一周"的概念，通过量一量的活动测量具体事物一周的长度，这有利于帮助学生用数学的眼光观察现实世界。也有利于使学生在开放性操作活动中积累测量周长的活动经验，体验、内化周长的含义。

学生在为完成某项任务做好自我计划后，在活动实施过程中可能会遇到各种问题。由于缺乏积极、自觉的控制和调节能力，一旦问题发生，学生可能难以顺利地继续开展活动。为此，德育学科的课题组成员决定指导学生进行自我调控，让学生自发寻找问题的根源以及解决问题的方法，并引导学生自发调整原先的计划，选择更优策略，进行尝

试与再调整，从而更切实地培养学生自主学习的能力。

在"你好，2021"迎新活动中，四年级（1）班的班干部负责组织一场班级迎新文艺演出。教师首先给5名班干部开了个会，这5名班干部分别是：中队长，文体委员、卫生委员、学习委员、纪律委员，通过该会，使5名班干部明确了两周后的元旦迎新活动要求。该5名班干部通过一天的小组讨论，制定了工作安排表（表17）。

表17

人员安排	工作职责
中队长	征集小游戏
纪律委员	征集节目
文体委员	负责主持人选拔
学习委员	负责串联节目
卫生委员	撰写主持稿

在落实工作中，小组成员遇到了许多问题：

① 演出只有2名同学报名，太少了。

② 小游戏征集中，不少游戏不适合在教室里开展。

③ 争当主持人的同学人数太多，不知道如何选择。

④ 征集进度缓慢，无法及时完成节目串联、书写主持稿。

在小组成员们不知所措时，教师有意识地引导学生发现实际问题，让学生通过交流与讨论反思问题发生的原因，找到解决的方法，帮助学生有效开展自我调控，结合实际问题有针对性地调整和完善原先的工作安排表（表18）。

表18

人员安排	工作职责	人数	要求
中队长	征集小游戏	3	适用场地，安全文明
纪律委员	征集节目	4	适用场地，形式多样，有益有趣
文体委员	负责主持人选拔	2	有主持经验，一男一女，大方得体
学习委员	负责串联节目	1	节目顺序安排合理，控制时长
卫生委员	撰写主持稿	1	简明扼要，行文流畅

当然，在不断实践的过程中，每次都可能发现不同的"实际问题"。通过解决"实际问题"，学生不断自查问题，进行"自我调控"，自主学习能力得到提升。

2. 拓展自主学习的选择性空间

学生是学习的主人，教师应激发学生的学习兴趣，注重培养学生自主学习的意识和习惯，为学生创设良好的自主学习情境，鼓励学生选择适合自身的学习方式。这要求教师激发学生的求知欲，开启学生的智慧，给学生提供充分的自主探究学习的时间和课件，保证学生自主学习的主体地位。

（1）根据自身的情况制订合适的学习计划

学生制订学习计划，一定要符合自己的知识水平、学习特点和诸种心理要求。计划应切实可行，不应让人望而生畏。课题实施之前，有的学生不肯动脑筋，没有自己的学习计划，别人学习什么，自己就学习什么。因为每个学生的知识水平、意志、情绪、性格和身体存在着差异，每个学生学习中遇到的难点、疑点存在着差异，每个学生的学习方法也存在着差异，所以，课题组成员引导学生做好以下三件事：

第一，引导学生进行正确的自我分析。

首先，引导学生分析自己的学习特点。教师引导学生仔细回顾自己的学习情况，找出自己的学习特点，从记忆力、理解力、想象力等方面对自我进行全面分析。

其次，引导学生分析自己的学习现状。引导学生与全班同学进行比较，明确自己在全班的位置，引导学生学会用"好""较好""中""有待提高"的标准来评价自己；引导学生和过去的自己做比较，从而看清自己的发展趋势，引导学生用"我进步很快""我没变化""我有些退步""我要努力了"的标准来评价自己。

第二，引导学生确定适合自己的学习目标。

适合学生的学习目标有助于学生为实现目标而不断努力，有助于学生提高自主学习能力。教师引导和培养学生确立适合自己的学习目标，目标要体现国家的教育方针，要符合学校的教育要求，还应考虑学生的家庭因素。

引导学生确定学习目标，要达到两个要求：

适当：学生确立的学习目标要符合自己的学习基础，目标不能过高或过低。过高难以实现，学生容易丧失学习信心；过低，学生无须努力即可达到，不利于学生学习的进步。要引导学生根据自身的实际情况，制定经过努力即可实现的目标，要遵循最近发展趋势。

明确：学生制定的学习目标要便于学生对照和自我检查。例如，学生制定的学习目标为"我要加强学习，努力提高学习成绩"。这样的学习目标缺乏明确性，学生和教师都难以观察和检查目标的达成效果和进度。在课题的研究中，教师要不断思索，引导学生制定具有明确性的学习目标，如学会独立预习，学会找到语文课文中的重点，主动解决自己不懂的问题，可独立完成作业，保证正确率为100%等。

第三，培养学生科学安排时间的能力。

学生确立适合自己的学习目标后，教师要引导和培养学生通过科学安排时间、使用时间来实现自己的学习目标。

首先，要指导学生全面安排时间。安排时间时，引导学生既要考虑学习，也要考虑休息和运动，做到劳逸结合；要思考不同学科的时间搭配，注意找到自己的最佳学习时间，注意不同学科学习的交叉搭配。

其次，要让学生学会高效利用时间。在课题研究中，教师引导学生学会根据事情的轻重缓急来选择完成的时间，尤其对于低年级的学生，这方面的培养和指导更为重要：让学生学会把重要的事情在精力充沛、思想活跃的时候优先完成；不重要的、比较容易完成的事情放在后面做；在碎片化的时间里完成较小的任务，如在等车、乘车时可以听外语、背单词。

（2）根据自身需要选择不同的学习信息

在课题研究过程中，课题组成员在教学中都非常注重对学生元认知能力的培养，这有效地调动了学生学习的主动性、自觉性、自主性。学生积极参与课堂教学，争做课堂的主人，教学过程不再是教师讲什么学生就听什么的过程。在课堂的学习中，学生积极思维，大胆发言。在课题研究中，教师采用自我提问、出声思维、他人提问等方法，使得一些问题引发学生的热烈讨论，使学生的思维因此活跃，学生积极主动地参与学习，形成了欢快的课堂气氛。

教师应筛选有用信息提供给学生。现在的小学生处于一个信息爆炸的时代，他们具有收集学习资料的能力，也热衷于收集各种各样的信息，但面对庞杂繁多的信息，学生不知道从何选择。所以我们首先要引导学生明确目标，然后通过目标来确定寻找信息的大致方向，找到符合目标的资料，选择和自己匹配度最高的资料，逐步培养学生寻找和筛选信息的能力。

（3）根据学习任务自主选择不同的学习方法

学生的学习基础决定学生的学习方法。学生若想找到适合自己的学习方法，一定要依据自身的状况来进行选择适合自己的学习方法，以拥有更高的学习效率，从而在面对学习困难时从容不迫地应对。

课题研究中，教师针对基础比较好的学生，会引导他们确立更高的学习目标，并做一些具有针对性的强化训练。例如，教师会布置一些教学练习题，引导学生在解题时学会灵活运用知识点，使学生的知识深度得以延伸。

教师会引导基础一般同学做好查漏补缺，引导学生学会把整体知识做到非常清晰地归纳总结，了解自己存在的问题，然后及时解决这些问题，从而把基础巩固好；对于学生不懂的问题，鼓励学生一定要有勇气面对，引导学生问老师、同学，在他们的帮助下学会这些知识。

3. 搭建自主学习的合作式平台

（1）在小组合作中学会商讨、交流、表达自己的观点等

现代教育以培养学生的自主学习能力为主要目的，而小组合作学习的互动性和以学生为中心的特点，引起了中外学者的关注和研究。多项研究表明，小组合作学习有利于

改善课堂气氛，有利于提高学生的学业成绩。

现有研究已经证实，成功的小组合作学习具备以下几个特征：

第一，小组成员具有明确的团队认同感。

第二，组员之间的气氛是积极的、相互支持的。

第三，组员的优势可以在组内得到加强，组员也可以在组内自信地展现自己。

第四，组员之间相互倾听对方的结论，并有机会表达自己的意见。

第五，组员之间相互合作、相互信任，共同完成任务。

第六，组员之间相互理解，即使有不同意见也可以相互协商解决。

在小组合作学习中，为了保证顺利完成学习任务，组员需要对自己的学习任务进行整体规划：制订任务方案，指导和监督同伴共同完成任务，对自己和同伴选择的学习策略进行评价，并提出改进建议。此时，教师对学生元认知策略的培养极其关键。因为小组成员能否积极反思，并合理评价小组的学习过程和学习效果，会直接影响小组合作学习的有效性。经过教师的引导与训练，小组成员可以指出本组成员的哪些做法有利于完成学习任务，哪些做法应当继续或停止。尤其是有些关键的做法，可以保证小组对其学习活动做出有效的反思，如制定一个反思的程序，列出小组做得最好的三点和必须改善的一点；强调积极的反馈；反思的内容要具体明确，不能笼统含糊。教师要适时提醒学生积极参与反思，并在反思中运用合作技巧。

课题研究组的语文教师在讲授一年级语文《小猴子下山》一课时设计了学习任务单，引导学生分小组进行小组合作学习，再由每组的代表进行发言交流。小组合作学习中，学生的学习积极性大大提高，在小组讨论中各抒己见。发言环节中各组代表即使出现错误，教师也并未直接告诉学生正确答案或让其他小组帮忙，而是引导该组学生重新思考，重新阅读直至找到正确答案。教师在这个小细节中培养了学生的自我监控策略和自我调节策略，有助于学生在今后发现问题时自主采取相应的补救措施，让学生可以根据对认知策略效果的检查，及时修正、调整认知策略，以保证学习有效、顺利地进行。

教师在课堂教学中不仅仅要关注课堂效益的最大化，也要注重对学生自主学习能力的培养。这就要求将传统的以教师教为主、学生被动接受知识的教学模式，转变为以学生为主体、教师起引导作用、充分培养学生自主学习能力的现代教学模式。

在教授数学四年级下册《小数的认识与加减法》时，教师首先以问题"0.3和0.30比，哪个大？"这一问题为切入点，引导学生独立思考，得出自己的结论以小组合作的形式讨论并汇报交流。小组成员共同讨论如何正确比较0.3与0.30的大小，每个小组都运用了不同的方式对两者的大小进行比较并加以证明。所有小组成员集思广益，从小数的组成、转化成分数，从金钱的角度以及运用数射线等不同的视角，各自思考不同的比较方法，再进行自我总结归纳出小数的性质，这一系列过程使课堂真正达到了让学生自主思考的目的。各小组之间不同解决问题方式的碰撞也引发了学生从多视角思考同一问题，使学生对自己解决问题的方法和思路进行自我调整和自我反思，进而使学生的思维得到拓展，解决问题的能力得到提高。

合作研究出真知，但"真知"必须适用于每一个学生，或许得到"真知"方法存在着差异，但是探究"真知"的过程一定意义非凡。在自主合作探究的过程中，学生收获方法、经验，甚至品尝了失败的滋味，但他们将这些方法与经验灵活运用在实践中，又将取得不同的收获。

（2）在团队合作中能学会自我反思，能吸取同伴的长处，改进自己的短处

第一，小组合作学习以学生为主，提高其自主学习能力。

传统教学模式中以教师讲授为主，教师是教学的中心，学生上课要专注于教师的讲授，加之小学生知识和阅历较少，各方面能力有待发展和提高，习惯于依赖教师和家长，因此若不及时加以引导和训练，学生的自主能力将会逐渐下降，不利于学生的成长。小组合作学习的研究已经证明，在小组合作中，教师作为"导演"为学生搭建学习的平台，学生是舞台上真正的"表演者"，这样的模式更有利于学生自主能力的提高。

在小组合作学习中，教师通过引导的方式有效地提高了学生自主学习的主动性、积极性和创造性，并且在教学中为学生提供更多的学习空间和学习机会，使学生最大限度地参与自主学习。学生在教师提供的平台展示自己的学习成果，教师再给予支持鼓励和学习方法的引导，这种教学方式不但提高了学生自主学习的兴趣，让学生充满了自主学习的信心，而且提高了学生自主学习的能力。

教师的教学设计不再是传统的以教师教为主的教案，而是明确了学生的学习目的、计划、内容，为学生提供必要的学习资料、教材的知识点以及具体的学习内容。学生在进行知识的自主预习之后，在小组合作学习中将各自不同的问题进行归纳，相互分析解答，这不仅培养了学生自我解决问题的能力，还真正做到以学生为主体，培养学生的自主学习能力。

第二，小组合作学习有助于培养学生的创新能力。

小学生的学习，需要以高强度的主动性来驱使，才能有效培养学生的自主学习的能力，而小组合作学习就是有效提升学生主动性的平台之一。小组合作学习中，教师仅仅明确了学生的学习内容、目的和方法，而问题需要学生自己想办法去解决。小组合作学习中，学生之间思维意识的相互碰撞，使得问题延伸扩大，很好地扩展了学生的思维空间，加强了他们思考问题的全面性。在重要的章节学习中，教师会设计一些答案较灵活的问题，如果仅让学生单独自我思考后回答，有些同学会因无头绪和思维停滞不能给出具有建设性的回答，但在小组合作学习中受到小组成员的不同想法的引导，学生可活跃自己的思维，拓展自己的思路。

小组合作学习中，对于学生讨论出的各种新颖的建议、答案，教师不应简单地直接否定，而应引导学生思考这些建议和答案是否符合逻辑及其原因，从而培养学生的分

析能力和思维能力。同时，如果教师对学生的思考给予鼓励和建议，学生对于问题的思考会更有主动性，学习兴趣也会逐渐加强。尤其是小组合作学习中，由于同组异质的原因，小组学习取得了实质性的效果，有助于提升学生自主学习的主动性，提升他们自主学习的能力。

第三，小组合作学习可使学生找到有效的学习策略。

要想培养学生自主学习的能力，学生具有适用性较高的自主学习的策略是前提条件之一。只有找到适合自己的主动学习策略，学生才能充满信心地自主学习，保证自主学习的最优化。小学生学习策略的培养，目前主要依靠教师传授的经验和学习方法，但这些经验和学习方法大都以提高学生学习成绩为目的，如多读多写、训练数学题、整篇背诵文章等方法，对于大多数学生来说，都是枯燥的、低效率的。参与课题研究后，教师认为，小组合作学习中伙伴互助的方式，使不同的学习方法在组员之间进行交融，促进了组员找到适合自己的学习策略。

小组合作学习中，学生探寻适合的自主学习策略的方式有两种，而且两种方面都可有效地促进学生自主学习能力的提高。

一是组员之间思维想法的交流。学生可以借鉴其他组员的学习方法，再结合自身的实际情况并加以改进，使其变为适合自己的学习方法，如有些学生喜欢看杂志类的课外读物来提升自身的阅读水平，其他组员在听取后发现阅读散文更适合自己，使通过借鉴组员的方法进行改进，找到了适合自己的自主学习策略。

二是小组合作学习中组员承担着解决问题完成任务的责任，这推动学生选择并合理使用有效的策略方法，更高效地解决问题，完成小组任务。而且每次小组合作学习的内容不尽相同。因此，不同的任务，要求学生运用差异的策略来应对，潜移默化地培养了学生探寻有效的学习策略的意识，从而使学生更好地进行自主学习，提高了学生的自主学习能力。

4. 开展自主学习的综合性活动

（1）尝试设计使用长效作业

长效作业是一种旨在有效促进学生主动学习、全面发展的学习活动，该活动以作业为载体。长效作业相对于短期作业，在作业完成上需要一定的周期；长效作业立足于学生的主动发展、全面发展，关注学生的主动建构过程，是教材知识的拓展与运用，其宗旨在于学生的长远发展。长效作业需要学生在活动与合作中完成，以实践和探究为主。

在核心素养背景下的长效作业整本书阅读的开展，发挥了学生学习的主体性，学生在教师的引导下制订自主阅读计划，适当给自己安排阅读任务，选择阅读自己喜欢的片段、篇目等，在书籍中发掘自己感兴趣的内容，使阅读井然有序地进行。同时，学生通过教师设计的潜藏阅读策略的任务驱动式的任务单，以小组合作探究的形式，在自主阅读的过程中感受阅读的乐趣，不断自我调整、修正，自我反思的同时，也从阅读中领悟到许多知识。在自主阅读的整个过程中，学生都处于主动接受状态。借助自主阅读，学生认识到更多有趣、未知的语文世界，在激发对探索语文、学习语文的兴趣的同时，也提高了自学能力，从而变"要我学"为"我要学"。

（2）尝试项目化学习

项目化学习起源于杜威的"从做中学"和克伯屈的"设计教学法"。在早期，项目化学习主要强调让学生通过一个一个的项目来学习如何"做事"，后来项目化学习逐渐被国内外研究者广泛关注，使得项目化学习在教育领域取得了一定的进展。关于项目化学习的概念界定，不同学者提出了不同的见解。巴克教育研究所（Buck Institute for Education，BIE）对项目化学习做了详细的阐述，即"学生在一段时间内通过研究并应对一个真实的、有吸引力的和复杂的问题、课题或挑战，从而掌握重点知识和技能。项目化学习的重点是学生的学习目标，包括基于标准的内容以及如批判性思维、解决问题、合作和自我管理等技能"。

国内学者夏雪梅认为，项目化学习是学生在一段时间内对学科或跨学科有关的驱动性问题进行深入持续的探索，在调动所有知识、能力、品质等个人素质创造性地解决新问题、形成公开成果的过程中，对核心知识和学习历程形成的深刻理解，并能够将这些深刻的理解在新情境中进行迁移。

项目化学习与自主学习之间存在融合的机理，有一种内在契合性。

第一，从理论溯源看，项目化学习模式是随着建构主义的发展而逐渐发展起来的一种新型的学习模式，而自主学习的理论基石之一也是建构主义，从这个层面上说，二者是同源的。

第二，项目化学习强调的是以学生为主体，是一种以学生为中心的教学方法；自主学习要求营造自主学习的环境，鼓励学生主动参与整个学习过程，培养学生自主学习能力，二者的侧重点都是把学生放在主体地位。

第三，从教师发挥的作用看，无论是项目化学习还是自主学习，教师的作用都体现在帮助和指导学生上，尤其是在项目化学习和自主学习活动的初期，教师的协调、辅导作用更明显。

第四，从教育的本质看，即便二者之间有一定差异，但其出发点都是培养人才，教育活动本身都要求因材施教，即面对不同的学生、不同的教学内容要尝试不同的学习模式。

项目化学习的实施可以培养学生的自主学习能力，而学生自主学习能力的提高反过来会促进项目化教学的有效开展，二者相辅相成，相互促进。

（3）语文组项目化学习的实施模式

目前小学语文教学项目化学习主要采用三种实施模式，即知识先行模式、案例学习模式及项目分析模式。

知识先行模式：让学生先学知识，知识习得之后再让学生迁移运用知识，这种教学

38

模式与我们传统的先学后用的学习模式有相似之处，最大的不同之处是传统的教学方式的先学后用，大多是通过练习习题的方式来实现，看似知识是被运用了，其实质依旧停留在理论的层面。知识先行模式是先学知识，然后会将所学的知识联系生活实际，让学生置身于现实的生活情境中，将知识迁移运用到真实情境中，这样可让学生把书本上的知识与现实世界有机联系起来，使学生能够真正迁移运用知识解决问题。

案例学习模式：教师先呈现比较恰当的经典的案例，以案例来驱动让学生分析思考呈现的案例的创意是什么，是如何制作出来的，然后按照这个经典案例的思路与方法进行学习。简单地讲，案例学习模式是学生通过学习案例，从案例中总结出方法规律并将其运用到自己需要解决的问题中的一种学习模式。

由此可见，案例学习模式能激发学生学习的内在动机，把学习的主动权还给学生，让学生成为学习的主人。案例学习模式可以充分培养学生的参与意识、实践意识、竞争意识以及自主探究的能力。

项目分析模式：教师首先设计一个项目或者引导学生通过调查交流自己生成一个项目，然后让学生真正站在设计者的角度对项目进行深入的分析，让学生经历一个完整的设计过程。

（4）数学组项目化学习的实践探索

数学学科项目化学习是以数学核心知识为载体，使学生通过探究等数学学习实践对真实的、具有挑战性的驱动性问题进行持续探究，运用问题解决等高阶认知策略，创造性地解决问题，形成成果，提升数学核心素养，促进深度学习的学习模式。

根据数学学科的特点和学生的学习特点，数学学科的项目化学习的设计如下：

① 注重情境的真实性，提高学生问题解决能力。

数学项目化学习强调建立起数学核心知识与学生真实生活的世界以及多种情境（如历史、艺术、工程等）之间的联系，基于真实的情境设计项目任务，引导学生关联学习内容与当前的生活、实践，是素养时代重要的数学教学方式之一。教师在创设数学项目化学习的情境时，需要明确"真实"的含义是与客观事实相符。由于数学学科具有高度抽象、逻辑严密等特点，数学知识的产生方式不仅可以基于对现实的抽象，还可以基于数学内部发展规律。因此教师需要结合课标的要求以及具体的课程内容，从现实生活中的真实事件出发，通过来源于真实生活、符合日常逻辑、具有现实意义的问题情境，激发学生的学习兴趣和探索欲望；也可以创设符合数学客观事实的其他情境，使学生在探究过程中对数学内部的发展变化进行探索、发现、总结。

② 注重学习任务的挑战性，培养学生高阶思维。

维果斯基认为，教学应着眼于学生的最近发展区，为学生提供具有一定挑战性的内容，从而调动学生学习的积极性和主动性。基于维果斯基的最近发展区理论，数学项目化学习的驱动性问题及学习任务也需要具有一定的挑战性，选取高于学生现有水平且有价值的问题，并整合解决问题所需的知识与技能，于真实情境中提出驱动性问题。学生在真实、开放的环境下，解决结构不良、路径及方案不唯一的复杂驱动性问题，培养分析解决问题的能力、探究能力、信息交流能力、决策能力、发展批判性思维、创造性思维能力等高阶思维能力。

③注重学习过程的完整性，提高学生学习能力。

核心素养的一个重要特点是整体性。整体性特点的表现之一为学习过程的整体性。在数学项目化学习中，教师应组织引导学生在真实的问题情境中，完整地经历"问题分析—信息处理—问题解决—成果展示"这一非线性的探究过程，使学生在与真实情境的持续交互中建构知识、能力和价值观，获得真实的学习体验，产生创造性的数学理解的成果，在用数学的眼光观察世界、用数学的思维思考世界、用数学的语言表达世界的同时，感受数学学习的意义和价值，提高数学学习的能力。

（5）英语组项目化学习的实践探索

项目化学习能把学生引入特定问题中，激活学生思维，引导学生探究，促进学生主动探究问题、解决问题。这对培养学生的英语核心素养有着重要的作用。英语项目化教学是英语教师指导学生围绕某一英语项目所进行的探究性学习，有利于学生在实践体验、内化吸收和探索创新中获得较完整而具体的知识，有助于学生英语知识的构建、智能优势的开发和终生学习能力的培养。

英语学科根据教学内容实施项目化学习的一般步骤如下：

第一步，设计项目，创设情境。从英语知识和英语语言能力的角度，以建构主义理论中的学习情境创设为原则，根据教学内容，引导学生自己组建小组、设计任务并制订计划。这不仅激发了学生的学习兴趣，检验了学生的所学知识，也提升了学生的小组合作能力、创作能力以及表达能力。

第二步，选择主题，制订计划。由于每个学生的兴趣爱好各不相同，选择的主题或项目也不尽相同。为了充分调动学生学习的积极性，教师可要求学生按照自己的兴趣爱好，自由组合成不同的小组，明确分工，各负其责。备课过程中，教师全面分析学生的已知、应知，客观地分析学生的能力，并提前对学生提出要求：根据情境，展开合理的想象，自己组建小组并确定好角色。

第三步，分析问题，调整计划。每个小组在选定项目主题后，必须制订实施该项目的计划，确定需要研究或解决的问题。同时，每个小组要设想完成该项目所需要使用的工具、软件、方法及手段，把握完成项目所需的时间，考虑项目进行过程中可能出现的问题，然后对计划做进一步修正。

第四步，探究协作，制作作品。小组成员收集有助于回答或解决主要问题的信息资料。资料的来源可以是互联网、报刊书籍、广播电视、相关专家的访谈等。然后按照一定规则将资料分类，形成小组资料文件夹，并对资料进行有效管理，与各小组共享。

小组讨论确定解决问题的策略与方法并开始实施。每组选择一种或多种方式（文档、多媒体、动画等）呈现研究的结果。例如，学生采用表演的形式来展现项目成果，根据剧情，展开了合理的想象，确定人物形象，设计人物性格，斟酌剧本的细节等。

第五步，展示成果，评价反思。项目化学习的最终成果一般都是丰富多彩的。教师应该鼓励学生互相交流学习成果，从而促进学生对学习过程的反思。评价的过程应该是开放性的，应给学生参与评价的机会，评价的结果要能被学生理解。在评价标准的制定方面，每个小组自主设计评价标准。学生明确了自己的评价标准，为之后的总结创造了条件。他们会针对自己作品的各方面进行反思，并会提出不少改进意见。

（五）帮助学生积极主动寻找学习方法

好的学习方法是学习成功的保障。在教学中，教师都会有意识地向学生介绍各种学习方法，同时为学生提供灵活使用学习方法的机会和条件。但学生要找到最适合自己的学习方法就离不开主动积极的探索。教师要引导学生根据自己的实际情况积极地制订学习计划，自主设计学习任务。在实现自己的计划和目标的过程中，学生会积极主动地寻求适合自己的学习方法。在完成学习任务的同时，成功的体验能激发学生的自主学习欲望，提升学生的自主学习兴趣。

1. 学生养成良好的学习习惯

小学时期，学生的很多方面还没有定型，正是培养习惯的黄金时期。在这个时期，通过各种有效的方式，培养学生良好的学习习惯，可以极大地提高学生的自我管理水平，从而使学生的自主学习能力不断得到提升。

首先，重视日常细节，从小处着手培养好习惯。从本质上来说，习惯是一种固定化的行为方式。日常行为是习惯养成的基础。习惯的养成，很多时候来自日常生活，来自生活的细节。因此，对于促使学生良好学习习惯的养成，不可忽视日常细节，要从小细微处着手。例如，学生完成作业就交，不注意检查，教师就需要通过引导教育，及时提醒学生认真检查。在日常教学中，教师要做有心人，善于观察、发现，并且要利用好观察和发现的细节促使学生养成良好的学习习惯。

其次，采用合适的方法，及时纠正学生不良习惯。习惯有好坏之分，好习惯对学生学习成长产生积极的影响，而坏习惯则对学生产生不利的影响，而且学生一旦养成了坏习惯，纠正比较困难。好习惯的形成并非一蹴而就，坏习惯也并非一朝就可以改正。但采用适合的方法，及时纠正，有利于学生改正不良的学习习惯。例如，为了培养学生的良好学习习惯，纠正不良习惯，对学生采取一定的奖惩措施。奖惩条例可由教师与学生共同参与制定，使学生清楚为什么自己会受到奖惩。这样做的目的是帮助学生对良好的行为习惯进行正面强化，以及正确面对自己因不良行为受到的惩罚，并对自己的不良行为积极加以改正。教师必须注意，无论出于何种目的惩罚学生，均不能以损害学生的身心健康为代价。

最后，注重长期坚持，日积月累养成良好习惯。教育教学实践中，教师应严格要求自己，持之以恒地养成良好的习惯，为学生树立学习的榜样；在课堂教学中，教师要不厌其烦地引导学生，使他们明白怎么做才是对的，并督促学生坚持不懈地将正确的做法落实到自己的行为中。这样日积月累，学生良好的学习习惯才能养成。另外，学生的学习活动是在学校和家庭中共同完成的，学校与家长要做好沟通与合作，统一思想，共同为培养学生良好的学习习惯而努力。

2. 引导学生对学习过程进行自我监控

学习过程中，学生的自我监控主要体现在学生能否为自己量身制订合理的学习计划并实施。在学习的每一个阶段，自我监控都在发挥着作用。课前，学生需要制订学习计划；课中，学生需要积极践行学习计划；课后，学生需要对学习计划进行调整优化。

并非人人都是天生会独立学习的人，并非人人天生都具有自主学习能力。无论是独立学习习惯还是自主学习能力都需要后天的培养。因此，教师要了解学生的基本情况，如学生的学习进度，学习过程中容易出现的问题与遇到的难点，及时对遇到问题与困难的学生给予指导。学习过程中，教师要合理地引导学生利用元认知监控能力对自己的学习成绩、学习质量、学习进度进行及时评价，引导学生反馈认知活动进行中出现的各种情况，并让学生通过反思查找自身的弱点，从而有计划地进行补救，不断地解决学习中出现的问题。

（1）主动制订并落实学习计划

在学习活动开展前，学生应对自己有全面的了解，具备较为准确的自我评价能力。有效的学习方法的选择，建立在对自身水平、认知特点作出正确判断的基础上，准确的自我评价是制订学习计划的前提和基础。因此，学生要依据自评和他评对自己作出正确的评价，要了解自身学习情况，知道自己的优势与不足，在此基础上制订切合自身的学习计划。

以英语学习为例，英语单词拼读能力较弱的学生，在制订学习计划时可以侧重在某一方面。例如，在课前，对于当天新授的单词，自己要主动练习拼读两遍；在课前，与同桌互相抽背单词，从而熟悉新授单词，练习新授单词的拼读规律。这些学习计划十分具体可行，且具有很强的针对性，能够激发学生学习的热情，促使学生想要达成目标，获得学习上的成就感，实现学生内在激励的良性循环。

低年级学生的自主学习意识较弱，对于下节课要学什么，每节课的课堂知识重点是什么还未形成具体意识。因此，对于低年级学生，教师可以利用课前导学单帮助学生找到课堂"路线图"，使学生成为主体参与课堂，变被动学习为主动学习。通过导学单实现两个前置，即学习前置和问题前置。学生能够在导学单的引导之下，通过课前自学、课堂提高、课后链接等环节的调控，降低学习难度。而教师则借助导学单将教材有机整合、精心设计，合理调控课堂教学中的"教"与"学"，从而极大地提高课堂教学效率。学生通过自主、合作、探究、交流、展示、反馈等学习活动，真正成为学习的主人。

值得注意的是，小学生正确而又客观地评价的能力有待发展。因此，在制订和实施学习计划时，往往出现过于理想的情况。学生无法将许多因素综合考虑，经常忽视自身基础，导致学习计划不符合自身基本的情况，难以实现。教师要引导学生从自身的基础出发制订学习计划，合理设置目标，结合最近发展区理论，合理设计学习任务，不能脱离学习实际。

（2）指导学生做好自我学习记录

上课时，学生若只听不记，则或许当时听得津津有味、清清楚楚，但过后就忘了。自主学习过程中的所思所想，如不记录下来，那最后留下的都是一些零零碎碎的东西，散乱得很。若学生能够记录自己的学习过程，则可以帮助回忆，提高效率，防止遗忘。学生在学习中，将"听说读写想"结合起来，"耳口手脑"并用，自然比"只读说不写"的印象要深刻，学习效果自然会好很多。学生的学习记录，可将零散的信息或资料经过思考和判断，进行"择取"和"筛选"，这有助于学生理清思路、梳理脉络、概括提炼。这种思维加工的过程，可启发学生的高级思维活动，加深学生对学习内容的理解，从而提高学生的学习效率，提高学生的自主学习能力。

3. 帮助学生掌握时间管理策略

时间管理，是为提高时间的利用率和有效性而对时间进行的一系列计划、控制、协调和运用的管理工作。高效的时间管理可有效地提升学习效率，使学生提升自主学习能力，形成积极的学习心态和自信的学习心理。小学生的时间管理能力，特别是零碎时间利用能力较弱，他们难以很好地利用各种碎片化时间。帮助学生形成良好的时间管理策略，特别是碎片化时间管理策略和课外时间管理策略，可有效地提升学生的自主学习能力。

为了提升学生的时间管理能力，语文教研组为学生制订了"自主阅读计划表"，该表要求学生选择一本故事书，自主安排阅读进度。并且在表中设置了"为自己点赞"的项目，即自我评价。通过合理使用这一计划表，学生可充分评估自己的阅读水平和阅读能力，同时监督、提醒自己按时完成阅读任务，从而自觉主动地进行阅读，养成自律的好习惯，培养时间管理能力。

学习中，时常会有学生上课迟到、写作业拖拉、做事情磨蹭等不珍惜时间的现象发生。小学生由于自制力比较弱，对时间的重要性缺乏切身体会，亦缺乏时间管理的方法。因此五年级德育教研组老师们精心设计了"时间管理课"，帮助学生在体验中感悟时间，培养学生珍惜时间的意识，帮助学生学会科学地管理自己的学习时间。教师首先通过具体的对比让学生去感知时间，充分调动学生参与课堂的积极性，并在后续的交流分享中让学生自然而然地认识到时间的宝贵。接着，学生通过时间管理自测发现自己在时间管理上的不足，通过自查、自悟，重新审视自我、认识自我，进而更深刻地认识到学会管理时间的必要性，进而为更好地发展自我奠定基础。通过案例分析和制订课后时间安排计划巩固时间管理观念，可以推动学生将时间安排计划表落实到现实生活中，帮助学生养成良好的学习、生活习惯，实现高效的时间管理。

4. 在学习过程中培养学生的自我评估能力

自主评价，指个体依据一定的标准，对学习活动的过程和结果进行判断与评估。自主评价有广义与狭义之分，本研究主要涉及狭义的自主评价，即教学领域中的自主评价。教学领域中的自主评价有宏观与微观之分。宏观自主评价包括对自己的学习活动的事先计划与安排，对自己实际发生的学习活动的过程的监控、修正和控制，对自己的学习活动的结果进行调节、修正和控制。宏观自主评价的核心是对自己实际发生的学习活动的过程的监控、修正和控制。对自己的学习活动的结果进行调节、修正和控制是自主评价，甚至是所有教学评价的最终目的。学生要实现自主评价，必须以学习目标为依据，对自身的学习活动的过程和结果进行诊断，并注意调节和控制，从而促进学习活动向预定的目标发展。

第一，唤醒学生的自我评价意识。这是学生进行自主评价的前提。培养学生的自主评价能力，首先要使学生明白：自己才是自己的主人，自己最了解自己，无论在学习还是生活中，都要正确地评价自己，不能因为他人的评价而迷失自我。

第二，为学生提供贴近生活的自主评价方法。当前被人们所认可的自主评价方法主要有试题自测法、问卷调查法、个人记录法、学习合同评价法等。因为小学生年龄小、心理发展水平处于不断变化的阶段，教师应为学生提供贴近他们生活、可以有效调动学生学习兴趣的自主评价方法，使自主评价融入学生的学习和生活，让学生在生活中感受到自身的发展与变化。

第三，家庭和学校共同创造有利于学生自主评价的活动。家庭和学校要合作，共同创建有利于学生自主评价的环境，为学生提供自主评价和锻炼的机会。课题研究伊始，学生进行的自主评价多为尝试性。教师一边学习，正视学生的这种尝试，鼓励和保护学生的积极性；一边引导，引导学生的自主评价的发展，引导家长肯定和鼓励学生。在课题进行的初期，学生在自主评价方面取得的点滴进步，教师都看在眼里，并引导家长积极鼓励学生，使学生能够自主地、科学地发展自己的自主评价能力，直到这种评价成为学生的评价习惯、评价能力。

第四，构建元认知理论指导下的学生自主评价体系。自主评价是学生在学习中通过自我判断，进行自我控制和自我调节，实现自我发展的过程，这一过程本质上是一种元认知的过程。因此，培养和提高学生的自主评价能力，为发展学生的元认知提供了时机和空间。只有不断发展学生的元认知能力才能更好地实现学生核心素养的不断提高。因此，在课题研究过程中，教师以元认知理论来指导学生实施自主评价，通过自主评价的实施提升学生的核心素养，同时促进学生元认知能力的提高。

为此，课题组全体成员基于元认知的要素与结构，不断引导学生进行自主评价。首先，引导学生依据学习目标开展自我审视与诊断，这是学生对学习任务及其完成情况、学习策略的自我认识；其次，以学生的自我审视和判断为依据，引导学生自主调节学习活动，目的是帮助学生实现自我控制。学生实现自我控制的关键、是他们的内心充满了对学习活动的积极的情感体验，这种情感体验是实现学生自我激励、自我促进的基石。

5. 评价策略

进行评价活动必须以一定的评价体系为依据，元认知理论指导下的学生自主评价也不例外。

元认知理论指导下的评价指标体系，应以促进学生的核心素养的发展为目的，应注重传统评价体系中所缺失的高级情感部分，如学生的学习兴趣、学习成功的愉悦感和自我效能感等。这种高级情感的培养不但有利于学生形成可持续发展的学习动力，而且是元认知能力培养中的元认知体验。因此，在课题的研究中，课题组成员一直积极促成学生发生与发展这些积极情感，并将其作为评价指标之一，在自主评价中引导学生对这些积极情感加以发现和体验，促进学生自我激励、自我评价。

（1）教师的策略

第一，适当调控分组，创设积极合作环境，建立和谐互利师生关系。学生之间合理分组、建立相互信赖的小组是项目能顺利成功的保障。

最初，学生按照自愿原则分组。经过一轮的实践后，在让学生充分认识自我的前提下，教师根据学生的学习能力对分组进行适当调控。小组的合理分组，能保证小组内合理划分责任和任务，有利于学生协作学习，共同提高。在项目化学习过程中组内成员的相互帮助、合作有利于小组之间的合作、竞争，极大地激发了学生的学习热情，挖掘了学生的学习潜能，使学生得到了共同提高。小组合作学习培养了学生自主学习能力和创新精神。教师与学生之间建立信任与被信任的关系。教师尊重学生，让学生感受到自己被真诚相待；教师与学生深度交流，让教师真实了解了学生学习动态；师生间相互信任关系得以确立，教师对于学生学习自我管理的培养和引导才能够得以实施。

第二，教师引导、鼓励和监督，尤其是对学生自我监控的引导，即在项目化学习过程中，当学生面对任务茫然无措或遇到问题不知从何入手时，教师应积极地给予适当的帮助，引导学生找到解决问题的方法或思路。小组合作学习中，教师需要实时关注学生，确保每个学生都参与实践活动；当学生不清楚任务、没有参与实践以及达成目标时，教师应当及时督促；对于实践过程中重难点内容，教师应为学生提供多种学习帮助。整个学习过程中，教师指导学生监控自己的学习过程，让学生养成自我反思与自我监控的习惯，并引导学生在学习过程中进行自主设计，自我认识，培养学生的自我管理意识。

第三，加强小组管理制度建设，这有助于及时达成自主学习目标。没有规矩，不成方圆。第一轮项目化学习中易出现小组合作失控情况，在后续的项目实施过程中，教师采取了制度控制的措施对小组进行控制。

具体而言，有效的小组管理制度有以下内容。

项目进度汇报制度：项目实施过程中，每节课后，成员向组长提交自己的任务进度表，组长核实后组织组员对项目进度进行分析。组长将小组的进度汇总后向教师汇报。

项目评价制度：项目实施中应以形成性评价对项目进行总结性评价。学生填写自己的项目进度表，填写已解决问题与未解决问题情况，对自己进行诊断评价。对小组活动中学生的表现情况，通过自评、互评、教师评等方式进行形成性评价。对他人作品进行发展性评价，可激发学生的自我反思。这些评价对学生具有监督和激励作用，也是学生学习自主能力发展的表现。

项目制度建设主要是教师引导学生主动对自己的实践进行思考，并对自己的学习过程进行监控、评价、调节，让学生在项目化学习活动之后能够对自己学习过程进行反思、评价。

教师调控、小组合理划分是决定项目化学习中学生自主能力发展成功的前提；教师的引导、监督和激励是项目学习中学生自主能力发展必要条件；合理有效的制度建设是项目化学习中学生自主能力发展运行的保障。

（2）学生的策略

学生对自己自主学习进行有效管理，是项目化学习成功的关键因素。自我管理可以使学生能够更好地认识自己，不断地监控调整自己，解决问题。培养学生自我管理能力不仅仅要使学生具备这些能力，更重要的是培养学生具备思考如何实施这些自我管理的能力。

第一，细化个人任务，监控自主学习进度。

在学习过程中，学生依照小组的安排，在制订个人计划时，要细化计划的具体实践内容，并填写学习任务单。项目任务的细化能够确保学生了解所有学习要点，学会设计自己的学习过程。学习进度的填写，有助学生监控与反思的自己的学习过程、了解自己的不足以及正确地认识自己，也为学生的自我反思提供资料。

第二，及时解惑，必要时请求老师和同学的帮助。

学生在自主学习过程中遇到困难与疑惑，需要想办法自主解决问题，培养自己解决问题的能力，遇到困难不放弃，树立克服学习困难的恒心。学生在个人学习任务单中要填写自己遇到的困难以及解决方案，便于教师监控、了解学生的学习情况，从而便于教师引导学生从多方面寻求解决问题的方案，培养学生自主解决问题的能力。

第三，对自己和他人及其作品进行客观的评价。

在自主学习过程中，教师要求学生对自己进行诊断性评价，填写相应的评价表。

这有利于学生了解自己在学习中遇到的问题并及时寻求方案，以确保任务按时完成。对自己和他人进行形成性评价，有利于学生认识自己设计过程中的不足以及发现他人的优点，促进学生谦虚地向他人学习，反思调整自己的行为，从而完善自己的学习品格，培养自己的学习能力。

（六）学生自主学习能力的发展性评价

对学生自主学习的评价要全面具体，应对学生自主学习水平的发展，学习的态度、情感、意志、习惯等进行综合全面的纵向评价。评价时，要准确使用评价的技巧和评价方式。

1. 制定学生自主学习能力的评价指标

英语组在课题组的引领下，课题组做了大量实践工作，构建了一个课内课外相结合的自主阅读教学模式。通过实践，学生的英语阅读自主学习能力得以提高，思维能力得到发展，并获得了积极的情感体验。

在自主学习的课堂中，评价方法由单纯注重结果性评价转变为注重形成性评价，以及注重阅读方法、阅读过程的评价。在阅读课中，课题组成员分别从整体学习、朗读要求和语段表达要求两方面确定了评价指标，并设计了各种评价表，如贴在黑板提醒全体学生关注并实时评价的评价表，在课堂中发给每个学生进行阶段性评价的评价表以及与具体教学内容相结合的学习行为评价表。

2. 设计学科课堂观察表

在课题研究过程中，课题组设计了自主学习课堂观察记录表（表19），针对5个观察点要求，根据课堂教学实际情况在观察点一栏填入对应的代号，对教师和学生的行为进行描述。

授课教师根据自己的教学设计填写观察记录表，简单罗列教学环节，帮助观课的教师进行课堂观察，最后提前打印这份表格，交给观课的教师。观课教师根据这份表格进行相应的记录，听完课进行集体备课，并对这些观察点进行交流探讨，确认是否属于真实的课堂行为，从而归纳整理有规律、有普适性的教学行为模式。

表19

	课　　　题：_____
	班　　　级：_____
	任课教师：_____
	观　察　者：_____
	观察日期：_____
	观察点：①自我计划；②方法和策略的选择；③自我调控；④自我反思；⑤自我评价
	填表要求：根据课堂教学实际情况在观察点一栏填入包含的自主学习元素代号，并根据教师和学生的行为进行描述

续 表

教学环节	任务	观察点	观察者现场记录	
			教师行为	学生行为
课前活动				
新授部分				
活动设计及思考				
分析与建议（我们还能做些什么，以支持、促进和发展学生的自主学习？）				

3. 学生自主学习能力发展性评价的方法

（1）自我评价

自我评价，指学生依据一定的评价标准，对自己的学习作出分析和判断，并对自身的学习进行自我调节的活动。个体的自我评价具有自我诊断、自我反馈、自我激励的功能。没有自我评价就不可能自我监控，更难以自我调节。学生的自我评价对学生的成长来说尤其重要。

学生完成一些自主学习任务后，教师需要引导学生进行正确的解释和归因，鼓励学生的积极归因，来增强学生对学习的可控性，以保证学生学习的持久性。在课堂小结时，指导学生以"反馈单"为依据，思考自己的课堂所得，评价自己的课堂表现等。教师可设计有趣的评价方式来增加评价的趣味性，让学生在"游戏"中完成自评任务。

英语阅读反馈单见表20。

表20

Check and tick.（阅读反馈单内容，根据自己组完成的情况打钩）		
We can...		
1. Read and spell the new words：sea, mountain, river, sky.	（	）
2. Use the sentences to describe your favorite activities.	（	）
3. Finish the exercises correctly.	（	）
4. Read the story fluently.	（	）
5. Act the story.	（	）
6. Ask for help if we need.	（	）
7. Finish the task in time（及时）.	（	）

二年级语文"读读儿童故事"阅读评价表见表21。

表21

"读读儿童故事" 阅读评价表 班级:＿＿＿ 姓名:＿＿＿ 学号:＿＿＿		
评价内容	评价星星	评价目的
我能画出有趣场景并向大家介绍	☆ ☆ ☆ ☆ ☆	能否自由表达
我能模仿人物表演	☆ ☆ ☆ ☆ ☆	是否表演生动
我制作了好词好句卡片	☆ ☆ ☆ ☆ ☆	能否主动参与
我能和同学或家人合作朗读	☆ ☆ ☆ ☆ ☆	能否善于合作
合作完成任务时,我会主动参与并分享观点	☆ ☆ ☆ ☆ ☆	能否独立思考
我能展开丰富的想象改编故事	☆ ☆ ☆ ☆ ☆	能否富于想象
我能和同学合作演出精彩故事	☆ ☆ ☆ ☆ ☆	能否自信大方
获得星星的总个数		

表20和表21为课题组设计的学生自我评价表。课题组成员学习和研究后,发现学生的自评对提高学生的自主学习能力、提高学生的元认知能力具有重要意义,因此重视学生的我评价能力培养。不同学科的教师都从自己执教学科的特点和学情出发,设计自评表,引导学生对自己的学习过程、学习成果进行评价,其目的在于激发学生的学习兴趣,让学生了解自己的学习效果,持续激发学生学习动机,不断完善学生的学习习惯,巩固学生的学习成果。

(2)教师评价

教师是制定评价标准的主要成员,也是学生合作学习的指导者和参与者。尽管以学生为主的教学模式提倡师生平等,但教师在学生心目中的地位依旧很高,与学生间的评价相比,教师的评价对学生的影响更大、更深远。

教师评价评估是元认知学习策略中评估策略的重要组成部分。元认知理论提倡教师根据学生在日常活动中的元认知监控方面的行为表现,对学生的元认知监控的活动水平与发展水平进行评价。

教师评价是根据一定评价标准进行的较为客观公正的评价,它能督促学生及时完成学习任务,促进学生不断反思,提高学习效率与质量。同时,教师评价反映教师自身的教学质量和教学能力,教师以不同的考核形式评判学生的学习效果,以便通过总结使自身教学能力得到提高,从而间接实现学生的发展。例如,教师可以根据学生的课堂参与度进行评价;教师可以根据学生回答问题的情况进行评分;教师可以对学生完成学业的水平、学习习惯、学习方法、成果收获和学生道德品质等方面进行评价。教师不仅要评价学生的知识水平,还要评价学生的核心素养的发展。在评价过程中,教师既要对学生进行肯定和鼓励,也要帮助学生分析成功和失败的原因,并且有针对性地给予学生具体的建议和指导，使教师评价真正成为一种有效的教育手段，成为激发学生进一步发展的动力。

为了提高课题组成员的评价水平和评价能力，课题组对应该如何实施教学评价进行了深入的分析和探讨，形成了促进学生提高自主学习能力的教师评价设计原则。

第一，注重学生的情绪变化，给予学生情感支持，把握恰当评价时机。在学习过程中，小学生很容易受外界和自身的影响，产生困难、焦虑、紧张、挫折等负面情感，从而影响学习效果。因此，教师评价要考虑到学生的情绪，在恰当的时机给予合适的评价。

第二，了解学情，给予学生学业支持，以评促学。教师的学业支持，指教师对学生学习方面的关注、支持与评价，如教师监督学生完成课内外的作业、帮助学生掌握学习策略与方法、给予学生恰当的评价与反馈等。教师的学业支持只有满足学生的胜任需求、自主需求及关系需求才能激发学生的内部学习动机。教师给予学生及时的关注和有效的信息反馈有助于提高学生的胜任感，因为这种关注和反馈能够极大地提高学生互动感和参与感。从自我决定理论角度来看，教师给予学生学习适当的关注和正向的评价可以满足学生的胜任需求，让学生更有信心，更加积极地参与课堂活动。

第三，重视评价的技巧与艺术。与传统的教育评价不同，发展性评价重视评价的技巧与艺术。曾经，许多教师错误地认为评价的科学性在于精准性和可计量性，于是无论是学业评定还是品德评定，都提倡采用量化的方法。但精确不等于正确，量化不等于科学，一味地强调精准和可计量并不符合教育评价规律。非量化的指标和说明若能充分尊重学生的个性特点及评价规律，则一样充满科学性。因此，教师对学生进行评价时，不能将评价简单地看作"标签机"或"鉴定器"，也不能将评价者看作铁面无私的裁判员和法官。评价时，既要看到评价的工具性价值，又要看到评价的教育性、发展性价值。

（3）同伴评价

只有在他人的评价中，学生才能不断调整自我评价。学生个体具有差异性，使每一个学生清楚地、正确地认识到自己在群体中的实际状况，有利于激发评价对象的竞争意识。在教学中，教师通过鼓励引导学生积极参与相互评价，以此增进学生间的多向交流，以利于取长补短，让学生进一步在小组合作学习中认识自我。在课题研究中，英语组采用了同桌互评、小组互评及全班范围内互评的方式对学生进行评价。这样，既为更多的学生提供了发表自己见解的机会，又培养了学生的合作意识。例如，一次对话表演结束后，教师可以引导学生用"Well done！""They did a great job！""They can..."对对话的学生进行评价。学生评价是一次学习的过程，是一次对照自身进行反思、调控自身行为的过程，它能提高学生运用语言的能力。

（4）小组评价

小组评价是以小组为单位开展学习评价活动，让学生组内相互交流的一种评价形式。小组评价就是通过小组合作，促使学生对自己的学习过程和成效进行有效反思，不断自我调控和完善，促进自身发展。小组评价不能一言堂，不能让组内的优等生包揽评价的话语权，更不能使除优等生外其余学生只能被动倾听和接受。组内的每个学生都要对同伴的学习情况互相评价，评价的角度不能过于单一，要强调多元。从内容的正误到表达的方式，都可以作为评价的维度。学生评价结束后，教师再进行提问与总结。

四、研究成效

（一）强化了学生自主学习的意识

学生是教育的对象，更是学习的主人。课题研究之前，课题组成员都明白这个道理，但在教育教学实践中落实得仍有缺位。随着课题研究不断深入，教师无论在理念上，还是在行动上，都着力增强学生自主学习的主体意识，不断引导学生，逐渐将教学模式从"跟着我学"转变为"我要主动学"，引导学生以主人翁的心态参与各学科的学习。

在教学中，课题组成员注重建立有利于学生自主学习的教学结构。在教学过程中，教师正确引导，巧妙疏导，让学生积极投入到学习的全过程；在学习中，学生不断获得成功的快乐。在课题研究中，课题组成员不断激发学生自主学习的兴趣，在学生学习和运用知识遇到困难和瓶颈时，教师主动放权让学生自主探究，自主得出结论。在教师的引导下，学生明确了学习目标，不断提升参与学习的深度，学会了充分利用教师提供的机会展示自身的学习能力。学习逐渐成为学生自我支配、自我调节、自我监控的活动过程。

1. 主动思考的意识增强

课堂教学中课题组成员逐渐开始为学生预留学习空间，改变了以讲授为主的教学方法，留出时间让学生思考或探究，抛出问题让学生尝试自己解决；教师设计的课后作业越来越具挑战性。在课堂内和课堂外，学生主动思考意识逐渐增强，独立完成任务的能力提高，依赖性减弱，开始勇于尝试和接受挑战。

2. 规划和计划意识增强

学生从被教师要求做计划和规划，到主动做计划和规划。在完成任务前，学生会主动做一个整体的设计和安排，改变了以往被动接受任务、听教师和家长吩咐和安排的习惯，大胆设想、积极参与学习计划和规划从设计到实施的全过程。

3. 自我反思的意识增强

自我评价已经成学校课堂教学中的一个重要组成部分。课题组通过细化自我评价指标，让学生倾听他人的评价并将相应评价进行同伴间的对比，从而对自己的行为与成果进行描述。随着学生自我评价频次的增加，学生自我反思的习惯也逐渐养成。

（二）提高了学生自主学习的能力

自主学习是学生在学习活动中自我计划、自我调控、自我反思、自我评价并发展自身主体性的过程。自主学习使学生真正成为学习的主体，使学生积极能动地参与教学活动,从而使学生积极主动地学习和尝试。这不仅开发了学生潜在的学习能力,也激发了学生学习的积极性,使学生养成良好的学习态度和学习习惯。

1. 自我计划能力

课题研究中,课题组成员教师努力把握一切机会让学生制订自我计划。各学科教师通过不断强化学生自我计划的制订能力,使学生制订自我计划的能力水平越来越强。学生的自我计划能力随着年级的增高不断发展和提高,这表现在从低年级选择性勾选学习计划,到中高年级针对不同学科不同学习任务和要求制订学习计划的变化当中。语文学科学习中,学生可根据单元学习要求来制订学习计划;英语学科学习中,学生能根据文章的题材和自己的阅读水平来制订学习计划;音乐学科学习中,学生则根据学习内容涉及的相关乐器、背景、音乐家制订拓展学习和探究计划。经过几轮的训练,学生对于计划制定的要素已经完全掌握,考虑问题也越来越精准和全面。

2. 自我管理能力

课题研究中,教师不断提高学生的学习兴趣,如通过巧设问题促进学生思考,使学生不断产生探索的兴趣,并结合不同的训练方法,为学生提供实践的机会,让学生在学习中体验到学习的乐趣,并提高学生的自我管理能力。这种自我管理能力包括但不限于以下几个良好习惯的养成和保持。

(1)认真预习的习惯。课前预习是自主学习的重要环节。课题研究之前,学生也会做课前预习,但那要教师提出具体的要求,被动地进行,质量有待提高。在课题研究中,教师自我先行,改变教学理念,培养和提高学生的自学能力,让学生逐步减少对教师的依赖,使学生了解新知识与已学知识之间的框架和关系,找到本次课的难点和重点(自己听课的重点),用笔圈画出自己不理解的问题,并做预习笔记。

(2)专心听课的习惯。课题研究之前,大部分学生具备专心听课的意识和习惯,但有少部分学生认为,上课听不懂,可以看教材,可以找老师,因此听课时不求甚解,或听课时遇到障碍就不听了,开始走神。因此,课题组成员开始研究以预习单和学习任务单来引导学生形成听课"必须当堂掌握"的自我管理意识,要求学生上课时理清思路,理解教师讲课时的思维规律和思维方法,学习和思考教师解决问题的思路,将注意力集中在教师的讲课思路上。

(3)及时复习的习惯。复习对掌握知识的重要性不言而喻,但因小学生年纪普遍较小,大多数小学生复习的意识较弱,或还不能掌握复习的方法。因此,课题组成员一边教学生正确使用学习任务单,一边针对不同学科的各学习环节的特点,科学地设计和布置作业,使作业形式体现出游戏性和趣味性。对于学困生,教师从帮助他们把所有学习内容进行复述开始,逐步进行学习策略的指导,努力激发学困生的学习兴趣,使学困生逐步养成及时复习、不懂就问、及时解决复习中遇到的问题的习惯,从而让学困生体验学习的乐趣,尤其是自己解决困难的乐趣。

学生养成及时复习的习惯，有助于学业成绩的不断提高。

3. 自我调控能力

课题研究中，对学生的自我调控能力的培养分为两个方面：一是让学生按照自己制订的计划去执行时，学生会在具体的学习过程中不断地修正计划，即学生在学习过程中发现实际的学习过程并不能完全按照计划实施，就需要不断修正计划从而调整自己的学习；二是学生在学习过程中能及时发现问题并及时对问题进行修正和调控。这两种方式的调控训练都是从发现问题开始的。在学生的学习过程中，教师是一个帮助者，学生在教师的引导下及时发现问题并从问题入手进行调整。

课题组成员在研究中，以学生独立完成作业为抓手，培养和提高学生的自我调控能力。学生对知识的掌握程度难以从学生的自我感觉中得到准确判断。因此，课题组教师先引导学生通过作业的形式，将易混淆的知识和观念区别开来，使学生理解不同知识之间的关系，灵活运用，把对知识的掌握深入到高级阶段。在教师的帮助和指导下，对作业中出现的问题，学生逐步开始进行积极的思考。在完成作业的过程中，学生的思维能力不断得到提高。同时，课题组成员精心设计的作业，也起到了为学生学习复习和积累资料提供了帮助。

4. 自我反思能力

学生在学习中，需要做一些相应的作业和练习，但题目做完并不等于完成任务，更不是大功告成，做题的真正目的是引导学生学会将知识引申、扩展、深化。因此课题组成员对提高学生的反思能力进行了深入的分析和探讨。目前学生完成习题后，会主动进行反思：我是怎么做出来的，我为什么这样做，我为什么会想到这种方法，还有没有其他的方法，我能不能把这道题变成另外一道题，等等。通过对这些方法、原理以及思维方式的反思的反复训练，现在我校的学生自我反思的能力提高很快。

5. 自我评价能力

所有的教学都必须有学生的参与，学生是学习的主体。学生的主体性的参与离不开自我评价。传统教学中学生的学习评价主体是教师，学生对学习评价无权过问，也没有参与评价的可能。课题研究中，教师逐渐改变教育评价观念：小学生虽然年龄小，心理发育尚未成熟，缺乏一定的自我意识，但教师可以引导、唤醒、逐渐培养学生的评价能力。这可以发挥引导者的积极能动作用，若一味采用教师的"独立评价"，很难实现学生的可持续发展。

（1）知识、技能的自我评价。课题研究中，课题组成员认真研究和分析后，决定在每节课结束时给学生反思自问的时间。例如：今天老师讲了什么？我有什么收获吗？我还有不懂的地方吗？学生自我评价后，内化自己的知识结构并确定自己努力的方向。

英语组的教师还将评价的标准张贴在教室的墙上，学生对照标准进行订正，教师再次批改。日积月累下，学生已经通过自我评价学会理解所学知识，对照教师提供的学习任务单找出差距，使自己的学习更具有针对性。

（2）解决题目的自我评价。学生的学习不仅仅是掌握一些概念和技能，还必须通过概念和技能来进行探索、猜想和推行等来解决相关的题目。课题研究中，教师在教学中，设置贴近学生学习生活的情境，将学生需要解决的题目包含在情境中，使学生在解题的过程中进行学习。目前学生可以运用自我解题的策略，体验到讲解题目的成就感和乐趣。在课题的研究过程中，教师通过提问一步一步地引导学生。学生通过回答"我是如何这个题目的？""我能不能用数学（其他科目的）语言清楚地表达完成任务的过程？""我做的是否正确？""这种解题的方法还可以用在哪些题目中？"等问题来培养并提高自我评价能力。

（3）情感态度的自我评价。未来的世界需要具有团队意识和团队精神的人。教师应引导学生积极主动参与学习，使学生在学习的过程中主动与同伴进行交流和合作。班主任教师在班级中带领学生进行集中的反思，让学生回顾自己在一周内的课堂表现、完成作业情况、参加集体活动和做值日等情况，让学生意识到哪里做得比较好，哪里还需要提高和改进。在不断的总结中，学生提高了自我评价能力。

在现阶段的数学教学中，教师只是要求学生会做题、做对题，以使学生在考试中取得较高的分数。对于概念类知识的学习，教师并不重视，一般仅要求学生以了解和记忆为主。不难发现，概念上的一知半解，导致学生的数学基础不扎实，甚至因此出现了借助思维定式和固定套路解决数学问题的现象，这使得学生的学习效果不理想。因此，教师应在概念教学中引导学生进行自评和反思，并发现学生的问题所在，以有针对性地进行指导。

（三）培养了学生自主学习的习惯

课题研究中，教师始终帮助学生明确学习目的，使学生明确学习是自己的事情。学生只有主动地、认真地学习，才能提高自己，实现自己的理想，长大后为国家和民族作出贡献。经过课题的研究，学生学习自觉性不断提高，学校和班级充满了自主学习的氛围，学生自主学习的主动性不断提高。

课题研究中，课题组成员通过学习和研究发现，培养学生的学习自觉性，让学生养成自觉主动学习的习惯，不在于教师每天的催促，而在于教师合理合适的提醒和要求。因此课题组成员设计了预习单和学习任务单，以此促使学生进行自我管理，使学生主动学习、主动参与的积极性不断提高，使学生的主动水平和能力发展较快、较好。而且课题组成员在研究和实践中，也注意潜移默化地引导学生，依靠一次又一次的重复，使学生的自主学习由习惯成自然。

课题研究中，每一位成员都认真学习，针对所教学科的特点、学科知识的内在规律、学生的认知规律以及学生的学习心理，不断进行研究，制定出有利于学生自主学习的策略。这些策略中最突出的是教师设计了不同学科的预习单和学习任务单。该策略传授给学生学习的方法，对促进学生的成才、促进学生的可持续发展具有积极意义。同时，教师创造了适宜学生自主学习的氛围。教师的教育教学的出发点都是学生的主动发展，教师督促和要求学生时，首先考虑的是不能使学生失去主动性。在完成作业及各种任务时，对于学生出现的天马行空的结论和想法，教师以鼓励为主，并尽可能地引导学生得出科学、合理的结论，使学生体验探究的乐趣，并让学生知道得出科学结论是需要有充分的实践和理论指导作为依据的。

五、问题讨论

本课题在主持人的指导下，在全体成员的不断努力下，得到了一些成果，这些成果有利于学生的自主学习能力的不断提高，但仍存在一些问题需要思考及在后续研究中不断进行探索。

（一）核心素养背景下对学生自主学习的再思考

核心素养背景下培养学生的自主学习能力，对于学生的发展和成长具有重要的作用。将核心素养的理念全面引入小学教学中，是培养学生自主学习能力的前提。开展提升学生核心素养方面的研究，首先要从改善学生的思维创新方法入手，尤其要关注思维创新方法的实施与应用。

（二）从元认知角度探讨学生自主学习能力培养的现实意义

元认知作为认知的认知，包括能提高学生学习有效性的策略和形成学生对学习活动的计划、安排、监控、调整和评估等策略。元认知策略作为高层的控制策略，引起了众多研究者的兴趣。元认知策略兴起于20世纪80年代的"教会学生如何学习"的运动，其本质是培养学生的元认知意识和元认知能力。但目前系统和深入地针对小学教育教学进行的元认知研究较少，在实践中对元认知的研究更少，因此对元认知策略进行探索具有重要的现实意义。

从教师的视角，元认知可以促使教师转变自身的教育理念，即促使教师的教育理念从"抱着学生学"转变为"带着学生学"，为学生提供良好的学习空间，使学生学会自主学习、自主探究。

从学生的视角来说，现在的小学生是国家的未来，他们将自主完成自己的事业、自主完成自己的工作，而这需要从小锻炼和培养他们相应的能力。

从学校的视角来说，全体教师为培养学生的核心素养不断努力，形成教师的科研和教学的合力，有利于学校坚守教育的初心，有利于学校的可持续发展。

（三）运用元认知理论培养学生自主学习能力对教师的新挑战

培养学生的自主学习能力，更考验教师的驾驭课堂的能力。教师面临着新的挑战。

1. 教师要改变角色，教师尊严也不能少

按新课标的要求，教师的角色要改变，教师不能高高在上，要与学生一起探究，成

为学生学习的合作伙伴。虽然教师应与学生平等交流，实现与学生的教学相长，但是教师的角色不能处处丢，教师的尊严也不能时时少。教师一定要多多储备知识且做到"不卑不亢"，在自主学习的课堂上，要让学生既有兴趣又有压力，切莫把自主学习演变为自由聊天、随意表现的形式主义。

2. 教师要以问题为导向，提高教学能力

在设计教学内容时，教师始终要思考以下问题：

第一，学生在课堂上究竟要学什么？课堂教学要给学生什么样的知识体系？认知起点在哪里？学生掌握了什么？学生还要学习什么？

第二，学生在课堂上学习的动力是什么？为什么学生喜欢我的课？/我的课为何没有吸引力？

第三，要让学生学到什么程度？学生学完之后能做什么？

第四，要让学生实现这样的学习行为，需要给学生什么样的学习支架？

第五，如何证明学生达到了教师设计的学习目标？所用的测评工具是什么？

以问题和项目为导向带动学生学习，多采用让学生参与、协作的教学方法，是教师面临的巨大挑战。

3. 教师要以作业功能为导向，提高作业设计能力

（1）作业的功能是诊断、巩固、学情分析。

作业是教师判断学生掌握知识的水平和存在的问题的载体，也是教师判断自身教学存在的问题的载体。若诊断出问题，要用题目来解决问题。

（2）作业设计要符合年龄特点和学习规律。

教师要设计分层的、弹性的和个性化的作业，坚决避免机械的、无效的作业，杜绝重复性、惩罚性作业。

（3）作业指导要限量、限地完成。

教师要尽可能地对作业进行面批、反馈、答疑。

培养和提高学生的自主学习能力，是一个系统工程，绝不可能在短时间内完成，需要教师长期地、有计划地进行。因此，教师应转变教学理念，终身学习，不断研究学生的学习规律，探索新的教学策略，不断地指导学生、帮助学生。随着国家对教育的重视，传统的"填鸭式"教育早已被新教育取代。新教育虽然遍地开花，但教师却面临着更大的考验——用好自主学习会事半功倍，用不好会事倍功半。

附录1　小学生自主学习能力调查问卷（学生版）

亲爱的同学：

你好！

欢迎你参加本次调查活动。这不是考试，也不会算成绩，你只要根据自己的实际情况，在你认为符合的选项上打"√"，请不要有任何顾虑和担心。谢谢你的合作！

上海市浦东新区福山唐城外国语小学

2020年11月

1. 我_____。

A. 男生　　　　　　　　　　　　B. 女生

2. 我_____小朋友。

A. 一年级　　　　　　　　　　　B. 二年级

C. 三年级　　　　　　　　　　　D. 四年级

E. 五年级

3. 我_____希望老师在课堂上少讲，小朋友多发言或讨论。

A. 非常　　　　　　　　　　　　B. 比较

C. 不　　　　　　　　　　　　　D. 无所谓

4. 当老师上课提问时，你会_____。

A. 主动举手回答老师问题　　　　B. 跟其他同学齐声回答问题

C. 等着老师叫我回答问题　　　　D. 希望老师叫其他同学回答问题，不要叫我

5. 当上课内容听不明白时，我_____。

A. 认真听下去　　　　　　　　　B. 想办法让自己明白

C. 反正不懂，不听了　　　　　　D. 不知道怎么办

6. 老师布置的家庭作业，我通常_____。

A. 完成作业就休息

B. 完成作业后，会复习，也会预习

C. 完成作业后，自己看课外书或者做其他练习

7. 通常我_____安排自己每天的学习任务。

A. 独立　　　　　　　　　　　　B. 在老师的要求下

C. 在爸爸妈妈的要求下　　　　　D. 不

8. 每天放学后我_____。

A. 先休息一段时间再做作业

B. 赶紧把作业做完，剩下的时间再休息

C. 尽快把作业做完，再继续学习（如看课外书，上兴趣班，做额外的习题，等等）

D. 尽快把作业做完，做自己喜欢的事

9. 每天我_____。

A. 按照老师的要求预习　　　　　B. 自行预习

C. 没有时间预习　　　　　　　　D. 不预习，因为没有必要

10. 每天放学后，我_____。

A. 把学过的内容看一遍或者背下来

B. 用思维导图总结或帮助自己复习学过的内容

C. 不复习，上课听懂就可以了

D. 不知道怎么复习

11. 课后遇到不懂的内容，我_____。

A. 请老师或家长帮助

B. 主动与其他同学讨论，一起解决

C. 自己上网或者看书寻找资料，自己解决

D. 不做了，等着老师课堂上讲解

12. 当背诵语文或英语有困难，记不住时，我通常_____。

A. 自己想一些方法记住　　　　　B. 反复读和背诵，直到记住为止

C. 请老师、父母和同学帮助自己　　D. 先不背了，以后再说

13. 我不懂的题目，老师或者同学帮我讲解后，我通常_____。

A. 马上再做一遍

B. 再做一遍，还要想想我为什么没有做出来

C. 不再理睬它了

14. 做家庭作业时，我通常_____。

A. 先做简单的，再做难一点的

B. 先做难一点的，再做简单的

C. 不管难度，直接按照科目一项一项做

D. 随便拿一本作业本就做

15. 如果不能按时完成作业，我觉得_____。

A. 羞愧，以后一定按时完成作业　　B. 没有关系，只是一次而已

C. 无所谓，谁没有过这时候呢　　　D. 不会出现这样的情况

16. 参加不擅长的科目考试之前，我会_____。

A. 紧张，担心自己考不好　　　　　B. 没有什么害怕的，我已经努力了

C. 完全无所谓，反正我肯定考不好　D. 直接放弃，让爸爸妈妈再训一次

17. 当你的考试或作业出现错误时，你通常会_____。（可多选）

A. 自己订正错题，还仔细分析出错的原因

B. 感到伤心，不断责怪自己

C. 请老师或同学帮助自己订正错题

D. 觉得没关系，谁没出过错呢

E. 不订正了，老师讲了再订正

18. 当你取得好成绩时，你会_____。

A. 很有成就感，会给自己一些奖励

B. 觉得很正常，没有什么值得奖励的

C. 因为没有取得过好的成绩，不太清楚会怎么样

D. 要爸爸妈妈奖励自己

19. 我能取得好成绩的原因：_____。

A. 自己的努力   B. 运气比较好

C. 题目很简单   D. 我很聪明，什么题目都可以做好

20. 我觉得自己不比别人差，我能行。

A. 非常同意   B. 有点同意

C. 不太同意

21. 我会用多种方法来解决同一个问题。

A. 是   B. 否

22. 老师布置的作业，我知道题目哪些比较难，哪些比较简单。

A. 是   B. 否

23. 我感兴趣的内容，我会学得更快更好。

A. 是   B. 否

24. 考试时我会先弄清楚题目的要求再答题。

A. 是   B. 否

25. 我知道老师想让我学些什么。

A. 是   B. 否

26. 放学后我确信自己知道该做什么不该做什么。

A. 是   B. 否

再次感谢你的填写！

附录2 小学生自主学习能力调查问卷（教师版）

亲爱的老师：

您好！为有效提高我校学生的自主学习能力，更好地发挥教育的育人功能，为了支持我校批准立项的区级重点课题《基于元认知理论 培养学生自主学习能力的实践研究》的研究，现针对我校教师对学生的自主学习能力现状的了解情况展开调研。本问卷均为匿名，请您根据实际情况填写。

衷心感谢您的大力支持！

上海市浦东新区福山唐城外国语小学

2020年10月

一、基本信息

1. 您的性别是_____。

A. 女　　　　　　　　　　　　B. 男

2. 您执教的年级是_____。

A. 一年级　　　　　　　　　　B. 二年级

C. 三年级　　　　　　　　　　D. 四年级

E. 五年级

3. 您执教的学科是_____。

A. 语文　　　　　　　　　　　B. 数学

C. 英语　　　　　　　　　　　D. 音乐

E. 体育　　　　　　　　　　　F. 美术

G. 思想品德　　　　　　　　　H. 实践活动

I. 社团活动　　　　　　　　　J. 其他（请填写）

4. 您_____负责学科项目组长的工作。

A. 是　　　　　　　　　　　　B. 否

5. 您的年龄是_____。

A. 30岁以下　　　　　　　　　B. 30～40岁

C. 40～50岁　　　　　　　　　D. 50岁以上

6. 您的教龄是_____。

A. 0～3年　　　　　　　　　　B. 4～6年

C. 6～10年　　　　　　　　　 D. 10～15年

E. 16～20年　　　　　　　　　F. 20年以上

二、元认知及学生自主学习能力

7. 您_____了解元认知。（若选A，请继续答题；若选B，请跳至11题）

A. 是　　　　　　　　　　　　B. 否

8. 您认为元认知是_____。（可多选）

A. 对自己的认知　　　　　　　B. 对学习内容的认知

C. 对学习策略的使用方法的认知

9. 您的学生在学习过程中_____使用过元认知策略。（若选A，请继续答题；若选B，请跳至11题）

A. 是　　　　　　　　　　　　B. 否

10. 您的学生使用过哪些元认知策略？（可多选）

A. 计划策略　　　　　　　　　B. 监控策略

C. 调节策略

11. 您理解的学生的自主学习是_____。（可多选）

A. 教师给学生搭好学习框架，学生在框架内自主完成

B. 教师只给学生安排任务，学生自主完成

C. 学生自己学，有不懂的咨询老师

D. 学生之间沟通交流，进行合作学习

E. 学生利用多种资源完全自学

F. 其他（请填写）

12. 您认为学生的自主学习能力有_____。（可多选）

A. 元认知能力   B. 自我管理规划能力

C. 自我归因能力   D. 自我调整能力

13. 您认为影响学生的自主学习能力的内因有哪些？（多选）

A. 成就目标   B. 任务价值

C. 自我效能感   D. 归因

E. 自我监控能力   F. 意志

G. 性别差异   H. 学习策略

14. 您认为影响学生的自主学习能力的外因有_____。（多选）

A. 家庭因素   B. 教师因素

C. 社会因素

15. 您认为自己学生的自主学习能力_____。

A. 较强   B. 一般

C. 较差   D. 非常差

16. 您认为当前您的学生自主学习存在的主要问题是_____。

A. 学习动机不强，学习被动

B. 学习责任意识弱，依赖思想严重

C. 学习无目标、计划，缺乏对学习的监控和调整，等等

D. 其他（请填写）

17. 在您的教学过程中，您会通过_____提高学生的自主学习能力。（多选题）

A. 导学案   B. 课后习题

C. 课外阅读   D. 动手实践

E. 观察研究   F. 分析讨论

G. 其他（请填写）

18. 测验中小明答错了很多题，请您分析他出现失误的可能原因。

19. 假如需要您记住以下16个词，您会怎么做？这种方法为什么可以让您记得又快又准？

轮船　书桌　火龙果　白鹭　动车　沙发　茶几　麻雀　苹果　百灵鸟　汽车　葡萄　椅子　鸽子　橙子　飞机

20. 请您设计一个小活动，使学生学会专心。

再次感谢您的填写！

参考文献

◎ 中文文献

［1］庞维国. 自主学习学与教的原理和策略［M］. 上海：华东师范大学出版社，2003.

［2］康·德·乌申斯基. 人是教育的对象——教育人类学的初探（下卷）［M］. 张佩珍，郑文樾，张敏鳌，译. 北京：人民教育出版社，1989.

［3］维果茨基. 维果茨基教育论著选［M］. 余震球，译. 北京：人民教育出版社，2005.

［4］夏雪梅. 项目化学习设计：学习素养视角下的国际与本土实践［M］. 北京：教育科学出版社，2018.

［5］钟志贤. 大学教学模式革新：教学设计视域［M］. 北京：教育科学出版社，2008.

［6］巴克教育研究所. 项目学习教师指南——21世纪的中学教学法［M］. 任伟，译. 2版. 北京：教育科学出版社，2008.

［7］拉尔夫·泰勒. 课程与教学的基本原理［M］. 施良方，译. 北京：人民教育出版社，1994.

［8］肖武云. 元认知与外语学习研究［M］. 上海：上海交通大学出版社，2011.

［9］束定芳. 外语教学改革：问题与对策［M］. 上海：上海外语教育出版社，2004.

［10］庞维国. 自主学习理论的新进展［J］. 华东师范大学学报（教育科学版），1993（3）：68-74.

［11］龙毅. 利用元认知理论发展学生思维能力［J］. 数学教育学报，1996（1）：25-28.

［12］汪玲，郭德俊. 元认知的本质与要素［J］. 心理学报，2000（4）：458-463.

［13］周雪. 元认知——促进英语自主学习的原动力［J］. 青海师范大学学报（哲学社会科学版），2004（3）：129-132.

［14］陈海亚. 学习单——高效课堂的助推器［J］. 广西教育，2012（1）：30，35.

［15］钱鹏，徐冬梅. 元认知策略下的自主学习评价体系的建构［J］. 赤峰学院学报（自然科学版），2014（3）：203-204.

［16］韩翔宇. 基于元认知的自主学习能力培养策略［J］. 中学政治教学参考（下旬），2013（7）：53-55.

［17］曹梅.运用项目化学习提升英语思维品质的策略研究［J］.文理导航（下旬），2021（9）：10-11.

［18］崔静梅.项目学习下的小学英语阅读教学实践与探究［J］.辽宁教育，2019（9）：85-87.

［19］段莉.元认知理论、作用及其能力的培养［J］.中北大学学报（社会科学版），2006（2）：42-44.

［20］方凌雁.综合实践活动课程的育德价值和实践路径［J］.教学与管理，2019（1）：36-38.

［21］胡佳怡.从"问题"到"产品"：项目式学习的再认识［J］.基础教育课程，2019（9）：29-34.

［22］胡舟涛.英语项目式教学的探索与实践［J］.教育探索，2008（2）：70-71.

［23］贾国均."字理识字"教学法介绍［J］.小学语文教学，1995（10）：18-20.

［24］贾国均."字理识字"是解决汉字初学繁难问题的有效途径［J］.汉字文化，1995（1）：26-33.

［25］金勇.论元认知和智力的相互关系［J］.心理科学，2001（3）：303-305，382-383.

［26］林丽斌.小学英语项目式学习的实践与经验［J］.师道，2019（12）：39-40.

［27］吴慧洁.项目化学习在小学英语单元整体教学中的应用［J］.现代教学，2021（11）：47-48.

［28］吴婷婷.基于思维品质提升的小学英语项目化学习研究［J］.文理导航（上旬），2021（10）：46-47.

［29］夏雪梅.项目化学习：连接儿童学习的当下与未来［J］.人民教育，2017（23）：58-61.

［30］谢宇松.项目化学习设计的出发点［J］.教学与管理，2020（32）：24-26.

［31］薛红霞，吴素荣，肖增英.拓展"真实"定义让项目学习成为教学常态［J］.中小学管理，2020（8）：7-10.

［32］杨宁.元认知研究的理论意义［J］.心理学报，1995（3）：322-328.

［33］赵德成.教学中的形成性评价：是什么及如何推进［J］.教育科学研究，2013（3）：47-51.

［34］赵永生，刘磊，赵春梅.高阶思维能力与项目式教学［J］.高等工程教育研究，2019（6）：145-148，179.

［35］朱霞.基于项目学习的小学英语阅读教学［J］.文理导航（上旬），2021（9）：49-50.

［36］赖静，曾文婕.我们需要怎样的学生自评——基于国外学生自评类型研究的整

体性范式建构［J］．外国教育研究，2019（11）：114-128．

［37］黄甫全，李灵丽．新兴课语整合式学习的有效实施策略［J］．外语界，2015
（3）：16-24．

［38］贺显斌．高中英语新课程标准对教师评价素养的要求［J］．教育与考试，2020
（2）：36-39．

［39］蒋艳杰，黄兆媛．试论元认知理论与大学生自主学习能力的关系［J］．教育探
索，2009（1）：17-18．

［40］唐卫华．大学生物理自主学习能力培养的研究［D］．长沙：湖南师范大学，
2007．

［41］郁晓华．个人学习环境设计视角下自主学习的建模与实现［D］．上海：华东师
范大学，2013．

［42］何仁平．小学生自主学习思路与对策研究［D］．成都：四川师范大学，2013．

［43］李伟勤．元认知理论在高三生物教学中的应用研究［D］．苏州：苏州大学，
2017．

［44］李艳萍．运用元认知策略提升学生化学自主学习有效性的研究［D］．哈尔滨：
哈尔滨师范大学，2017．

［45］罗娅雯．初高中衔接阶段英语词汇教学的问题和对策研究［D］．湘潭：湖南科
技大学，2017．

［46］裴娣娜著．教育研究方法导论［M］．合肥：安徽教育出版社，2000

［47］范伯格，索尔蒂斯．学校与社会［M］．李奇，译．4版．北京：教育科学出版
社，2006．

［48］王称丽，贺雯，莫琼琼．7～15岁学生注意力发展特点及其与学业成绩的关系
［J］．上海教育研究，2012（12）：51-54．

［49］林镜秋．大中小学生注意转移的实验研究［J］．天津师大学报，1996（6）：
33-37．

［50］王雪梅．维纳的归因理论及其在教育实践中的运用［J］．辽宁师范大学学报，
2006，（2）：77-78．

［51］许国喜．社会体育专业大学生学业自我效能感、成就动机和学业成绩的关系
［J］．教学研究，2014，37（5）：85-87，98．

［52］张丽娟．项目式学习在小学语文阅读教学中的应用研究［D］．成都：四川师范
大学，2018．

◎ 外文文献

［1］ANDERSON N. J. The Role of Metacognition in Second Language Teaching and

Learning［J］. ERIC Digest, 2002.

［2］O'MALLEY. J M, CHAMOT A U. Learning Strategies in Second Language Acquisition ［M］. Cambridge: Cambridge University Press, 1990.

［3］OXFORD R L. Language Learning Strategies: What Every Teacher Should Know［M］. New York: Newbury House Publishers, 1990.

［4］STEMBERGR J. Encyclopedia of Human Intelligence Vol2［M］. London: Macmillan Publishing Limited, 1994.

［5］BOER H D, DONKER A S, KOSTONS D, et al. Long-term effects of metacognitive strategy instruction on student academic performance: A meta-analysis［J］. Educational Research Review, 2018(24):98-115.

［6］BOUD D. Implementing student self assessment［J］. Higher Education Research and Development, 1986(5):3-10.

［7］BUTLER D L, WINNE P H. Feedback and Self- Regulated Learning: A Theoretical Synthesis［J］.Review of Educational Research 1995, 87(3):245-281.

［8］DANSEREAU D F. Learning strategy research［M］//SEGAL J W, CHIPMAN SF, GLASER R, etal. Thinking and Learning Skills: Volumel: Relating Instruction To Research. Hillsdale:Lawren Erlbaum Associates, 1985.

［9］DICKINSON L. Talking shop: aspects of Autonomous Learning［J］. ELT Journal, 1993.

［10］FLAVELL J H. Cognitive development: Children's knowledge about the mind［J］. Annual Review of Psychology, 1999, 50(1): 21-44.

［11］FLAVELL J H. Metacognition and cognitive monitoring: a new area of cognitive developmental inquiry［J］. American Psychology, 1979, 34(8):256-262.

［12］HOLEC H. Autonomy and Foreign Language Learning［M］. Oxford: Pergamon Press,1981.

［13］BROWN A. Metacognition, executive control, self-regulation, and other more mysterious mechanisms［A］.//WEINETF KLUNE R. Metacognition, motivation and understanding.Hillsdule: Lawrence Erlbaum Associates, 1987.

［14］FLAVELL JH. Speculations about the nature and development of metacognition［A］// Weinert F E, Kluwer H.Metacognition, Motivation, and Understanding. New Jersey: Lawrence Erlbaum Associates,1987.

［15］KLUWE R H, Cognitive Knowledge and Executive Control: Metacognition［A］// GRIFFIN D R. Animal Mind human Mind. New York: Springer Verlag. 1982.

［16］BLAIR C, RAVER C C. School readiness and self-regulation: a developmental psychobiological approach［J］. Annual Review of Psychology, 2015，66（1），711–731.

［17］STUFFLEBEAM D. The CIPP Model for Evaluation ［G］//MADAOS FF, SCRIVEN M, SYUFFLEBAM DL Madaus G.F., etal. Evaluation Models:Viewpoints on Educational and Human Services（2nd edition）.Boston/Dordrecht/London:Kluwer Academic Publishers，2000: 283.

［18］WINNE P H . Self–regulated learning viewed from models of information processing ［C］//ZIMMEPMAN B J, SCHUNK DH Self–regulated learning and academic achievement. Hillsdale:Lawren Erlbaum Associates, 2001.

［19］ZIMMERMAN B J. Attaining Self–Regulation: A Social Cognitive Perspective ［C］// BOEKAERTS M, RUNTRICH P R, IEIDNER M. Handtook of Slof–Regulation, Somdigo: Academic Press, 2001.

［20］KLUWE R H. Cognitive Knowledge and Executive Control: Metacognition ［A］// GRIFFIN D R. Animal Mind–Human Mind.New York: Springer Verlag. 1982.

第一章

自主学习在语文学科中的
实践研究

第一节　语文学科概论

基于元认知理论
在语文学科中培养学生自主学习能力的实践研究

上海市浦东新区福山唐城外国语小学　蒋晓华

现代著名教育家陶行知先生说："我认为好的先生不是教书，不是教学生，乃是教学生学。"教育界的当下和未来的首要任务是学会生存。人们要学会生活、学会如何去学习，这样才可能终身吸收新的知识；学会自由和批判地思考；学会热爱世界并使这个世界更有人情味；学会通过创造性工作促进个人和社会的发展。自主学习能力已成为21世纪学生生存发展的基本能力，培养学生自主学习能力也是现行的素质教育的任务之一。鉴于此，有必要开展培养小学生语文自主学习能力的策略研究。

一、学生语文自主学习能力的现状调查分析

在传统的语文教学中师生间的互动不多，教师只注重向学生传授相关的知识，在教学中忽视了学习方法与策略的讲解和传授。学生也习惯于被动接受教师的讲授，对学习缺乏主动性、积极性。这就导致了学生倾向于具体的语文知识的掌握，而忽视了策略的学习，自主学习能力被压抑，元认知能力没能得到很好的培养。长此以往，学生在这样的教学模式之下，只能被动地接受知识，缺乏自身思维发展和创新意识的养成，从而导致学生学科素养单一化，难以形成适合未来发展的跨学科综合素养。

二、运用元认知策略，培养学生自主学习能力

重视和加强对学生关键能力的培养是当前世界各国共同关注的话题，我国也明确提出了要培养学生的四种关键能力，即认知、合作、创新和职业能力。其中，认知能力是指高级的认知能力，它包括思维能力、沟通交流能力和自主学习能力。实施新课程和推

进素质教育以来，新的教学理念正在逐步影响着我们的语文课堂教学，语文课堂教学结构和教学方式发生了很大的变化。在教学时间不变而课程资源更为丰富的情况下，如何提高语文课课堂 k 学生的学习效率越来越成为语文教学的重要议题。显然，自主学习是课程改革倡导的学习方式之一，这种学习方式通过学生自主完成学习的计划、监控、调节和反馈得以实现，并将大大提高课堂效率，促进学生深度学习。因此，我们将先致力于单元教学背景下小学语文阅读教学的研究和探讨，以自主预习、自主阅读、自我总结和反思为切入口进行实践，开发学生的学习潜能，从而培养学生自主学习语文的能力。

（一）自主预习

在小学语文教学中，引导学生进行课前预习是十分重要的。一份高质量的语文自主学习预习单，是提高学生的学习效率的有效途径，是引导学生形成自主、合作、探究的学习方式的好抓手。

一般来讲，预习单是学生自主学习的学习计划单。为达成一定的学习目标，通常由教师根据课时或课题的主要内容，引导学生以自主学习者的角色参与"预习单"中问题的提出和作业的设计。它是学生对自己当前的语文学习能力进行客观判断后制订出的学习计划单。在阅读教学开展之前，教师作为预习单设计的参与者与促进者，需要从学习主体的视角来设计最贴切的、使学生感兴趣的问题，这样才能引导并带领学生有目的地去学习，提升学生的自主学习意识。鉴于低年级和中高年级学生的元认知能力不一样，教师要通过不同的方式来培养学生自主预习的能力。

1. 巧用菜单式预习单，自主选择学习

小学低年级语文的教学重点在于识字。因此，我们以识字为切入点设计口头预习作业。在预习生字时，教师菜单式提供识字方法，学生自主选择最合适的方法来识字。教师会提醒学生在预习每一篇课文的生字时要认真思考："我应该选择哪一种方法记住它，哪个方法是最好的？"如果学生实在想不明白，可以给这个字做个记号，当教师上课讲到这个字时，就更要集中注意力来听讲。课堂上，学生交流识字的好办法，进行自我评价，并根据同学、教师的建议，进行对比、反思，调整、改进识字方法。这样的识字学习虽然，具有一定的挑战性，但能大大激发学生的学习自主性。以部编版一年级下册第六单元《荷叶圆圆》为例，教师设计了这样的一份预习单。

用"√"在预习单中自己勾选任务，完成后圈"☆"自评。

1. 关于荷花，我知道这些。

画一画（☆☆☆）

写一写（☆☆☆）

背古诗《　　　　》（☆☆☆）

2. 我能给自然段标上正确的序号。（☆☆☆）

3. 我能自己读课文。

读三遍（☆☆☆）

圈生字（☆☆☆）

4. 我能说一说识字方法。

珠　摇　躺　晶　停　机

展　透　翅　膀　唱　朵

（☆☆☆）

　　教师罗列一些常规的预习任务，也可以将这些预习按一定顺序步骤变成顺口溜，一标二读三说，并告诉学生这就是预习的小锦囊。当然，还要结合具体的课文要求对预习任务做适当的删减，如在《荷叶圆圆》在预习单上，可以加上"关于荷花，我知道这些"。当低年级学生通过自己的方式来完成自己选择的任务，教师应采用多种鼓励方式，激发学生主动预习的兴趣，借助预学单帮助学生建立新旧知识的联系，掌握正确的方法，激发学生学习的兴趣，从而达到让学生自主探究的目的。

　　2. 自主设计预习单，激发自学潜能

　　对于中高年级预习单的设计，教师可以结合小学阶段文本特点及学情，指导学生从课文朗读、字词学习、内容感知、阅读质疑等几个角度入手。首先，对自己是否能正确、流利、有感情地朗读课文作出自我评价。其次，在预习单的"字词学习"一栏中，可以自己设计如"给生字注音，用自己认为最合适的方法理解词语"等内容。在"内容感知"一栏，通过阅读课文，尝试着自己写一写课文大意。而在"阅读质疑"部分，中年级学生可以设计通过默读课文提出自己心中的疑惑，而高年级学生还可以在文中不理解的地方及时做批注。

　　中高年级的教师鼓励学生从略读课文入手，自主设计预习单，使学生在学习目标、学习任务、学习策略等方面有新的认知和调整。学生根据单元语文要素，带着问题设计预习单，可以激发他们的自学潜能。下面以部编版五年级上册第六单元略读课文《"精彩极了"和"糟糕透了"》为例进行介绍。

　　首先，学生自己制订预习目标。经过一段时间的尝试，他们已经知道了：预习课文时，可以从字词学习，课文朗读，结合单元语文要素体会作者描写的场景、细节中蕴含的感情来理解课文内容等几方面入手。有的同学还增加了"用图解整理课文内容""尝试解决书上阅读提示中的问题""搜集资料，了解作者"等预学内容。在预习课文时，学生针对自己制定的目标，选择一定的方法和策略进行预习，在预习单上写下收获。

　　通过对预习单的设计，学生自己也有了明确的学习目标，会带着问题，通过阅读、思考等途径去主动学习课文，课上围绕自己预习单上的主要问题展开交流，提高了课堂教学的真实性和有效性。这种前置性的思考、设计，能让优等生自主学习的能力得到更大的发挥，而一小部分基础相对弱的学生，经过课堂上的交流、分享，也会及时调整自己的预习单，进行修改、补正。学生在预习中、交流中，乐学善学，勤于反思，缩短了与同伴的差距，而教师只是观察者、倾听者，给学生牵线搭桥的支持者、及时引导者。这个过程激发了学生主动探究的潜能。

3. 合作设计学习单，进一步激发主动探究潜能

课堂学习的深化，需要教师精心设计教学，打造高级思维的课堂，让课堂教学真正纵深发展。一段时期以来，对于每个单元的教学，教师根据本单元内的精讲课文，设计学习单扎实落实单元语文要素，同时对于单元内的略读课文，师生尝试通过合作等形式来设计学习单，激发学生自主探究潜能。

部编版五年级上册第六单元的人文主题是"舐犊情深"，所选的课文都和母爱、父爱有关。单元语文要素是体会作者描写的场景、细节中蕴含的感情。对于本单元第一课《慈母情深》，教师围绕单元语文要素，设计学习单，细致引导学生关注作者对母亲工作环境的场景描写、对母亲工作状态的细节描写，体会其中蕴含的母亲对家及孩子的爱。而《父爱之舟》是单元内的略读课文，教师引导学生先回顾上一篇课文的学习方法，然后结合单元语文要素以及课后练习第一题，自主设计本课的阅读任务——学习单。学生以小组的形式交流学习单，探究的潜能在悄然间被激发。经过同伴之间的共享以及课堂上教师的适时点拨，学生自我修正，不断深化，设计出本课的阅读学习单：①读课文，概括说说你梦中出现了哪些难忘的场景。②边读边思考，说说你对哪个场景印象最深。

这种尝试，改善了以往教师按部就班地给出该堂课的教学任务，学生的思维在无形之中被限制，探究的潜能没有被激发的状况。学生在教师的引导下，结合单元语文要素深入思考学习单的设计，可以使学习单更贴近他们自身的学习情况及认知点。

（二）自主阅读

学生有了自己设计的预习单，阅读目的将更明确，这有利于学生将注意力集中在阅读材料的主要内容上，边阅读边思考、观察、识别阅读材料提示的重要信息，结合上下文预测，根据有关线索判断信息，对当前的阅读活动不断进行调节、自我提问，以检查阅读效果、随时采取修正策略等。

1. 运用预测策略，自主阅读

（1）借助已有线索，预测故事情节

预测是一种自然存在的阅读心理。学生在阅读的时候，可能会无意识地运用这一策略。教师要积极引导学生将无意识的预测阅读心理转变为有意识的预测阅读心理，并使学生能在阅读过程中不断主动地进行预测。下面以部编版三年级上册第四单元略读课文《胡萝卜先生的长胡子》为例进行介绍。

通过对之前精读课文《总也倒不了的老屋》的学习，学生知道了预测的基本方法：借助已有线索，如题目、插图、上下文情节，结合生活经验、阅读经验等来预测故事情节。《胡萝卜先生的长胡子》是一篇略读课文，可以留给学生很多预测的空间。课文中的胡萝卜先生常常为胡子发愁，因为他长着浓密的胡子，必须每天刮胡子。那接下来可能会发生什么事情呢？教师及时以问题为引导，让学生有了一探究竟的好奇心，使学生对文本产生极大的阅读期待，从而使学生积极投入到阅读中并运用学过的预测策略一边读一边想。例如，学生在读到"对一根胡子来说，果酱是多么好的营养品啊"时，有学生发言："老师，我预测这根胡子会长长，我从胡萝卜先生的胡子沾到了果酱预测到的。"当学生读到"这根胡子就在一点儿一点儿地变长"时，有些学生发言道："我预测胡萝卜先生会想尽办法把胡子剪掉"。虽然故事的实际内容并非如此，但学生们通过对文本的预测和对预测成果的交流仍对促进学生的自主学习能力和课堂参与积极性的提高大有裨益。

（2）不断自我检验，推动深度阅读

当学生继续深入阅读后，会发现自己的想法与故事实际内容不相吻合，他们就会不断反省和监控自己的认知活动是否在沿着正确的方向进行，通过正确估计自己达到认知目标的程度、水平，并根据文本中的关键信息，及时修正自己的一些想法，如"原来胡萝卜先生根本就不知道自己的胡子在长长。"然后接着往下读，看故事会怎样发展。

课文特意省略了故事后面的内容，留给学生更多的预测空间。课上，教师请同学们继续分享自己的预测，于是学生对未读过的文本内容进行假设：有学生预测鸟太太会把胡子剪下来晾尿布；有学生预测的是鸟太太发现了长胡子并告诉了胡萝卜先生，胡萝卜先生扯下来送给了鸟太太，鸟太太用这根胡子来晾尿布……有些同学还交流了这样预测的依据是什么。那么，自己的预测是否和原文一样？当学生有了这份阅读期待，课后会继续深入探讨。他们找到了原文，迫不及待地要读一读，来验证自己的推测是否正确。

通过阅读原文，学生在阅读过程中寻找资料、信息或依据来检验假设，从而形成新的假设，再进行阅读检验。学生发现自己的预测和原文基本吻合。即使在预测和原文一致的情况下，学生也会自然而然地从故事内容发展的丰富性角度进一步修正自己的想法。学生不断对阅读内容进行猜测和自我检验的过程，其实是一个自我监控、自我调节的过程，有利于实现与文本之间的积极相互作用，推进了自主阅读。而教师在课堂里要落实的是积极引导学生，为学生的预测搭建支架，创设多次预测、修正的机会。

2. 运用提问策略，自主阅读

（1）尝试多角度提问，带着问题自主阅读

传统课堂上，教师提出问题、学生回答问题。这种问答方式使师生之间形成比较封闭的思维情感状态。而且这种传统课堂上的问题往往不够全面，学生对问题本身和回答问题的兴趣心理状态各异。问题的侧重点不同，学生的思维情感的发展方向也就不同。而学生的自我发问有别于一般课堂师生间、同学间的提问，是一种内部的自我提问。同时真正的阅读过程就是不断自我发问的过程，学生自己每读一遍阅读材料，总会有新的感受，也就会有一些新的发现，在重读的过程中，学生自己也会不断提出一些具有整体性且更为深刻的问题。而教师要做的就是注重为学生创设自主提问的情境，积极引导学生，让学生明晰提问思路。学生在教师的经常性的点拨指导下，会逐步掌握自主提问的思路与方法，提出富有思考性的问题。下面以部编版四年级上册第二单元略读课文《蝴蝶的家》为例进行介绍。

经过了这一单元前三篇精读课文的学习，学生掌握了提问的方法，如针对课文内容提问，针对课文写法提问，针对启示、联系生活经验提问以及如何分类、筛选问题。《蝴蝶的家》是一篇略读课文，教师完全可以把课堂的主动权交给学生，学生将自己领会到的提问方法迁移运用到这一课的学习中，综合运用这些方法自我提问。

课前，学生通过自己设计的预习单回顾了提问的方法并在课上交流。有了铺垫，再进入课文的学习。学生一边默读课文，一边按照提问的方法思考在阅读过程中产生的问题并及时在书上做批注，与同桌交流时，把具有典型性的问题罗列到问题清单中。课上，学生分享自己在阅读过程中的疑惑：蝴蝶究竟有没有家？如果有的话，它的家在哪里呢？家雀儿和麻雀是同一种鸟吗？我为什么要为蝴蝶着急呢？为什么小朋友们都非常确定蝴蝶有家呢？作者反复写"我真为蝴蝶着急了"，这是为什么呢？课文第一自然段除了第一句话，其余内容都在描写恶劣的天气，为什么要写这部分内容呢？可以不写吗？为什么第三和第四自然段要用自问自答的方式来写呢？……

提问的过程也是学生用心阅读、认真独立思考的过程。这些问题会带着学生深入文本学习之中，也会不断激发学生自主阅读的浓厚兴趣，驱动学生自主阅读。

（2）依据单元要素，筛选核心问题，自主发现解决问题的路径

依据单元要素，教师引导学生将罗列出的问题从内容、写法和启示等角度分类。在对问题进行分类的时候，学生小组合作，组内交流又会引发学生的独立思考和自我调整。最后学生从问题清单中筛选出最值得思考、有代表性的核心问题：为什么小朋友们都非常确定蝴蝶有家呢？作者还会继续去寻找蝴蝶的家吗？作者反复写"我真为蝴蝶着急了"，这是为什么呢？我作者反复写这句话是有什么作用吗？学生带着问题深入阅读文本，以自主学习、同桌交流、小组合作等形式进行探讨，使思维的火花不断闪耀。学生间相互探讨的过程也是生生相互学习的过程。探讨的最终的目的不是解决问题，而是让学生在问题的驱动下，深知阅读一遍往往是不够的，要一读再读，使学生明白若想深入地理解课文内容，就要更深入地思考、自主探索，尝试通过自己深入阅读文本去发现解决问题的路径，这个过程其实就是自我加深理解、阅读作品的过程。

在阅读过程中开展自我提问，提问的重点不在于问题本身，而在于促使阅读问题解决的过程，在于对阅读的再认识过程，这也是较好的一种自我调控的手段。课堂上没有一般意义上的热热闹闹的提问形式，但学生自始至终都在主动阅读，都在自我发问、自我答疑、自我提高。在个体阅读的基础上，学生在相互对话与交流中，可以获得更加深刻

的认识和体验。

当然，课堂的时间是有限的，并不是所有问题都可以得到解决，学生可以选择自己感兴趣的问题继续探究，并及时注意记录新产生的问题，即从"带着问题"自主阅读到"读出问题"。这样开放式的课堂教学可以帮助学生构建思维支架。学生在提出问题、筛选问题、解决问题的过程中，自然而然地自主阅读。

（三）自我反思和总结

《论语》有云，"吾日三省吾身"，意思就是人要不断地反思自己、调整自己。学生应养成良好的反思习惯，善于总结自己的成功经验，特别要注意总结自己成功的学习方法和思维方法，也要借鉴他人在这方面的经验，不断地形成最适合自己的学习方法和思维方法。从小学阶段起，教师就应开始积极引导学生进行自我评价，这对学生自主高效学习习惯的养成是非常重要的。

1. 依托"美文收获园"，帮助学生形成反思性评价能力

"美文收获园"是能让学生在课后及时反思、评估学习过程的载体。这一载体通常是在教师指导学生围绕某一单元目标，结合课时的主要内容，共同研究设计，主要由学生参与，最终促使学生形成反思性的评价等一系列过程中被应用。还是以部编版四年级上册第二单元略读课文《蝴蝶的家》为例进行介绍。

课后，教师引导学生结合某一单元阅读要素，指导学生设计一份"美文收获园"，其具体内容如下。

结合本单元阅读要素，通过学习课文《蝴蝶的家》，我知道了阅读文章时，可以用这样的方法来阅读：_____

我还有其他体会和收获（选填）：_____

学生依托"美文收获园"，对该堂课的学法进行反思总结，当场交流自己在该堂课的收获，如"我知道了阅读文章时，可以尝试多角度地自我提问，带着问题深入阅读，依据单元阅读要素，筛选核心问题，自己尝试去发现解决问题的路径"。

以这一形式让学生重新认识并总结这堂课的阅读好方法，反思新方法和他们之前预学的方法有什么不同。学生在这一过程中不仅可以分享自己的收获点滴，还可以从同伴之间的交流中得到启迪，从而使自己的学习方法得到补充、深化和改进，并有机会通过各自收获的比较，使自己可以在下次的学习中及时调整自己的学习计划、方法等。

2. 多种评价方式助力，鼓励学生自我反思、总结

由于年龄因素的限制，低年级学生对自己的认识还不够深刻，有时候他们无法完整、公正地进行自我评价，这时候可以采取同伴互评、教师评价等多种评价方式相结合的方式，调动每一个学生的学习主动性、积极性，让学生体验到成功的喜悦，真正发挥学生的能动性。以部编版三年级上册第一单元略读课文《不懂就要问》为例，课后通过自评、互评、师评相结合的方式，让学生对自己的学习作出综合性的评价（表1）。

表1

	评价内容	自评	互评	师评
预习单	能根据单元语文要素设计预习单	☆ ☆ ☆	☆ ☆ ☆	☆ ☆ ☆
阅读过程	能选择合适的方法阅读	☆ ☆ ☆	☆ ☆ ☆	☆ ☆ ☆
	能认真倾听他人发言	☆ ☆ ☆	☆ ☆ ☆	☆ ☆ ☆
	能大方表达自己的想法	☆ ☆ ☆	☆ ☆ ☆	☆ ☆ ☆
阅读过程	能在小组合作中完成阅读任务	☆ ☆ ☆	☆ ☆ ☆	☆ ☆ ☆
阅读成果	能自信交流阅读成果	☆ ☆ ☆	☆ ☆ ☆	☆ ☆ ☆
	能根据他人的意见进行修改补充	☆ ☆ ☆	☆ ☆ ☆	☆ ☆ ☆

学生自评是学生自我剖析的过程。学生在自评过程中发现问题比教师纠正或提醒具有更强的自主性。通过自评，学生可以发挥主观能动性，提高自己的学习自主意识和独立研学能力。在互评中，学生可以发现自身不足之处并及时调整、改正，有利于自主学习能力的提升，而教师的适时点评起到点睛的作用，可以更好地鼓励学生自我反思、总结。

在整个课堂学习过程中，学生是学习的主人，而教师的作用更多的是把握好评价标准，教给学生评价方法，保护学生自我评价的热情。只有教师发挥引导作用，学生才能通过各种有效的评价方式，提高学习的积极性，提高自身水平和对问题的再认识能力。

三、有效实施长效作业，提高学生自主学习能力

长效作业是一种旨在有效促进学生主动、全面发展，以作业为载体的学习活动。相对于短期作业，长效作业的完成需要一定周期的时间，它是立足于学生主动、全面发展，突出学生主体地位的主动构建过程。以部编版四年级下册第二单元"快乐读书吧"为例，教师可以设计这样一份长效作业：开展《十万个为什么》整本书阅读，作为对课本知识的延伸，让学生在活动和合作中完成作业的同时，提高自主学习能力。

（一）阅读计划

部编版四年级下册第二单元"快乐读书吧"推荐苏联作家米·伊林写的《十万个为什么》，旨在引导学生学会阅读科普作品，并能运用在精读、略读课文中学到的阅读方法——"阅读时能提出不同的问题并试着解决"——进行自主阅读，感受阅读科普作品的快乐，并乐于与大家分享课外阅读的成果。

在开展整本书阅读活动之前，教师引导学生结合自己的实际情况，从阅读章节、起始页、结束页、阅读日期、阅读时长等方面来制订一份适合自己的阅读计划，这份计划往往起到约束和促进的作用。计划完成后，教师可以与学生共读，并督促学生按照计划自主完成阅读任务，同时及时进行自评（表2）。

表2

我的"科学环游之旅"——《十万个为什么》					
阅读章节	起始页	结束页	阅读日期	阅读时长（分钟）	为自己点赞
					☆ ☆ ☆ ☆ ☆
					☆ ☆ ☆ ☆ ☆
					☆ ☆ ☆ ☆ ☆
					☆ ☆ ☆ ☆ ☆
					☆ ☆ ☆ ☆ ☆
					☆ ☆ ☆ ☆ ☆

注：为自己点赞，对阅读效果进行回评，1～2星表示效果一般，3～4星表示效果良好，5星表示效果非常好。

这份阅读计划是学生在进行阅读活动之前计划达成的阅读目标，所涉及的各种心理准备活动主要包括阅读的意愿、目标的确认、对达成阅读目标所采用的方法的设想和对阅读效果的预估等。学生在制订阅读计划时，可以自主安排阅读顺序与进程，将阅读章节、阅读日期、阅读所用的时间等一一记录下来。有一份自己的阅读计划，可以激发学生的阅读期待，提高学生参与阅读活动的积极性，使学生克服主动阅读探究的畏难情绪，更有利于学生自主阅读能力的形成。

（二）活动探究

小学生因自制力和专注力有限，难以保证自学达到最佳效果，教师要积极设立一定的问题或任务才能保证学生有目的、有方向、有兴趣地自主阅读，这也能为学生整合、提炼等阅读能力的提高搭设支架。《十万个为什么》一书，采用"全屋旅行"的站点结构，用诙谐幽默的语言介绍身边的科学知识，是科学与文学的美妙结合。教师可结合单元目标并根据全书内容、结构、语言等方面的特点开展活动探究——"制作一份环游思维导图、罗列一份自己感兴趣的问题清单、整理一张科技术语表、做一次小实验来验证书中的百科知识"。在这些活动探究中，教师设置了活动任务单和学生自主阅读专题任务单："环游之旅画一画""问题清单列一列""科技术语晒一晒""实验能手试一试"，从而使学生明确自己的阅读目标、任务（表3）。

表3

推荐书目	活动探究	专题任务阅读单
《十万个为什么》	制作一份环游思维导图	环游之旅画一画
	罗列一份自己感兴趣的问题清单	问题清单列一列
	整理一张科技术语表	科技术语晒一晒
	做一次小实验来验证书中的百科知识	实验能手试一试

在活动中，以学生的阅读为中心，通过小组合作，学生针对主题展开探究。在探究过程中，学生选定项目，进行有计划的活动探究，完成专题任务阅读单、交流成果、评价活动等多个环节。

活动探究一：制作一份环游思维导图

《十万个为什么》这本科普作品回答了很多问题，面对如此丰富的知识，学生怎么去自主阅读呢？教师可以引导学生通过浏览书中的目录制作一份环游思维导图，画一画这趟"科学之旅"都去了哪些地方。学生也能由此感悟到运用"工具性支架"可以带动整本书阅读，这样的自主阅读既轻松又有效。

专题任务阅读单1：环游之旅画一画（图1）。

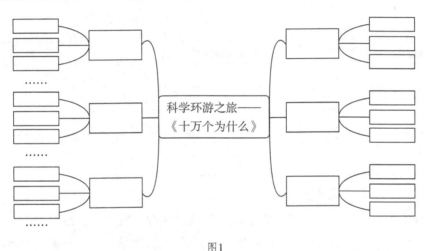

图1

活动探究二：罗列一份自己感兴趣的问题清单

不动笔墨不读书，学生在阅读时留下自己独立思考的痕迹，在书中相关内容处做批注，并逐一列出问题清单，再试着通过询问家长、联系上下文、上网查询、咨询专业人员、查阅专业书等方式、途径将问题逐个解决。组内学生及时交流问题清单，针对清单进行修改、自我调整，以便筛选出具有思考价值的问题，再次聚焦重点、难点进行小组内的研讨。

专题任务阅读单2：问题清单列一列（表4）。

表4

我的困惑	我的解决方法	我寻求到的答案

活动探究三：整理一张科技术语表

《十万个为什么》一书中有大量的学生不太理解的科技术语，学生通常会积极运用原有的知识与经验推测"科技术语"的含义。例如，读到"氧化"，学生就自然地联想到苹果切面"生锈"的画面，原有的认知经验就会被唤醒。在阅读过程中，学生通过联系上下文、联系生活、查找资料等方式、途径获得新信息，及时记录下思考的成果，自我调控形成新认识，再将这些读懂的科技术语进行整理，最终小组合作设计一张"科技术语表"，附在书后晒一晒，在班级中交流成果。这也是与"快乐读书吧"所在的四年级下册第二单元语文要素"阅读时能提出不懂的问题，并试着解决"相匹配的。

专题任务阅读单3：科技术语晒一晒（表5）。

表5

书中这些术语我不太理解	通过查询我知道了意思	我用的是这种查询方法
科技术语表		

活动探究四：做一次小实验

《十万个为什么》这本书带领学生开启了科学探索之旅。学生通过"查一查"的方式了解书中提到的科学问题。教师通过设置问题情境，让学生独立自主地发现问题，在小组讨论中把科学问题逐步引向深入，启发学生自己去发现规律，自己去补充片面的认识。这时，通过小组合作做小实验去深入研究探索，学生会在讨论、交流和研究中发现新问题、新知识、新方法、新技能，也会主动建构自己的知识体系。

通过做一次小实验，学生不仅仅验证了书中的百科知识，而且学会探究的方法。例如，学生对于书中提及的"奶为什么会变酸"这个问题特别感兴趣，阅读完书后，大家分工合作，查询其他资料、请教家人，小组合作亲手尝试制作酸奶。做小实验的过程，激发了学生的探究热情，增强了学生的探究意识，学生学会了新的生活技能，也培养了创新精神和实践能力，提升了自主学习能力。

专题任务阅读单4：实验能手试一试（表6）。

表6

实验伙伴	
实验时间	
实验名称	
实验原理	

准备材料	
实验过程	
实验结果	
点滴收获	

（三）成果交流及评价

在学生阅读完书籍《十万个为什么》后，让学生设计一张"推荐一本比故事还精彩的科普读物"海报，海报内容可以简单介绍一下自己读懂的科技术语、了解到的科学知识、书籍中印象最深的篇目……总之，学生完全根据自己的能力和喜好去选择完成形式。教师将学生设计的海报张贴在班级的学习园地中让学生进行自评、互评（表7），通过评价来促进学生之间的相互学习。特别是对于一些优秀的长效作业，可以通过学校微信公众号进行作业展评，引导学生在欣赏优秀作业的同时，反思自己的作业，从而使学生产生进一步主动学习的动力。而教师通过查看学生的阅读计划，了解他们在长效作业完成过程中的自我管理、专注阅读方面的情况，并对学生完成作业的情况进行总结反馈。学生在阅读完整本书后，也对自我阅读过程进行反思，对自己的阅读计划作出正确的评价（表7）。同时，通过互评，学生进一步了解自己的学习过程和学习特点，从而进行自我监控和不断调节、修正阅读计划（表8）。

表7

推荐科普读物《十万个为什么》海报评价单				
评价项目	自评	互评	师评	总星数（颗）
按时完成推荐科普读物海报	☆☆☆	☆☆☆	☆☆☆	
海报设计主题明确，有创意	☆☆☆	☆☆☆	☆☆☆	
海报文字内容简洁又能凸显主题	☆☆☆	☆☆☆	☆☆☆	
图文并茂，色彩鲜艳，有视觉冲击感	☆☆☆	☆☆☆	☆☆☆	

评价说明：完成程度优秀，可得三颗星；良好，可得两颗星；一般，可得一颗星。

表8

我的"科学环游之旅"——《十万个为什么》评价单				
评价项目	自评	互评	师评	总星数（颗）
制订阅读计划有自我规划、自我管理且书写端正	☆☆☆	☆☆☆	☆☆☆	
能主动阅读科普作品	☆☆☆	☆☆☆	☆☆☆	
能主动与他人交流阅读收获	☆☆☆	☆☆☆	☆☆☆	
能把喜欢的科普知识讲给大家听	☆☆☆	☆☆☆	☆☆☆	

评价说明：完成程度优秀，可得三颗星；良好，可得两颗星；一般，可得一颗星。

　　结合元认知理论，在核心素养背景下开展长效作业《十万个为什么》整本书阅读，发挥了学生学习的主体性，使学生的学习活动从原先的学什么转变为如何学会学习，学生不再是机械地背诵和记忆文本中的重要内容，而是参与通过教师设计的潜藏着阅读策略的活动进行自主阅读。学生经过一段时间的自主阅读任务驱动自我提问、罗列问题清单、交流探讨、议题思考等自主学习活动，从而不仅能够读懂文本，把握文本全貌，还能沉浸到整本书阅读之中，领会其精髓，丰富内涵，更能够跳出作品，把握作品精要，真正地构建自己的阅读经验。活动探究不同于传统教育中让学生整齐划一地被动接受知识，而是采用任务驱动阅读的方式，通过开放性任务，给不同能力、层级学生的学习留有余地，为学生提供更多自主发挥的空间。能力不足的学生可以在活动探究中提高自主阅读的能力，或借助表格、思维导图等方式提取文本的有效信息；能力较强的学生可以超越文本，广泛阅读其他科普类作品，或对整本书展开跨媒介的比较阅读。在这期间，学生对自我阅读过程进行反思，并且在小组合作中相互学习，了解自身学习过程和学习特点。显然，教学也从学生对整本书的认知转变为学生对自我整本书阅读的认知、对他人整本书阅读的认知和对自我整本书阅读中情绪的认知等。学生在阅读过程中通过反思建构学习策略、阅读理解策略、自我监控和调节的策略。掌握了阅读策略，学生就可在自主阅读中将此策略迁移运用，长此以往，学生必将具备真正的自主阅读能力。

　　当前，核心素养培养目标下，新课堂越来越需要一种发展学生自主学习能力的教学模式。我们身为教育工作者，要准确地把握学生身心发展的规律，关注学生元认知的发展经历。课堂上，教师要有策略地教学；课外，开展整本书阅读的系列活动，发挥学生学习的主体性，让学生在教师的引导下制订自主阅读计划表，适当给自己安排阅读任务，选择阅读自己喜欢的片段、篇目等，在书籍中发掘自己感兴趣的内容，使阅读井然有序地进行。同时，学生通过完成教师设计的潜藏着阅读策略的任务驱动式的任务单，以小组合作探究的形式，在自主阅读的过程中感受到阅读的乐趣，不断自我调整、修正，自我反思，也从中领悟到许多知识。在自主阅读的整个过程，学生都处于主动探究状态。借助自主阅读，学生认识到更多有趣、未知的语文世界，产生探索、学习语文的兴趣，最终促进阅读能力向终身学习需要的学习能力转化。

　　虽然我们的课题研究已经取得了一些预期的成果，但是我们感到还有许多问题需要研究，如自主学习评价如何可以不受时空的限制，采用课内与课外相结合、传统测试与线上自主测评相结合、阶段性评价和日常学习考查相统一的方法，使自主学习评价表现为一个持续的、动态的过程。这些问题，我们将在今后的教学研究中继续进行研究。

第二节　语文学科实践探索

课前预学　课中探究　课后评价

——以《猫》的教学为例探索元认知理论下的自主学习

上海市浦东新区福山唐城外国语小学　沈玲洁

一、案例背景

《猫》是部编版语文教材四年级下册第四单元的一篇精读课文。本文是我国著名作家老舍的作品。作者细致、生动地描述了猫的古怪性格和小猫满月时的淘气可爱，字里行间流露出对猫的喜爱之情。本文层次清晰，语言平实，围绕"猫的性格实在有些古怪"和"满月的小猫们就更好玩了，腿脚还不稳，可是已经学会淘气"这两句总起句，层层深入，在具体的事例中表现对猫的喜爱之情。

四年级的学生已具备一定的识字、阅读、质疑等能力，为进一步激发学生的自主学习潜能，我进行了教学试验。

二、案例描述

（一）课前自主预习

有了上个学期的铺垫和尝试，学生已具备了自主设计预习单的能力。课前，放手让学生从课文朗读、字词学习、资料搜集、内容感知、阅读质疑等多角度入手自主预习，为课堂学习做好充分的准备。

1. 课文朗读版块

学生在预习时根据自身情况朗读课文，语感强的学生可以选择只朗读一遍课文，语感弱的学生则多读几遍，并对自己是否能正确、流利、有感情地朗读课文作出评价。

2. 字词学习版块

学生从字音、字形、字义等多角度进行生字学习并在预习时进行记录。①生字巧记：本课的生字都可以用加一加的方法来记住。例如，"耳"＋"只"＝"职"；

"足"+"曾"="蹭"。②易读错："屏息凝视"的"屏"和"枝折花落"的"折"都是多音字，分别念"bǐng"和"shé"。③易写错："贪"的上半部分是"今"，不是"令"。"藏"结构复杂，要注意每个部分不要写错。同时，学生可以在预习时记录还没理解掌握的词语。例如，有的学生没法通过查词典或联系上下文的方法理解"丰富多腔"一词，于是将这个词语记录在了预习单上。

3. 资料搜集版块

学生借助工具书或网络资源，搜集作者老舍先生的资料，为课堂交流做准备。

4. 内容感知版块

学生尝试回答课后问题：说说课文围绕猫的可爱讲了哪几层意思。举例说说可以从哪些地方看出作者非常喜欢猫。

5. 阅读质疑版块

学生针对课文提出疑问。有的提问："小梅花"是什么？从"小梅花"可以看出什么？有的提问：为什么作者在第3自然段中举了很多猫高兴时的事例，但是猫不高兴时的事例却写得很少？

（二）课中分享、合作探究

1. 反馈预习情况，同学交流补充

课堂中，我先让学生当小老师，带领同学学习生字词。在这个过程中，学生及时对自己的字词预习进行反思和补充，互相学习更好的识字方法，掌握了本课的两个多音字"屏"和"折"，知道了要根据多音字的意思来判断多音字的读音。同时，通过资料分享，大家了解了老舍先生的生平事迹。

2. 梳理学习方法，同桌合作探究

本单元的语文要素是"体会作家是如何表达对动物的情感的"。在学习第2自然段后，学生一起梳理了学习方法——"圈一圈，说一说，画一画，读一读"，即先圈出写猫性格特点的词语，再用上"可是"一词说说猫的特点，然后画一画作者所举的事例，最后边读边想象画面，感受作者对猫的喜爱之情。借助课堂学习单，同桌合作学习第3、第4自然段。通过合作学习，学生提炼出了猫的其他两组矛盾的性格特点：猫高兴时，"温柔可亲"，可是，不高兴时，"一声不出"。猫有时候很"胆小"，可是有时候又很"勇猛"。通过交流，学生们进一步感受了猫的性格古怪之处，也体会到了作者对猫的喜爱之情。例如，"在稿纸上踩印几朵小梅花"一句，作者把猫的脏脚印比作"小梅花"，爱猫之心展现得淋漓尽致。这样的描写使文章轻松愉悦，使读者也深受感染。在与其他同学的交流中，学生可以及时调整和修改自己学习单上的内容。

（三）课后反思评价

在学完本课后，学生通过自评和同学互评，对本课的学习做出评价（表1）。

表1

学习活动	评价内容	自评	互评
课前预习	预习单字迹工整美观	☆ ☆ ☆	☆ ☆ ☆
	预习单能体现课文朗读、字词学习、资料搜集、内容感知、阅读质疑等多方面内容	☆ ☆ ☆	☆ ☆ ☆
课中学习	能大方表达自己的想法	☆ ☆ ☆	☆ ☆ ☆
	能在合作中完成学习单	☆ ☆ ☆	☆ ☆ ☆
	能认真倾听他人发言并及时修改调整学习单	☆ ☆ ☆	☆ ☆ ☆
课后反思	能解决预习时和课堂中产生的问题	☆ ☆ ☆	☆ ☆ ☆
	能总结预习时和课堂学习中的不足之处，并提出改进建议	☆ ☆ ☆	☆ ☆ ☆

三、案例分析与反思

在这一课的教学中，我始终以学生为主体，从课前自主预习，到课中字词学习、合作探究，再到课后反思、自评互评，使学生在学习过程中有效提高了自我计划、自我调控、自我反思等多方面的自主学习能力。在这次课堂实践中，我在提升学生自主学习能力方面主要做了以下设计。

（一）课前巧用预习单，培养自主学习习惯

四年级的学生已经逐渐能够体会和把握设置预习题的角度、思路、做法，这样的"体会"与"把握"已经内化为学生独立预习的能力。学生能根据单元目标和语文要素，自主地设计预习的题目，实现由教师设置题目到学生自主设置题目的转变，并在预习单上写下预习时的收获以及有待解决的困惑，为课文学习做好充分准备。

（二）课中合作探究，提升自主学习能力

在新课程改革下，教师既要发挥引导、启发、监控的主导作用，又要充分激发学生作为学习主体的主动性和积极性，为学生提供讨论交流的机会。在课堂中，学生借助学习单充分展示自己的思维方式及过程，加强与同学之间的交往和沟通。学生通过当小老师、同桌合作探究等形式，品悟文章内容，解决了单元重点难点，提升了自主学习能力。

（三）课后反思评价，增强自我管理意识

反思是认知过程中强化自我意识，进行自我监控、自我调节的重要形式。学生在课后，结合课堂学习内容，及时修改、补充自己的预习单，通过评价表进行自评和互评，从而在下一节课的学习中调整自己的学习计划和学习方法。这既是学生自主学习能力得到提高的过程，也是学生自我管理能力得到加强的过程。通过课后评价表，促进学生更全面、有效地对本课的学习做好评价和反思。

元认知理论的学习和运用，是一个长期探索和不断实践的过程。这需要教师们转变固有的教育教学观念，探索新的教育教学策略，寻求有利于培养学生自主学习能力的教学模式，让学生的自主学习能力能够持续稳定地发展，为终身学习奠定良好的基础。

四、点评

如果学生的课前预习是任务驱动，那么学生的预习单设计就是基于任务的自主行为了。对于学生而言，有自主意识难能可贵，而呵护学生的自主意识，使之发展为学生的自主行为，有赖于教师提供一定的方法和手段，或者支架。本案例中，教师让学生从课文朗读、字词学习、资料搜集、内容感知、阅读质疑等多角度入手，自主设计预习单、自主预习，为课堂学习做了充分准备。教师不直接提供设计好的预习单，而是出示预习单的设计板块，引导学生自主设计，使学生在多次实践后，慢慢形成自主设计预习单的能力。

发挥略读课文作用，培养学生自主阅读能力

——以《清贫》的教学为例

上海市浦东新区福山唐城外国语小学　陈龙琴

一、案例背景

部编版教科书从三年级开始安排略读课文，形成"精读""略读""课外阅读"三位一体的阅读体系。略读课文往往安排在精读课文之后，学生在精读课文的学习过程中，掌握阅读同类文章的方法，然后在教师的引导下，将阅读方法迁移运用到略读课文的学习中去，从而培养自主学习的能力，为独立阅读课外读物打下坚实的基础。

《清贫》是部编版五年级下册第四单元的略读课文。作者用简洁朴实的语言叙述了自己被俘后被两个兵士搜身时的情景，指出清贫、洁白朴素是革命者战无不胜的力量源泉，表现了共产党人坚定的革命信念和矜持不苟、舍己为公、甘于清贫的高尚的革命情操。在学习本单元前两篇课文《青山处处埋忠骨》《军神》时，学生已经在教师的指导下，通过找描写人物动作、语言、神态的语句，体会了主人公毛泽东和刘伯承的人物内心，加深了对课文内容的理解。

教师如果能利用好略读课文的价值，将会在培养学生阅读兴趣、提高学生阅读能力上大有改进。因此，如何在略读课文教学中培养学生的自主阅读能力，是本次案例探索的主要内容。

二、过程描述

本课的设计思路是引导学生熟悉单元训练重点，依据阅读提示找到学习任务，简化教学环节，指导学生利用精读课文习得的方法进行阅读。

（一）交流预习，激发兴趣

课前，教师引导学生自主设计预习单，让他们尝试从课文朗读、字词学习、内容感知、资料搜集、阅读质疑等角度进行设计。课堂伊始，学生交流预习时自主学习字词的情况。他们一个个积极踊跃地举手，从音、形、义三个方面把字词的学习说得面面俱到。然而，教师检查了学生的预习本，发现"矜"的书写错误率很高，朗读课文时"坞"的第四声也有问题，有些学生对"矜持不苟"的意思也是似懂非懂。

教师心中不禁有了疑问：怎么办？完全放手的字词学习是否能行？"音、形"是否还需要进一步落实？"义"是否还需要联系上下文进一步理解？

（二）紧扣提示，任务驱动

略读课文和精读课文在编排上最大的不同是，略读课文课后没有练习题，但在课题下设计了"学习提示"。"学习提示"一般包括两个部分，一是"提示"，二是"任务"。课上，学生根据"学习提示"，顺利找到了两个学习任务：一是体会方志敏的人物品质，二是理解"清贫"的意思。经过前两课的学习，学生基本能说出体会人物品质的学习方法和理解词义的方法。教师引导学生继续细化设计学习任务：①默读2～8自然段，用直线画出描写方志敏语言、神态和动作的语句，圈画关键语句。②写批注：这是什么描写？方志敏是一个怎样的人？接着，教师组织学生以自读加小组合作的形式完成整理的学习任务。

（三）朗读调整，自我监控

在本案例中，教师根据学生的学情有针对性地指导了朗读。

"哼！你不要做出那难看的样子来吧！我确实一个铜板都没有存，想从我这里发洋财，是想错了。"学生A语气平平地读完了方志敏的话。

"你觉得你对方志敏的语言读得怎么样？"教师进一步问。

"我觉得一般。"学生A回答。

"那你觉得应该怎么读？"教师继续追问。

"我觉得从'微笑着、淡淡地说'看出方志敏很镇定，语速应该是平缓的，声音不急，要关注两个感叹号，'确实、是想错了'要读得重一点。"

"那你再读一遍试试看。"教师对他提出了更高的要求。

学生A又读了一遍，可以看出他的努力，但是他依然读得不够自然。班里其他同学纷纷举手想尝试朗读。于是，教师就叫学生B读了一遍，他读得感情非常充沛。学生A又尝试了一遍，这次进步了很多。

在此过程中，学生A在朗读上进行了自我选择方法与策略——朗读可以关注提示语、语速、标点符号等，还进行了自我调控——三次朗读，一次比一次有进步。

（四）评价反思，迁移延伸

略读课文的教学，要为学生最终脱离教师走向课外阅读打好基础，即略读课文是联系课内外阅读的桥梁。为了更好地了解学生的学习情况，教师引导学生根据知识要点制作评价量表，进行自己评、同学评和老师评等多维度的评价。学生也根据学习和讨论的结果，整理自己在内容感知、学习方法等方面的收获。完成评价和反思后，教师引导学生向课外拓展。比如，在课内学习了"抓住人物的动作、语言和神态，体会人物的内心，可以加深对课文内容的理解"，这是一种很好的阅读方法，可以迁移运用到课外阅读中。再如，本课《清贫》可以排演课本剧，提高学生的综合实践能力。

三、总结反思

本案例中，教师对如何在略读课文教学中培养学生的自主阅读能力进行了探索，主要有以下收获和体会。

（一）获得的启示

1. 教师舍得留白，学生才能自主

课堂上，教师可能会对完全放手的字词学习心存疑虑。但略读课文一般只有一课时的教学时间，需要教学目标更为集中、重点更为突出。教师教学时应该以阅读技能的巩固运用为着眼点，学生学习时可以将精读课文中掌握的方法运用到实际的阅读中去，将其学深、学透、学精。在阅读过程中，教师只需引导学生深入、有效地开展有层次的阅读，尽量留出空间，让学生自主学习，并注意鼓励学生进行创新性的理解和表达，适时进行恰当有效的评价。

2. 教师适度引导，学生自我调控

学生的自主学习能力的培养是基于元认知中的自我调控。自我调控的过程比较偏个人和内隐，如何在课堂中呈现呢？教师可以尝试通过引导提问来完成学生的自我调控过程在课堂中的呈现。本节课中，面对学生A的朗读，教师通过"你觉得你对方志敏的语言读得怎么样？""那你觉得应该怎么读？""那你再读一遍试试看"等一系列提问引导学生完成了自我调控的学习过程。相信通过这样的尝试，学生会更加有主动意识去自我调控。

（二）不足和展望

从本节课的实践中，教师发现学生在自我计划、自我选择方法与策略方面比较顺利。这是因为教师在略读课文教学时充分重视了学习提示的作用，引导学生按照要求带着任务去阅读。在任务的驱动下，学生在阅读课文时会调动自己的知识经验、情感经历去学习。这是略读课文的价值所在。学生带着任务去阅读也是有价值的学习。但是学生在课堂上的自我调控以及课后的自我反思和自我评价方面还是比较欠缺，需要教师进一步引导、探索和实践。教师除了用提问引导学生思考学习过程，从而及时帮助学生进行调整外，平时也要多鼓励学生进行反思和自省，增强他们对思维和学习过程的认知，使学生养成反思自省的习惯，因为反思自省的习惯是形成元认知的基础。

叶圣陶先生曾说："就教学而言，精读是主体，略读只是补充；但是就效果而言，精读是准备，略读才是应用。"教师要充分发挥略读课文的作用，架起教与学的桥梁——引导学生制定任务、完成任务、评价任务、延伸思考，使学生更加明确学习目标，促进学生学习方式的改变，从而让学生能够学会自主阅读，享受阅读。

四、点评

本案例紧扣统编教材"精读""略读""课外阅读"三位一体的阅读体系的编排特点，选择略读课文学以致用以巩固和掌握阅读同类文章的方法。小学语文这三类阅读教材中的"精读"是教读，"略读"是自读。而自读，既需要一定的自学能力，又需要一定的自主学习能力。《清贫》一课的设计，教师兼顾了这两点，一方面充分考虑了单元训练要素的迁移运用，另一方面，时时注意引导，借此培养学生的自我计划、自我选择方法与策略、自我调控与反思的能力。本案例借助略读课文的学习，培养学生自主学习的能力，为学生独立阅读课外读物打下坚实的基础。

预学预设促思考，培养习惯夯基础

——以《小小的船》为例

上海市浦东新区福山唐城外国语小学　钱怡君

一、背景介绍

在小学阶段，教师要有意识地让学生养成读书的习惯，读书习惯的养成，离不开学生良好的阅读能力，而阅读能力首先考验的就是识字量。低年级语文教学的重点就是帮助学生识字、写字。帮助学生识字、写字也是贯穿整个义务教育阶段的重要教学内容。

在低年级的识字教学中，教师要使学生掌握一定的识字方法，对识字感兴趣，并能够在文本和生活中主动识字。本案例就如何提高学生的识字兴趣进行实践与研究。借助预习，使学生提前思考；利用教师的课堂指导与评价，引导学生主动识字，从而打好语文学习的基础。

（一）学情分析

一年级的学生因为年龄偏小，注意力容易分散，自主学习的能力也比较薄弱，因此，在语文课堂中需要教师教授学习方法和策略，并在教师的引导下慢慢地养成良好的学习习惯。教师可以借助生动形象的图片、视频等来进行识字教学，用丰富的教学环节和有趣的课堂语言使学生对学习充满兴趣，产生主动学习的想法。

（二）教材分析

本次教学的内容为小学语文部编教材一年级上册课文《小小的船》的第一课时，这是学生结束拼音学习后的第二篇课文。一年级的教学重点是识字写字，本篇课文创设阅读情境，让学生在语境中识字。不同于之前的识字单元，学生要在新课学习之前先对课文有所了解，所以教师要逐步渗透预习的要求，培养学生预习的习惯，为课上的识字教学做好铺垫。

二、案例描述

（一）关键教学环节1：预习教学

1. 课前准备

在新课开始前，我专门安排了时间指导学生预习，让学生一步一步跟着我做，待学生掌握方法后慢慢培养学生的预习习惯。

2. 预习要求设计

一年级学生形象思维占主导地位，对于指令的理解较浅。所以在设计预习要求时，可采用多种丰富多样的语文活动，并加以童趣的语言。对于本课的预习，我采用了本单元统一的要求，具体要求如下。

（1）我会读

我一共读了（　　　）遍课文。（把朗读课文的次数写在课文标题旁）

现在，我能把课文读得正确流利。（　　　）（如果做到了，在标题旁画一个笑脸）

（2）我会标

用自己喜欢的符号标出课文中的生字。

（3）我会认

动动小脑筋，想想你会用什么方法记住这些字呢？不理解的生字可以在旁边打个问号哦。

（二）关键教学环节2：检查预习成果

1. 请学生朗读课文

及时点评，表扬读得通顺、流利的学生。

2. 随文识字

说到相关生字时，请学生说说自己的识字方法。

将有圈画、预习痕迹的认真的学生的课本投影展示。

（三）关键教学环节3：学习生字"头"

1.请生说识字方法

师：小朋友们，刚才这句话里有一个生字宝宝，你们发现了吗？

生：是"头"字。

师：我们已经预习过课文了，谁来说说你是怎么记住这个字的呢？

生1：我在预习时发现，"大"加两点就是"头"。

师：你通过熟字加笔画的方法记住了它，真不错。

生2：我理解了这个字的意思，"头"就是我们的脑袋。

师：你从生活的角度出发，理解了字义。

2.讲解关键笔画

（1）提出质疑

师：再仔细看看这个"头"字，回顾之前学过的生字，你有什么发现吗？

学生进行思考后回答。

生：我在预习时就发现了，这个字和第一课《秋天》里的"大"字很像。

（2）出示"大"和"头"两个字的对比图

在这个环节，我让学生观察字形后自己说。

大部分学生都能说出"头"比"大"字多了两笔点，这一点是显而易见的。

再次质疑，除了多了两笔点外，还有别的区别吗？

生：我发现"大"的最后一笔是捺，"头"的最后一笔是点。

3.语境识字，回读课文

师：让我们再次把字宝宝送回文中，读一读这句话。所以这里的"头"指的是——

生：船的顶端。

就这样，在我的引导和学生的思考下，学生通过观察字形，了解了关键笔画，在语境中认识了生字"头"。

三、教学反思

（一）趣味设计，自主选择

在让学生完成预习要求前，教师根据学生的年龄特点以及课文的内容，有侧重、有选择地设计趣味性的预习要求，让学生能够用自己的方式完成教师布置的预习任务。例如，"用你喜欢的符号圈出生字"，这样的预习要求不仅能达到让学生熟悉生字的目标，更让学生在完成任务时自己选择方法，用最适合自己的方式学习。与此同时，教师可以设置一个自我评价要求——如果觉得自己朗读得正确流利了，便在课文标题后画个笑脸。这可以使学生对于自己的预习程度有一个自我认知，进行自我评价，对之后新课的学习有很大的帮助。

此外，在设计预习要求时不只是设计一些单一的读和圈的任务，更要预设一些与课文有关的问题让学生思考，使学生在课堂上不再盲听盲学，而是带着问题有意识地学。这样，学生在识字教学中对生字不再陌生，容易获得成就感，从而提升识字兴趣。

（二）教授学法，夯实基础

预习可以使学生在新课中对于生字有初步的认识，便于识字教学的开展。但一年级学生在刚刚接触预习这个要求时对"预习"这个概念是陌生的，不清楚预习的意义以及如何预习。教师应该在课前教他们预习的方法，明确预习的要求，在教会学生如何预习后再慢慢渗透预习的重要性，让他们养成良好的预习习惯，为课堂教学做铺垫。

同时，在教授预习方法时，教师要统一预习格式，为学生之后自主设计预习单打下基础，从而让学生在学习中实现自我计划。

（三）预习反馈，及时评价

要让学生养成一个良好的预习习惯，教师及时的反馈与监督必不可少。尤其是对于刚接触预习任务的一年级学生，更要适时地进行评价。课堂中的抽读课文、说说识字方法等环节都可以检验学生的预习成果。对被表扬的学生，评价会使他们更认真地预习，增加他们预习的动力。而对没有认真预习的学生，评价是一次提醒，更是一次督促。在这个过程中，让学生也一起思考和评价，看看自己是否做到了预习的所有要求，如果没做到，那下一次预习要好好完成，调整自己的状态。

（四）预设问题，不断思考

学生主动识字的能力往往是在教师的引导和帮助下不断成长与发展的，所以在教学设计中，预设显得很重要。

低年级语文的识字教学内容通常是会读字音、观察字形、理解字义。在课前，教师要提前做好预设：哪些关键的环节是需要学生掌握的。同时进行巧妙设计，以提问和质疑的形式，引导学生思考，学生在听到问题后会思考：这个笔画真的有问题吗？这个字真的是这么写的吗？在这个过程中，学生在教师的引导下，实现了思考后自己调整思路的过程。

这样的预设能够使学生在低年级就不断进行自我思考与反思，为之后的自主识字做好铺垫，提供支架。

四、点评

学生的自主学习能力是需要在学习过程中加以培养的，且需要一个相当漫长的周期。对于小学一年级学生来说，在学习的起步阶段就关注自主学习，对其学习历程的影响将是深远的。在这篇案例中，教师根据学生年龄特点和学习基础，从教给学生预习的方法开始，引导学生运用已经掌握的识字方法尝试自主识字，培育学生的自主学习的意识；在学习反馈交流中，利用课堂指导与评价激发学生对识字的兴趣，从而使学生养成在教材文本和生活实践中主动识字的良好习惯。这样的预习预设、思考与评价，具有可操作性，是有价值的。

引导低年级学生学会识字方法
——以《小小的船》为例

上海市浦东新区福山唐城外国语小学　王玲玲

一、案例背景

《义务教育语文课程标准（2022年版）》指出：识字与写字是阅读和写作的基础，是第一学段的教学重点，也是贯穿整个义务教育阶段的重要教学内容。因此在低年级语文教学中，识字教学是十分重要的。结合学校的课题，在识字教学过程中，让学生在积极愉快的状态下学会自我选择方法和策略、自我评价和反思，形成自主学习能力，成为我坚持不懈的追求和目标。

一年级学生活泼好动，识字量有限，但是有丰富的想象力，模仿能力强，表现欲旺盛。针对学生的这些特点，结合教学目标，我以课文为载体，通过识字教学，激发学生学习语文的兴趣，提升学生自主学习的能力，让学生迈出自主学习的第一步。以《小小的船》这篇课文教学为例，我通过创设情境营造轻松的学习氛围；通过示范，让学生加以模仿，从而积累识字方法，再鼓励学生用自己喜欢的方法识字，通过互评、自评反思识字过程，最后调整识字方法与策略，达到最优效果。

二、案例描述

（一）创设轻松愉悦的氛围

上课时，我创设了情境：秋天到了，白天是色彩斑斓的，天是蓝的，云是白的，叶子是黄的。到了夜晚，又是另一幅美景。妞妞在这样美好宁静的夜晚进入了梦乡。通过图片和教师的语言，学生被带入了设定的情境，仿佛自己化身为妞妞，坐在小小的月亮船里，看着满天闪闪的星星，感受这美丽的晴天夜空。轻松愉悦的氛围能激发学生的学习兴趣，调动学生学习的积极性，唤醒学生自主学习的主体意识。

（二）以师为范，学习识字方法

低年级学生模仿能力强，教师的一言一行都是他们的模仿内容。要培养他们的自主学习能力，教师首先要以身示范，让学生在潜移默化中感受什么是自主学习以及学会自主学习。所以，在识字教学中，我以"两"字为例，先出了一则字谜："再没了土，一对小人住进来。"有几个同学猜是"闪"字，也有个别同学猜出"两"字，我请猜对的同学解释原因。其他同学知道了原来老师是通过字谜的方式拆分了"再"这个字，里面的"土"换成了两个"人"。猜字谜成功地激发了学生的学习兴趣。我接着带领学生拼读，提醒他们注意读准后鼻音。然后通过看弯月图片，让学生知道"两"表示数量，我们又一起书空了这个字。最后，我带领同学一起总结我们是通过猜字谜、拼读、看图、书空这四种方法，分别从字形、字音、字义和书写这四个方面学习了"两"字。

（三）争做小老师，在模仿中寻求突破

对于"头、看、闪"的学习，我先请同学们自己计划将从哪几个方面学习、怎样学习，然后请小老师带领大家学习。小老师们几乎都是模仿我的样子，从字音、字形、字义和书写四个方面带领大家学习生字。

在文字的形、音、义三要素中，字形是唯一的物理要素，它是字音字义的承载者。字形表现字音、字义，也是区分文字的符号，所以字形的学习是最重要的。

在学习字形方面，我问小老师有什么好办法可以快速记住"头"字。

小老师A：（指着自己的头）这个字就是"头"。

同学们哈哈大笑。

小老师B：头发、头顶、头脑、有头有脸。

小老师C：猜字谜"一点一点大"。

大家先是一愣，几个反应快的同学用手指在桌子上画了画，然后争先恐后地说："是'头'字！"

我：你们最喜欢哪一种方法？

小老师A：我的方法虽然直接，但是与"头"这个字好像没有什么联系。第三个小老师的方法更好。

我追问：为什么更好？

小老师B：谜语的方式更有趣，而且可以直接记住"头"字的写法。

这则谜语让我们学会了写"头"，于是我请小老师C带领大家书空"头"字，写到第五笔时，他突然停住，发现最后一笔不是捺，而是点。于是他想了想，把字谜改成："一点一点大，最后是点不是捺。"在小老师C的提醒下，大家都记住了这个容易被忽视的重要笔画。

小老师C模仿了我用猜字谜的方式识记生字。在这个过程中，他结合同学的评价，及时发现问题，反思并完善字谜，轻松识记字形。其他两位小老师也通过比较他人的方法和自评，调整识字方法，轻松而准确地记住了"头"字。

（四）"八仙过海，各显神通"

这三位小老师也给其他同学做了示范，在后续的识字教学过程中，同学们新意频出，想出了各种识字方法。

学习"看"字时，有人用数笔画的方法，有人用加一加（手+目）的方法，也有人用猜字谜"手放在眼睛上"的方法，大家的方法五花八门。其中，尤以同学D的方法最为特殊，他把手放在了眼睛上面，做了一个向远处看的动作，其他同学被他的动作逗得哈哈大笑，还纷纷模仿他的动作。显然，大家更喜欢他的方法。学生解释说因为同学的表演不仅让他们记住了字形，还表演出了字的意思。而其他的方法只体现了字形，没有体现字义。

我趁机补充道："看"字本意就是手放在眼睛上遮光望远，它是会意字。课文中还有两个这样的字。很快，同学们就发现"闪"和"尖"也是会意字。"闪"字本意是人在门中一晃而过，我又请刚才出字谜的同学说说他用什么办法记住"闪"字，只见他跑到教室门口一晃而过。可见，这位同学调整了识字策略，采用了更好的方法。大家通过做动作的方法记住了"看"字和"闪"字的字形和字义。

此时，学生识字的积极性完全被调动起来，大家"八仙过海，各显神通"，每个人都积极参与，想出识字方法，并且根据不同字的特点，通过反思，调整识字方法，努力找到最好的方法。

三、分析与反思

（一）创设富有童趣的情境，是自主学习的前提

当识字对儿童来说变成一种鲜明的激动人心的生活情境，里面充满了活生生的形象、声音、旋律的时候，读写结合过程才能变得比较轻松。在课的开始，我出示静中有动的图画情境，将学生带入到优美的意境中，学生感到新奇有趣，在轻松愉快的气氛中进入学习状态，教师顺其自然地切入主题，激发了学生学习的兴趣和欲望。在轻松愉悦的氛围下，学生激情饱满，思维活跃，积极参与课堂活动。教师要把学习的主动权交给学生，真正从学生的学出发，为学生主动、自觉地参与学习创造条件，真正做到任童心放飞，任个性飞扬。

（二）自我反思与评价，是自主学习的动力

教师只是活动的组织者，学生才是真正的主角。他们在这个学习舞台上尽情地展示着自己的才华。因为教师充分地尊重学生，以学生为本，为学生服务，每一个教学环节的设计都是从学生的角度出发，采用了多种方法激发学生学习兴趣，所以学生整节课热情高涨，思维的火花不断地涌现。这堂课中，每一个学生都积极地参与到学习之中，他们都在不同的程度上得到了提高。争当小老师的活动，激起了学生的求知欲望，唤醒了学生的好胜心和责任心。学生在轻松愉悦的氛围下选择猜字谜、数笔画、加一加、演一演等

方法学习生字，并且根据不同汉字的特点，通过评价和自我反思，逐渐完善学习过程。

激发学生内在的学习动力，培养正确的学习方法，让学生能自主学习才是"教"的最终目的。我也将在语文教学中坚持秉承这一宗旨，最终把课堂还给学生。

四、点评

自主学习的开端一般应该是积极的、愉悦的。因此，无论年段高低，要引导学生开展积极主动的学习，教师都要先营造轻松愉悦的氛围。而有效的自主学习必定是以方法的习得为基础，通过实践模仿，借助思维碰撞闪现火花，实现飞跃。这样，从氛围营造、示范指导、实践模仿，到各显神通的若干环节，看似运用了简单的猜字谜、拼读、看图、书空等识字方法，学习了并不复杂的"两""头""看""闪"等字，却体现了教师环环相扣的课堂教学过程，也体现了学生积极参与的学习过程，更体现了学生自主学习能力的培养过程。在这个过程中，学生的自我方法和策略的选择、自我评价和反思的作用得以凸显。

从预到学，培养能力

——以二年级《难忘的泼水节》为例

上海市浦东新区福山唐城外国语小学　龚怡

一、背景介绍

《义务教育语文课程标准（2022年版）》指出：学生是学习和发展的主体。语文课程必须根据学生身心发展和语文学习的特点，关注学生的个性差异和不同的学习需求。学生学习的主战场在课堂，教师在课堂上应该改变传统的教学方式，充分激发学生的主动意识。只有激起学习需要，学生才能真正去调动自身的学习潜能，进行自主学习，成为课堂真正的主人。

经过一年的学习，二年级学生在基本知识、学习技能上有了不错的积累，对学习语文也有着一定兴趣。但很多时候，教师在讲台上侃侃而谈，学生却已神游天外。我反思后发现，仅靠自己不停地讲是没有办法帮助学生提高学习能力的，我开始意识到是时候让学生尝试在学习中自己发现问题、解决问题。

二、过程描述

《难忘的泼水节》一课记述的是一个充满温情的感人故事。泼水节被傣族人民视为最美好、最隆重的节日。其中1961年的泼水节是令傣族人民最难忘的，因为他们敬爱的周恩来总理和他们共同欢庆了这个富有情趣的民族节日。在教学时，我做了如下尝试。

（一）课前，自主预习

预习是课堂教学的准备。做好课前预习，既能顺利推进课堂教学，又能培养学生独立思考的习惯，提高学生的自学能力。二年级学生已经初步有了预习的意识，能完成一些简单的预习工作。

在设计这一课预习作业时，我考虑到：首先，学生对汉字的偏旁、结构等有了初步了解，已掌握了多种识字方法，如"加一加""减一减""换部首"等；其次，现在的学生对于一些民族节日了解甚少。借着这一课的预习单，我尝试引导他们了解一个自己感兴趣的民族节日（图1）。

```
            17 难忘的泼水节 预习单
          班级_____姓名_____学号_____
    一、 我会读（拼读下列生字或生词）

   wàng        pō           dù        lóng
   忘 记       泼 水 节      欢 度      龙 舟


   pào    chuān        xiàng        lìng
   大 炮   穿 衣 服     方 向        口 令


    二、 我会认（用你认为合适的方法认识下列生字）
    忘    泼    炮

    穿    令    想


    三、 我知道（了解一个你感兴趣的民族节日，方法不限）
```

图1

有了充分的预习，学生学习的主动性大大增加了。在分享识字方法时，学生不仅能用简单的"加一加""减一减"，还有学生能灵活运用"换部首"的方法，举一反三，如"炮"这个字，他们想到了之前学过的"跑、泡"，换一下部首就行了。

而在了解民族节日这一方面，方法更是五花八门了。有人说上网查，也有人说正好在书本上看到过，甚至有人说爸爸就是本行走的百科全书，一问就知道了。

就这样，学生很好地用自己的方式完成了预习作业。而伴随着你一言我一语，带着思考的课堂开始了……

（二）课中，自主圈画

本单元的教学重点之一是"借助词句，了解课文内容"。在学习课文第3自然段时，我请学生以小组为单位，合作完成问题"朗读第3自然段，想一想傣族人民是怎么样欢迎周总理的？"在段落中圈一圈，画一画，并做交流。

在巡视过程中，我发现大部分学生都能找到"敲起象脚鼓，从四面八方赶来了"等，感受到傣族人民的急切，对于周总理的热爱之情，也有不少学生做了补充，从"撒满了凤凰花的花瓣""一条条龙船""一串串花炮""欢呼"等关键词句，感受到傣族人民欢迎周总理的盛况。

（三）课后，自主评价

及时有效的评价是培养学生自主能力的有力保证。例如，在书写汉字前，我请学生从以下三部分来观察汉字：结构、宽窄、关键笔画。在写"泼"这个字时，学生发现这是一个左右结构的生字，在田字格中书写时要注意"左窄右宽"，而"三点水"则代表了这个字与水有关系。这样的教学不仅激发了学生的学习兴趣，还帮助学生在教师的引导下，自主、独立地学习了汉字，增强了学习自信心。

随后，我请学生参照着第一个字的学习方法，自己观察观察"度"字并写一写。写完后，请学生自己来评一评，随后同桌之间互相评一评。在这个过程中，大家积极参与，不仅发现了在书写时存在的小问题，也更乐于识字、善于识字。

三、总结反思

学生是学习的主人，如何落实学生的主体地位是新课程教学改革的核心。而教师则应注重激发学生学习的兴趣，创设学生自主学习情境，尊重学生个体差异，鼓励学生选择适合自己的学习方式，引导学生在阅读实践中学会学习。在日常教学中，我也不断尝试转变自己固有的观念，由"扶"到"放"，帮助学生主动学习。

（一）加强预习，培养自主学习习惯

在平时的语文教学中，学生的课前预习没有得到足够的重视，大多是虚有其表。而面对学习，学生只有一件事可想可做，那就是——完成。久而久之，他们会对学习产生厌烦心理，对待作业也就越来越敷衍。

爱因斯坦说"兴趣是最好的老师"，兴趣是学习的动力，让学生自发地去完成预习是教师需要解决的难题之一。在学习这篇课文之前，我请学生用自己喜欢的方式认识生字词，了解感兴趣的民族节日。

首先，因为学生已基本掌握一些识字的好方法，所以学生不再只是一味地听从教师的安排，而是学会用自己喜欢的或合适的方式来识字，多角度地思考也有利于学生的思维不被固化。其次，学生选择多种方法了解少数民族传统节日时，也初步培养了他们自主查阅资料的能力。学生在充分预习中有所悟、有所得，从而在课堂交流时有所聊，不使预习流于形式。

（二）小组合作，创设自主学习情境

课文导入时，以我国特色民族节日为抓手，请学生来交流自己了解到的民族节日。整个教学过程中，教学课件以其直观性及在学生理解的关键处的展示，调动了学生多种思维，使学生轻松愉悦地进入课文意境中，从而使学生体会文章的思想感情。

"没有学生的主动参与，就没有成功的课堂教学。"在课文学习的过程中，我考虑到学生消化学习内容的需要，给予学生小组合作充沛的自由支配时间，让学生在交流中圈画关键字词，积极讨论不同意见，充分调动学生参与的积极性，使学生通过独立思考来感受文章蕴含的情感。

（三）生生评价，提升自主学习能力

我们的语文课堂常常会围绕着"评价"来展开，无论是写字还是朗读，学生们都可以通过自评、互评等方式来对学习的过程和成果进行评价。

在写字教学时，每当学生书写完毕后，我会请他们对照着范例的字再仔细观察一下。经过对比，有时学生就会发现字的位置歪了，笔画没有写准确，等等。在这样不断的训练中，学生自己发现了书写规律，他们的自主学习能力也逐渐加强。

在朗读教学时，因为在之前的教学中已经明确提出过朗读要求——正确流利、声音响亮，所以学生知道了我一贯提出的朗读要求就是他们的评价标准。在读完后自评时，学生完全可以按照朗读要求评价自己的朗读，并对不足之处加以改正。在评价他人时，同样如此。

学生的自主学习能力并非一朝一夕就能养成的，无论是课前的自主预习、课上的自主阅读、自主参与还是课后的自主评价、自主积累，都仍需教师孜孜不倦地不断培养。教师在设计教学、设计作业时，应当把更多的时间、机会交给学生，帮助学生主动地思考、主动地参与学习；帮助学生化被动为主动、在学习中体验快乐。

四、点评

对于在教师主导的课堂上如何改变"老师在讲台上侃侃而谈，学生却已神游天外"的现象，本案例进行了有益的尝试。一个小小的预习单，没有要求学生自主设计，而是由教师统一提供，看似普通，实则包含着对学生会读生字的检测、对会认生字方法的选择和对感兴趣的民族节日的了解以及了解方式的选择等内容；课中的圈画，如读一读、圈一圈、画一画"傣族人民是怎么样欢迎周总理的"，形式宽松，内容范围广，学生圈画的余地很大，圈画之后的交流，又是对学生自主学习的检验和补充。这些看似统一却给学生留有很大自由空间的设计，体现了教师主导作用，更体现了学生主体意识。

在阅读教学中培养学生的开放性思维

——以《宝葫芦的秘密（节选）》为例

上海市浦东新区福山唐城外国语小学　孙佳莉

一、案例背景

自主学习就是学生依靠自己的努力，自觉、主动、积极地获取知识。自主学习能力则是学生在学习活动中表现出来的一种综合能力。具有这种能力的学生有强烈的求知欲，善于运用科学的学习方法合理安排自己的学习活动；善于积极思考，敢于质疑问难，在学习过程中表现出强烈的探索和进取精神。然而，学生的自主学习能力并非与生俱来，他们需要接受必要的指导和训练。在日常教学中，教师应重视对学生学习策略的指导以及对学生元认知能力的培养。元认知是指人类对自身认知活动的认知，即认知主体对自己的认知能力、任务、目标、认知策略、心理活动等方面的认识，其实质是认知主体对自己的认知活动的自我意识、自我监控和自我调节。

我按这样的程序展开：学生在课前进行自主探索，确定学习目标并制订适合自己的学习计划；学生课上能够带着自己的问题进行有针对性的学习，努力按照学习计划开展学习活动，并对学习情况进行自我监督；学生课后能够针对已学知识进行自我总结、自我反思，并具备举一反三拓展学习的能力。

二、案例描述

（一）课前探索，制订计划

学生学习的自主性首先表现在制订具体可行的学习目标和学习计划上。面对新的学习任务，学生自主地分析自己的现有水平以及在学习中可能遇到的困难和障碍，并由此制订学习目标、学习计划和即将采取的学习策略。

预习不仅是学习一门课程的第一个步骤，更是自主学习过程中的最重要的环节。在课堂上我指导学生制订预习任务单，提示学生制订的预习计划可以细化到字词、课文理解和阅读质疑这三方面。我指导学生可以用圈点勾画的方法装饰文中的生字词用符号标注出来，还可以将自己不认识的、易写错的字写在预习单上，并通过字典、词典等工具书查出字音词义并加以积累。在初读课文时，学生要对课文内容有整体的了解。再次阅读时，学生要在课文有疑问的地方进行批注，待上完课后对之前不懂的地方进行反思，看看是否掌握了。

从学生上交的预习单中反馈得知，大部分学生查阅了课后生字表中较难的字词，标注了词义并组词。通过预习，学生对《宝葫芦的秘密》这个故事有了大致了解，并好奇故事的结尾，纷纷询问接下来的故事情节是怎样的，宝葫芦有哪些神奇的功能。

（二）开展学习，自我总结

学生制订好预习计划之后，就要一步一步地按照计划执行。教师作为学生学习的监督者和指导者，要引导学生对自己的学习过程进行自我监控。本节课的教学中，我坚持鼓励学生对文本进行个性化、开放性的阅读理解，而不是想着怎样将学生的认识以及对文本的理解统一到自己的教学设计之中。例如，在探讨"奶奶讲的宝葫芦的故事怎么样？"这一问题的过程中，学生给出了五花八门的答案，我与学生共同评价，教学生设身处地地去想象，这样就充分调动了学生的求异思维和发散思维，学生想象的内容丰富了，语言表达也更流畅了。

尤其是在感受宝葫芦的神奇作用时，我让学生以小组合作的方式在"奶奶"给"我"讲的宝葫芦的故事中自主选取一个，创编故事，发挥想象，填补课文中的空白。起初每个小组的选取角度都类似，创编的故事缺乏新意。在我的指导下，学生对此情况进行反思，有一个小组及时做出调整：他们选取了赵六获得宝葫芦的故事，将重点放在了赵六如何获得宝葫芦上。这样不设限的课堂才能使学生产生的大胆想象和新颖的思路。

（三）课后反思，自我评价

课后，学生根据自己课堂的表现与收获完成自我评价表，并根据评价表进行反思。大部分学生在学完本课后能解决预习单中的困惑：了解课文按一定顺序写景物的方法。仍有个别同学还有所困惑，他们把自己的疑问记录在评价表中，利用空余时间来找我答疑解惑。完成这样一份自我评价表（表1）就是学生对自己的学习进行审查和反省，对自己的优、缺点和得失做出判断。学生通过自我评价表明确自己的不足之处，学会适当调整学习方法，从而提升自主学习的能力。

表1

学生自我评价表		
班级：_____　　姓名：_____　　学号：_____		
评价内容	评价星星	评价目的
我能认真听老师讲课、同学发言	☆ ☆ ☆ ☆ ☆	能否认真专注
遇到我会的问题都能主动举手	☆ ☆ ☆ ☆ ☆	能否主动参与
发言时声音响亮	☆ ☆ ☆ ☆ ☆	能否自由表达
我能积极参与小组讨论活动	☆ ☆ ☆ ☆ ☆	是否善于合作
善于思考，并能有条理地分享与他人不同的意见	☆ ☆ ☆ ☆ ☆	能否独立思考
我能展开丰富的想象理解课文内容	☆ ☆ ☆ ☆ ☆	是否富于想象

续 表

评价内容	评价星星	评价目的
预习单中的疑惑我能解决了	☆ ☆ ☆ ☆ ☆	能否解决疑惑
我还有与这节课相关的问题问老师	☆ ☆ ☆ ☆ ☆	能否明确不足
总获得星星的总个数		

三、总结与反思

（一）增强学生的自主学习意识

在培养学生自主学习的能力的过程中，教师要意识到：教师是外因，学生才是内因。教师要想方设法让学生自己主动地学，才能收到良好的教学效果。教师要加强教育，让学生真正意识到"自己是主体"。苏霍姆林斯基指出：在人的心灵深处，都有一种根深蒂固的需要，就是希望自己是一个发现者、研究者、探索者，而在儿童的精神世界中，这种需要需得特别强调。在课堂教学中，教师要把握学生的心理特征，为他们动手、动口、动脑提供足够素材、时间和空间，为他们自我表现和相互之间的交流提供多种多样的机会，让学生多种感官并用，引导学生积极地参与、主动地发展。

（二）增强学生的自我评价意识

在培养学生自主学习能力的过程中，教师要注重学习成果的激励作用，充分利用学习成果的反馈作用，注重因人而异、因材施教，使不同层次的学生在学习上获得成功，让学生找到自信、体验成功的喜悦。正如我所设计的学生自我评价表，不仅能够促使学生对自己的学习负责，还能使学生清楚地认识到自己的现有水平和期望水平之间的差距，这样学生就会获得更大的学习动力。

教师要不断提高自身的元认知水平，把元认知理论有效地融入常规教学，成为学生自主学习的引导者，把培养学生的自主学习能力作为教学目标之一，实践教师指导下以学生的自主学习为中心的教学理念，帮助学生真正提高自主学习能力。

四、点评

学生的自主学习能力并非与生俱来，需要接受必要的指导和训练。教师在学科教学中有意识地运用元认知理论培养学生的自主学习能力，这对学生未来的学习、生活都会产生积极的影响。本案例中教师选择富有童趣的故事《宝葫芦的秘密》，按照课前、课中、课后的程序引导学生开展自主学习，尤其是课前的预习设计，从预习单的设计指导，到预习单的自我设计，再到预习情况的梳理反馈，最后根据预习情况实施课堂教学和评价，整个过程环环相扣，将学生的自主预习作为一个新的学习任务的开端，又作为这个学习活动主线和纽带，有着设计者的匠心。

浅谈一年级学生识字能力培养

——以《青蛙写诗》一课为例

上海市浦东新区福山唐城外国语小学　高丽群

一、案例背景

《义务教育语文课程标准（2022年版）》对第一学段（1～2年级）学生的识字与写字教学提出了明确的目标："喜欢学习汉字，有主动识字、写字的愿望。""学习独立识字，能借助汉语拼音认读汉字。"

确实，学生才是学习的主人，教师要激发学生学习的兴趣，带领学生发现并享受学习和探索的乐趣，使学生从"要我学"到"我要学"，逐步养成自主学习的习惯，形成自主学习的能力。

在"双减"大背景之下，如何更有效率地开展教学工作，培养学生自主学习的能力和习惯呢？在小学一年级的语文识字教学活动中，我进行了相关的实践研究。

二、案例描述

在教学《青蛙写诗》一课中的生字"过"时，一个四人小组被我请到教室正前方，面对全班同学，拿起生字卡片，交流自主识字的成果。

生1：我学会了"过"，请跟我读，g-u-ò，guò，"过"要注意拼音：g-u-ò，guò。我是用分析结构的方法记住它的，"过"是半包围结构的字，外面是走之旁，里面是个寸，合起来就是"过"，"过去"的"过"。

生2：我有补充，我是用写一写的方法来记的，"过"这样写，点、横……（此时学生不会说"横折折撇"这个笔画，我就带领全班讲了两遍笔画名称，让学生继续说）横折折撇、捺、横、竖钩、点。

师：谢谢你让全班小朋友学到了一个新的笔画，不过要注意，"走之"作偏旁的时候，应该先写里面的部分，再写外面的"走之"。

生3：我有不同的方法，我是用换一换的方法来记的，"还有"的"还"，"不"换成"横、竖勾、点"就是这个"过"。

生4：我也用换一换的方法来记，我名字里的"逸"，将"兔"换成"寸"就是这个"过"。

师：小朋友们真会动脑筋，识字方法真多！通过交流，你觉得谁的识字方法比自己原先的方法更好呢？请你在四人小组中说一说你认为的最容易记住这个生字的方法。

三、案例反思

小学生自主识字能力的培养不是一蹴而就的，而是一个逐步探索、推进、完善的过程。

（一）习得常用的识字方法

我班学生在一年级刚入学时，识记汉字的起点存在较大差异：半数学生有一两百个常用汉字的识字量，个别学生识字近千个，也有为数不少的学生是零起点。根据学生的实际情况，从学习准备期开始，我就逐步引导学生学会一些常用的识字方法：拼一拼（如"d-à，大"），写一写（如"上"这样写：竖，横，横），加一加（如"大"加一横就是"天"），减一减（如"去"减去竖就是"云"），想象（如"飞"的样子就像一只小鸟在飞，"横斜钩"像小鸟的身体，"撇"和"点"像小鸟的一对翅膀）……授人以鱼不如授之以渔，与其单纯教授学生某个字词的写法、读音，不如教授学生这些基本的识字方法。因为这些最基本的识字方法是学生自主识字的基础。

（二）学会基本的交流句式

学生除了要学会基本的识字方法，还要学会把话说清楚。在每天的语文课上，我带领学生用完整规范的句式说清每个生字的识字方法："我学会了（某个字），请跟我读（拼读示范），我是用（什么方法）来记的，（讲述自己的识字方法）。"第一个月，教师讲，学生学；第二个月开始，教师将此句式写在黑板一角，课堂上让能力较强的学生当小老师，自己尝试看着句式来讲，并带领同学一起讲。经过近三个月的学习，学生都能够根据句式来比较规范地讲述自己的识字方法了。

（三）组建有序的四人小组

三个月后，汉语拼音教学告一段落。在全班学生基本掌握汉语拼音的情况下，我把全班学生按前后桌分成12个四人学习小组，在课堂上以小组为单位开展自主识字活动。每个小组推荐一位识字能力相对较强的学生担任组长，安排组员的发言顺序，并进行相互评价。每堂课，教师至少请两到三个小组上讲台，向全班同学分享识字方法。四人小组自主学习生字的形式，充分调动了每个学生参与识字活动的热情。学生对日常生活中见到的汉字很感兴趣，喜欢在组内交流自己的识字方法，更喜欢在全班同学面前担任"小老师"。

（四）形成更佳的识字能力

识记汉字时，学生本身的能力有高有低，方法也各不相同。在生字"过"的教学片段中，当四人小组成员上讲台担任小老师，相继分享自己的识字方法时，通过相互聆听，互评自评，以及教师适时的指点，学生既体验了自主学习的过程，也从同学的识字方法中获得启发，从教师的点评中学到新知。日积月累，学生对自主识字更有兴趣，识字方法灵活多样，识字能力也逐渐提高。

教给学生基本的识字方法，采用四人小组学习的方式，旨在培养学生的自主识字能力，让他们成为乐于自主识字、善于自主学习的学生。

四、点评

本案例选择以四人小组的形式，交流《青蛙写诗》一课中"过"这个汉字的识字过程，四个小朋友是一个学习活动的合作小组，也是课堂教学中的小老师，他们互为补充，完成了对"过"字音形义的讲解与分享。案例切入点很小，但案例分析与反思部分却给人以启发：自主识字能力如何培养？习得常用的识字方法是基础，识字方法是识字的工具和抓手，学生只有掌握了基本的识字方法才能有效识字，才能自主识字。学会基本的交流句式是课堂交流的支架，在学生自主学会的汉字并分享给同学这一过程中，交流句式起了很好的支架作用。在运用之初，交流句式可以帮助学生把句子说清楚说完整；在熟练运用之后，交流句式可以让学生将关注点放在汉字的音形义上。而四人小组则是学习交流的伙伴和依靠，只有这样，才能使学生形成自主识字的能力，使学生愿识字、会识字。

激发阅读兴趣，丰富阅读实践

——以五年级"快乐读书吧"为例

上海市浦东新区福山唐城外国语小学　顾淑一

一、案例背景

《义务教育语文课程标准（2022年版）》提出：学生是学习和发展的主体，在课堂教学中教会学生学习是教学的重要目的。自主学习以学生为学习主体，通过学生独立的分析、探索、实践、质疑、创造等方法来实现学习目标。

五年级的学生已经具备初步的阅读能力。五年级下册第二单元以"走进中国古典名著"为主题，编排了四大名著的相关情节，意在带领学生走进中国古典名著，学习阅读古典名著的方法，产生阅读古典名著的兴趣。现结合统编教材五年级下册语文第二单元的"快乐读书吧"教学要求，通过导入文本、介绍作者、分析人物、设置悬疑等方式引起学生的阅读兴趣，让学生感受古典名著作品中的文化语言。此项活动主要由学生在课外自主完成，但需要教师全程引导。开展阅读活动之前，要通过多种方法激发学生自主阅读的兴趣，并引导学生回顾以往学过的阅读方法，做好阅读计划，并在阅读之后进行交流，丰富学生的阅读实践。

二、案例描述

（一）激发阅读兴趣

教师在课前引导学生在阅读古典名著时，可以让学生先挑选一些自己感兴趣的章回读一读。那学生该怎么来挑选自己感兴趣的章回读呢？有什么小窍门吗？

学生：我很喜欢读回目，只要看一下某一回的标题，就可以猜出它主要讲了什么故事。

接下来教师以《西游记》这部小说为例，找来了一些章回的标题。问学生读了这些章回的标题，他最想读哪一回。

出示：

第五回：乱蟠桃大圣偷丹　反天宫诸神捉怪

第十七回：孙行者大闹黑风山　观世音收服熊罴怪

第三十一回：猪八戒义激猴王　孙行者智降妖怪

第五十九回：唐三藏路阻火焰山　孙行者一调芭蕉扇

第六十回：牛魔王罢战赴华筵　孙行者二调芭蕉扇

第六十一回：猪八戒助力败魔王　孙行者三调芭蕉扇

学生1："第五回乱蟠桃大圣偷丹反天宫诸神捉怪"这个章回片段我在动画片《大闹天宫》上看到过，印象非常深刻，孙悟空搞得蟠桃盛会场面一度混乱，让人哭笑不得，我想读一读这个章节。

学生2：第五十九、六十回都在说芭蕉扇，我想这件事情的来龙去脉肯定比较复杂，所以作者要用两回来写清，我想读这两个章节。

学生的学习积极性被调动起来，你一言我一语，纷纷表态。于是教师抓住时机，播放动画片《大闹天宫》片段，引出《西游记》文字片段。再次邀请学生一边读一边猜猜其中不理解的词句的意思并跟周围的人分享一下自己读文后的感受。

学生3：这一段描写的是孙悟空和牛魔王斗法的情形，写得很精彩，我觉得读起来很有意思。一开始他们分别变成天上飞的鸟，互相啄来啄去。后来牛魔王见孙悟空变成了鸟中之王——凤凰，便立即变成一只香獐。后来他俩又分别变成地下跑的猛兽，互相打来打去，看得我好紧张。

学生4：读这段内容时，我仿佛看到孙悟空和牛魔王不断变身，打斗的场面好激烈，我发现这段内容句子节奏紧凑，很多词语都用得非常形象，特别是动词的使用丰富而准确，生动地写出了孙悟空和牛魔王变身之多、之快，读起来很有画面感，真的有种身临其境的感觉。

至此，学生通过自主选择感兴趣的章回、回忆曾经熟悉的动画片，来进一步提高阅读名著的兴趣，这是一个良好的开端。有了成功的第一步，接下来需要制订读书计划。

（二）出示阅读古典名著的基本方法

教师为学生提供阅读计划单与档案范本，学生可将此作为长效作业进行古典名著的整本书阅读活动。

阅读计划单如下：

1. 我计划用（　　　）周读完。

2. 每周我要读（　　　）页。

3. 每天我要花（　　　）分钟来进行阅读。

4. 我要从《　　　》里选（　　　）个故事讲给家长听，和他们交流阅读的体会。

人物档案范本如图1所示。

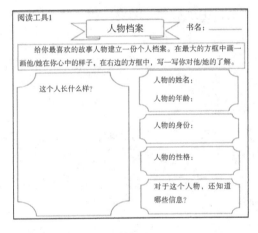

图1

图1是一个长效作业，因为在开始的阶段，学生还有热情，但4周后，我们进行了一次读书交流，一部分同学反映出了较为普遍的问题，那就是很难坚持，有时候到周末才发现阅读任务根本没有完成。

这时，教师必须进行提问，促使学生自主思考：对于这样的问题怎么办？你有什么可行的好方法吗？班级学生对此进行了方法策略的讨论。

学生1：在最开始阅读的时候，很难坚持，我也有过，于是我对阅读计划做了进一步的修改，把阅读计划单变成了表格的形式，完成任务就打钩，多提醒激励自己。

学生2：我有个办法，把阅读时间固定在睡前半小时，这样坚持了几周之后，习惯就慢慢养成了，希望我的方法能够帮到你。

学生3：我觉得阅读兴趣很重要，一定要先读你感兴趣的名著。我最喜欢三国人物中的诸葛亮，所以选择了《三国演义》这本书来读，并且按照老师教的方法，先读回目的标题，找出与诸葛亮相关的故事来进行阅读。现在我对诸葛亮越来越了解了。

学生4：我觉得找到阅读同伴很有帮助，同伴之间可以相互监督、相互激励，避免偷懒。几个人同读一本书，还可以及时交流，遇到不懂的地方相互讨论，这样阅读就更容易了。在和同学的分享中，我也受到了鼓舞，更喜欢读名著了。

如此，学生从自己和周围的同学身上发现问题、提出问题，进而尝试解决问题的能力得以提升，学生完全可以根据自身实际来选择适合自己的阅读策略，使得"坚持阅读古典名著"这一长效作业得以成功展开。学生在完成一本名著后，往往兴趣大增，会要求同学或老师推荐其他名著来阅读。

三、案例反思

（一）阅读兴趣的激发

阅读古典名著对学生来说难度较大，激发学生的阅读兴趣是第一步，也是最重要的一个环节。所以在引导学生自主进行课外阅读之前，我通过多种方法激发学生的阅读兴趣，如给学生们放映一小段动画片、影视片，学生对书中的重要情节已经十分熟悉，这时再给学生看书中对应的内容，通过对比阅读，学生的好奇心加强，从而想阅读更多的内容。

（二）阅读方法的选择

学生开始读书前，我结合对本单元学习经验的回顾，帮助学生明确阅读古典名著的方法，于是学生在读的时候如果遇到难理解的语句，能运用多种方法猜测语句的意思，猜不出来的我也引导学生无须反复琢磨，继续往下读就能大致读懂文章的意思。

（三）阅读计划的制订

在制订阅读计划的过程中，学生在时间进度的把握上存在一定困难，一部分学生就反映遇到了"很难坚持"的问题。他们为了克服此问题，通过反思找出了几种不同的方法来改善，有的学生把阅读计划单变成了表格的形式，完成任务就打钩；有的学生把阅读时间固定在睡前半小时，这样坚持了几周之后，习惯就慢慢养成了；还有学生想到了一个很好的办法：以小组的方式"抱团阅读"，正如他们所说，这样同伴之间可以相互监督，相互激励，避免偷懒。几个人同读一本书，可以及时交流，遇到不懂的地方也可以相互讨论，这样阅读就更容易了。在分享中，学生也受到了鼓舞，更喜欢读名著了。这些方法都十分贴合学生的实际情况，充分展现了学生在阅读过程中自我选择方法与策略的能力。

此外，我们还可以利用表演课本剧等好方法去阅读名著，如此学生一定会体会到更多的乐趣，更顺畅地阅读名著，更深入地了解其语言表达特点，真正融入其中，感受阅读的乐趣。

四、点评

整本书阅读，是语文学习能力和阅读能力提升的重要途径。小学语文五年级下册第二单元"快乐读书吧"要求教师引导学生选择古典名著进行整本书阅读。教师通过导入文本、介绍作者、分析人物、设置悬疑等方式激起学生的阅读兴趣，让学生感受古典名著作品中的文化语言。这是一个长效作业，四大名著值得学生反复品读。但学生是否能长时间坚持？是否会走马观花？是否会虎头蛇尾？这些都是教师在活动启动时需要好好思考的。该案例以章回体小说的编排特点为切入口，引导学生关注小说回目，选择感兴趣的章回阅读，并交流阅读小窍门，这一过程是激趣，也是阅读方法的指导。而教师为学生提供阅读计划单与人物档案范本，则是学生持续阅读的依托和自我监控、自然调整的手段之一。这样的自主阅读，由学生自主完成，却也离不开教师的全程关注与指导。

充分利用评价，让学生自主学习

——以五年级《威尼斯的小艇》为例

上海市浦东新区福山唐城外国语小学　冯秋丽

一、背景介绍

培养学生的自主学习能力，让学生能够积极主动学习，可以提高学生的学习效率和学习效果，是学生自身发展的需要，也是当前新课程改革的主题之一。什么是自主学习？如何培养学生的自主学习能力？自主学习是积极主动的学习，它要求学生在整个学习过程中能够自我计划、自主选择方法与策略、自我调控、自我反思、自我评价等。我们学校从上学期开始，通过专家讲座、课题组示范课、论坛等形式让我们明白了课堂教学可以从哪些方面着手对学生进行自主学习能力的培养。《威尼斯的小艇》一课，就是我一次有意义的尝试。

二、过程描述

《威尼斯的小艇》是部编语文教材五年级下册第七单元的第一篇课文。这篇课文借助威尼斯独有的标志——小艇，把水上名城的风光韵味充分表现出来。

在第一课时授课的过程中，对于其中的朗读环节和语言训练环节，我积极引导学生进行自评和互评，让他们能够发现自己和同伴的问题，并进行及时的反思和调控。

（一）在朗读环节自我评价

这篇课文是一篇十分经典的文章，短小精悍，脉络清晰。结合课后习题，我将第一课时的教学重点放在了朗读体会上。在带领学生理清了课文思路后，我们很快就进入了对重点段落第二自然段的学习。

这个自然段由三个分句构成，主要讲了小艇三个方面的特点。因为有分号的提醒，所以学生很容易可以找到小艇的特点：这段话运用比喻的修辞，写出了小艇的静态美和动态美。

我先请三名学生分别来读三个分句。在找到小艇的特点之后，我让学生通过加点字词来体会句子的表达效果。然后再请不同的学生来读。一名学生读了句子"船头和船艄向上翘起，像挂在天边的新月"后，我让他自己来评一评。他回答："我把这个句子读正确了，而且读得很通顺，但是我读得没有感情，没有读出小艇静态的美感。"听完他的回答，我当即表扬了他。这节课我并没有给他们出示评价的标准，但他却能够根据我们日常积累的朗读评价标准来进行自评，学以致用，这很让我欣喜。接着我问："那你觉得怎样才能读出小艇的静态美呢？""我觉得语调应该轻快一些。"看来学生自己心里是清楚的。于是我让他再读一遍这个句子。这次的效果果然好了很多。

在读到另外一个分句"行动轻快灵活，仿佛田沟里的水蛇"时，我也用了类似的方法请学生自己来朗读体会小艇的动态美。很多学生能够结合前面同学提到的朗读评价标准进行自评，而学生再次朗读的效果都比第一遍好了很多。

（二）在语言训练环节相互评价

课文的第四自然段主要围绕"船夫的驾驶技术特别好"这句话展开。我先带领学生分析了句子和句子之间的关系，提取了表现船夫驾驶技术好的关键词，然后让学生结合板书来说清楚船夫的驾驶技术好在哪里。我先请了一名学生来说。他能抓住关键词"操纵自如、总能"等简述船夫的驾驶技术好在哪里。接着，我请了他的同桌来评一评。让人意外的是，这名学生一针见血地指出了他的问题："这个自然段都是围绕着'船夫的驾驶技术特别好'这个中心句来写的，所以这句话一定不能漏掉。"说完之后，这名学生还给大家示范了到底应该怎样说清楚这一自然段的内容。听了这名学生的回答，其他学生不由自主地鼓起了掌。看来这名学生的评价确实给其他学生带来了一定的启发。

三、总结反思

充分利用评价，是培养学生自主学习能力的有效手段。所以在课堂中，我有意识地关注到了学生的自我评价，并且在不同的教学环节采用不同的评价方法，以期让学生积极主动地学习。

（一）依据学情，合理选择评价方法

评价的方式多种多样，自评、同桌互评、小组互评等都是我们在课堂中常用的评价

方式。至于在课堂环节中如何取舍，还需要根据本班学生具体的学情来进行选择。在这节课中，在朗读环节我让学生进行了自评，而在语言训练环节，我则引导学生进行了同伴间的相互评价。这是因为朗读评价平时训练得较多，学生比较熟悉朗读评价的标准，所以我试着让他们自己朗读，并让他们自己回顾朗读评价标准进行自评。而语言训练对小学生来说是一个重难点，能够积极表达已经很不容易了，而对于表达中存在的问题他们一般很难自己发现。所以我鼓励他们进行同伴之间互评，让他们能根据同伴的评价进行反思，从而完善自己的表达。

当然，自评和互评并不是割裂开来的，它们通常共同贯穿于整个课堂教学之中。

（二）关注评价，让课堂更有活力

对于本节课，在第二自然段的朗读体会环节，我给了一名朗读有问题的学生更多的时间和机会，让能结合平时积累的朗读评价标准进行自评。该生从三个方面对自己的朗读进行了评价：①朗读是正确；②朗读是通顺；③朗读是否有感情。在这个过程中，该生依据标准逐条反思，明白了自己做得好的地方在哪里，不足之处又在哪里。有了这样的反思，该生明白了想要有所改进，就需要读得有感情、读出小艇的美。而想要读出美感，作者对小艇的喜爱之情一定要读出来。经过这样的自我反思和调控，学生再次朗读一定会有很大的进步。让学生针对自己的问题进行自我反思、自我调控，这样的朗读指导是十分扎实的。

所以，在某个学生读完之后，教师可以充分利用自评和互评的方式让学生自己发现问题。学生发现了问题之后自己再来读一读，看看是否能够读得更好。自我评价过程就是学生自我反思的过程，学生再次朗读的过程就是自我调控的过程。所以教师在朗读评价环节应该为学生提供更多的自主机会，让学生通过反复朗读得明白自己的问题所在，从而一次比一次读得好，读得更有感情，进而文本内容的理解得更加透彻。

第四自然段中的语言训练也是如此。先让学生自己说，然后让他们通过自评或者同学之间的相互评价来发现问题，进而反思自己的不足，从而能够及时调整自己的思路，真正达到语言训练的目的。

这节课，我在一定程度上关注到了学生的自我评价和相互评价，让学生在自我反思的基础上进行自我调控，调动了学生的学习积极性。但是这样的环节还是太少了，很多时候，我还是太依赖"教案"，不敢放开手脚给予学生更多的时间和空间。对于一位年轻的教师来说，想让学生积极主动地自主学习，就必须先剖析自己的课堂、自己的教学，反思自己是否真正做到了以学生为本，而不是为了完成教学进度进行教学。相信经过这样的反复剖析、反思以及反复的课堂实践，慢慢让学生学会自主学习就不是空谈。

四、点评

自主学习是学生积极主动的学习，在学校的课题研究中又把它具体落实成自我计划、自主选择方法与策略、自我调控、自我反思、自我评价五个相对独立又互相联系的板块，便于教师进行教学实践探索。该案例抓住"评价"，引导学生在朗读训练和语言训练中进行自我评价和互相评价，让学生借助评价发现自己和同伴的问题，进行及时的反思和改进。这样的实践，以某一板块为核心，串联起自主学习的若干个板块，将自我评价、自我反思、自我调控串联成线，是比较讨巧又有效的做法。

结合预习单和学习单，提高自主阅读能力

——以《父爱之舟》为例

上海市浦东新区福山唐城外国语小学　卢晓

一、背景介绍

《父爱之舟》是部编版五年级上册第六单元的一篇精读课文。本单元的主题是亲情，要求学生体会作者描写的场景、细节中蕴含的感情。本文作者用朴实的语言，讲述了自己和父亲在一起生活的几个场景，表达了父亲对儿子深沉的父爱以及儿子对父亲的爱与感激之情。小学五年级学生具备了一定的自主阅读能力，能够在合作学习中勤于思考、乐于探究。在学习本课时，提炼作者和父亲在一起的生活场景是比较容易的，但文章所选取的都是些看似平淡无奇的小事，学生从中体会父爱的伟大与深沉可能存在一定困难。因此，我结合学校"基于元认知理论，培养学生自主学习能力的实践研究"课题，在设计这一课时，注重以学生为主体，结合课前预习单和课堂学习任务单引导学生体会深沉的父爱，感受浓浓的亲情，提高自主阅读以及合作学习的能力。

二、过程描述

（一）学做"小老师"，交流预习成果

课前，学生根据预习单的要求自主朗读课文，一边读一边将遇到的生字新词圈画出来。有了课前的预习基础，课堂上我先请学生轻声朗读课文，并引导学生尽量做到把字词读准确、句子读通顺、文章读流利。接着，我请几个学生分别做"小老师"，让"小老师"们提醒大家课文中难读的生字词。学生交流了自己运用的联系上下文、分解字义、查字典等理解词义的方法，并带领大家读一读，为接下来的词句品读扫清"拦路虎"。

（二）借助学习单概括场景

要体会父子间的情感，首先要了解作者的梦中出现了哪些关于父亲的场景。于是，我引导学生借助学习任务单细细品读课文，边读边圈画关键词句，厘清文章是按照什么顺序写的，然后同桌之间交流：在"我"的梦中出现了哪些难忘的场景，试着从父亲的角度概括每个场景讲了什么，在感触最深的地方写下批注。

在同桌交流的过程中，当我发现同桌之间产生相左的意见时，我会轻声提醒他们试着从父亲的角度概括他做了什么事情。在学生汇报前，我先请他们说说是怎么划分场景的，提醒大家除了第7～8自然段意思连接紧密为一个场景外，其他每一段各为一个场景，大家可以尝试从相应的段落中提取关键信息（图1）。

一、朗读

1. 课文共（　　　）个自然段，我读了（　　　）遍，能做到（正确　流利　有感情）地朗读。

2. 边读边在课文中圈生字，画生词，不明白的画上"？"

图1

（三）由扶到放，自主阅读课文

在厘清了文章的主要场景之后，我带领学生一起品读了第一个场景。我先提出一个问题："父亲为什么在半夜起来添桑叶？"并提醒学生联系下文对"父亲为了给我凑学费而努力赚钱"这部分内容进行思考。在默读时，学生圈画出了"半夜、每年、总"等关键词，从中看出父亲赚钱的艰辛，体会到父亲对"我"的宠爱和关怀，理解了父亲的伟大和作者对父亲的感激之情。接着，学生总结了品读第一个场景的方法——在阅读中提出问题，圈画关键词，联系上下文体会情感。在品读第二、第三个场景时，我放手让学生运用刚才的学习方法，借助学习任务单自主阅读课文，并在小组内交流各自的学习收获。组长在带领组员交流完任务单中的第一个问题后，派代表在班级汇报交流。学生交流汇报后，我引导他们自己归纳读找画写的自主阅读方法，总结抓住细节、表达真情的写作手法，提升学生的理解能力和归纳能力。

（四）创设情境，深刻体会深沉的父爱

当学生通过自主阅读感动于文本中的父爱时，我趁热打铁，出示了几张关于父爱的比较有代表性的照片。学生一边欣赏照片一边联系日常生活，回忆自己的父亲是怎么表达父爱的。接着，我出示了文中的两个场景请学生进行语言训练。其中一个场景是"父亲和我住的是同一间客栈，当看到儿子全身被咬的大红疙瘩时，父亲会怎么想"。在出示"逛庙会"这一场景时，我请两组学生试着以儿子或者父亲的口吻把逛庙会的故事讲给大家听。在聆听的过程中，我提醒其他学生在脑海中想象画面，用心体会父亲对"我"的宠爱、关怀、心疼和理解，感受父亲对"我"深沉的父爱。

三、总结反思

《父爱之舟》这篇文章用朴实的语言，讲述了父亲和儿子在一起生活的几个场景，表达了父亲对儿子深沉的爱以及儿子对父亲的爱与感激之情。五年级学生的综合能力较低年级的学生相比有了进一步提高，他们逐渐形成了适合自己的学习方法，能够自主阅读和自主探究文本，也逐步增强了深入体会作者情感的能力。本节课围绕教学目标设计教学流程，切实有效地提升了学生的自主学习能力。

（一）结合课前预习单，自主选择学习策略

小学高年级学生经过几年的阅读实践，已经初步具备了自学能力，课文中的生字词可以放手交给学生自己去学习。课前，我设计了一份预习单，请学生根据以往的学习经验，选择适合自己的学习方法，完成预习单上的题目。预习单的第一和第四部分内容分别是理解词义和读通课文（图2、图3）。学生们采用自己喜欢的方式朗读课文，一边读一边圈画生字新词并尝试自主理解词义，然后在预习单上对自己的朗读情况进行自主评价，写出在理解词义的过程中采用的自主学习方法。从预习单反馈的情况来看，大部分学生能运用联系上下文、拆分词义、查字典等方法读懂课文，掌握生字新词。

四、理解质疑

1.写出下列词语的意思，并在括号内填上你运用的学习方法。

偏僻：＿＿＿＿＿＿＿＿＿＿＿＿＿＿＿＿＿（　　）

茶房：＿＿＿＿＿＿＿＿＿＿＿＿＿＿＿＿＿（　　）

粜稻：＿＿＿＿＿＿＿＿＿＿＿＿＿＿＿＿＿（　　）

初小：＿＿＿＿＿＿＿＿＿＿＿＿＿＿＿＿＿（　　）

高小：＿＿＿＿＿＿＿＿＿＿＿＿＿＿＿＿＿（　　）

2.查阅资料，了解作者生平和写作背景。

图2

2.默读课文，借助学习单，试着写一写作者在梦中出现了哪些难忘的场景。

自然段	时间段	场景
2	儿时	卖茧买枇杷
		住＿＿＿＿＿
4		
	读初小	
	读高小	
7～8	报考师范	送考无锡
	入学师范	

图3

每篇文章都有其一定的创作背景，由于年代久远，文字上的障碍已经不少，学生若对内容理解再有困难就更不利于学习了。了解作者的写作背景可以帮助学生进一步加深对课文内容的理解。查找资料也是回忆、整合已有信息的过程，这样可以使知识记得更牢固，有利于提高学生的学习兴趣。预习单中，我还设计了这部分内容——了解作者生平和这篇文章的写作背景。在初读课文时，学生结合课前查找的资料，知道作者的父亲在他写这篇文章的时候已经去世了，作者对父亲深深的思念只能寄托于梦中，从而体会到全文的感情基调是伤感的。

（二）结合学习任务单，自主阅读，合作学习

新课改要求，要尊重学生的个体差异，要重视学生的个性发展，要允许学生有自己的见解，所以在教学过程中教师应该避免"一言堂"，应精心组织学习活动，关注过程，为学生提供一个互动交流的学习平台，通过同桌合作、小组合作、师生合作等方式，激发每个学生的学习兴趣和主动探究的意识。

合作学习的方式可以激发学生的内在学习动力，在课堂中充分体现学生的学习主体性，让学生有效、自主地阅读，从而最大限度地调动每一个学生的学习积极性。在品读第二、第三个场景时，我设计了学习任务单（图4），鼓励学生通过小组和同桌交流的方式，带着问题自主阅读，并和同学分享自己的学习心得。在讨论过程中，我关注了几个小组的学习情况，每个组员都分享了自己从关键词句中体会到的父爱。有的学生表示文中的父爱是一份责任，有的学生说自己体会到的父爱是无微不至的关怀，也有人说父爱是无私的付出。因为每个人对父爱的理解不同，我提醒他们试着从不同的角度思考问题，把小组其他同学的想法也记录下来，加深自己对父爱含义的理解。

学习任务单：
同桌交流第二、第三个场景，感受父亲对"我"的情感。
提示：
（1）圈画关键词，说说自己的感受。
（2）选择一处，将情境补充完整。（补充人物的动作、神态和语言描写）

图4

学生在上课时遇到不明白或者表述不完整时，通过小组成员的帮忙也许就豁然开朗了。在概括场景时，有些学生不能准确把握人物的主要事件，经过小组成员提醒之后就能够说完整。当听到有些组员只补充了父亲的人物细节，却忽略了儿子的动作、语言和神态描写时，组长会提醒其他组员进行补充，尝试把情境说具体、讲生动。这说明在合作学习中，学生是学习的主体，学生不再是知识的被动接受者，而是知识的构建者，是与他人合作交流的分享者。在此过程中，学生能够充分体验学习的自由和喜悦，产生自主探究的兴趣和学习的动力。这种"我想学"或"我要学"的课堂模式能够更有效地活跃气氛，使每个学生都有不同程度的进步，让学生知道课堂不仅是老师和自己的课堂，也是大家的课堂。

教学后，我对整堂课进行了反思：本节课教学目标明确，学生在自主学习和合作学习中提升了语文核心素养，也体会到了深沉的父爱。但课堂中还有一些需要改进的地方，一是在小组讨论学习环节没有给予足够的时间，学生交流得不够深入，个别同学的想法没有得到充分表达。二是学生在补充人物细节时描述得不够详细生动，可以在学习单上出示一些好词佳句供学生参考运用。三是学生的互评和自评能力还需加强训练。在今后的教学中，我将继续培养学生自主阅读、自主学习的能力，努力研读课标和教学内容，把握好每一节课的教学目标、教学策略，在教学中实现教学相长！

四、点评

教师结合教材内容和学情特点，借助课前预习单和课堂学习任务单引导学生体会深沉的父爱，感受浓浓的亲情，提高自主阅读及合作学习的能力。课前，学生根据学习经验选择适合自己的学习方法，完成预习单上的题目。学生采用自己喜欢的方式朗读课文，边读边圈画生字新词并尝试理解词义，在预习单上对自己的朗读情况进行自主评价，写出在理解词义的过程中采用的自主学习方法。在品读第二、第三个场景时，教师设计了学习任务单，鼓励学生通过小组合作交流的方式，带着问题自主阅读，并和其他同学分享自己的学习心得。这样的预习单和学习任务单是教师的学习要求，也是学生自主学习的抓手和路径，是适度的规范和有限的放手。

"愿学"让学习插上"自主"的翅膀

——以二年级《难忘的泼水节》为例

上海市浦东新区福山唐城外国语小学 薛志华

一、案例背景

在小学语文教学中，常态的课堂是这样的：教师抛出一个又一个问题，学生进行一次又一次思考，这种师问生答的教学模式使得学生的思考、回答都处于教师设定的一个个框架内。这样培养出的学生往往缺乏自我规划能力，缺乏创造力。福山唐城外国语小学的"责任杯"教学竞赛以"基于元认知背景下的自主学习"为研修主题开展实践探索。围绕研修主题，我们在思考：如何培养学生从接受学习到自主学习，为学生终身学习打下良好的基础？我们知道，在重视素质教育和终身教育的今天，教师的职责不在于

"教"，而在于引导学生"学"。自主学习，就是学生自己想学、愿意学，有学习的主动性和积极性。教师不仅要使学生"学会"，更要引导学生"愿学""会学"。基于这样的理解，二年级全体语文教师同课异构，以《难忘的泼水节》这篇课文为例，做了有益的尝试。

二、案例描述

（一）小组合作识汉字

在上《难忘的泼水节》一课时，课堂上学习生字采用了"集中识字"的方法，我在屏幕上出示了"泼、族、民、度、敲、龙、驶、容"等生字。每个生字识记的要求是不一样的，有些只要求认，有些只要求写，也有一小部分既要求认，又要求写。于是，我给了学生充分的时间，让他们以4人小组为单位进行自主识字。在自主识字的过程中，各小组进行了分工，有的小组采用人均学习两个字的方法，有的小组采用结构相同的字放在一起识记的方法。在巡视的过程中，我参与了其中一个小组的学习。小组成员对"龙"字的学习产生了分歧，一个学生说这个"龙"字长得像一条龙。很多汉字都是象形字，这个学生的说法其实没错。"龙"字很早就出现了，我们现在书写的简体字"龙"是经过甲骨文、金文、小篆等演变而来的，最后形成了繁体字"龍"。为了便于教育普及，国家进行了汉字的简化，该字最终才演变为简体字"龙"。因此，学生在这里省略了汉字的演变过程，说简体字"龙"像一条龙，这个说法显然不能让大家信服。果然，小组中的另外一个成员反驳"一点儿都不像"。小组中还有成员觉得这个字是一个既要求认又要求写的字，而且这个字的笔顺很容易写错，用书空的方法可以很好地解决书写的问题。于是，小组成员经过商量之后，最终决定用书空的方法学习这个生字。对于学生的这一决定，我也是比较赞成的，虽然整个过程中我没有发表自己的看法，但是大家通过自我调控，找到了"龙"字的有效学习方法，这还是值得称赞的。

（二）图文对照读文本

部编新教材中的每一幅插图都是精心设计的，这些图片内容丰富、画面简洁易懂，贴近儿童生活。在教学中，根据低年级学生的特点，教师要充分利用插图，激发学生的学习兴趣，培养学生自主学习的能力。

《难忘的泼水节》第一课时，在教第四自然段时我先出示了第一句话，这句话是典型的外貌描写，写了周总理的穿着、打扮及神情。我让学生自己读读句子，很快就有学生发现这句话描写的内容就是插图所绘的内容。找准了正确的学习方法。通过图文对照，几乎全班同学都能轻而易举地将这句话背诵下来。图文对照的学习方法也在潜移默化中帮助学生理解外貌描写就是抓住人物的穿着、打扮以及神态表情来写。

通过朗读句子和观察课文插图，学生选择了图文对照的学习方法，较好地掌握了外貌描写这一写作手法，这样的教学模式也正是自主学习所倡导的。

三、总结反思

面对新时代的挑战，一个人仅仅靠在学校里学的知识是远远不够的，每个人都必须为终身学习做准备。传统学习方式过分强调接受与掌握，忽视了发现与探索，久而久之，使学生的学习成了被动接受与记忆的过程。被动的学习抑制人的思维和智慧，消耗人自主学习的兴趣和热情，不仅不能促进学生发展，而且会成为学生发展的阻力。

课堂上，我将学习的主动权交给学生，学生通过小组合作讨论出恰当的识字方法。在这个过程中，学生进行了分工，虽然在讨论时产生了分歧，但最终经过推敲确定了最为合适的识字方法。整个过程充分调动了学生的主观能动性，为培养学生终身学习的能力打下了基础。

图文对照读文本，方便了学生记忆内容并理解外貌描写。可见，找准了方法，可以让学生学起来更轻松，也可以提高学生在校学习的质量。学习成绩优异的学生往往也是自主学习能力较强的学生，因为自主学习能够促进学生对所学内容的深度理解，使学生的学习符合深度学习的特征。

课堂上的自主性学习并非各行其是，而是学生充分发挥主动性、积极性，变"要我学"为"我愿学"，是学生摆脱学习的压迫感，真正意识到知识是经过自己探索学来的，而不是教师或其他人教会的，自己才是学习的管理者。总之，要想培养一个高素质、适应时代发展的学生，"愿学"远远比"学会"更重要。

四、点评

对于教育教学的实践研究，教师对关键内容要有清晰、明确的认知，这样才能有效地推进实践。课堂上，学生以4人小组为单位自主识字，有充分的学习时间，有充分的分工自由，有充分的讨论空间。对于文本内容的理解，学生有选择学习方法的自由，并充分利用教材插图，通过图文对照的学习理解。有效的方法化解了难点，方法的发现与选择也提升了学生学习的兴趣与实效。值得一提的是，自主不是教师一味地放手，适时的引导是必需的。例如，对"龙"字像不像"龙"的讨论，教师可以适时点拨和指导，以免学生陷入无效的讨论中。

养成良好习惯，实施自主识字

——以《彩虹》为例

上海市浦东新区福山唐城外国语小学　尹诗蓓

一、案例背景

小学语文教学应立足于促进学生的发展，为他们的终身学习、生活和工作奠定基础。所以，在语文教学中，教师应把重点放在培养学生自主、合作、探究的精神上，让学生在轻松、愉快的氛围中，感受语文的魅力和学习的乐趣，成为学习的主人。如何才能培养低年级学生的自主学习能力？低年级语文的教学重点在识字、写字上，我以识字教学为例，引导学生通过课前预习、课上多种形式的分享表达、总结识字规律等，促进学生自主营造良好的学习氛围，培养自主识字的能力。

二、案例描述

（一）利用预习单，课前自主识字

自主识字情况统计见表1。

表1

朗读课文	1. 我已经读了＿＿＿＿遍课文，我能把课文读得（请打"√"） 正确（　　）　　流利（　　）　　有感情（　　） 2. 本文共有＿＿＿＿个自然段，请给自然段标上序号
生字新词	通过预习，我认识了这些字（请写下你新认识的字） ＿＿＿＿＿＿＿＿＿＿＿＿＿＿＿＿＿＿＿＿＿＿＿＿＿＿＿＿＿＿＿ 我能做到：字迹端正（　　）　笔顺正确（　　）　关键笔画（　　）（请打"√"）
我有疑问	预习完，我（有/没有）地方不明白。如果有，可以在语文书上做标记哦！（请打"√"）

预习不但能够让学生学习知识，而且能培养学生独立思考、自主学习的习惯。经过一学期的训练，每一个学生都掌握了课前预习的基本方法，能够按照步骤一步步完成，养成了较好的习惯。

（二）多种方法识字

课堂上以师生互动、生生互动的形式，请学生自己来当"小老师"，分享自己的识字好方法。例如，"浇"字的学习，有学生采取了编儿歌的方法，"用水浇，用火烧"，不仅学会了"浇"字，还拓展了"浇"的形近字"烧"。又如"裙"字的学习，学生利用形近字的原理介绍了"裙"，归纳了衣字旁是表示该字大概率和衣服相关。在这样的学习氛围中，学生的学习兴趣比较浓厚。当然，教师也需要在一旁辅助，相机补充遗漏的知识点。通过当"小老师"，学生充分锻炼了自主学习能力。"小老师"有时为了在课堂上出色地展现自我，会主动发现自己不明白的问题，为了解决问题，"小老师"们会请教家长、老师、同学或者查阅资料，这就是一个很好的自主学习的过程。同时，这些能力较强的学生能给其他学生做出榜样，其他学生可以对"小老师"们的学习方法进行模仿。把让学生当"小老师"的方法运用于识字教学中，尽量使每个学生都有站起来当"小老师"的机会，有助于增强学生自主学习的积极性。

除了当"小老师"，我还请学生自己动手制作生字卡片，并启发学生可以给卡片配上合适的文字、图片、拼音……完成后向大家介绍一下自己的成果，并说说为什么这么做。有一个学生介绍"拿"字时，画上了一只手正在拿东西的样子，通过有趣的配图，该同学一下子让全班都记住了这个字。

（三）比一比，谁的方法更好

经过了自己识字和交流识字方法后，学生们陷入了热烈的讨论中，大家集思广益，为针对每一个字大家都想出了许多有趣的识字方法。这时，我提问："这么多的识字方法，你觉得哪一个最合适呢？"听到这个问题，学生陷入了沉思。我在一旁提示："中国汉字是非常有趣的，从象形字慢慢演变而来，产生的部首与部件都有特殊的意义呢！"这时学生也反应过来了，纷纷举手说："我认为形声字的方法最好，声旁表音，形旁表义。"有的同学说，不是形声字的话，换一换的方法最好。我都一一表示了肯定。就这样，在对比中，我们一起为每一个课本内的生字找到了最合适的识字方法。

（四）评一评

课后，我设计了一个表格，让学生自己评价一下自己这节课的学习情况、识字的情况（表2）。

表2

《彩虹》学习评价表［如果能做到，请在（　　　　）内打"√"］
我会认：虹、座、浇、提、洒、挑、兴、镜、拿、照、千、裙。（　　　）
我会写：那、着、到、兴、高、裙、成。（　　　）
我能通过对比，发现最佳的识字方法。（　　　）
我能当"小老师"。（　　　）
我会画一画，制作识字卡片。（　　　）

三、案例反思

（一）课前借助预习计划，自主识字

一年级第一学期，由于学生年龄较小，无法自主完成预习计划的制订，所以需要在教师的帮助下完成预习计划的制订，重点是对生字的掌握。目前学生基本能够做到看到生字后就通过音、形、义三步骤识字。教师应使音、形、义的识字模式在学生的头脑中建立，教师再抓住具体的语言环境，让学生进行自主识字，使学生提高识字量、学会识字方法在生活中将这种识字方法积极地运用。通过课前的预习，学生对生字有了一定的认识，上课效率也大大提高。

（二）课堂上自我调控

1. 当好"小老师"

传统的课堂教师提问、学生思考并回答的教学习惯，形成了以教师为中心的教学模式。但这样的方式已经不再适用于现在的课堂。现在的课堂需要培养学生的自学能力、合作能力和解决问题的能力。根据课程的要求，教师在教学过程中不仅要让学生"学会"，更要让学生"会学"，在语文学习过程中培养学生的创新精神和实践能力，使学生适应竞争日益激烈的未来社会的要求。在《彩虹》这一课中，我尝试让学生自己根据前面的提示布置任务，运用自主、合作、探究的学习方式学习，从而保护学生的好奇心、求知欲，让学生自由表达，充分培养学生的问题意识。

2. 动手制作识字卡片

小组合作设计识字卡片，可以培养学生各方面的能力。学生可以通过小组合作，寻找到最适合自己的识字方法，将其记录在识字卡片中，还可以运用工具书，如在字典，补充自己的卡片，这也是一种自主学习能力的培养。在学习完毕的汇报总结阶段，各小组还可以派一个代表汇报本组的识字收获。

（三）课后自我评价

我在课后鼓励学生参与到课堂评价之中，将学生的自我评价作为学生学习过程的一部分和提高学生自主学习能力的一种有效手段，让学生在自我评价中不断改进自己的学习。

四、点评

识字教学是低年级语文教学的重点，对于生字，很多教师难以放心让学生自主学习，总想着要把一个个生字的音、形、义都手把手教到位。本案例尝试营造良好的学习氛围，培养学生自主识字的能力，鼓励学生课前预习自主识字。课堂上以师生互动、生生互动的形式，请学生自己来当"小老师"，分享自己的识字好方法，在分享交流后，还要比一比谁的方法更好。同时，教师请学生动手，制作生字小卡片，并给卡片配上合

适的文字、图片、拼音，完成后向大家介绍成果，说说为什么这么做。通过分享、交流、展示，教师为学生搭建了舞台，给学生自主识字以动力。使学生乐在其中，全情投入。

激发阅读兴趣促终身学习

——以三年级"寓言阅读长效作业设计"为例

上海市浦东新区福山唐城外国语小学　邹云霞

一、案例背景

教育的根本目标是使学生成为独立自主的学习者，将学习策略研究与自主学习研究结合起来开展教育是必然的趋势。元认知理论由美国著名心理学家弗约翰·拉维尔最早提出，该理论现已延伸到教育学、语言学等多个学科。元认知是指人们对自己认知过程的认知，是对自我的了解与总结。提升学生的元认知水平有助于学生形成学习策略，使学生获得自主学习的能力，进而使学生成为终身学习者。

三年级下册第二单元要落实的语文要素是"读寓言故事，明白其中的道理"。本单元的"快乐读书吧"围绕"读懂寓言故事"，可设计整本书的阅读，让学生借助长效阅读作业来巩固阅读寓言的基本方法。长效阅读注重提高学生的元认知水平，让学生将所习得的阅读策略由课堂阅读延伸至课外阅读，产生并保持长期自主阅读的兴趣。

二、案例描述

（一）组建阅读小组，制订阅读计划

本班学生虽然已经有多次以小组为单位合作学习的经验，但没有进行过长效阅读的小组合作，这样的客观现状可能会成为制订阅读计划的障碍，所以在长效阅读开始前，教师要先指导学生制订切实可行的阅读计划，为学生提供阅读计划表模板。阅读计划表应包括阅读书目、阅读时间、阅读进度、组内交流时间与方式等，其中阅读的进度是关键，如一天读多长时间，一天读几个故事，整本书大致多久读完。

之后，教师要求学生自主建立4～6人的阅读小组，针对《中国古代寓言》或其他寓言故事集（如《伊索寓言》），共同制订一份阅读计划表。

（二）完成学习单，做好阅读记录

教师课前根据单元语文要素和寓言故事特点设计好阅读学习单，在课堂上先指导学

生阅读《郑人买履》和《歧路亡羊》两个寓言故事，引导学生将阅读过程中对人物言行的理解和自己的思考组织成语句进行表达，进而引发学生对生活中类似事件的思考（图1、图2）。

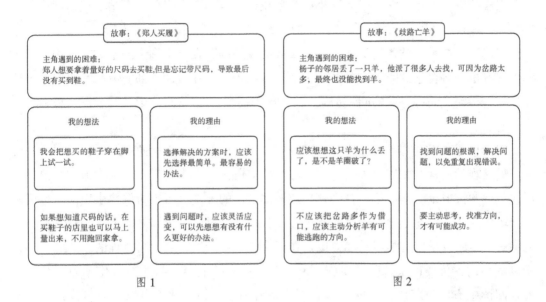

图1   图2

其中，"主角遇到的困难"检验了学生是否读懂故事，"我的想法"和"我的理由"旨在让学生抓住人物的语言、动作或想法来说明自己的观点。这些问题都要求以语段形式进行回答，是为了让学生有更多书面表达的机会，同步训练"把内容写清楚"这一习作目标，让阅读理解与表达训练相结合。

结合课堂习得的联系文本的阅读策略，教师要求学生每周至少完成一篇寓言故事的阅读学习单（图3），鼓励学生每阅读一篇寓言故事就完成一份阅读学习单。

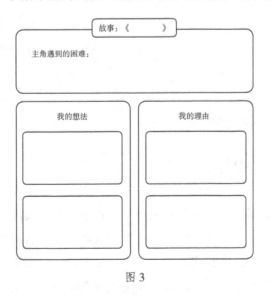

图3

从教师指导到小组自主完成，学生通过完成这份阅读学习单，能将"发现问题所在，思考解决方法"的寓言阅读思路迁移运用到今后的阅读中。

（三）进行读后交流，汇报阅读成果

完成阅读任务后，学生以阅读小组为单位，结合阅读学习单，汇报这段时间内的阅读成果。这是一项综合的学习任务，包括阅读记录展示和阅读成果展演。

阅读记录展示的准备是贯穿于整个长效阅读中的，在小组阅读的定期交流中，每个学生都有机会将自己的阅读记录展示出来，互相观摩。在阅读全部完成后，小组内推选按计划坚持完成的有意义的阅读记录，教师组织学生将这些阅读记录制成展览板并进行全班展示。

阅读成果展演可结合节日活动或学校主题活动，以"演一演寓言故事""说一说我们最喜欢的寓言""生活中的寓言小品""演讲：书中小寓言，生活大道理"等不同形式呈现阅读成果。学生选择自己感兴趣的、擅长的方式，可小组派代表出演，也可全员上场。这一步要充分调动学生的自主性，教师不提过多阅读以外的要求。这既是在活动中进一步激发学生的学习兴趣，也是在促使学生不断进行对读写过程的反思与调节，所以最终的评价要以是否坚持实施了阅读计划、是否进行了自主与合作学习、是否在寓言阅读中有所收获作为标准，而非形式是否精彩。最终评价可以以填自我评价表格（表1）、小组发言互相评、教师为小组留言评等多种评价方式呈现。

表1

寓言故事阅读评价表			
还需努力：★	基本达成：★★		非常出色：★★★
项目	自我评价	组员评价	老师评价
坚持按计划读完全书			
每周完成阅读学习单			
积极参与组内交流			
从寓言中收获不少道理			

三、案例反思

（一）长效作业的过程指导需及时跟进

教师应该每周检查一次阅读计划的施行情况，引导学生控制进度并学会记录。因为这是首次长效阅读的实践，所以教师要定期组织短小的阅读交流，其目的不是盯着学生是否完成学习单或组内展示，而是督促学生坚持自主阅读。教师要对态度认真、积极完成的小组予以鼓励，督促没有完成阅读的小组，适时展示个别优秀阅读记录范例，这样才能提高学生总体阅读的效率，及时发现学生阅读理解过程中出现的问题，帮助学生更有效地监控学习过程。

（二）提升阅读记录自由度，调动学生元认知

笔者在作业实施过程中发现，阅读记录的形式不应拘泥于教师要求的阅读学习单，还应该提倡学生个性化地记录阅读感受，如在书上圈画，批注对某段情节的感言，等等。在活动的阶段性交流中，教师要鼓励和提倡学生自己开发有特色、有效果的阅读记录形式，使学生的阅读方式更自由。当然，这样的记录不是刻意的，而是在阅读中自然发生的；不是教师规定的产物，而是学生发挥主体性，调动元认知，自主运用已习得的各种阅读策略的产物。在此基础上，教师引导学生适当调整自己的阅读策略，循序渐进地提高阅读效率。

（三）以亲子共读为纽带，激发深层学习动机

长效阅读中，当学生在自主阅读或思考阅读学习单的问题遇到困难时，他们会与家长相互探讨，于是亲子共读也自然生成了。其实学生在低年级"和大人一起阅读"的学习中已经有了亲子共读的体验，此次的长效阅读作业设计不仅让学生有兴趣阅读更多寓言故事，还让家长有机会参与到学生的整本书阅读中。家长与学生同时阅读一篇内涵丰富的故事，一起讨论寓言中的哲理，这一过程让家庭成员间的关系更紧密，有助于营造良好的家庭学习氛围。

因此，教师可以把阅读活动纳入家校合作，请家长参与到学生的长效阅读任务中，通过亲子共读、家庭阅读成果展示、家校合作评价等途径，激发、维持学生的阅读热情。

四、点评

整本书阅读对学生的阅读能力、阅读习惯的培养具有重要作用。处于起步阶段的三年级整本书阅读，结合单元要求选用寓言故事，这既是整本书阅读，又是一个个独立的故事阅读，具有灵活性和可选择性，符合学生的年龄特点。在阅读开始前，教师为学生提供阅读计划表模板和阅读学习单，并指导学生如何阅读整本书和填写阅读学习单。学生组建4～6人的自主阅读小组，选择寓言故事集，根据模板共同制订一份阅读计划表，在阅读过程中完成阅读学习单。教师定期检查和指导，在学生完成阅读后，组织阅读记录展示和阅读成果展演。初次推进的整本书阅读，使学生的自主阅读在实施中有指导，在规范中有序进行，这样的设计具有可行性和可操作性。

循序渐进，激发学生学习潜能

——以三年级《海底世界》为例

上海市浦东新区福山唐城外国语小学　朱晓琳

一、背景介绍

随着时代的发展，培养学生自主学习的能力成为时代的需要。而元认知理论，它是主体对其认知活动的自我意识、自我监控和自我调节，这与学生自主学习的需要殊途同归。《海底世界》语言通俗易懂、生动有趣，介绍了景色奇异和物产丰富的海底世界。本文在表达上突出的特点就是结构清晰，不仅课文整体结构非常清楚，采用总分总的结构，而且每一个段落也都明确围绕着一个意思来写的。这是一篇极好的课文，可以让学生运用元认知策略即自我计划、自我选择方法和策略、自我调控、自我反思和自我评价，提升自主学习的能力。

二、过程描述

（一）课前自主预习

有了上个学期的铺垫和尝试，学生已具备了自主设计预习单的能力。课前，我引导学生收集、复习之前的预习单，从中找到可以借鉴的地方，为本节课的预习单设计提供一些思路。最后确定从课文朗读、字词学习、资料搜集、内容感知、阅读质疑等角度入手，自主学习设计《海底世界》的预习单进行预习，为课堂学习做好充分的准备。大部分学生根据自己设计的预习单进行了预习。

1. 字词理解

学生不仅用圈、点、勾、画，把文中的生字词用符号标注出来，还将自己在预习中注意到的易读错、易写错的字写在预习单上，并记录下易错点。同时通过多种理解词语的方法，如查字、词典等工具书查出字音词义，通过联系生活实际、找近反义词等方法理解文中有困惑的词语并加以积累。

2. 理解感悟

学生在这一步骤中，对课文内容进行自己的理解感悟，了解课文主要介绍了海底世界的哪些方面。

3. 阅读质疑

学生在预习单中记录阅读课文时的疑问。有的同学提问"课文的结构是怎样的"，有的同学提问"课文是围绕哪几个方面描写海底世界的"，还有的同学提问"课文的体裁是什么"，等等。

（二）课中探究学习

课堂上，由"小老师"带领学习生字词，其他学生及时对自己的字词预习做反思、调整和补充，"小老师"和其他学生互相学习更好的识字方法。教师以第2自然段为例，分几步来进行教学，让学生抓关键词句，梳理段落主要内容。在学习了第2自然段后，学生梳理了学习方法为"读一读，画一画，圈一圈，说一说"。然后借助课堂学习单，用学习第2自然段的方法，同桌合作学习第3、第4、第5、第6自然段。通过合作学习，学生分别找到了第3、第4、第5、第6自然段的关键句，对段落大意进行了梳理总结。学生通过自主学习探究，在学会学习方法的基础上进一步体会本文在写作结构上的特点，并落实了"了解课文是从哪几个方面把事物写清楚的"的单元语文要素。

（三）课后反思评价

课后，学生根据自己课堂的表现与收获完成自我评价表，对自己的学习进行审查和反省。学生通过自我评价表明确自己的不足之处并进行反思，从而提升自主学习的能力（表1）。

表1

环节	评价内容	自评	互评
课前预习	预习单字迹工整美观	☆ ☆ ☆	☆ ☆ ☆
	能认真完成预习单上的内容	☆ ☆ ☆	☆ ☆ ☆
课中学习	能认真倾听他人发言	☆ ☆ ☆	☆ ☆ ☆
	能大方表达自己的想法	☆ ☆ ☆	☆ ☆ ☆
课中学习	能在合作中完成学习单	☆ ☆ ☆	☆ ☆ ☆
课后反思	能及时修改补充预习单	☆ ☆ ☆	☆ ☆ ☆
	能解决预习时提的问题	☆ ☆ ☆	☆ ☆ ☆

三、总结反思

在这一课的教学中，我始终以学生为主体，从课前自主预习，到课中学习字词、合作探究，再到课后反思、自评互评，使学生在学习过程中有效提高了自我计划、自我调控、自我反思等多方面的自主学习能力。

（一）课前自主预习，制订学习计划

学生在课前自主设计预习单，这相当于学生自主制订学习本课的学习计划。三年级的学生已经掌握了一定的学习方法，具备了一定的学习能力。通过第一学期完成教师给出的精读课文的预习单，并仿照着自己设计略读课文的预习单，学生逐渐体会和把握设计预习单的角度、思路、做法，能根据单元目标和语文要素，从课文朗读、字词学习、资料搜集、内容感知、阅读质疑等角度入手，自主设计预习的题目，实现由教师设置预习题目到学生自主设置预习题目的转变。

（二）课中合作探究，提升学习能力

教师要改变以往的教学模式，不能过于强调死记硬背、机械训练，要倡导学生主动参与、乐于探究、勤于动手，培养学生搜集处理信息的能力、获取新知识的能力、分析解决问题的能力，以及交流与合作的能力。在课堂上既要发挥教师引导、启发、监控的主导作用，又要充分发挥学生作为学习过程主体的主动性和积极性。在课堂上，我给学生提供讨论交流的机会。借助学习单，学生将自己的思考过程和结果表达出来，其他同学通过认真倾听，有异议的提出不同意见。在教师的引导下，学生进行思考，并对自己的思考进行调整。通过让学生当"小老师"、同桌合作探究等形式，在增强学生的自主学习意识，让学生真正意识到"自己是学习自己主体"的同时，让学生学会运用学习方法自主品悟文章内容，解决单元的重点难点，提升自主学习能力。

（三）课后反思评价，增强自主学习意识

课后进行自我反思和评价是总结本堂课最有效的方式。学生在课后，结合课堂学习内容，在反思和评价中进行自我监控、自我调节，及时修改、补充自己的预习单，并调整自己的学习计划和学习方法。这增强了学生的自主学习意识，让学生真正意识到自己是学习的主体，有效地提高了学生的自主学习能力。

四、点评

三年级学生的预习，一般是由教师规定预习内容和要求的。本案例中，学生通过收集、复习之前的预习单，找寻可以借鉴的地方，理清自主设计预习单的思路，根据课文《海底世界》的文本内容，从课文朗读、字词学习、资料搜集、内容感知、阅读质疑等角度入手，自主设计预习单进行预习。这样的自主预习方式，有方法有抓手，也有施展的空间。预习后的课堂学习中，让学生当"小老师"以及同桌合作学习的方式，增强了学生的自主学习意识，让学生真正意识到自己是学习的主体。配合课后评价，能引导学生进一步自我反思和调整改进。如果能结合案例内容选择具有特点的案例题目，应该能更吸引学生。

利用长效作业，培养学生自主阅读的习惯

——以童话故事《一起长大的玩具》为例

上海市浦东新区福山唐城外国语小学　秦忆淳

一、案例背景

《义务教育语文课程标准（2022年版）》提道："要培养学生广泛的阅读兴趣，扩大阅读面，增加阅读量，提倡少做题，多读书，好读书，读好书，读整本的书。"目前我们二（1）班有小部分学生已经养成了阅读的好习惯，在校课间时常会阅读各类书籍。有些学生相较于阅读故事书籍，更喜欢漫画类书籍。还有个别学生除了课本教材，几乎没有课外阅读。究其原因，大部分学生对给出的文章不知怎样去读。所以，为了培养更多的学生养成自主阅读的习惯，结合我校"基于元认知理论，培养学生自主学习能力的实践研究"这一课题，我认为现阶段可以让学生自己制订阅读计划。根据元认知理论中的计划策略，在一项活动之前要制订计划，选择策略，并预计其有效性，包括设置学习目标、浏览阅读材料、产生待回答的问题以及分析如何完成学习任务。为了让学生有计划地阅读，我布置了一项阅读童话故事的长效作业。

二、案例描述

我的长效作业设计旨在初步引导学生自主制订阅读计划，进一步激发学生阅读童话的兴趣，让学生走进更加广阔的童话世界并养成课外自主阅读童话的习惯。

我先结合语文教材中"快乐读书吧"的内容，上了一堂童话故事的阅读课。我从封面开始讲起。童话故事书的封面一般比较丰富多彩，学生通过观察书的封面就能大致了解书里主要写了什么，从而判断自己是否对该书感兴趣。我出示了《一起长大的玩具》封面图片，请学生说说从封面中获得的信息。学生都很会观察，不仅看到了封面上有书名、作者、出版社，还根据封面的图片，结合自己的想象，猜测了故事的内容，这使得大家对阅读这本书更有兴致了。

一本书究竟具体讲了些什么？如果要想快速知道，就可以先看看这本书的目录。接着，我仍以《一起长大的玩具》为例，教学生一个新的读书方法——阅读目录。我们读一本书的时候，要学会看书的目录。目录会告诉我们书里主要写的什么，以及要读的内容，从哪一页开始。目录一般由左右两列组成，左边的文字一般是篇章的标题，告诉我

们这本书写了什么内容，右边的数字是篇目对应的页码，告诉我们故事从哪一页开始，标题和页码之间，有时用许多小点来隔开，有时也用空格隔开。

通过阅读目录，我们知道了《一起长大的玩具》这本书里有不少故事。我们还发现"抽陀螺，兔儿爷，泥泥狗"三个标题前后空出了两个字的位置，这又是为什么呢？学生都很聪明，知道这是在告诉我们《一起长大的玩具》是由这三个小故事组成的。

接下来，我以"圆圆小朋友"为例。圆圆小朋友听了同学对于《一起长大的玩具》封面的猜测和目录的介绍，对这本书十分感兴趣，想请同学帮助圆圆制作一个阅读计划表。具体如何制作阅读计划表呢？我先出示了班级的课程表。课程表是学校为班级制作的课程计划。我先请学生说出课程表中包含了哪些元素。学生很快就说出有班级、时间、学科这三种元素。那阅读计划表应该包含哪些元素呢？我请学生分组进行讨论、各抒己见。

学生讨论过后纷纷发言。

生1：我觉得书名和作者是一定要有的，可以写在计划表的最上面。

生2：我觉得可以摘抄一些书中的好词好句，作为日常积累。

生3：刚刚老师讲到的封面和目录也可以放进计划表中。

生4：没错，通过目录，我发现《一起长大的玩具》是由"抽陀螺，兔儿爷，泥泥狗"这三个小故事组成的。因此可以根据目录页数，计划好每个小故事的阅读时间。

第一轮讨论结束后，我根据学生的发言进行了总结：大家都认为计划表中需要包含书名、作者、好词好句积累、封面介绍、目录信息、阅读时间安排这几个部分。下面新的问题又出现啦。我们该如何根据这些内容对表格进行排版？哪部分的内容先写，哪部分又后写呢？

我又以课程表为例子，请学生观察课程表的排版。学生发现课程表最上方是"课程表"三个字，下面一行是班级，表格第一行为星期，最右边一列是时间，剩余的部分是学科安排。接下来，我请学生再次与小组成员一起讨论，并初步制作出一张阅读计划表。

各小组通过热烈的讨论和反复的设计，制作出了几张不同的计划表。

组1：我们小组认为表格的最上面先写书名与作者，因为这是我们根据封面最先得到的信息。我们的表格中还有目录这一栏，并在这一栏里制定了页码和阅读时间安排。目录下面是好词好句积累这一栏，因为我们组认为好词好句的摘抄是同学们在阅读的过程中完成的，所以应该放在目录这一栏的下面。

组2：我们组计划表的排版大致与第一小组相同，但是我们在封面这里多加了一栏。刚刚老师说过，我们除了能从封面上得到书名、作者、出版社等基本信息，还能根据插图大致猜测出故事内容，所以我们增加了"你从封面或封底读到了什么？并说说推断结果"这一栏。

组3：我们组有补充。在刚刚的讨论过程中，我们组觉得还可以在最后增加一栏"人物故事我来画"，因为童话故事中有许多个性鲜明的角色，我们可以动笔画一画自己喜欢的角色，还能附上一两句简单的介绍。这一项可以设置为可选作业，因为并不是每个同学都擅长绘画。

最终，根据学生的自主讨论，我们初步制作了下面这个阅读计划表。（表1）

表1

童话故事阅读计划表		
书名：《一起长大的玩具》　　　　　　作者：金波		
1. 你从封面或封底读到了什么？并说说推断结果。 我从＿＿＿＿＿＿＿观察到＿＿＿＿＿＿＿，我推断＿＿＿＿＿＿＿＿＿＿＿		
2. 阅读目录，你了解到哪些信息？ 我从目录中了解到＿＿＿＿＿＿＿＿＿＿＿＿＿＿＿＿，由此制定以下阅读时间安排		
页码	时间安排	为自己点赞
	×月×日开始——×月×日完成	
	×月×日开始——×月×日完成	
	×月×日开始——×月×日完成	
3. 阅读积累 （1）在这本书中，有哪些好词语是你新积累的？请端正、认真地写下来。 ＿＿＿＿＿＿＿、＿＿＿＿＿＿＿、＿＿＿＿＿＿＿、＿＿＿＿＿＿＿ （2）在这本书中，你最喜欢哪些句子？请把它们抄写在下面的横线上。 ＿＿＿＿＿＿＿＿＿＿＿＿＿＿＿＿＿＿＿＿＿＿＿＿＿＿＿＿＿＿＿＿＿ ＿＿＿＿＿＿＿＿＿＿＿＿＿＿＿＿＿＿＿＿＿＿＿＿＿＿＿＿＿＿＿＿＿		
4. 人物故事我来画童话故事一定很精彩，你最喜欢书中哪个人物？动笔画一画，还可以简单配几句文字介绍一下哦！		

接下来，学生根据自己制订的计划，在两周内完成《一起长大的玩具》这本童话故事书的阅读。

三、案例反思

根据学生在阅读课上对于阅读计划表的讨论情况，我发现有些学生在意自己的阅读进度，把阅读时间安排得比较细致；有些学生注重积累，会设计出"摘抄好词好句"的环节；有些学生乐于分享，他们会在计划表中加上"介绍人物故事"的环节。由此可见，不同的学生对于阅读的需求是不同的。所以我认为可以让学生根据自己的需求自主设计不同的阅读计划表并完成阅读。

另外，学生初次长效作业的完成情况进一步推动了我的想法。此次长效作业完成情况如下：一些学生能够高质量地完成计划表，还能组织好语言，用一小段话生动地介绍自己喜爱的人物。大部分学生基本能够完成计划表，认真完成摘抄。而个别能力不足的学生甚至都无法在规定时间内完成阅读。由此不难发现，学生在阅读能力方面的差异性较大，所以我认为布置分层型的长效作业可能更为合理。

从教育心理学角度看，学生的身心发展由于先天禀赋以及后天诸多因素的影响存在差异。想要不同的学生都能在完成作业的过程中获得成功的体验，我们教师就必须采取作业分层的策略，让学生自由选择适合自己的作业，品尝属于他们自己的"果子"。因此我设计了四种方案，倡导学生自主选择与其能力和需求相匹配的方案，再自主设计计划表完成阅读。

A方案名为"我读了＿＿＿＿＿＿"，空格处由学生填写阅读完的部分。比如，对于《一起长大的玩具》这本书，班中个别同学只能在规定时间内阅读完"抽陀螺、兔儿爷"两个小故事，该生就可以写"我读了抽陀螺和兔儿爷。"这个方案适合阅读能力较弱的学生，他们可以在自己能力范围内选择本中一个部分完成阅读。

下面的几个方案是在学生阅读完整本书的基础上制订的。

B方案由"我会读"和"我会找"组成。"我会读"指学生首先要将故事朗读通顺，其次是有感情地朗读，这既增强了故事的趣味性，也可以训练朗读能力。"我会找"环节可以让学生从文中找出一些多音字，在不同的语境下掌握它们不同的读法。这份方案适合需要夯实基础的学生。

C方案由"我会用"和"我会演"组成。"我会用"是指学生找出文中的成语或好词好句，将其进行造句，放在具体语境中有利于学生更准确地理解词语。童话故事一般人物居多，"我会演"环节就可以通过学生分角色扮演的形式，让学生走进人物内心、准确把握人物品质。为完成好该方案，学生既要准确把握人物的心理活动，又要组织好语言进行表达，这个方案适合基础较为扎实，有表达欲望的学生。

D方案由"我爱表达"和"我爱阅读"组成。"我爱表达"环节可以让学生介绍书籍的大致内容，或者说说自己故事中最喜爱的角色，并说明理由。在"我爱阅读"环节，学生可以另外再推荐一篇自己喜欢的童话故事，并且有指导性地让学生带着问题阅读，重在激趣，让学有余力的学生通过课外阅读丰富课余生活，这还有利于学生的自主学习能力的培养。

教育家苏霍姆林斯基曾经说过："让学生变得聪明的方法，不是补课，不是增加作业量，而是阅读、阅读、再阅读。"所以我认为还可以为学生准备一份"阅读自助餐"。例如，根据"友情"这一主题，给学生推荐几本不同的书籍，让学生可以自主选择书籍去阅读，并完成阅读计划表，从而让学生走进更加广阔的童话世界，养成课外持续阅读童话的习惯。

四、点评

本案例描述的是二年级童话故事整本书阅读的导读指导，从观察封面、阅读目录开始，捕捉有效信息；通过观察课程表，拟订阅读计划表。在完成阅读长效作业的过程中，教师通过观察了解，发现了学生的阅读能力存在较大的差异，因此又设计了A、B、C、D四种方案，倡导学生选择与其能力和需求相匹配的套餐，再修改计划表完成阅读。这样的长作业设计，初步引导学生自主制订阅读计划，激发学生阅读童话的兴趣，带领学生走进广阔的童话世界，从而培养学生课外自主阅读的习惯，是一次有益的尝试。如果在拟订阅读计划时，参阅的模板更接近阅读计划，效果会更好。

培养学生想象创编能力

——以一年级儿歌童谣教学为例

上海市浦东新区福山唐城外国语小学　张春兰

一、案例背景

语文教育是一项语言实践活动，所以教师不但要在课堂上给足学生创造实践的机会，更要在作业的设计上为学生开辟更为广阔的实践天地。一年级的教学重点在于识字与阅读。精练且朗朗上口的儿歌、童谣是最适合一年级学生的读本，因此我选择结合"快乐读书吧"内容进行长效作业设计。

长效作业主要指向学生的课后巩固与提高，内容既以学科教材为蓝本，又进行了有益的课外知识的补充。低年级作业形式以口头为主，再加上表演、创编、动手做、画一画、写一写等丰富多样的作业形式，极大地提高了作业的吸引力。学生不仅能自己完成作业，还可采用小组合作、师生合作完成的形式。特别是考虑到了不同学生的水平，我在作业内容上进行了分层，让所有的学生自由选择作业，让学生作业做得有兴趣，使家长、学生对学校的教育期待得到了满足。

二、案例描述

一年级下册"快乐读书吧"主题是"读读童谣和儿歌"，以一本翻开的书为背景，以一首童谣和一首儿歌作为例子，创设了两个小伙伴对话交流的情境。

本次"快乐读书吧"的内容旨在激发学生阅读童谣和儿歌类书籍的兴趣，让学生产生阅读童谣和儿歌类书籍的欲望，引导学生大胆展示自己的阅读成果，鼓励学生乐于和同伴分享自己阅读的书籍。教科书上呈现的童谣和儿歌只是例子，以此引发学生对此类读物的兴趣。到了一年级下学期，学生已经可以比较熟练地运用拼音识字，并且掌握了一些识字方法，具有了初步的独立识字能力。

因此我设计了一份童谣儿歌自主阅读计划表（表1），引导学生逐步尝试推进简单的自主阅读。

表1

第一阶段（2课时）	
阅读书目	教科书上的童谣和儿歌《摇摇船》《小刺猬理发》
阅读任务	（1）读一读这两首儿歌。 （2）加上动作背一背这两首儿歌
阅读成果	儿歌动作朗读背诵
第二阶段（1周）	
阅读书目	老师推荐的童谣和儿歌《小老鼠》《小兔子乖乖》
阅读任务	（1）听一听、看一看这两首儿歌的视频。 （2）把这两首儿歌加上动作表演给小伙伴看
阅读成果	儿歌动作朗读背诵
第三阶段（1周）	
阅读书目	和家长一起收集两首以上喜欢的童谣和儿歌
阅读任务	（1）收集两首以上儿歌，读一读。 （2）根据对儿歌的理解画一画。 （3）拿着自己的画向小伙伴介绍自己收集的儿歌
阅读成果	童谣儿歌小漫画
第四阶段（1周）	
阅读书目	小伙伴推荐的儿歌和童谣至少两首
阅读任务	（1）选择小伙伴推荐的1~2首儿歌读一读背一背。 （2）选择小伙伴推荐的1首儿歌，和小伙伴一起演一演儿歌的内容。 （3）选择读过的任何一首儿歌试试继续往下编
阅读成果	儿歌表演、儿歌创作小书本

（一）自主阅读儿歌

儿歌和童谣文字浅显易懂，读来朗朗上口。自主阅读的第一步就是"读"，学生可以选择自己喜欢的朗读方式将童谣和儿歌读通顺。学生读得轻松愉快，读得趣味盎然。

（二）动作表演儿歌

学生在一边朗读童谣一边表演动作时，不知不觉打开了创造力的大门。孩子越大，越希望自己是主角，他们喜欢得到大家的赞扬与认可。为了吸引更多人注意力，有的孩子会手舞足蹈，发出高亢的声音等。"演一演"能满足孩子这一心理愿望，激发学习兴趣。将死板的背诵转化表演的形式，让孩子边唱边根据歌词意思舞动，也能使他们在最短的时间内记住歌词内容，有效加强记忆力。学生记得轻松，演得快乐。

（三）说说儿歌道理

学生先朗读朗朗上口的儿歌，再从儿歌浅显的语言中获得一些有用有趣的道理，并将这些道理用自己的语言概括表达出来。这既锻炼了学生的表达能力，又让学生受到潜移默化的教育。

（四）画画表现儿歌

画画是很多孩子的天性，可以发展孩子的形象思维。孩子能在画画时展开奇思妙想，开动脑筋，也能在阅读的同时调适心情，体会特别的盎然情味。考虑到有些孩子画画基础比较薄弱，对画画的兴趣不大，我将画画设为选做任务。

（五）拓展创编儿歌

儿歌的句式较简单，创编儿歌既是学以致用又能发展学生的创新思维。学生的创作有趣、可爱，能够互相激趣，激发更多的创作灵感。

学生的阅读成果呈现形式立体多样。第一、第二阶段的儿歌阅读主要由教师引导，推进到第三、第四阶段时，教师逐步放手，增加学生自主规划阅读的比例，使低年级学生逐步形成自我规划阅读、自我选择阅读内容、根据自己的阅读能力和现状自行调控持续阅读的方法和策略。学生在完成每个阶段的阅读之后，还要针对自己的阅读成果进行多方面多维度的评价，以此来检测阅读成果，进而调整下一步阅读的重点和方向。由此，我设计了一份童谣儿歌自主阅读评价表（表2），表格中学生被要求从读对、读好、读懂等5个方面进行自我评价、同伴互价和家长评价。评价满分为五颗星。

表2

选项	自我评价	同伴互评	家长评价
读准每个字音	☆ ☆ ☆ ☆ ☆	☆ ☆ ☆ ☆ ☆	☆ ☆ ☆ ☆ ☆
读通句子不加字漏字	☆ ☆ ☆ ☆ ☆	☆ ☆ ☆ ☆ ☆	☆ ☆ ☆ ☆ ☆
读准停顿和节奏	☆ ☆ ☆ ☆ ☆	☆ ☆ ☆ ☆ ☆	☆ ☆ ☆ ☆ ☆
读出语气和感情	☆ ☆ ☆ ☆ ☆	☆ ☆ ☆ ☆ ☆	☆ ☆ ☆ ☆ ☆
读懂儿歌中的道理	☆ ☆ ☆ ☆ ☆	☆ ☆ ☆ ☆ ☆	☆ ☆ ☆ ☆ ☆

三、总结与反思

爱因斯坦说"兴趣是最好的老师"，没有兴趣的学习是枯燥的。从心理学的角度看，兴趣是一种个性心理特征，兴趣是推动人去寻求知识和从事工作的一种内驱力。我用演一演、画一画等学习任务调动学生积极性。此项长效作业符合一年级学生好奇、爱动、形象思维占优势的特点，从而让作业实现从"要我做"到"我要做"的转变。

大部分学生能够做到"读一读、演一演、说一说"，个别学生能作出令人惊艳的学习反馈，不仅能画出符合内容的精美图画还能进行儿歌创编，如有学生在学习完《动物儿歌》后能写出"蜜蜂花间采蜜忙，鸟儿林中展歌喉。白鹅湖上曲长颈，小狗门前守安全"这样的句子，引得其他学生纷纷效仿创作。当然，由于学生的个体差异，难免会有个别学生比较迷茫，不会独立完成学习单，这时就需要老师和家长的帮忙。

（一）帮助学生制订作业计划

一年级学生计划性较弱，且不够积极主动，长效作业对于他们而言会有一定的难度。在这里，我没有规定完成时间，每当学生有新的制作单，我会利用课前两分钟与大家一起分享。这导致了两个极端，热情主动的学生要分享好几次，内向、学习能力较弱的学生只是听而不愿意或不能分享。因此，我又增设了一月一节语文固定的分享课以增加学生分享的时间和内容，这也给我足够的时间对薄弱学生进行有效的指导和帮助。

（二）分小组完成学习阅读任务

考虑到学习能力的不同，应该给学生分成小组。小组合作能让每个学生参与学习的全过程，给每个学生提供展示的空间，使学生能够充分表达自己的观点，并通过组内的交流、探索，使学生不断完善自己的观点，不断地产生新的想法。同时，在合作学习过程中，学生不仅自己动脑筋，还要和大家一起解决问题，这样学生不仅会在自己独立思考的基础上参与小组学习，还能获得其他方面不同程度的发展。合作探究学习不是一种个人的学习行为，而是一种集体行为，它有利于学生培养团队意识。在小组学习中既能发挥集体的智慧，解决个体的疑难问题，又能培养学生的合作习惯。

四、点评

一年级的长效作业设计有较大的难度，它既需要以教材为蓝本，又需要有课外内容的适度补充。儿歌童谣的长效作业设计，充分考虑了学生的年龄特点，分四个阶段推进实施：第一、第二阶段，主要由教师引导；第三、第四阶段，教师逐步放手，增加学生自主规划阅读的比例，使学生在家长和同伴的参与下逐步形成自我规划、自主阅读的好习惯，以及根据自己的阅读现状进行调控的能力。在作业形式上以读一读、背一背为主，辅以演一演、画一画、写一写等形式，提高了作业的吸引力，让所有学生都有参与的积极性和主动性。

第 二 章

自主学习在数学学科中的
实践研究

第一节　数学学科概论

基于元认知理论
在数学学科中培养学生自主学习能力的实践研究

上海市浦东新区福山唐城外国语小学　宣君怡

一、问题的提出

《义务教育数学课程标准（2022年版）》明确指出，"学生是数学学习的主人，教师是数学学习的组织者、引导者与合作者"。但是从指导与自主的关系来看，传统教育过于重视教师的主导作用，学生的自主学习能力并未得到有效培养。新课标强调要把传统的"以学科为中心"转变为"以学生为中心"，以学生发展为最终目的。因此，构建自主学习模式成为转变学习方式的首要任务。在小学阶段，自主学习有着更为重要的作用，通过对学生数学自主学习能力的研究，达到唤醒学生自主学习意识，培养学生自主学习能力、自主学习习惯以及自主学习品质的目的。

二、课题研究概况

通过整理统计、分析资料，对课题研究进行客观总结，形成书面报告并公告研究成果。充分利用本课题的研究成果、经验和方法，促使我校学生的数学自主学习的能力向新的广度和深度发展，更好地实现科研成果的转化和升值。

（一）定计划——明确思路

学校课题组按照"依据元认知理论，培养学生自主学习能力"的研究工作路线，制订了课题研究计划，确定依据小学生自主学习能力发展的特点、个性特征和数学学科的特性选择教学策略，根据学校的实际情况从研究目标、基本思路和工作安排三个方面确保研究计划的实施。

（二）抓课堂——探索实践

课题组围绕构建自主课堂，培养学生自主学习能力，开展了一系列的课堂教学改革的探索实践活动。实验组成员围绕"自主学习"理念开展活动：上一节研讨课，撰写教学设计和教学案例。针对课堂上出现的各种问题进行积极探讨，通过"二次跟进"的方式寻求一个适合学生的课堂教学模式，并将取得的成功经验在数学组范围内推广。

（三）写案例——提升理论

深入开展个案研究，构建适合学生的教育。在撰写个案的过程中，我们在研究的广度和深度上下足功夫，形成科学的研究风气。课题组在研究中认识到了学生发展的规律、总结出成长发展的经验，并且运用案例的研究成果，达到了促进师生共同发展的目的，进一步促进了课题组教师研究水平的提高。

（四）拓渠道——经验共享

经验只有被激活，被分享，才会不断升值。教师通过经验分享，反思和提升自己的教学水平，从而更好地借鉴和吸收他人的经验。

教师分享经验的途径：每月一次教研组活动，教师可将自己参加培训学习考察的收获、体会、心得等与同伴分享。在校内上传同步教学资源，推荐优秀课例、教学设计、作业设计，让所有教师共分享、交流。

三、课题研究实施

（一）探索自主性教学策略

我们在总结、反思以往多年教学经验、教训的基础上，运用新的培养学生自主学习的理念指导新的教学实践。在课题实践工作中，我们为学生搭建了一个自主探究的平台，使学生在获得知识的同时，自主学习能力得以提高，思维能力得到发展，并获得积极的情感体验，为后续学习积累一定的学习经验。

1. 预习策略

课前指导学生预习是学法指导的一个重要环节，是培养学生自学能力的重要途径之一。每个学期初，我们会在现行教材中选择一些适合指导学生开展自主学习的教学内容，设计前置性作业，进行课题组开课，如二年级上册的《角与直角》、三年级上册的《轴对称图形》，让学生利用教师精心设计的前置性作业，进行有目的的自主预习，先自我计划想要学习的内容、积累预习的经验，然后组内讨论交流形成适合各个年级学生的自我计划模式并进行推广，让其他教师通过自己的课堂进行实践研究，从而使学生掌握正确的、科学的预习方法，并且学会预习、乐于预习、学会学习，提高学生获取知识的能力及学生的数学习惯，全面提高课堂教学的效率。

例如，在学习同分母分数加减法时，老师先让学生预习课本，想想可以提出哪些问题。课堂教学揭示课题后，当问学生有没有什么问题时，一只只手臂举了起来。

生1：分数加减法的计算方法是怎样的？

生2：什么时候会用到分数的加减计算？

生3：以前我们学过的加法，是把相同数位的数相加，为什么分数的加法就不能把分母和分母相加，分子和分子相加呢？

对于小学高年级的学生，我们要求他们通过阅读教材提出问题。在课前预习时，要求三读教材：一读，画出知识点；二读，想想为什么；三读，提出问题，写下来。

刚开始时，学生往往会觉得没有问题可以提，于是老师一方面引导学生找到提问的方法，如可以看课题进行提问，也可以针对学习的内容进行提问，还可以对学习内容与已有的知识进行比较来提问，等等。

上述案例中的第1个问题，学生就是根据课题提出来的。第2个问题是学生想到了怎样结合生活实际。第3个问题，与我们之前学习的加法做比较，其实就是分数加减法的算理。

2. 创设情境策略

教师通过创设生动感人的情境，组织愉快精彩的活动或提出富有诱惑力的问题，激发学生学习欲望后使学生明确学习目标，使学生在利用原有知识基础上，通过阅读教材引发思考，自我计划如何学习未学过的内容，鼓励学生发散求异，从一题多解到一题简解、一题优解，培养学生思维的流畅性、多变性和独创性。

例如，对于一年级初入小学的学生，在自主学习能力的培养方面，一年级教师结合学习准备期，从培养学生的学习兴趣和学习习惯入手，开展研究，让学生进行自我评价，从而促进学生自我调整。谈佳圆老师在执教《加倍与一半》的时候，通过生活的实际情景创设了"美羊羊生日请客吃东西""羊羊超市打对折"等一系列符合学生日常生活的情境，构建加倍与一半的数学模型。在讲解加倍与一半时，让学生摆双色片，进行自主操作、自主探究，在操作中领悟何为"一半"。学生通过自主讨论，对概念进行归纳总结，突破用数学语言描述加倍与一半这一难点。

二年级《巧算》，教师创设情境：小亚搬新房，爸爸和小亚一起去买家电（出示实物图）。爸爸请小亚算一算一共要多少钱。他们第一次买了电话、台灯和电风扇，小亚列出算式：389+163+237；第二次买了微波炉、电熨斗和榨汁机，小亚列出算式478+243+222。教师接着问：你同意小亚的算式吗？那么怎么能快速地算出答案呢？

学生进入自主探究思考和尝试计算后，全班反馈交流，他们一致同意把能凑整百的数先加起来。有的学生用竖式计算表示计算过程，有的学生直接把能凑整的加数加起来……这时，教师及时介入，告诉学生巧算的思路可以用递等式写出来。这个也是我们今天学习的重点内容，即会用递等式来表达自己的巧算思路。于是，教师在黑板上板书，学生在课堂练习本上书写，师生共同用递等式把这两题的思路写完整了。

对于四年级《圆的认识》，以往的《圆的认识》的教学是注重组织学生通过折叠、测量、比对等操作活动来发现圆的特征，不重视通过推理、想象、思辨等思维活动来概括出圆的特征。事实上，学生对圆的半径、直径及其关系等已经通过各种渠道有着或多或少的认识，但这些经验依赖于课堂教学将其系统化。因此，课伊始，我创设了一个问题情境：在套圈游戏中，如何合理安排小伙伴的站位？这个问题激活了学生的已有经验，他们纷纷表达"需要站在离目标物一样的距离，才更合理更公平"。接着，学生将自己的想法在薄膜纸上找点、画点表示出来。在薄膜纸上画6个黑点，每个点离目标物（红点）的距离都是4厘米。学生在找点的过程中，思考先画红点还是先画黑点。第一个点好找，第二个点怎么画？在不断自我计划和调整方法的过程中，学生在纸上画的点不断增多。当小组成员将红点重叠，他们画的点渐渐呈现出"圆"形。学生的描述逐步由生活走向数学，由笼统走向精确。在师生、生生的对话中，参与者努力做出个人理解并表达出思考的内容，并通过成员间对各自内容的质疑将探讨的问题引向深入。这一系列思考并探讨的过程提高了学生思维的流畅性，多变性和独创性。

而当课题进展了两年，其对于刚入学的一年级又是一个新的开始。由于学生刚进入小学学习，自主学习能力还很弱，也没有参与到前几年的实践。教师就在每节新课前设计课前导学，帮助学生了解和掌握预习的方法，为由扶到放提供拐杖。例如，针对时间的初步认识"几时和几时半"第2课时要学习的24时计时法，教师就设计了如下的课前导学。

课前导学：
① 预习书本第22～23页上半部分，思考：这个书上的图表示什么意思？
② 试着完成书本24页第3题。

3. 实验设计策略

为达成教学目标，要根据学生的认识规律，在指导学生进行实践活动的过程中，把动手操作与动脑思考、动口表述结合起来。也就是说，首先把学习知识应有的思维活动"外化"为动手操作，然后通过这个"外化"的活动再"内化"为思维活动。因此在教学过程中，只有把操作、思维、表述紧密结合起来，才能圆满达成教学目标。

先个人尝试，再以小组为单位对独自尝试练习结果进行交流，小组成员之间可以各自发表见解，可以修正他人的意见，还可以将几个人想法合成一个更佳想法，即互相评议、补充。目的是使个人自学成果转化为全组共同成员的共同认识的成果，从而拓展和加深有关学法的理解，进而为学困生提供了更多参与学习的机会，培养学生的群体意识和活动能力。

在小组讨论交流后，再指派小组代表向全班交流汇报，教师根据学生汇报情况及时小结，引导学生提出不同看法、想法，甚至进行学习辩论，鼓励发散思维，创设浓厚的学习氛围，让学生在自觉、自主的讨论中碰撞出思维的火花，激发数学的灵感，培养自主创新意识。

例如，三年级教师在课堂中更多关注学生的动手与思维能力，培养学生自主学习的能力，提高学生分析解决问题的能力。《轴对称图形》这一课中，教师巧设问题，引发学生自主探究：教师画出花瓶的一半，请学生想办法得到一个规则的花瓶。这就需要学生自己思考如何才能够得到一个规则的花瓶。在操作中发现，有的学生能在画有一半花瓶的纸上继续绘画出另一半，但是画得不那么规整，大小、形状存在不同；有的学生是通过对折，沿着一半的图案剪下来，最后得到完整的图形。此时，教师同时展示通过两种方式得到的图形，让学生辨析哪种更好并交流经验，此时学生心里已经有了更好的方案，通过自我调控，再次尝试，最终解决这个问题。

五年级《时间的计算》，教师尝试让学生根据已经掌握的知识和本领自我计划如何解决新问题。经过讨论，学生设计了三种策略方法来解决问题，分别是线段图、横式计算、竖式计算。紧接着，学生根据自己的数学学习习惯分别选择相应的策略进行解题。选择线段图的学生展现了两种画法：第一种是先画到整时时刻，再画剩余部分；第二种是先画1小时，再画整时时刻。随后，选择线段图方法的学生自主总结出无论是哪种画法都需要找到11时这个时刻。通过这种案例和情境让学生设身处地地将数学计算与生活紧密结合，增加了学生对解决问题的兴趣和对答案的渴求。

4. 总结反思策略

在小学数学教学的不同环节对学生实施反思教学指导，让学生在不断反思中掌握反思性学习的技巧，能有效促进学生反思性学习能力的形成，引导学生在自身体验的基础上总结本堂课学到的规律性知识。并通过师、生评价相结合的方式，激发学生自主创新学习的积极性，使学生感受获得成功的喜悦。评价方法变过去的单纯结果性评价为注重形成性评价，注重学习方法、学习过程的评价，实行鼓励性评价，并引导学生自己与自己比较，从中体会进步，消除学困生的自卑感，增强其自信心。制订科学全面的自主学习评价方案，将评价变成主动参与、自我反思、自我教育、自我发展的过程。通过评价，学生可以看到自己的成长足迹，享受成功的喜悦，激励自己向更高的目标前进；可以看到自己的不足，找到自己与别人的差距，明确自己今后的努力方向，并随时鞭策自己。

（二）基于自主学习的长效作业设计与实施

作为课堂教学的提升，长效作业的作用体现在用较长的时段去满足学生巩固提高课堂上所学知识的需求，这对于促进技能的形成，甚至对发展学生多方面的数学素养都具有重要意义。

1. 根据训练重点，培养学生自学能力，设计长效作业

下面以一年级的长效作业——口算打卡为例进行介绍。

口算能力是学生必备的基本功，为了落实素质教育，提高学生数学兴趣，培养学生自主学习能力，以及为培养学生自我计划、自我记录和自我评价的学习习惯，提高学生计算正确率、计算速度，我们设计了长效作业——口算打卡。该作业让学生的计算能力和自主学习能力得到了锻炼，学生的竞争意识也得到了一定的提高。

（1）学生自我计划，制定目标

每天口算40道计算题，记录下所用时间，并根据练习情况，制定自己的小目标。

（2）学生自我评价，完成统计图

每天完成口算之后，用彩笔在星星榜涂色，记录好自己的正确率。看一看自己口算完成情况的统计图，进行自我评价。每个月口算打卡完毕，学生将自己本月的打卡表上传至学习软件，并语音分享自己的活动心得。学生都很重视月底总结。在总结的过程中，学生能自主发现自己口算题出错的原因是书写马虎、急于完成还是看错符号，评价自己本月的口算打卡情况，谈谈自己的本月收获并自主制订下一个月的口算打卡计划。

（3）教师评价，激励调整

任课教师通过设计长效作业，及时了解学生的情况，找出差距引导学生进行方法的调整。

通过这样的长效作业，学生自己做计划，自主观察完成的量、完成时长，然后自我评价，并在教师指导下，实践调整，不断向更高的目标努力。

例如，在三年级第二学期学习第三章统计单元中条形统计图的知识时，教师设计了一份单元长效作业，该作业需要学生一边学习本章知识，一边从日常生活出发，根据自己感兴趣的内容或生活时事等来确定要绘制的条形统计图的主题，最后完成一份属于自己的条形统计图研究小报。

学生在探究的过程中会遇到各种问题。例如，有学生在确定中国近年来GDP情况主题后，寻找相关信息有困难。这时在课堂中，学生就此类问题统一讨论，看看有没有好方法可以互相借鉴，而教师也会提供一些信息搜索平台供学生参考，然后学生利用这些工具寻找自己想要的数据信息。再如，在绘制条形统计图小报时，由于以前在完成课上的习题时都有现成的条形统计图。学生只需要在图上直接绘制，而现在则需要完全自己绘制，不少同学表示有困难。这个问题就在课堂上由教师和学生一同讨论尝试解决，有的学生提出了电脑打印出来再自己绘制，有的则是分享自己成功的绘制经验，如如何将条形统计图画得工整等。在这个过程中，教师引导学生遇到问题不要退缩，要敢于提问，不断思考，逐步改进，关注解决问题的过程，在实践过程中不断进行调整，从而解决问题。

完成长效作业的背后是学生亲自经历了收集、整理、描述和分析数据的过程。学生学会利用网络资源主动去搜集数据，并尝试在繁多的数据中整理出自己需要的信息。而在实际中，不同的学生对于信息技术的使用熟练度不同，在这个过程中，教师可以提供一些帮助，但主要还是学生自己经历完整的资料收集整理的过程，利用所学知识主动在探究的过程中不断调整，去感知推测这些数据背后的信息。例如，调查统计我国历年奥运奖牌数，很多同学可能只看到不同年份我国获得了不同数量的奖牌。而通过分析数据，学生会思考为什么金牌数量从过去到今天会呈现增加的趋势，并预测下一届奥运会上我国能够取得多少奖牌。这个过程中，学生从关注个别数据逐渐过渡到全面关注整组数据，从关注数据本身表达的信息逐渐过渡到能够基于数据分析做出有依据的推断。学生通过交流、质疑、解答，在自己和同伴的声音中，进一步拓展了思维，也真正感受到自己完成的条形统计图原来有如此重要的作用。这样的长效作业不再是单纯的计算和绘图，更注重分析背后的有用信息，既巩固了课堂知识，又提高了学生积极主动思考的能力，真正让所学回到生活中，学生也会更加自主地去探索一个又一个问题。

2. 根据年级特点，培养学生自主思考能力，设计长效作业

在小学数学教学中，教师还应当注重引导学生进行自主的思考。这就要求教师转变传统的"满堂灌"教学方式，适当把课堂还给学生，如设计"小博士讲堂"的活动。该活动整个过程由学生自主收集资料、定讲解内容、进行自主探索寻求答案、录制讲解视频、组织同学讨论几个环节组成。在这样自主的学习活动中，"小博士"必须自主思考问题并努力解决问题，提升了自己的自主学习能力。

二年级上学期的时候，部分学生已经能自我设计题目、自我评价和自我总结，我们开始大胆尝试开展"数学小博士"讲堂活动。由于平时每周都有一节数学兴趣课，所以教师会在此类课堂上讲一些高阶思维的有趣内容，一共十节课左右。每学期最后一个月，会进行思维阶段小练习，反馈学生本学期的学习效果，选出三名"数学小博士"或者"讲题小达人"。这些学生将自主设计一份资料，包括自主设计的题目、自我评价的表格等，登上讲台或者录制视频，给其他学生讲解题目或者分享自己的学习经验。

而高年级则进行每个单元的知识点整理，学生在学习完一个阶段的知识后，将知识点整理为知识结构图。随着学期的深入，各阶段进行成果展示，师生共同研究讨论各作业成果的优缺点，发现优点、问题与改进点等，然后在下一次的作业中，学生可以针对性改进自己的作业。通过思维导图梳理知识点，学生能自己总结反思，起到巩固知识的作用。

3. 根据教学内容，培养学生解决问题的能力，设计长效作业

为提高学生的自主学习能力，四年级教师以折线统计图这一单元为主题，设计长效探究作业。学生在发现问题、分析问题、解决问题的过程中探究和运用折线统计图。

（1）变具体知识为深入思维

超越具体知识和技能深入到思维的层面。学生通过对两种统计图实际作用的分析，发现当数据独立时用条形统计图更清晰，但若是表现一个事物的连续的变化则用折线统计图更加方便，通过沟通前后知识之间的联系，加强对于数学与生活的联系。

（2）变具体方法到品质提升

由具体的数学方法和策略过渡到一般性思维策图与思维品质的提升。深度教学主要围绕一个基本目标，即让学生逐步学会更深入、更全面、更合理地思考。根据生活中数学模型的分析让学生更全面更合理地进行分析和思考。

通过加强对生活中折线统计图的分析，学生加深了对折线统计图实际运用的思考。随着信息技术的发展，统计图的绘制可以利用软件很快完成，"重分析，轻绘制"也是对统计教学的新要求。

（3）变被动学习为主动学习

学习中，采用同学之间的合作与互动的方式，让学生真正成为学习的主人。学生通过自主观察折线统计图，找到了点、线分别表示的含义、连线的陡、缓表示的关系。通过看书、小组讨论，培养学生独立思考、合作交流、分析问题、解决问题的能力，提高学生的数学素养。

（三）学生自主学习能力的评价

采用学生自评、同学互评、教评价相结合的方式，如低年级的课堂学习兴趣量表（表1）和学习习惯量表（表2）、三年级《轴对称图形》的课堂评价量表等，能激发学生自主创新学习的积极性，使学生感受成功的喜悦。

例如，对于一年级学生的评价，在学习兴趣方面可创设与生活贴近的学习情境，引导学生自主交流与合作学习，可以使学生接收到同伴认可的积极的情绪体验；在学习习惯方面告知学生学习要求，教师进行过程性评价和形成性评价，采用奖励小星星、集星手册敲章等方法。

学习兴趣和学习习惯的激发和养成是相辅相成的，学习兴趣是养成良好学习习惯的动力，而良好的学习习惯又能提升学习兴趣。

表1

评价内容	评价指标	学生自评	教师评价
课堂参与度	态度端正，能主动参与学习活动		
	乐于展现，能积极举手进行交流		
课堂关注度	积极准备，对集体活动有所贡献		
	认真倾听，对他人交流有所反馈		

优秀：☆☆☆☆　　　良好：☆☆☆　　　合格：☆☆　　　须努力：☆

学习兴趣教师评价等第：优——13~16颗☆；良——9~12颗☆；合格——5~8颗☆；须努力——4颗☆

表2

评价内容	评价标准	自评	互评	教师评价
听	坐姿要正确，眼睛看着老师，讲到书上内容时，眼睛看着书本			
	注意力集中，认真倾听，不开小差，不做小动作			
	发言要举手，得到允许方可说。有问题举手提问，做到不插话			

评价内容	评价标准	自评	互评	教师评价
说	积极举手发言，回答问题声音适度，口齿清楚，不拖沓			
	学会用数学语言来表达，说话完整，条理清楚，能根据问题作答			
	能把自己解决问题的想法讲给同伴听			
合作	热情、情绪饱满，互相帮助			
	积极参与讨论，不大声讲话，做好相关记录			

优秀：☆☆☆☆　　良好：☆☆☆　　合格：☆☆　　须努力：☆

学习习惯教师评价等第——优：26~32颗☆；良——20~25颗☆；合格——16~19颗☆；须努力——15颗☆

三年级《轴对称图形》，评价表见表3。

表3

评价标准	评价		
能通过观察、动手操作认识轴对称图形	很好（　　）	一般（　　）	须努力（　　）
能找到轴对称图形的对称轴	很好（　　）	一般（　　）	须努力（　　）
课上能积极参与活动、讨论并发表想法	很好（　　）	一般（　　）	须努力（　　）
能通过折一折等操作得到轴对称图形	很好（　　）	一般（　　）	须努力（　　）
能发现生活中关于轴对称图形的事物	很好（　　）	一般（　　）	须努力（　　）

以二年级的《条形统计图》为例，针对堂课上学生自主制图，教师采取了自评、互评的形式，主要从绘制正确、绘制美观和现场解释三个方面进行评价。制图完成后，请学生拿上讲台进行投影展示，其他学生根据评价量表要求进行点评，指出台上学生绘制的图表的问题，并提出自己的建议。台上学生根据他人点评进行反思和调整。同时，其他学生将自己的图与台上同学的图进行对比，给自己评价，从而完善改进自己的制图。评价过程中学生会用质疑的眼光去观察、去纠错，从而达到自我调控、自我完善、自我纠正、自我反思的效果。

四、课题研究成效

通过课题组成员三年的共同努力，本课题的研究取得了一定的成果。

1. 提升了学生的自主学习意识

在课题研究中，学生的学习积极性高涨，精神振奋，学习兴趣得到了很好的培养。本课题研究为学生创设了一个自主学习的平台，让学生在这个平台上根据一定的内容进行自主探索，有效地培养了学生的探索精神。课前，我们让学生通过课前预习单进行自我计划、收集问题、提出问题。课中，自我策略由学生选择，方法由学生自主探索，自我调控结论由学生自主归纳，结果由学生自主评价，以此发展学生的创新思维。在研究过程中，我们不仅让学生学到有利于自身发展的知识、技能，更重要的是让学生获得对自己今后的学习有帮助、有价值的学习方法，为学生以后更好地学习奠定基础。

2. 发展了自主学习的能力

我们采用对课堂以及一系列的数学学科活动、长效作业的实施开展等进行评价，检验学生的自主学习能力各方面的发展情况，结果显示学生的自主学习能力得到了较好的发展。在自主性方面，学生学习的主动性、自觉性较之前有了提高，学生的参与意识显著增强，课堂中学生的互动及参与比重也增大了。

3. 转变了学生的学习方式

自主学习能力，就是通过学生自己学习，独立获取知识、掌握知识和形成技能的能力。但我们不能把"自主学习"简单理解为"自己学习"。"自主学习"是在教师指导下进行的一种学生自我管束、自我操纵积极主动学习的学习方式，它强调学生的主体性。我们转变传统的教学观念，给学生以更多的学习主动权。学生在亲切、平等、民主、和谐的教学氛围中，体验到自由、尊重、信任、理解和宽容。课题上，学生自主探究，主动参与，大胆发表自己的见解。"我认为……"，这种充分体现学生在学习中的主体地位的话语随时可以听到。同时，学生通过参与一系列的活动培养了主动探索的精神和自我调控的能力，教师只做画龙点睛的启发、引导、讲解。通过三年时间的实践，学生在不断获取新知识的同时，也提高了学习数学的能力。大部分学生都有课前自主预习的能力，他们也会对自己能够发现问题或用学到的知识解决问题而感到自豪。我们实现了真正意义上的"自主学习"，颇有成效。

4. 促进了学生的全面发展

通过课题的研究，激发学生学习数学的兴趣，提高了学生综合运用知识、解决实际问题的能力。学生的数学意识、运算能力、数学表达能力、交流能力、应用能力、思维能力、空间想象力等得到了发展。实践后，学生认识到现实生活中蕴含着大量的数学信息，数学在现实世界中有着广泛的应用。面对实际问题时，他们更能主动尝试用数学的眼光观察现实世界，用数学的思维思考现实世界，用数学的语言表达现实世界，能从数学的角度运用所学的知识和方法寻求解决问题的策略。

5. 优化了学生的学习过程

（1）突出了学生的主体性

自主学习是在教师指导下，学生通过自学、尝试、操作、交流、总结、汇报等形式，以交互方式进行的学习。在此过程中，学生的学习兴趣明显提高，自主建立起新旧知识间的联系，从而能自觉地学习。

（2）形成了自主学习所必需的基本能力

在本研究中，学生学会了收集资料，学会了自我计划，学会了表达，学会了讨论，学会了倾听，学会了归纳。

（3）激发了学生的创造性

自主探究式学习不仅给予了学生数学知识，而且发展了学生运用知识的能力，激发了学生的创造性，为学生可持续发展提供了动力。

（4）强化了学生思维的培养

自主学习的过程是一个学习过程和研究过程，是合理猜想与逻辑推理相结合的教学，该教学使学生在研究中发现、掌握、运用规律，养成探究的品质和坚毅的性格，强化了学生的思维培养。

学生自主学习能力不是一朝一夕就可以养成的，实践研究越深入，我们越能深刻地感受到：这些探索和经验需要更科学的引领、更规范的推进和更深层次的提升。这需要我们在不断地学习与探索中继续努力，让学生在学习活动中自主地去探索去思考，最终达到最佳的学习效果。

五、问题思考

以上这些都是显性的成果，但课题研究更重要的是隐性的成果，这些并不是能以简单的数据或成果来体现出来的。自开展本课题研究以来，教师积极探索，探索出了符合本学科的各种类型的培养学生自主学习能力的有效教学策略，让自主学习成为学生的一种需要，成为学生的一种必备的学习能力。当然这些还是不够的，因为数学学习具有一定的抽象性，学生只有进行深度思考，思维能力才能得到开发。普通的课堂，大多数学生的思考只停留在表面，无法深入学习和理解数学知识。只有深度思考才能促进学生数学思维的发展。如何改变教学方式，在教学中如何给学生更多自主思考的空间，也是我们下阶段所要研究和思考的方向。

第二节　数学学科实践探索

引导学生学会建构数学知识

——以三年级《条形统计图（二）》为例

上海市浦东新区福山唐城外国语小学　龚莎婧

一、案例背景

在二年级第一学期学生已经接触过"条形统计图（一）"，学生能通过对一些事物进行分类计数，用直条表示事物的数量。本课的内容是"条形统计图（一）"的延续。在上新课之前，教师布置预习作业时询问学生二年级所学相关条形统计图的知识，了解到一部分学生对旧知有遗忘的情况。因此，教师适当改变教学模式，让学生通过深挖探讨并体会数学在生活中的应用加深对所学知识的印象，从而减少遗忘的情况，以此提升学生的自主学习能力，学会自主对数学知识进行内在的建构，掌握学习数学的好方法。

二、案例描述

下面就以三年级《条形统计图（二）》为例具体说说。

（一）共同探讨：条形统计图的概念

上课时，我先出示图1，抛出问题"请学生猜一猜这是统计什么的条形统计图"，然后抽取3个学生作答

生1：交通工具行驶速度的条形统计图。

生2：笔盒中铅笔、橡皮的数量条形统计图。

生3：小丁、小胖、小巧和小亚每周阅读时间条形统计图。

随后，我请其他同学对以上3种作答发表见解，选一选哪种回答最符合图意，并说明这样设计可行的原因。在交流过程中，黄同学表示：第3种回答最符合图意，因为从图中可以看到有4个直条，说明统计的对象有4个，而第1种和第2种回答统计的对象数量不清晰或不准确。全班同学对黄同学的分析点头表示同意。此刻，我马上请生1和生2对自己

先前的回答进行修改，经过提点，他们能够很快找到自己的疏忽点并进行调整，重新回顾并掌握了条形统计图其中的一个要素：统计项目（横轴）。

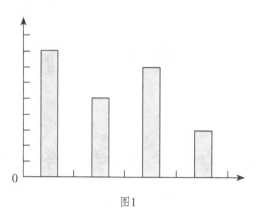

图1

紧接着，我们进一步探讨这个条形统计图的其他几个要素。我提问："现在假设根据第3种作答，我们除了知道了统计项目，还得知道什么信息呢？"王同学发表了自己的看法："一格表示1小时，那么小丁、小胖、小巧和小亚每周阅读时间分别为8小时、5小时、7小时和3小时。这里单位填写小时比较符合实际情况，如果填写分钟和秒，阅读时间就太少了。"这里巩固了条形统计图的第二个要素：统计数量和单位（纵轴和直条）。

在此基础上，姚同学继续提出："如果一格表示2小时可以吗？"这是一个新的问题，刚开始同学们有点怀疑这种表示方法，但经过计算和探讨，发现每周阅读16小时、10小时、14小时和6小时也是在合理范围内的，因此也符合图意。通过以上师生共同探讨的过程，学生不仅回顾了旧知识，还提出了新的问题：直条的长度表示数量的多少，直条的长短与"1格"所表示的数量有关。我们继续对知识深入探讨，总结出了条形统计图4要素的概念。

（二）小实践：制作一个条形统计图

前面已经知道了条形统计图的4要素，接下来请学生根据自己理解的概念制作一个条形统计图。

在制作前，我先请学生思考一下："你需要做什么准备？你觉得会遇到什么困难？"有一部分学生觉得确定标题有困难，范围不设限，无从着手。我便引导他们根据自己感兴趣的或生活中常见的内容来制作，这样既符合生活实际情况，又能够激起学生的学习兴趣，让学生感受将数学运用在生活中的乐趣。还有一部分学生存在标题确认后数据难以收集或数据不恰当等问题。我便引导这部分学生学会开口询问老师和长辈甚至身边的专业人员，可以去实地调查，还可以去上网搜索相关信息，并提示学生如果过程中遇到任何困难，可以随时来寻求老师帮助，老师会一对一针对性地帮助他们解决难题。

由于学生平时都是根据书本或练习中的表格来作图的，当由他们自己完全独立地制作条形统计图时，有学生也表示有难度。我便提醒他们学会利用身边的工具来使作图更加精确与美观。有的学生马上开动脑筋，将方格纸放在纸张背面寻着印记来慢慢勾勒出精美的表格。当然也有学生利用直尺，测量好固定的数据，做好标记点进行连接，以此来制作表格。

三、分析与反思

（一）在生活情境中探讨数学知识，培养学生自主探究能力

生活情境是学生认知的基石，良好的学习情境是保证学生学习的基础条件。在课堂引入阶段，我从出示小巧统计的某一项统计内容不完整的条形统计图开展导入，学生观察缺少条件的条形统计图，根据图示自主回顾、联想二年级所学《条形统计图（一）》的内容，由原来根据提供的信息画上相应的直条，转化为根据直条来猜测可能统计的信息。在教师追问后，学生再次确认设计要素的必要性和可行性，这是一种深挖，也是一种自我检视。学生在倾听其他人解答时，通过选一选优解，加强自身对知识点的整体把握，判断统计主题是否符合图意和实际生活，从而对自己心中的解答有了进一步的认识，并进行适当调整。通过观察、分析、调整，学生发现统计图中只有4个直条，对应肯定是4个统计项目，学生联系生活就知道可能的情况。学生能够有理有据地进行分析，并把统计图补充完整。在教师的有效引导下，学生不断激发对新知的探究欲望——本节课又会学习条形统计图的什么新知识呢？从而促使学生快速投入新知探索环节。这个过程既让学生复习了之前所学的条形统计图的构成，又由学生自主引发疑惑并试着去提出问题与寻找问题解决的办法，从而使学生自主得到直条的长短表示数量的多少的结论。

在这些交流过程中，教师把握学生具体学情，激发学生学习兴趣，结合合理的生活情境，通过引发学生数学认知冲突，让学生积极、主动地参与到数学学习活动中，然后师生共同探讨出本课要解决的问题，让学生深入日常生活和周围环境，带着好奇心和探究欲来感知统计的必要性和趣味性。

（二）引导学生学会自主知识建构，培养学生自主思考能力

学生在"条形统计图（一）"中画条形统计图时只需根据提供的信息画上相应的直条即可。而本节内容要让学生经历根据数据的大小自己确定一格（即1刻度）所表示的数量，及如何表示未满1刻度的数量的过程。教师在教学时要引导学生尝试、判断，帮助他们正确、科学地确定一格所表示的数量。

上课开始时，教师简单抛出课题，给学生不加限制的思考空间，充分发挥学生们的想象力，对学生创设的情境给予肯定与鼓励。学生之间也能够互相提供灵感，拓展思路，为接下来的共同探究打下很好的基础。在课题出示后，学生自发地深入探究学习，他们在层层递进的活动中自主完成了对新知的建构，使自主学习真正发生，提高了自主思考能力。

在掌握了条形统计图的4要素后，在设计环节中，这里画条形统计图的要求是掌握在已有方格图基础上画出条形等，其目的如教学目标所述，是让学生"经历用条形统计图呈现统计数据的过程""把握统计图的整体情况"，画图主要是为读图服务，也为以后画"整体图"奠定了基础。教师鼓励学生自主探究条形统计图的要点，以学生的发展为本，辅助学生深究新知，不断发挥其智力与潜力，让学生通过观察、动脑、动手，自主地掌握更多、更新的知识。同时，学生不被教师预设的课堂进程限制，通过加强与同伴的合作探究，抓住探究的机会，打开求知的空间，扩展数学思维。这个过程有效地帮助了学生确认自己对条形统计图的识图是否全面、是否会综合考虑各个数据与项目之间的关系、是否还想知道条形统计图的其他知识点等。

（三）注重过程性评价，培养学生自主评价能力

经历以上整个识图的过程，学生学会分析设计的优缺点，对于其中值得大家学习的部分，可以纳为己用，还可以提出自己的见解并提供改进建议，这是一种自主学习下的评价，包括了自我评价和他人评价。在此基础上，学生再次对作品进行反思与改进，使作品不断完善，增强了自己对知识的整体把握能力，并逐步体会到统计与日常生活的密切联系，初步了解了数学的价值，并能把这种良好学习方法迁移到以后的学习中去，提升了自主评价能力。

教师要设计、研发有趣、丰富、进阶式的数学活动，引导学生进行动手、动眼、动口等感官提升活动，让学生在主动观察、比较、分析、推理、归纳、概括等活动中建构新知、发展能力。要想提升学生自主学习，教师还要注重对学生学习内在兴趣的激发，重视对学生学习过程的多元评价，这种多元评价包括教师对学生的评价、学生对学生的评价以及学生对自己的评价。教学中，教师要积极、主动地跟进学生的数学学习情况，对学生的数学学习进行反馈、评价，为学生数学学习的可持续发展注入动力。在课中，我还会进行及时的评价，如"你的思路真清楚""你总结得很到位""你说的真完整"……我通过评价，不断提升学生的学习效能。

本节课，我充分运用各种资源、媒介，不断丰富学生的学习过程，提升学生的数学探究力、思维力、实践力、创新力等。在自主学习的过程中，我们强调以"学"为中心，尊重学生的主体地位，除了教师评价，我还给予学生充分的时间和空间，让学生自评与互评。学生可以畅所欲言，通过学习交流、互动，让数学学习成为互动、成长的过程。在这个过程中，教师要重视学生各自经验方法的个性化介入，鼓励学生各抒己见，开放学生的数学思维，让学生的个性化学习品质、创新意识获得发展。这节课中在学生制作条形统计图时，增加一些现场统计的内容，让学生走进生活，去寻找生活中的"统计"，这样对学生分析的能力又是一种提高。学生的独特发现，有意想不到的创造火花闪现，又使课堂教学焕发出新的生命力，使自主学习更深入。

四、点评

在本案例中，教师不仅引导学生自主探究条形统计图的要素，揭示条形统计图的概念，还让学生进行实践操作，根据自己理解的概念制作一个条形统计图，在这样的活动中，引导学生在主动观察、比较、分析、推理、归纳、概括等活动中建构新知，发展自主学习的能力。

动手实践、自主探究、合作交流，提升自学能力

——以一年级《认识钟表》为例

上海市浦东新区福山唐城外国语小学　张云洁

一、案例背景

《认识钟表》是沪教版一年级第二学期第三单元《时间的初步认识（一）》的授课内容，是帮助学生建立时间概念的初步尝试，也为二年级学生认识时间的学习奠定了基础。教材的编写层层递进，并注意从学生的生活经验出发，结合生活实际让学生初步认识钟面结构、会看整时和整时半，让学生生动具体地认识并学习钟表的知识。

本节课的教学对象是一年级的学生，学生在实际生活中虽然必定会接触到钟表和时间，但是时间的概念看不到、摸不着，对于学生而言较为抽象。因此在上本节课前，我让感兴趣的学生自己动手工制作钟表，思考钟表上有些什么要素，先让学生有一个最初的有关时间概念的感性认识后再开展教学，在教学中鼓励学生进行交流、合作，达到提高学生自主学习能力的目的。

二、案例过程

上本节课的前一个周末，我让感兴趣的学生回家自己动手制作一个钟表，观察一下钟面上有些什么，进行提前预习。此外，我还下发了一张任务单，让学生将制作钟表时发现的知识点以及出现的疑问写下来，以便之后在课堂上进行互动交流。学生拿到任务单都兴致勃勃，纷纷用心制作了各式各样的钟表，并在任务单上写上了自己的发现，提出了自己在制作钟表时产生的疑问。

课堂上，所有学生都拿出了自己制作的钟表和任务单（图1），纷纷解释自己的钟面上有些什么元素。我充分让学生展示，并请学生在展示时说一说，数一数，互相交流、

质疑，主动探索、观察、解决问题，把自己的发现与其他同学进行交流，合作学习。在上台展示制作的钟表时，大家说出了钟面上有长针也有短针，有的学生已经知道了时针走得慢，分针走得快，等等。

图1

在交流过程中，部分学生发现自己制作的钟面有些问题，产生了自我调控。

例如，学生1在与大家的交流学习后，发现自己制作钟表上的两根针都一样长，正确的应该是时针短，分针长，如果两根指针一样长的话，就会分不清到底哪根是分针，哪根是时针。学生1课后将自己制作的钟表上的分针进行了加长处理（图2）。

又如，学生2发现自己制作的钟面（图3）上，12个数和12大格都有了，但是12大格之间的距离却并不相等，这是不正确的，每个格子的间隔应该都是相等的。此外，他还发现钟面正上方应该是数字12，正下方应该是6，自己的数写偏了。学生2课后将自己钟面上的12个数重新进行了等距离粘贴。

图2

图3

再如，学生3提出，他在画钟表时，可以先确定好12、6、3、9这四个数的位置（图4），再去将剩下的数一一等距离画上。另外，他提出，不是所有钟表都有12个数的，他家里的钟表上只有这4个数。

这也给其他学生打开了思路，有的学生就提出了不是所有钟表都是圆形的，他家里的钟表有其他不同的形状，因此学生制作的钟表中也出现了方形的（图5）。

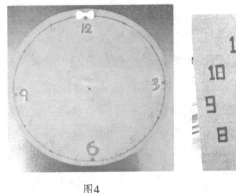

图4　　　　　　　　图5

在学生进行互相交流后，我让他们带着自己制作的钟表依次上台展示自己的任务单（图6），指着钟面说说自己的发现，并且提出自己的疑问。我将疑问投放到黑板上，让学生一起来回答。

图6

在上半节课中，大家已经对钟面的结构有了基本的了解，因此面对一些学生在周末制作钟表时所提出的疑问，大家都能积极给出反馈，解答疑问。而针对怎么利用指针看时间这个问题，由于这是下节课的内容，我让大家带着这个疑问自己在课后摆一摆钟面，思考一下，进行预习。

课堂临近尾声，我留了充分的时间让钟面制作有问题的学生重新修正了自己的钟面，并且说一说自己修正了哪些地方。最后，我让大家对自己制作的钟表从是否具备所有钟面的构成、是否美观、是否具有实用性等方面进行自我评价。

三、案例分析

本节课课前，学生通过动手制作钟表，更好地认识了钟面，加深了对时间知识的理解，并进一提高了审美、创新及动手操作能力，感受到生活中的数学魅力。在课中，学生通过观察钟面，互相交流钟面上的构成，互相质疑，从而进行自我调控。这不仅可以保持学生的积极性，还可以培养学生自主学习的能力。

学习是一个不断修正和调试自己想法的过程，是原本不会认知或者认识方向有偏差的学生按照正确的方向修正自己的过程。本节课学生积极动眼、动耳、动脑、动口，通过自己的学习体验来学习新知，巩固应用所学知识。整个教学活动都是以学生为主体，教师通过适当引导和启发，创造一切条件让学生自主探究、获得丰富的动手操作的学习体验，从而有效促进学生自主学习能力的发展。今后，我将继续给予学生自由探索的空间，相信学生可以在自主、质疑、合作交流中，个性得到发展，思维得到释放。教师要时刻注意发挥学生主体作用，提高学生自主学习的能力，给予学生自主学习的时间和空间，把课堂真正还给学生。

四、点评

本案例中，教师在课前预先让学生自己动手制作钟表，并让学生对钟表进行探究，以此来建立有关钟表的知识，获取对时间概念的感性认识。在这一过程中，教师设计了任务单，让学生将制作钟表时发现的知识点以及疑问记在任务单上，并在课堂上进行互动交流。这一活动不仅体现了学生自主学习的特点，而且调动了学生参与活动的积极性。课前钟表制作以及经过讨论之后学生对钟表的修改，使学生对钟表的认识和实践概念有了进一步的了解。

体验知识形成过程，探究几何概念本质

——以三年级《周长》为例

上海市浦东新区福山唐城外国语小学　唐晓春

一、案例背景

《周长》是三年级第二学期第六章"几何小实践"的内容，是小学数学"图形与几何"的重要内容之一。本课是在学生已经认识了长方形、正方形、三角形等基本平面图形以及会测量长度的基础上，联系常见图形和物体展开的教学。在学习《周长》之前，学生已经认识了面积和面积单位。比起较直观的面积引入，周长概念的引入会更难一点。学生对于周长或多或少具备一定的生活经验，但是要说清楚什么是周长，还是很困难的，究其原因就是"周长"这一概念的抽象性。

对于"周长"的含义，可以分解为"围绕一周""平面图形""长度"三个方面加以描述。其中，"平面图形"在一年级时已经涉及，学生可以自己说出这个关键词，所以，在教学周长的含义时就重点围绕"围绕一周"和"长度"这两个关键词展开。

根据皮亚杰的儿童认知发展阶段理论，三年级学生正处于具体运算阶段，他们能从一个概念的各种具体变化中抓住实质或本质的东西，但是还离不开具体事物的支持。既然周长的本质是"长度"，那么测量活动就是学生感悟周长的实际含义的有效方式，也是探究周长计算方法的前提。因此，我在本课中设计了描一描的操作来使学生感知"一周"、量一量的活动来让学生测量一周的长度，帮助学生用数学的眼光观察现实世界。

二、案例过程

本课涉及的周长有规则图形的周长，为后续探索长方形和正方形周长的计算做准备；有不规则图形的周长，与生活联系更密切，能帮助学生建立完整全面的周长概念。

教学片段一：独立思考，描一描，感知"一周"

1. 桑叶的一周

师：森林里，正在举行爬行比赛。比赛规则是谁能准确爬桑叶的一周谁就获胜。小动物们邀请大家一起参与比赛，请大家在学习单上描出桑叶的一周。

PPT出示：

师：这是小动物们的爬行路线，你们画得和谁的是一样的呢？谁获胜了呢？

生：瓢虫！

师：为什么是瓢虫获胜了？

生1：因为它爬了一周，路线最短。

（下面有几个同学发出质疑声：嗯？）

生1：不对不对，瓢虫爬得不对，它没有绕着边缘爬，爬到里面去了。

师：边缘这个词用得真好！的确，它的路线不符合比赛规则。那蜗牛呢？它获胜了吗？

生2：蜗牛没有爬完，它爬到一半就停下来了。

师：你能帮它爬完吗？怎么爬？

生2上讲台指着说：从这里开始，继续爬，回到开始的地方。

师：有了你的帮助，相信下次蜗牛就知道该怎么爬了！我们把这个开始的地方称为什么呢？

生3：起点！

师：你们真聪明！现在谁能说说爬一周需要注意什么？

生4：要绕着边缘爬完整的一圈。

生5：还要回到起点。

生6：我来补充一下：从起点出发，绕着边缘爬完整的一圈，回到起点。

师：你们总结得真好！请你根据大家的总结，对照着桑叶的图片，指一指，说一说，桑叶的一周怎么画？

生7：在桑叶的边缘，选一点作为起点，从起点出发，沿着桑叶的边缘绕一圈，最后又回到起点，这就是桑叶的一周。

师：说得很完整，请你用你的手指描一描并说一说！

2. 描一描的活动

基于学生对于"一周"的理解，教师不做任何解释和说明，让学生以自己已有的知识和活动经验为起点，自己动手，自主操作，感知"桑叶的一周"，让学生的思维找到周长的"轨迹"，而且是动态的"轨迹"。瓢虫和蜗牛的错误路线可以促使学生对题目进行反思，教师运用提问的方法引导学生找到"一周"的两个关键点：沿着边缘（不走内部路线）；从起点出发，还要回到起点才算完整。这为学生"说一说"从哪里开始、沿着什么、到哪里就是桑叶的一周打下良好的"动作语言"的基础，有利于学生更好地理解"一周"。

说一说的活动中，学生通过讨论、合作的方式，不断进行自我监控、自我调节，最终用数学语言完整地描述出"桑叶的一周"的含义。此时，教师要求学生再次描一描、说一说，调动学生多感官参与，帮助学生再次感受"边线""起点""终点"和动态的"桑叶的一周"。对于数学学习能力稍弱的同学，即使他们不能仅凭自己的能力说出完整的含义，也可以通过自我调控、自我反思的方式，对自己的说法进行调整改进，巩固对"一周"的含义理解，为后面建立周长概念做准备。

在描一描的过程中，的确有同学和瓢虫犯了同样的错误，所以请学生回答的时候我特地先找了那个画错的同学，他在回答的时候听到了一些质疑，就开始重新思考，结果自己找出了问题的所在。我庆幸自己当时没有请其他同学帮忙，而是给了他充分思考的时间，让他自己改正。所以有时候，多给学生一些时间和机会，他们也是有能力进行自我调控和自我修正的。

教学片段二：小组合作，量一量，建立概念

（描完几个物体的一周后）想象一下，我们留下一周的边线，这些边线的长度有的长，有的短，它们的长度到底多长呢？

1. 量一量（小组合作）

老师在信封里提供了一些工具（绳子、尺、小圆片）。

（1）以小组为单位，先定计划：怎么测量？选用什么工具？如何分工？想一想：可能会碰到什么困难，你们准备怎么解决？

（2）分工合作，测量3个图形的周长（图1）。

（3）把测量的数据标在图形上，并填写计划表（表1）、分工表（表2）、记录表

（表3）。

（4）分享、交流、改进。

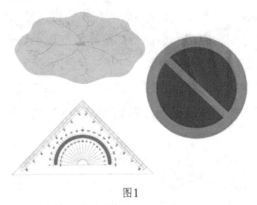

图1

表1

图形	荷叶	交通标志	三角尺
选用工具			
测量方法			
可能碰到的困难			

表2

成员姓名			
分工			

表3

图形	荷叶	交通标志	三角尺
一周的长度（cm）			
实际遇到的困难			
如何调整			

2. 测量完成

师：老师发现动作快的小组已经完成了所有图形的测量。我们来听听他们有什么秘诀。

组1：我们本来计划全部用尺来测量，但是想到尺只能量直边，圆形和荷叶没办法直接用尺量，所以就优化了方案。直边图形用直尺测量各边，量好以后所有边长的总和就是图形的周长；曲边图形不方便直接用尺测量，我们就借助绳子照着图形的样子环绕后测量绳子的长度，因为绳子的长度就是这个图形的长度。我们4个人分工合作，A用尺量、B记录和计算、C用线绕、D帮她固定起点，所以很快就完成了！

组2：我们和组1的同学用的是一样的方法。我们预设的困难是：荷叶和圆形比较难量，结果发现交通标志和小圆片的形状相同，大小也是一样的，所以我们就用测量小圆片的周长得到了交通标志的周长，省了不少时间！我们也是分工合作的，所以很快！

师：你们观察得真仔细，连这个小秘密都被你们发现了！老师还发现有几组同学完成得没那么快，说说你们操作过程中的问题，我们一起开动脑筋思考怎么来解决吧！

组3：我们全部用了绳子，也预设到了会比较慢，所以准备四个人一人量一个形状，结果发现绳子只有一根，所以还是很慢，听了前几组的分享，我们知道了，规则图形还可以用尺量周长！

组4：我们也是用组1的方法量荷叶的，我们想用绳子绕着荷叶的一周围起来，但是绳子还没围好，前面就动了，控制不好。

师：我刚刚也看到了你们的这个问题，谁能帮帮他们呢？说说看，怎么解决这个问题？

组5：我们开始也碰到了这个问题，后来我们3个同学合作，一个在荷叶上画起点，一个按住前面，一个围，然后继续往后按住，继续围，围到后面，其实前面就不用管了，因为我们绳子的前半段就是围好部分的长度了，当绳子围到起点位置时，一周就完整了。我们在绳子上标注了点，还有一个同学测量绳子的长度，再记录下来。

师：你们都听明白他们的方法了吗？

生：明白了！

师：他们也是在不断的摸索中找到了最适合自己组的方法，相信大家也可以！再给大家两分钟，已经完成的同学可以尝试有没有更好的方法，还没完成的同学调整一下方法和策略，继续完成！开始！

周长的概念有两个关键词，一个是"一周"，另一个是"长度"。在认识"一周"的基础上，通过测量活动来感受一周边线有长有短，使学生充分理解了周长的另一个本质属性"长度"。

组内同学先讨论制订计划，进行方法和策略的选择——选择测量的方法、合适的工具；预设可能出现的问题，优化本组方案；安排分工；在操作的过程中发现问题，自我调控、改正，达到预期的效果。因为要探索3种图形一周长度的测量方法，刚开始有的小组会用同一种方法、同一个工具来测量，这样就会花比较多的时间，所以有2个小组完成后，我就先让所有的小组停下来，一起分享一下速度快的方法和速度慢的原因。

三、案例分析

在小组合作过程中，有些小组由于时间问题，还没有探索出合适的方法，我就采用了全班讨论的方法，一起集思广益，用其他同学成功的经验帮助他们，最终所有小组根据其他同学的分享，自我调节、自我评价，然后或改正、或改进，圆满完成了测量任务，并且得出结论：规则图形可以用尺测量，不规则图形可以借助绳子或者其他工具测量。这个过程渗透了化曲为直的数学思想。学生在开放性操作活动中积累了测量周长的活动经验，体验、内化了周长的含义。

小学生在思考数学问题时很少能意识到自己的思维过程，更难以意识到是哪些因素影响了自己的思维。如果教师在日常的数学教学中，能够运用元认知理论去引导学生进行计划、监控、调节与评价，并调动学生主动学习的积极性，那么必然可以提高学生的数学思维能力，从而使学生学会学习，并使学生能通过调控自身数学思维过程形成自己对数学的理解，真正做到新课标中对于核心素养内涵的要求，即会用数学的眼光观察现实世界，会用数学的思维思考真实世界，会用数学的语言表达真实世界！

四、点评

在本课中教师设计了"描一描""量一量"的操作活动，引导学生在动手操作中感知"周长"的概念，在测量过程中，教师运用"测量计划表"，让学生感受到在测量过程中需要关注的问题，如测量工具的选择、测量方法的使用等，使学生不仅仅知道了周长的概念，而且通过测量周长的过程来建立完整的周长概念。

和学生一起经历"做数学"的过程

——以五年级《长方体和正方体的表面积》为例

上海市浦东新区福山唐城外国语小学　徐善华

一、背景分析

《长方体和正方体的表面积》是沪教版五年级下册第四单元"几何小实践"的内容。它是在学生认识并掌握了长方体和正方体的特征的基础上进行教学的。本节课的学习目标是让学生进一步认识长方体和正方体的特征，掌握长方体和正方体表面积的计算，体现"立体—平面—立体"螺旋上升、循序渐进的教学思想，并通过平面图形和立体图形的联系沟通，培养和发展学生初步的空间想象能力。

虽然学生以前学习过正方形和长方形，但是空间的立体图形的思维还没有真正形成，所以教师在教学中要提高学生的动手能力，为学生创建真实的教学情境，由学生自主探究达到掌握规律的目的。

二、过程描述

（一）巧设情境，在讨论中进行自我计划

创设一个能够吸引学生的、有趣的、可操作的、可探索的情境有利于激发学生的学习兴趣和愿望，使学生处于积极主动的学习状态，有利于学生自主探索。

新课伊始，我创设了这样的情境："猜一猜"做一个长方体纸盒和正方体纸盒，哪个用的纸板较多？这一问题情境，引发学生思考，他们6人为一组，通过小组合作学习的方式探究：用什么方法才能比较出来呢？学生通过思考与交流，认识到"必须分别计算出六个面的面积然后将之加总"。学生在自主观察与思考中理解了表面积的意义。有同学提出：只要算出长方体和正方体的表面积就可以比较。那如何计算呢？这时，学生的学习热情高涨，好奇心和强烈的参与意识都被唤醒，他们自我计划着探索长方体表面积的方法，七嘴八舌地讨论起来，表达自己的想法。学生边讨论边自我调节方法，认为推理还需要验证，所以决定小组分工，通过动手实践来验证结论。

（二）实践操作，在动手操作中激发思维

数学知识具有高度的抽象性，我们要多引导学生在操作中思考加工，培养技能技巧，促进思维发展。因此，在探究长方体的表面积计算方法时，学生以小组为单位，动手操作、互相探讨、积极思考、改进方案。学生在小组活动中通过量一量、剪一剪、拼一拼、画一画、比一比等方法，共同探索出长方体表面积的计算方法。

以A组六名同学的探究过程为例。一开始，他们将六个面剪下来，直接求出长方体六个面的面积，然后把六个面的面积相加。这时，其中的几名同学发现，可以将长方体的6个面分成三组，运用$S = 2ab + 2ac + 2bc$或$S = 2（ab + ac + bc）$的思路来求解。这一发现引起了学生的探究欲望，在教师的鼓励下，他们继续探究，还有没有更简便的方法呢？通过剪拼，他们发现可以运用长方体的表面展开图的知识，用中间的大长方形和两边的小长方形面积之和求得表面积。

学生在学习的过程中，从直接观察得到结果（思维的低层次），到通过分析、发现规律，调整方案（思维的高层次），再到深入探究（空间想象力强）。在这个探究过程中，学生有计划、有调整、有反思，不但活跃了课堂，更激发了能动性和数学思维。

（三）巧编习题，在练习中进行自我调控

在学生掌握了长方体表面积的计算方法后，我不单独安排时间推导正方体表面积的计算方法，而是设计了一道综合练习题（图略，求长、宽、高都是3厘米的长方体的表面积）。学生一开始通过长方体的表面积计算方法进行计算，通过反思，他们发现，由于正方体是特殊的长方体，它的棱长都相等，所以，学生调整了方案。因为正方体的六个面完全相等，所以求出一个面的面积，再乘以六就是正方体的表面积，他们同时推导出了正方形表面积的公式。

这一设计，改变了以往将正方体的表面积单独用一课时的教学方法，既节省了时间，又培养了学生的优化思维和自我调控的能力，促进课堂效益的提高，学生也从中感受到了学习的乐趣。

（四）联系实际，在生活应用中拓展思维

数学来源于生活又服务于生活。应用学到的知识解决实际生活中的问题，不但能使学生感受数学与实际生活是密切联系的，而且能培养学生的创新精神。为此，我出示了鱼缸和烟囱——这是非常有代表性的事物——引导学生自己探究这两种长方体或者正方体的计算方法。学生通过对实际生活的了解，知道鱼缸有五个面，所以计算的时候要排除一个面，而烟囱有四个面，要适当减去两个面。这样就拓宽了学生的思路。随后，学生继续探究生活中还有哪些"类似"的图形。B组学生罗列出：无盖的长方体木箱、正方体纸盒、在一个长方体游泳池四壁和底面抹水泥、长方体包装箱、手提袋、灯管的包装盒、字典的封皮、火柴盒。他们将各种物体的表面积所包括的面进行分类。

学生认识到求长、正方体的表面积时会遇到许多特殊情况，我们在求表面积时不可以千篇一律，死套公式，要根据实际情况具体问题具体分析。让学生经历一系列的探讨研究过程，从不同角度发现问题，同时提出新的问题，让学生带着问题离开教室，对数学的学习保持一种新鲜感和好奇心。

三、教学反思

"学习任何知识的最佳途径却是由学生自己去发现，因为这种发现，理解最深，也最容易掌握其中的内在规律和联系。"在这个案例中，教师从学生已有的知识以及学生熟悉的生活情境和感兴趣的具体事物出发，引导学生在理解的基础上掌握知识，给学生充分观察和实际操作的机会，让学生体会到数学来源于生活。

本节课我没有直接让学生记忆长方体和正方体的表面积的计算公式，而是通过问题情境，激发学生的探究欲望，让学生在思辨中自我计划如何探究长方形的表面积的计算方法。我放手让学生自主选择方法，通过动手操作，在实践中验证自己的猜测。通过练习，使学生感受到数学问题的探索性和挑战性。学生在练习中自我调节方法，充分发表自己的见解，在多种算法中选择适合自己的算法，这个过程不但调动了学生学习的积极性，而且使学生探究出了正方体的表面积的计算方法。整节课学生都能积极地参与课堂，深入思考，让整个课堂的气氛非常活跃。

四、点评

在学习"长方体和正方体的表面积"的过程中，教师通过创设真实的教学情境，让学生通过量一量、剪一剪、拼一拼、画一画、比一比等方法，探索长方体表面积的计算方法，注重学生的探究过程，注重发挥学生的自主性，让学生自己动手操作，自主选择方法验证自己的猜想，以此发展学生探究问题能力。

转变教育理念，发展学生学习能力

——以五年级《可能性的大小》为例

上海市浦东新区福山唐城外国语小学　戴长红

一、背景

人们说教育的终极目标是培养独立、自律的学习者，那么这样的学习者必然是一个会学习、能学习的人。小学阶段的学生处于学习初期，学生的身心发展还不成熟，各方面能力都比较弱薄，教师该怎样帮助学生成为一个会学习的人呢？

教育家杜威的"做中学"理论认为教学过程应该就是"做"的过程。在他看来，如果儿童没有"做"的机会，必然会阻碍儿童的自然发展。我们的课程理念也强调数学学习要从学生已有的生活经验出发，让学生亲身经历将实际问题抽象成数学模型并进行解释与应用的过程。可见，在数学学习中，"做"数学对学生自主学习能力的发展有着举足轻重的作用。

《可能性的大小》是沪教版第十册第五单元的一个内容，属于概率与统计范畴，对于学生来说，一定的操作活动可以帮助他们亲身体验随机事件的统计规律和不确定现象发生可能性的大小。为了更好地发展学生的自主学习能力，依据五年级学生的年龄特点，我对本次课堂教学做了较大的调整。

二、过程

调整一：调整教学目标，优化学生自主学习的保障

本堂课以往的教学目标如下：

（1）引导学生经历实验的具体过程，让学生从中体验某些事件发生的可能性和游戏规律的公平性。

（2）能对简单实验可能发生的结果或某些事件发生的可能性的大小做出简单判断，并做出适当的解释，体会事件发生的可能性的大小。

（3）通过积极参与猜想、实验、验证、分析的过程，提高思维、实践能力，培养团结合作意识以及乐于探索、勇于实践的品质。

这次上课除了第2点技能目标没变，我对第1点和第3点教学目标做了调整，具体如下：

（1）学生通过课前预习、课堂交流，体验某些事件发生的可能性和游戏规则的公平性。即增加了课前预习和课堂交流。

（2）通过积极参与、设计实验、验证分析的过程，提高思维、实践能力，同时发展合作意识以及乐于探索、勇于实践的品质。

增加了设计实验，原先是按照教师设计的实验进行操作体验，本节课堂要求学生自己设计实验，再操作感知。

调整二：调整探究策略，优化学生自主学习的平台

1. 探究等可能性：增加游戏，课堂交流，体验游戏规则的公平性

在探究等可能性阶段，师生共同汇总和记录课前预习时完成的抛硬币的实验数据，学生进行观察后，请他们说说有什么想说的，然后出示历史上科学家做的实验数据（表1），并且请学生读一读书上的结论，即理论上抛一次硬币，出现正面和出现反面的可能性是相等的，都是二分之一。

表1

试验者	抛硬币总次数	正面朝上次数	反面朝上次数
蒲丰	4040	2048	1992
费勒	10000	4979	5021
皮尔逊	24000	12012	11988
罗曼若夫斯基	80640	39699	40941

之后，教师马上追问：生活中还有类似的可能性相同的情况吗？学生联想到了掷数点块，每个面向上的可能性是相同的，都是六分之一；剪刀石头布游戏时，出现输赢和平局的可能性是相同的，都是三分之一。

学生理解等可能性后，教师就安排了游戏体验。这是以往这个阶段教学设计没有的安排，加入游戏体验是为了让学生及时体验，亲身经历，加深理解。

教师告诉学生：可能性相同的情况一般会运用到游戏规则中，我们当场可以体验一下。首先要用一分钟时间在学习小组中公平地选出今天的一位幸运儿到教室前面，也就是说，学生必须快速地选定合适的工具或规则。最后只有一组没有在规定时间选出人选，其余小组都完成了。在反馈每组幸运儿决出的方法时，有的用石头剪刀布，有的用掷数点块……学生都能运用可能性相同的规则决出幸运儿。（这里有一个遗憾，教师当时可以让来不及决出人选的小组也说说他们采用的方法，以及听了其他小组的方法后，会怎样改进）一轮游戏体验后，教师又让这些幸运儿参与转盘抽奖游戏（将转盘8等分，不中奖和中奖各4份）。抽奖之前让下面的学生说说他们抽奖会出现什么情况，中奖的可能性怎样。学生能顺利地说出会出现中奖和不中奖两种情况，中奖的可能性是二分之一。接下去，这些幸运儿当场抽奖，中奖的可以得到教师的免作业券一张，学生兴趣盎然，一起体验了随机事件发生的可能性大小。

2. 探究可能性大小：改参与实验为设计实验，提高思维、实践能力

在探究可能性大小的阶段，教师一改原先替学生设计好实验的策略，让学生小组自主设计实验。

原先： 袋里有4颗白棋、2颗黑棋，摸到白棋和黑棋的可能性相同吗？学生先猜测，后实验，填写记录单。同桌两人一组，一人摸棋，一人记录，每人摸5次，然后先回到小组里做好统计，再进行全班统计以验证刚才的猜测。

同桌活动：（表2）

表2 （单位：次）

请补充标题	白棋	黑棋	总计（ ）
用画"正"字的方法记录摸棋的次数			
小计			

小组统计：（见表3）

表3

共摸的次数合计	白棋次数	黑棋次数

以往的教学设计，学生通过实验对不确定现象发生的可能性大小虽然也能留下深刻的体验，但是对于培养学生的自主学习能力还放手不够。

现在： 以小组为单位，设计和操作研究可能性大小的实验（可以选用教师提供的物品），填写自主学习单，时间5分钟。教师提供的物品是：1个置物篮、1个信封、同样多的白棋和黑棋、1个数点块、实验记录单等。

实验结束后，教师邀请各学习小组派代表上台交流。

学生填写的实验单（图1、图2、图3）：

图1   图2

实验二：可能性不同

实验内容	将12个棋子放进袋子里，有8个黑子，4个白子。	备注：
实验记录	抽取20次 黑子13次，白子7次	余：2黑 3白 金：4黑 1白 黄：5黑 高：2黑 3白
实验结论	抽取黑子的可能性更大	

图3

从上述实验记录单可以看出：学生设计研究可能性大小的实验，都选取了不同颗数的黑棋和白棋。虽然实验规则不尽相同，试验记录也比较简单，但还是可以在全班交流、师生对话的过程中提炼出要点。要点板书如下：

在总数不变的情况下，

每份出现的可能性（相同）时，

份数越（多），可能性就越（大）；

份数越（少），可能性就越（小）；

份数（相同），可能性就（相同）。

在听了几组的交流后，教师提问：通过刚才的交流，你们对自己设计的实验有什么新的想法吗？提问的目的是让学生在倾听他人的实验方法后，思考自己小组的实验有没有需要优化或者完善的地方，为学生的自我调整和自我评价留出时间和空间。有一组学生提出：如果实验实际结果与理论结论不符合，可以增加抽的次数（图4）。

实验二：可能性不同

实验内容	5个黑棋，2个白棋，谁抽到白棋，谁就赢	备注：
实验记录	王博宣，抽到白棋 win! 赵浴笑 吴佳航 抽到黑棋	实际情况 和推测不太多 ↓ 增加抽的 次数
实验结论	抽到黑棋的可能性大，因为黑棋多。	

图4

课堂中，学生对于改进和完善自己的实验没有太多想法。虽然教师给了学生小组商量改进实验的时间，但是大多数学生还沉浸在能完成实验的喜悦中，要马上思考改进，难度上又上了一个层次，时间可能还是不够。这个改进和完善的步骤可以放到课后继续由学生独立或小组完成。

三、反思

通过本次课堂实践，对于如何在教学过程中更好地促进学生的自主学习有以下几点思考。

（一）更新理念，制定利于学生发展的教学目标

只要社会在不断发展，教师就必须不断学习，紧跟社会发展状况，了解社会需要怎样的人，教师要培养什么样的人。通过各种途径的学习，转变自己的落后观念，再用新的育人理念去指导外在的行为，提高教育教学的有效性。例如，教师应首先成为一个爱读书的人，在不断阅读中更新观念。

现代教学理论认为，教师的真正本领主要不在于讲授知识，而在于激发学生的学习动机，唤起学生的求知欲望，使学生经过自己的思维活动和动手操作获得知识和能力。对教师来说，当前最紧要的是：转变教师讲、学生听的学习方式，让学生在学习过程中去体验数学和经历数学，在"做"数学的过程中内化知识与技能，发展良好的情感态度价值观。

本节课，教师在设计教学目标时增加了课前预习、课堂交流和学生自主设计实验等环节，采用让学生自己动手体验和操作的策略。虽然课中学生呈现出的实验单还是很粗浅的，但学生还是突破了重点和难点，通过自主课堂学习收获了结论：在总数不变的情况下，每份出现的可能性相同时，份数越多，可能性就越大；份数越少，可能性就越小；份数相同，可能性就相同。另外，学生在收获知识成果的同时又体验了数学研究的方法、合作学习的快乐等，有利于他们综合素养的提高。

（二）探索实践，采用利于学生发展的教学策略

马克思主义的认识论认为认识和实践是辩证统一的。认识即理念，除了更新教育理念，教师还应利用课堂教学的主阵地不断探索和实践，采用利于学生发展的教学策略。那么，怎样的教学策略能更好地促进学生自主学习呢？我觉得教师在课堂教学时，要注意以下几点。

1. 布置必要的课前预习

课前预习实际上是学生通过自己的阅读思考，对即将要学的知识进行自学，是一种行之有效的学习方法。通过预习，对于简单的内容，学生自己就能看懂，等到课堂学习时就是知识的复现了；对于有难度的内容，学生弄不明白的地方，其实就是深入学习的关键，等上课时可以带着问题进行学习，提高学习的效率。

《可能性的大小》这一节课，教师布置课前预习，让学生完成了一些简单的任务（抛硬币实验），因此在探究等可能性阶段，师生就可以马上共同汇总和记录课前预习时完成的抛硬币的实验数据。这样节省出来的时间，师生用游戏来体验等可能性，收到了很好的效果。

2. 保证自主探究的时间

苏霍姆林斯基曾说过："人的内心有一种根深蒂固的要求——总感到自己是发现者、研究者、探索者，在儿童的精神世界里这种需求特别强烈，他期望自己获得成功，期望感觉到自己智慧的力量，体会到创造的快乐。"由此可见课堂探究的重要性，因此我们要把课堂还给学生，保证探究的时间，让学生在探究的过程中自主获取知识，体验自主探究的乐趣。

上述课堂中，教师让学生以小组为单位，设计和操作研究可能性大小的实验，时间5分钟。这个探究活动除了一个小组实验失败，其他组都顺利完成了。在倾听他人的实验方法后，各小组思考自己小组的实验有没有需要优化或者完善的地方，教师也为学生留出了时间和空间。实验失败的小组提出了改进的方法：如果实验实际结果与理论结果不符合，可以增加抽取棋子的次数，弥补实验次数太少带来的问题。可见，课堂上教师已经有意识地去为学生创造探究的机会、给出探究时间，但是如果在设计并操作实验阶段再多给3分钟，让学生在全班交流前有时间自己进行思考和调整实验，在全班交流后再次思考，这样就能为学生提供两次自我修改和决策的机会了。

3. 开展平等的课堂对话

合作学习理论认为，学校应该是教师和学生这两类主体"交互作用"形成的"学习共同体"。近年来，也有越来越多的学者明确提出了"教学过程是一种信息互动的过程"的观点。教师要鼓励学生交流自己的发现、发表自己的见解或者是质疑同伴的观点和做法。教师则作为一个共同学习者，以平等的身份参与学生的学习活动，对学生的观点可以暂缓肯定或者否定，激发学生争议，以达到产生思维碰撞，帮助学生不断修正、提升自己，去找到更好的解决问题的方法的目的。

本堂课中，生生对话更多地采用了4人小组讨论、全班交流等对话形式。教师则用提问、追问等形式参与对话。例如，在等可能性研究结论得出后，教师马上追问：生活中还有类似的可能性相同的情况吗？学生联想到了掷数点块，每个面向上的可能性是相同的，都是六分之一；剪刀石头布游戏时，出现输赢和平局的可能性是相同的，都是三分之一。本堂课可以进一步改进的地方是：在等可能性探究游戏体验阶段，有一组学生没有在规定时间选出人选，教师当时忽略了他们。其实可以给他们参与对话的时间，让他们也说说采用的方法，以及听了其他小组的方法后，会怎样改进，同时肯定学生善于吸取他人经验的行为，保护好学生探究学习的热情。另外，我觉得教师在参与研究可能性大小的实验交流时，也可以把自己设计的实验给学生展示一下，让学生说说教师这样设计实验是否合理、对自己有没有启发，以达到师生间观点和想法互相共享的目的。

4. 重视小组合作学习

合作学习是数学学习必不可少的一种学习方式，多年来已经获得广大教育工作者的认可。当需要有多人配合完成学习活动、需要集思广益、需要照顾到个体差异时都可以采用小组合作学习的方式。学生可以在合作学习中高效完成一人完不成的任务、产生思维碰撞、获得帮助等，不但能加深对教学内容的感悟和体验，而且使自己合作、交流、自主、共处等的能力得到发展。

本堂课中，教师采用了课前6人小组合作抛硬币实验汇总，课中4人小组合作设计和操作可能性大小的实验。五年级的学生基本对小组合作驾轻就熟，大家分工明确，顺利完成实验任务。另外，学生在小组合作学习中能够充分对话，互帮互助，这对个人自主学习能力和综合素质的提升都起到了举足轻重的作用。

5. 密切数学与生活的联系

数学课堂要从生活中来，回到生活中去。数学与生活有着紧密的联系，能将所学到的知识运用于生活，尤其是创造性地运用，是我们数学学科的主要目的之一。杜威的"教育即生活"、陶行知的"生活即教育"理论，诠释了教育的本质。

生活中的数学问题就在我们身边，如本堂课结束时教师引导学生说说还知道哪些"可能性的大小"在生活中的运用，学生想到了抓娃娃机、超市抽奖、抽盲盒等生活运用。当学生发现了数学与生活的密切联系后，就能够很好地调动并形成强烈的学习动机，变得愿学、乐学，同时进一步感受到"数学来源于生活，生活离不开数学"的道理。

总之，数学课堂应该放手让学生去"做"数学。数学的学习方式不能是单一的、枯燥的、以被动听讲和练习为主的，它应该是一个充满生命力的过程。教师自身通过不断学习，更新教育理念；不断探索实践，调整教学策略，从而促进学生发展自主学习能力，成为一个会学习的人。

四、点评

本案例中，教师基于"做中学"的理论，从发展学生自主学习能力的目标出发，对教学活动进行了改进，把引导学生参与实验改为让学生设计实验，让学生自己设计和探究"可能性大小"的实验，并在学习单上记录观察到的数据。这样，学生从已有的生活经验出发，通过动手操作，将实际问题抽象成数学模型，在经历猜想、实验、验证、分析的过程中发展数学思维能力。

口算打卡，促学生计算能力培养

——以二年级长效作业《口算打卡》为例

上海市浦东新区福山唐城外国语小学　韩丽

一、案例背景

"口算打卡"活动，主要内容是教师设计一份充满童趣的表格，让学生每天口算40道计算题，记录下所用时间。学生根据第一天的练习情况，制订自己的小目标，如2分钟完成40道题，对40题，等等。每天完成口算之后，学生还可以用彩笔在星星榜涂色，记录好自己的正确率。一个月之后，学生看一看自己口算完成情况的统计图，进行自我评价，如"我的口算每次都能全对""我有进步了"或者"我还需要继续加油"……

口算在科技水平高度发展的今天，在社会生活仍被广泛应用。对于学生而言，口算是笔算的基础，口算水平不过关，笔算、估算的效果可能也不会令人满意。根据观察，教师发现低年级的学生自主学习能力薄弱，不能坚持口算练习，即使教师每天布置了口算任务，学生也很难做到坚持口算练习。因此，培养学生的自主学习能力、自主学习习惯显得尤为重要。要培养学生按时练习口算、及时自我评价、不断反思的习惯，最终提高学生口算能力、计算能力。

二、案例过程

冰冻三尺，非一日之寒。口算能力是学生必备的基本功，为了落实素质教育，提高学生数学兴趣，培养学生自主学习能力，以及为了让学生通过自我计划、自我记录和自我评价，提高计算正确率、计算速度，我们设计了长效作业——口算打卡，让学生的计算能力和自主学习能力得到锻炼，让学生的竞争意识得到一定提高。

口算能力的培养以多做多练为前提，因为学生喜欢接触新鲜事物，所以我们设计了一份充满童趣的长效作业——口算打卡图（图1）。学生每天口算40道计算题，任课教师可以通过这份作业，及时了解学生计算方面的情况：对于认真完成的学生及时给予评价；对于基础薄弱的学生，使之找出差距进行反思，引导学生进行方法的调整，帮助他们一起慢慢进步，让学生能超越自己，在以后的学习中更主动地去完成计算方面的各项挑战，提高数学口算的正确率。

图1

（一）课堂互动拓展题，做学习小主人

不管是线上教学还是线下教学都是以学生为主体，考虑到如果一直以简单的口算题为主要题目，学生会产生倦怠情绪导致教学效果大打折扣，二年级组的教师努力寻找身边素材中的口算趣题，丰富在线学习内容。教师通过共同商议确定题目可行后再发布给学生，以提升学生思维的活跃性和线上课堂的趣味性，以利于师生、生生间进行高质量的互动。

对于学有余力的学生，我们还会设计"小博士讲堂"的活动，让学生尝试设计趣味口算题目、编辑讲题小视频，再发送到班级钉钉群和其他学生一起自主学习。学生交流之后，"小博士"再进行评价和总结，其他学生也进行自我评价和调整，直至把题目弄明白。

我们觉得理想的在线课堂，不应该只有教师在讲，学生也是可以成为小讲师的，而且这样的活动能够促进学生不断学习从而设计出有层次的题目，有助于提升学生的自主学习能力。

（二）借助家校本展示优秀作业

提升学生自主学习能力的重要表现在于学生能够对口算学习情况进行自我评价、自我调控和及时反思。4月刚刚结束，教师在钉钉家校本布置了打卡作业。学生纷纷把自己本月的打卡表上交，并语音分享了自己的活动心得，评价自己本月的口算打卡情况、谈谈自己的本月收获（图2），并计划5月的小目标是什么……

图2

苏同学每天坚持完成口算练习，月底进行了如下自我评价和深刻反思："4月，我的收获是达成了月初定下的小目标，提高了计算速度，也知道了水滴石穿的道理，每天坚持做口算会让自己取得收获。5月我的小目标是又快又准地完成口算练习，我会坚持不懈继续努力去练习，相信会有更大的进步。"她每天坚持完成口算打卡、记录时间和正确率，

在月底还能进行如此深刻的总结反思，有效地展示了自主学习在提升学生学习能力方面的重要作用。

黄同学原来的计算正确率不是很高，所以她制订的目标是"口算又对又快"。通过一个月的口算打卡，她发现自己这个月的口算正确率比之前提高了，但是还有点小粗心，小目标并没有完成。她比较乐观，打算下个月再接再厉，也希望自己的口算能力能越来越好。

郭同学家里的打印机油墨不够了，无法打印口算打卡表格。遇上难题，他自己想办法解决：在自己的数学本里写上日期、时间，画上自我评价的星星，继续坚持每日口算打卡。有了如此端正的学习态度，他的口算能力有了很大的提高。从他的练习自我评价来看，除了4月4日和4月11日这两次是四星，其他的28天都是五星全对。

每个月口算打卡完毕，学生能及时总结、评价、制订下个月口算打卡计划，既有利于学生个人口算能力的提高，也能供其他学生进行参考、对比、反思，从而自主调整自己下个月的口算打卡计划，提升自己的口算能力。

三、案例反思

在小学二年级数学教学活动中，开展长效作业的研究，一定要减轻学生课业负担，不能给学生增加作业量。教师要精心设计充满趣味的教学活动，教会学生自主学习的方法，努力让学生自主学习，注意引导学生进行自我评价和自我反思，让学生做学习的主人。

（一）及时记录时间，学生自主反思

每次口算打卡要记录完成40道计算题所用的时间，做完后马上订正对错并分析错误原因。每做一次口算打卡，都与上一次的速度比较一下，看看有没有进步。如果进步了，给自己多评一颗星奖励自己；如果有退步，要找出原因，自主调整。通过几个月的练习，学生已经能每天自主反思自己的口算答题情况，如速度有没有变快、正确率有没有提高等。

（二）改变作业方式，学生自主思考

在小学数学教学中，教师还应当注重引导学生进行自主思考。这就要求教师转变传统的"满堂灌"教学方式，适当把课堂还给学生，设计"小博士讲堂"的活动。整个过程中，学生自主收集资料、确定讲解内容、进行自主探索寻求答案、录制讲解视频、组织同学讨论。在这样自主的学习活动中，小讲师必须自主思考问题并努力解决问题，提升自己的自主学习能力。

（三）重视月底总结，学生自主计划

每个月口算打卡完毕，学生都很重视月底总结，将自己本月的打卡表上传至钉钉群，并语音分享自己的活动心得。在总结的过程中，学生能自主发现自己口算题出错的

原因是书写马虎、急于完成还是看错符号，评价自己本月的口算打卡情况，谈谈自己的本月收获并自主制订下一个月的口算打卡计划。

口算打卡，教师尽量鼓励每个学生都完成，只要学生完成教师就要及时鼓励，及时引导学生进行自我评价、自我反思和下个月的自主学习计划的制订。频繁的优秀作业展示活动使学生愿意做、喜欢做，而且是花心思去做，这样才能使学生的自主学习能力得到提升，促进学生全面发展。

四、点评

为了提高学生的口算能力，教师借助钉钉平台设计了"口算打卡活动"，学生每天口算40道计算题，记录下所用时间，记录好自己的正确率，并经过一段实践后，汇总自己口算完成情况，并制成统计图进行自我评价。在这一过程中，学生的口算能力得到提升，而且养成了按时练习口算、及时自我评价的习惯，推动了自主学习能力的发展。这一活动有创意，且符合低年级学生的年龄特点，对推进学生自主学习有明显的作用。

巧画条形统计图，实践体验助成长

——以三年级长效作业《条形统计图》为例

上海市浦东新区福山唐城外国语小学　田家喻

一、案例背景

本次我们三年级数学备课组巧妙设计长效作业，针对学习的知识内容再结合线上学习的优势，以作业为载体，立足于学生主动、全面发展，在活动实践与探究中不断进步与提升。

二、案例描述

本次我们针对沪教版三年级第二学期数学第三单元统计中的条形统计图设计了一份单元长效作业。在二年级的时候学生已经接触过条形统计图，学会用简单的方式（图画、文字、表格等）来描述数据了。本单元是对之前知识的延伸，让学生较为系统地认识条形统计图，并且能够结合生活实际对统计图进行简单的分析。本课的内容对于学生来说较为直观且容易理解，所以教师不能只关注知识的传授，以避免学生感到乏味无趣，教师更应该注重的是在学习过程中对学生自主学习能力的培养。

（一）明确主题，制订方案

在经过备课组的商讨后，我们确定了以"条形统计图"为主题的长效作业，该作业在课上统一向学生发布，并且明确了作业要求和规范：学生在学习本章知识后，从日常生活出发，根据自己感兴趣的内容或生活时事来确定条形统计图的主题，最后完成一份属于自己的条形统计图研究小报。部分学生关注生活想要制作近期不同城市天气情况的条形统计图，部分学生想要制作五一长假期间气温的条形统计图，还有部分学生因为冬奥会的举办，对我们国家在历届奥运会中的表现很感兴趣，想要进一步研究，等等。

（二）讨论交流，优化改进

学生在实际探究中会遇到许多问题，我们通过在课上一起讨论交流，试着借助大家的智慧一同解决问题。例如，有一个学生在确定了自己的研究主题是中国近年来的GDP后不知道该去哪里寻找相关正确信息，也有很多学生表示自己在网上搜索数据资料时发现很多信息不全，还有的信息不知道是否正确。这时教师向学生推荐相关工具和软件，然后教师通过在线演示操作如何检索某项数据，学生再自己尝试寻找想要的数据信息。虽然是教师提供了检索工具，但实际操作还是需要学生自己完成，这样在新的尝试中提升了学生解决问题的能力，培养了学生的创新精神。

例如，学生在处理类似于奥运奖牌获得情况的数据、天气气温的数据等较小数据时，绘制纵轴会比较容易，但是遇到如GDP等较大的数据时，该如何更好地确定纵轴就需要认真思考了。学生经过思考，给出了几个建议：一是把纵轴的单位变得更大，这样数就能写得更小（图1）；二是把纵轴每一个格子所表示的数量变大，那么格子数就能相应减少一些，不用画得特别长了（图2）。在这个过程中，学生将所学到的关于条形统计图的一些知识真正融会贯通到制作条形统计图中，面对实际问题能够灵活应变并解决问题。

图1

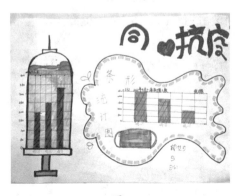

图2

再如，在绘制条形统计图小报时，由于课上的习题完成时都有现成的条形统计图，学生只需要在图上直接绘制，而现在则需要完全自己绘制，不少学生表示有困难。这个问题一经提出，就有学生积极分享了自己的方法，有的是利用电脑打印出来再自己绘制（图3），有的则是分享绘制经验（图4），如如何借助三角尺把线与线之间画得更规整等。

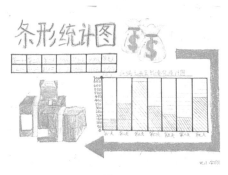

图3

图4

在这个过程中，教师引导学生遇到问题不要退缩，要积极探讨，不断思考，逐步改进优化，重点关注解决问题的过程。

（三）展示与评价

在作业展示环节，先请创作者对自己的作品进行展示，并讲解其探究内容、探究的目的和最后得到的结果，然后自我反思在完成长效作业过程中的优、缺点以及能够改进的地方。其他同学在观看展示后，也要提出自己的想法和意见并选出自己心中最棒的作品。一些学生表示自己手绘的条形统计图的线还不是很直，要加强自己的作图能力；有的学生表示自己小报的布局不太好，图太小，字太大；有的学生表示自己要向那些绘画好的同学学习，绘制与主题相关的图案和搭配合适的颜色来丰富自己的作品，能让人更好地观看自己条形统计图想表达的内容。大家通过展示自己的作品让伙伴评价以及汲取他人作品的优点，不断反思提高。学生作品展示，如图5～图10所示。

图5

图6

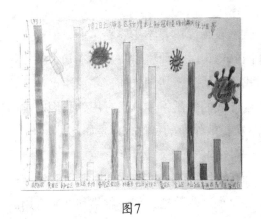
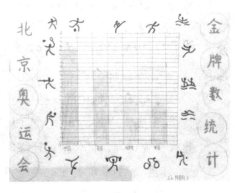

图7　　　　　　　　　　　　　　　图8

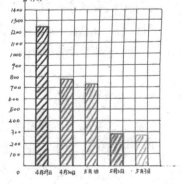

图9

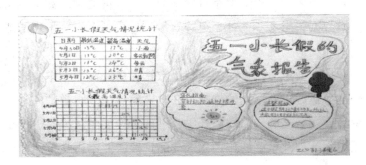

图10

三、案例分析与反思

本次的长效作业看似最后呈现的是一幅条形统计图小报，但实则是学生在亲自经历了数据的收集、整理、描述和分析后，体会知识的产生和形成的过程。学生从已有的知识经验出发，通过活动探究学习不断思考改进，自主学习能力得到显著提升。

（一）数学源于生活，重视学习本质

数学知识本就源于生活，本单元知识点虽然较为简单，学生容易掌握，但却不应止步于此，我们不仅仅要让学生掌握条形统计图的知识，更要将学生从课本知识学习拉回到生活实际中，让学生体会课本中的知识与我们生活是密切相关的，要运用这些知识来联系生活，发现并解决生活中的一些问题。这样我们的学习才真正有用，我们的学习也会变得更加主动积极，这才是学习的本质。本次长效作业的目的也正是如此。

（二）重视探究过程，优化知识迁移

本次长效作业背后的大主题就是统计，而统计离不开对数据的收集和整理，这需要学生在探究过程中做足准备，思考为什么要收集这些数据，如何收集到准确有用的数据，等等。这些思考其实就是在加深学生"发现问题、提出问题、尝试解决"的意识。学生会利用网络资源主动去搜索数据，并尝试在繁多的数据中整理出自己需要的信息。而在实际中，每个学生对于信息技术的使用熟练度都不同。在这个过程中，教师可以提供一些帮助，但要尽量让学生自己经历完整的资料收集整理的过程，相较于传统的教师提供数据供学生参考，现在更需要学生利用所学知识主动在探究的过程中去感知推测这些数据背后的信息。

（三）基于数据分析，优化思维发展

很多学生在经历了烦琐的数据的收集和整理后，非常不易地完成了自己的条形统计图，并且我们也能清楚地看到统计图中所记录的数据信息。但是由于小学生的思维主要还是以具象思维为主，更多地停留在单个数据传递出的信息，教师要逐步引导，让学生的思维方式从具象思维过渡到抽象思维，使学生思维进一步发展。例如，调查统计我国历年奥运奖牌数时，很多同学可能就是看到不同年份获得的奖牌数量不同，但教师则需要去引导学生分析数据，思考：为什么金牌数量从过去到今天会呈现增加的趋势？同时让学生估测：下一届奥运会上我国能够取得多少奖牌？让思维由表及里，步步深入，让学生从关注个别数据逐渐过渡到全面关注整组数据，从关注数据本身表达的信息逐渐过渡到能够基于数据分析做出有依据的推断。在教学实践中，在教师的引导下，学生通过交流、质疑、解答，在自己和同伴的声音中，进一步拓展了思维，也真正感受到自己完成的条形统计图原来有如此重要的作用。这样的长效作业不再是单纯的计算和绘图，更注重分析其背后的有用信息，既巩固了课堂知识，又提高了学生积极主动思考的能力，真正让所学回到生活中，促进了学生更加自主地去探索一个又一个问题的积极性。

本次长效作业的设计与实施是对每个教师与学生的挑战，需要教师更加注重学生的作业与学生实际生活、现代社会、当下的信息技术的关联，同时关注学生的学习兴趣与学习过程，让每个学生在学习活动中都能够主动积极参与、乐于研究、勤于探究，并且在长效作业活动中锻炼学生对信息的收集与处理的能力，培养学生发现问题、解决问题以及合作交流的能力，在探究学习的过程中，不断提升学生的自主学习能力。之后，我

们也将继续探索前进，相信未来会有更多发现与进步。

四、点评

在学生学习了条形统计图之后，教师布置了一项长效作业，让学生从日常生活中收集自己感兴趣的数据绘制成条形统计图，并完成一份关于条形统计图的研究小报。这项作业让学生经历一个数据的收集、整理、描述和分析的过程，有利于提高学生综合解决问题的能力。

单元整体建构制作抽奖工具

——以五年级"可能性"单元为例的长效作业设计

上海市浦东新区福山唐城外国语小学　何易霖

一、案例背景

"双减"背景下，我们发现了学生对于单一知识点的掌握较好，但是对于整个单元知识点的综合运用还有待提高，因此五年级备课组的教师发动集体智慧，加强了对于长效作业设计的研究，力图使绝大部分的教学活动建立在学生自主学习的基础上的，以期能够更好地培养学生的自主学习能力。

二、案例描述

长效作业的设计旨在培养学生综合运用所学知识来解决现实问题的能力。基于现实背景，我们选择了第五单元"可能性"作为研究对象进行长效作业的设计——制作抽奖工具，要求学生在制作中能够不局限于单一知识点，综合运用整个单元的知识进行设计。五年级的学生在学习之前已经有了一定的生活经验，对可能性有一些模糊的概念。本单元中对于可能性、可能性大小以及可能情况的个数的内容是从学生熟悉的掷点数诀、抛硬币等生活实例着手进行教学的。学生在熟悉的情境中学习，从生活现象中发现数学问题，进行探究、分析并解决问题，提升了自主学习能力，同时做到了让学习回归生活，为生活服务。

三、案例的实施

（一）案例的确定

综合考量学生学习的兴趣性和生活性设计长效作业：制作抽奖工具，并让学生结合课堂所学内容对自己所制作的抽奖工具进行简单的说明，促使学生形成从数学的角度运用所学知识和方法寻求解决问题的能力，体验数学在现实生活中的作用。目的是通过制作活动让学生体验抽奖中各项事件发生的可能性，会判断抽奖规则的公平性，亲身经历活动的探究过程，体验试验、分析学习方法；感受探究数学活动的乐趣，体会数学与生活之间的密切联系，培养自主学习能力。

（二）作业的布置与实施

此次长效作业——制作抽奖工具要求学生依据生活中的所见所闻，开展合理想象，并结合课堂所学选定合适的主题进行制作，可以是利用可能情况个数知识点的抽奖箱类型，也可以是可能性大小的转盘类型，抑或是二者结合。学生在线上自发组建学习小组，在小组内各抒己见，对长效作业进行自我计划。在合作学习中，可以从他人的计划中学习优秀经验，并对自己的作业设计进行完善。针对小组学习中出现的困难，教师适时地进行有针对性的引导，对于个别出现的困难，教师能做到点对点进行帮助。例如，学生在进行自我计划时遇到了困难，由于在课堂中学习了游戏规则的制定需要公平，该生对于制作抽奖工具是否公平产生了疑惑，忽视了抽奖活动在生活中带有偶然性的特点，此时教师对其进行了针对性的讲解和分析，并列举了一些其他生活中的实例加以说明，拓宽了学生的思路，学生也能够及时修改自己的方案，进行自我调控。在具体的情境中分析、判断可能性是学生在练习中经常碰到的，但从零开始运用所学知识来设计一个抽奖工具对学生来说有着不小的困难，内容主题的确定、奖项奖品的安排、奖励对应可能性的设置等多方面的活动培养了学生的综合能力。

（三）评价

利用钉钉作业平台对长效作业展开有针对性的评价，同学之间的互相评价可以让学生更清楚地看到他人作品中的优秀之处，进而对自己的作品的可改进之处进行自我反思。课后教师对所有同学的作业进行评价和总结，并利用优秀作业展示平台进行分享，学生在此过程中完成自我反思与自我调控。

四、案例分析

（一）作业形式变"活"

作为课堂教学的延伸，长效作业能起到弥补课堂教学的不足的功能，其作用体现在较长时间内巩固提高学生在课堂上所学会的知识，促进学生技能的形成，对发展学生多方面的数学素养都具有重要意义。在此次长效作业中不乏有创意的设计，学生能合理运用身边材料，结合课堂所学完成创造性的设计，使自主计划的想法得以体现。

（二）思维方式变"全"

在本单元的教学过程中学生在大量的生活情境中判断了规则的公平与否，巩固了对于知识的掌握，但也在一定程度上局限了思维。此次长效作业中不少同学的设计不拘泥于课堂所学，如部分学生根据可能性大小和可能情况的个数其中的一个知识分别设计了各自的作品，也有部分学生能结合整个单元的知识点进行设计，并且运用现代化的信息技术进行制作，明确阐述了自己制定的抽奖规则。在设计的背后是学生思维能力的提升。学生通过发现生活中的数学现象，动手自行解决难题，有自己的感受、独特的见解，可以对作业内容达到有效的记忆。学生也会通过思考进行查缺补漏，在不断完善设计的过程中培养了自我调控能力，形成了创新思维，达到思维能力的有效开发，进而形成有效的作业。

（三）知识积累和能力发展并重

在不断完善之后所呈现的设计蕴含了学生的整个学习过程。学生将可能性大小、可能性情况个数等知识悉数放入自己的作品当中，综合运用了整个单元学习的知识点进行制作，展现的是学生自我反思的能力和自我调控的成果。通过长效作业的实施，学生运用自己的学习方法去认识问题和解决问题，体现了学生对学习过程和思考过程的理解，有效促进了其对知识的掌握。

五、反思与总结

此次制作抽奖工具的长效作业对师生来说是一场全新的挑战。在设计初始阶段，学生就抽奖工具的形式内容，以及作品需要囊括的知识点进行自我计划。在探究过程中，学生将自己的设计与生活中的抽奖现象进行比对，发现其中的不合理之处，并随时进行修改与调整，进行第一次的反思与调控；在交流分享、成果展示环节，学生能在他人的设计中取长补短，再一次进行反思与调控。在整个制作过程中，该由学生自己去探索的知识，就放手让他们自己去探索，该由学生自己获取的知识，就尽量让他们自己去获取。学生在探索过程中遇到问题时，教师只做适当的提示和暗示，让学生感受到所学会的知识是自己"发现"的、自己"创造"的。

活动是认识的基础，智慧从动作开始。学生在动手制作抽奖工具时，思维和想象最为活跃，若能获得直接经验和亲身体验，则能够更好地促进学生对数学的理解，使学生无论是在知识上、能力上，还是在情感态度上，均得到了发展，特别是体验到了学习数学的乐趣与轻松。学生在动手操作感知中，亲身体验新知识的产生、形成的探究过程，能有效地调动多种感官参与学习活动，培养自己的实践能力、创新意识。

教师努力拓展作业的形式与内容，让学生亲自参与、主动实践、深入探究，在实践中综合运用所学知识解决各种实际问题，在计划中分享自己在生活中的所见所闻并加以分析，在探究中运用所学本领合理设计，在评价中取长补短，对自己的作品进行反思，并完成调控，使学习能够最大限度地回归学生所熟知的生活，提升了学生解决问题和自主学习的能力。

成果展示中也不乏精彩的作品，这背后蕴藏的是学生无限的潜力。如何在教学中适当地放开手脚，让学生大胆地去探索、去尝试，并且通过有效地设计作业，提升学生的学习兴趣，让学生的潜力有充分发挥的空间和时间，是我们作为教师要努力思考的问题。

六、点评

本案例是一个体现项目化学习特点的案例。教师选择了五年级数学第五单元"可能性"的内容，学生完成"制作抽奖工具"的长效作业。这一作业要求学生自己确定内容主题、安排奖项奖品、设置奖励对应可能性等多方面的内容，这不仅有利于提高学生的自主学习能力，还对发展学生运用知识解决问题的综合能力有明显的促进作用。

学会让数据"说话"

——以四年级《折线统计图》为例

上海市浦东新区福山唐城外国语小学　徐善华　徐梦斐

一、案例背景

为了保证教学的高效性，确保学生的学习效果，四年级数学备课组加强作业设计，以关注激发兴趣，注重个体差异，重视对学生自主学习能力的培养。

数据分析是统计的核心。在教学实践中，学生对于直观的知识不存在问题，但对于数据背后的问题不能做出科学判断和预测，看问题很多时候停留在表面，不知道根据有限的信息去自主探究，深刻理解。我们以长效作业研究为主题，深入探讨和实践，让学生通过自己设立探究主题，收集数据、绘制图表、分析图表，既丰富了学生的学习方式，又使学生理解了统计的意义。学生由此走出课本，联系生活，把背后的数据看明白，让枯燥的数字会"说话"。

二、案例描述

为提高学生的自主学习能力，我们以备课组为单位，集体商量。针对折线统计图这一单元，设计制定了如下长效作业：

（1）收集、统计数据并绘制一份折线统计图，如四月份天气变化情况等。

（2）整理折线统计图的相关知识，可以用思维导图或者小报等形式呈现。

（一）小组讨论、确立主题

我们以雏鹰假日小队为单位，组建在线学习小组，进行组内学习讨论。学生在讨论确立统计对象时范围很广，有天气的情况、上学方式的选择情况、商品的销售情况等。但折线统计图相对侧重数量的变化情况，所以对有些对象并不适用。教师引导学生学会比较，依据统计图的特点确立调查对象。教师出示一组"某城市连续7日温度数据"，让学生针对这组数据提问。通过小组讨论，学生发现单一的数据罗列并不能使问题快速得到解答，但是通过折线统计图的变化趋势就能迅速做出判断和预测。学生进一步思考折线统计图的这一特点还能运用在哪些调查对象上，举一反三自主进行类比，从而确定自己想要调查的对象。学生各抒己见，讨论探究，扬长补短，优化自己的作业。这增加学生之间的合作学习、探究学习，更提高了学生自主学习的能力。

（二）绘制图表、调整方案

在自己绘制折线统计图时，学生提出一些疑问。例如，在图表上需要标识出哪些要素？如何定义一格所表示的量能使识图过程更清晰有效？描点时有什么注意事项？如何绘制出准确、美观的图？教师通过对比讨论，让学生自己感受，从而调整方案。在课上，教师展示两幅同样关于"某城市人均绿化面积情况"的折线统计图，由学生观察差异并提出观点。有同学发现：A图横轴的单位刻度没有等分，2001年到2006年之间的年份缺失，而B图由于选择的单位刻度过大，变化情况看不明显。由彼及此，学生自发开始修改自己的折线统计图。

（三）共同探讨、分析数据

完成绘制图表后，还有一个更重要的环节：分析图表。例如，教师拿出了一幅被遮盖的折线统计图，让学生猜猜它可能是一幅什么内容的统计图。生1：我发现总体是呈下降趋势的，我猜是运动后的心跳情况统计图。生2：我猜是某学生的成绩统计图。生3：可能是某商品销售情况统计图。师：有可能吗？生：都有可能，只要是呈下降趋势的都可以。师：这里，有三名同学也作出了他们的猜测，你们觉得谁说的有道理呢？学生们热火朝天地讨论起来。

又如，教师展示一张同学画的羽绒服销售情况图表，并问：最热的天气销量会是0吗？如果你是消费者，在最热的季节，会有人买羽绒服吗？为什么呢？教师通过提问让学生猜测并理解数据背后的情形，从而培养学生解决实际问题的能力。

（四）利用平台、多样评价

利用钉钉等平台工具，通过对作业数据的分析，奖励优秀作业并将优秀作业进行分享，及时发现学生学习中的问题，在互动中进行针对性的讲评以及进行个性化辅导。

评价形式主要有三：①组内互评。以学习小组为单位先进行分享，对于组内成员的作业进行提问和互评，由组长进行记录和反馈。②教师点评。教师选择每个小组的一份代表性作业进行展示交流。③学生自评。学生根据同伴和教师的意见完善自己对图表的认识。

例如，甲同学制作的关于"2022年上海市4月20—29日最高温变化情况统计图"，经小组讨论，同学们提出这些问题：

图中的蓝线表示什么意义？

这几天我该怎么选择合适的穿着？

我来预测一下之后的气温变化吧！

教师根据学生的想法组织进一步讨论：

师：蓝线的位置是在22℃处，大家觉得这个温度的身体感受怎么样？生：我觉得很舒适，如果是三十度以上就感觉很热了，夏天空调房的温度一般也是二十几度。师：这位同学想用蓝线来表示体感的舒适温度，那么你们觉得这样表示合适吗？生：我觉得舒适的温度不应该是一个值，而是一个温度范围，可以用两条线来标注，如20～28℃。师：这位同学的想法你们认同吗？再说一说原因。

师：根据图表中的温度变化情况，你们会怎么选择这几天的穿着呢？说明理由。生：我觉得在气温大幅上升时应该减少衣物，在气温大幅下降时应该增添衣物。师：说得不错，那请同学们看看，哪几天我们要减少衣物？

师：谁来预测一下之后的气温变化。生1：我觉得温度可能会继续下降。生2：这个可能性不大，你看接下来是5月天气会越来越热的，现在最高温度已经到15℃了，再掉下去不符合季节特点，我觉得温度会慢慢升高。生3：影响温度的因素有很多，说不定会来个台风，突然降温。师：同学们说的都有可能，温度变化莫测，欲知后续情况，我们可以自己上网搜索验证一下！平时，我们也可以多多关注天气预报，为出行做好准备！

甲同学将大家的意见都记录了下来，这些问题驱使该同学想为大家进一步解答，同时，甲同学有了新的想法：是否可以进一步关注居住地区的天气情况，如浦东新区的天气预报，这样更具代表性。另外，在每个点旁画上表情符号来表示体感，如用笑脸来表示舒适的温度，用颤抖表情来表示温度过低，等等。

三、案例分析

本次长效作业从已有的数学活动经验出发，以学生主动探究、思考与合作为主，使学生在数学活动中成为问题的发现者。在完成活动的过程中，学生掌握收集信息资料的多种途径和了解表现形式的多样化；在小组分享的过程中，学生能取长补短，收获同伴的不同观点，打开视野；在自我评价时，学生能切实地了解自身学习的情况，主动地补漏。

（一）变具体知识为深入思维

本次长效作业超越了具体知识和技能，深入到了思维的层面。学生通过对两种统计图实际作用的分析，发现当数据独立时用条形统计图更清晰，但如果表示一个事物的连续变化用折线统计图更加方便。这个过程沟通了前后知识之间的联系，加强了数学与生活的联系。

（二）从具体方法到品质提升

本次长效作业由具体的数学方法和策略过渡到一般性思维策略与思维品质的提升。深度教学主要围绕一个基本目标，即学生逐步学会更深入、更全面、更合理地进行思考。根据生活中数学模型的分析有利于学生更全面、更合理地进行分析和思考。

本次长效作业通过加强对生活中折线统计图的分析，加深了学生对折线统计图实际运用的思考。随着信息技术的发展，统计图的绘制已经可以利用软件很快完成，"重分析，轻绘制"也是对统计教学的新要求。

（三）变被动学习为主动学习

本次长效作业通过同学之间的合作与互动来完成，使学生真正成为学习的主人。学生通过自主观察折线统计图，找到了点、线分别表示的含义，连线的陡、缓表示的关系，通过看书、小组讨论，培养了学生独立思考、合作交流、分析问题、解决问题的能力，提高了学生的数学素养。

四、案例反思

这次长效作业的实施中存在一些不足，学生的提问内容比较局限，大多囿于作业本中的一些问题模式，如哪个月销售最多，哪个月销售量大幅下降，等等。教师如果能结合"小课堂"的形式，深层挖掘图表背后隐藏的信息，让学生自己分析，组织同伴间多一些互问互答，那么一方面能更直观地检验学生知识的掌握运用能力，另一方面，能锻炼学生口头表达和思辨的能力，效果会更好。

同时，怎样让学生提出有价值的问题，教学内容是否要有一定的匹配性？这些值得教师深究。

例如，在讨论一份调查"2021年上海市五一小长假期间PM2.5指数变化情况"的统计数据时，先根据折线统计图的变化分析原因，猜测影响空气质量变化的因素，再展示2022年的统计数据，前后两年做对比，让学生从自身出发，想想能为环境改善做些什么。

从学生实际出发，让学生学习有价值的数学，帮助学生在自身的基础上得到发展或发现自己的长处，对提高学生的自主学习能力具有重要的现实意义。

五、点评

教师从加强学生对折线统计图的实际运用的角度出发，让学生从生活中收集、统计有关数据并绘制一份折线统计图，并对数据的变化情况进行分析，同时用思维导图或者小报等不同形式来梳理并呈现折线统计图的相关知识，这不仅加深了学生对折线统计图的理解，而且发展了学生应用数学知识解决实际问题的能力。

第 三 章

自主学习在英语学科中的实践研究

第一节　英语学科概论

基于元认知理论
在英语学科中培养学生自主学习能力的实践研究

上海市浦东新区福山唐城外国语小学　刘燕

一、研究背景

随着课程改革的不断深入，学生自主学习能力的培养已经被提到议事日程上，成为课改的焦点之一。习近平总书记曾说过："当今世界的竞争说到底是人才竞争、教育竞争。要更加重视人才自主培养，更加重视科学精神、创新能力、批判性思维的培养培育。"2022年出台的英语学科课程标准也重点指出课程目标的核心素养内涵中培养学生思维品质与学习能力的重要性。为了聚焦学科核心素养，在英语课堂教学中培养学生适应未来发展的正确价值观、必备品格和关键能力，帮助学生学会发现问题、分析问题和解决问题，积极运用和主动调整英语学习策略，提升学力，掌握科学的学习方法，养成良好的终身学习习惯，英语组对学生的自主学习能力的培养进行了一系列的实践和研究。

长期以来，国内外专家学者以及部分一线教学工作者对学生自主学习能力也有持续的关注和研究。以前，学生一直习惯于跟着教师学习，没有"学习的主人"意识，表现在：①课堂上习惯听命于教师，很少独立学习和思考；②课下缺乏自主预习、复习以及钻研意识，学习自觉性和主动性得不到充分的发挥。自主学习意识的缺乏是教学改革无法达到预期目标的主要原因，因此，小学英语教师有责任在教学中进行实践和研究。自主学习，即学生受到学习动机的激发，自觉确定学习目标，选择学习方法，实施学习过程，为满足认知需要和自我评价而主动进行的探索性学习。从20世纪末以来，自主学习能力的培养就成了教学改革的一个潮流。

如何理解学生自主，怎样做到学生自主，教师如何在教学中培养学生自主学习能力，增强学生主动学习、终身学习的观念，培养学生独立学习的良好习惯直接关系着外语教学的效果和质量。于是,我们围绕学科进行了一系列有关学生自主学习能力培养的课堂教学研究活动。在实践过程中,探寻了有效培养和提升学生自主学习能力的教育方法和模式,在教师教育理念的转变和升级过程中,初步梳理出在英语学科教学中提高学生自主学习能力的方法与策略。

"自主学习"这个概念自20世纪80年代初提出以来,一直受到国内外语言学届的广泛关注,不少学者围绕"自主学习"纷纷展开研究,取得了丰硕的成果。

现代学习理论认为:①学生的学习是具有主观能动性的,只有调动了主观能动性,学习才能达到真正意义上的效果。②学校应该着眼于学生学会学习,培养学生掌握自主学习能力,掌握学习方法,这样的学习才是可持续的。③英语教学应该有利于学生逐步实现从学习依赖到学习自主的过渡。在学习过程中,自主学习能力的培养有着十分重要的作用。

2022年的英语学科课程标准要求:教师必须以学生的发展为本,倡导、实施新的学习方式。推动育人方式变革,着力发展学生核心素养,凸显学生主体地位,关注学生个性化、多样化的学习和发展需求。

英语教学改革实践离不开对"自主学习"这一新的教学模式的探讨以及对在英语学习过程中如何培养和发展学生自主学习能力问题的研究,这对于推进英语的教与学,培养学生终身受益的学习方法和能力,真正提高英语教学质量具有重要意义。

我们对于在英语课堂中开展学生的自主学习能力的研究和实践,主要从以下几个方面入手:进行基于元认知理论的学生英语自主学习能力意识、自主学习兴趣和自主学习精神的培养研究,学生在英语阅读课中自主学习模式的研究,学生自主学习评价体系的研究。

二、课题实施

(一)自我计划能力的培养

英语组此次课题研究工作主要通过阅读活动开展及长效作业的落实这两个途径探索学生自我计划能力的培养。无论是英语阅读还是长效作业,我们都鼓励学生在过程中进行自我计划。在课题开展前,教研组就集体讨论并制定了针对学生自我计划的评价表,旨在指导学生进行自我计划的设计和落实。

1. 鼓励尝试制订计划

在以往的英语阅读活动中,往往是教师布置任务,学生完成任务,学生的学习行为跟随着教师的教学指导,阅读过程中教师是绝对的组织者和把控者。但在课题指导下,教师转变思维,把阅读任务交给学生,让学生自己选择最终的阅读目标,可以是通过阅读掌握词汇或句型,继而积累语言素材,也可以是通过阅读帮助自己提高复述和表达能力,等等。

案例1：二年级英语A visit to the earth

在之前的阅读教学过程中，教师引导学生进行阅读活动，计划是教师事先在备课时进行设计，主要的出发点是帮助学生更好地理解故事内容，但在进行学生自主学习能力提升的研究过程中，教师改变策略，引导学生自己设计阅读计划。

一开始学生并不知道什么是计划，为什么要设计计划，在没有任何方向的情况下，学生无法完成学习任务。于是教师在课前对学生制订计划的过程和关注点进行引导。首先，围绕本课主题Colours：A visit to the earth，让学生勾选自己想要做的准备，如第一项要进行预习朗读，能够通过预习的方式读出四个核心词汇。其次，引导学生朗读书本内容、对话，对教学的主题Colours有一个初步的了解。最后，在了解本课的主题是关于地球上的颜色的基础上，学生可以通过查阅资料的方式去了解地球上其他事物存在更为丰富的颜色。自主查阅资料锻炼了学生自主探究的能力，拓宽了他们的思维，为下一步教学做好了铺垫。同时，教师鼓励学生写下自己做准备的方式以及准备中遇到的困难、所需要的时间，教师看到不同学生完成的准备期计划，也能对于学生学习情况、自主学习能力有初步的预判，进而有助于之后教学的调整。

阅读计划：

Topic：A visit to the earth

Name：_____

I want to...（请在下列选项中打钩），见表1。

表1

Preview the lesson by reading：sky，river，mountain，sea	
Know about the topic: Colours： A visit to the earth	
Find the colours on the earth or around yourselves	
Time：_____	
Preparing by：_____	
Difficulties：_____	

案例2：三年级英语Farm animals

围绕这个主题，学生会思考怎样设计阅读计划来满足自己的需求。大多数的学生认为在阅读后掌握一定量的表示动物的词汇很重要，因此学生会选择学习有关动物词汇作为计划的主要内容，于是得出大部分计划，如图1所示。

福山唐城外国语小学英语学科自主阅读计划

Reading plan

Read and write. (根据阅读后反馈条目，完成阅读计划)

I want to... (我想要...)

1. __learn the words about animals._____

2. _____

图1

经过交流和教师指导，部分学生提出了新的建议，除了掌握有关动物的词汇以外，还要学习如何用这些单词来描述并介绍自己喜欢的动物。这个时候，学习计划变成了一个具体的任务或者说有指向性的学习目标，随后学生调整了计划，如图2所示。

福山唐城外国语小学英语学科自主阅读计划

Reading plan

Read and write. (根据阅读后反馈条目，完成阅读计划)

I want to... (我想要...)

1. __learn the words about animals._____

2. _ use the words about animals to introduce my favourite animal.__

3. _make a farm animal book to share with my friends_____

4. _introduce the __farm animals to younger students_____

图2

在这个过程中，教师不断为学生提供帮助，在不断揭示或给予线索的同时，通过有效的提问来指导学生学会自己去分析和探索，在探索过程中给予学生适当的提示，促进学生不断完善计划，使计划更贴近学生的需求并具有可操作性。

2. 启发思考，调整计划

在根据计划开始入手阅读时，又有学生提出，这个不是计划，而是阅读目标，即读完故事后可以做什么事情，因此要调整阅读计划，规划好要达成这个阅读目标需要完成些什么事情，大家通过充分的讨论进行了第三轮调整（图3），即具体罗列围绕阅读目标的具体计划。这样的讨论既能让学生思考目标达成过程中的每个步骤，从而梳理出每个步骤的具体要求，又能让学生在自我计划后的实践中获得成就感，提升自主学习能力。

图3

引导学生学会自我计划是培养学生自主学习能力的第一步。自我计划要求学生以目标为导向，系统梳理和整合所学并进行合理的优化和方向的修正，从而更好地完成学习任务。同时要求教师帮助学生明确学习任务，创设合理情境，由学生结合自身情况自行制订计划，使不同层次的学生都能制订适合自己的学习目标，明确学习方向，减少活动的盲目性。

（二）自我方法与策略选择的培养

无论是阅读活动的推进还是长效作业的落实，教师始终牢记学习的主体是学生，行之有效的英语学科学习活动应该是以促进、激励学生发展为导向，要激发学生的兴趣，提高学生的参与度，使学生拥有更强的目标意识，通过合适的方法和策略的选择，更好地提高教育质量，促进学生自主学习能力的提升。其中，自我方法和策略的选择是极为重要也是最具学习自主特征的行为。

案例3：一年级英语1BM3 Revision

在低年级的口语教学设计中，教师针对1BM3 Revision的教学内容进行了合理的设计，考虑到学生的年龄特点以及学生因为缺失话语支架导致语言组织存在困难的问题，教师通过引导学生学习两段介绍季节的学习材料，给学生呈现了两种不同的思维方式以及相应的语言组织形式。在Post-task环节，教师布置语言任务，要求学生仔细阅读这两种语言任务，清楚两种语言任务的异同点，根据自己的实际情况进行判断，选择其中一种介绍自己喜欢的季节。相对而言，语言能力较弱的学生或者在表达过程中不够自信的学生可以选择第一种语言组织形式，该语言组织形式只需要学生根据语言支架和话语结构补充具体内容进行描述；语言能力较强的学生可以通过关键词的提示搭建自己的语言支架进行描述。这样自主选择的方式有助于学生根据自己的特点组织语言，表达自己的所思所想。这个选择和调控的过程就体现了在自主学习过程中学生对认识对象的选择和调整。例如，一般情况，我们在语言表达过程中借助语言素材达到理解、转化的目的。在整个过程中，学生通过对文章的字词进行辨认，对句子、段落进行理解，最后达到对文章的整体把握和理解。而在进行选择表达时，学生对两种不同的表达形式要理解并进行调节和监控，在阅读中的元认知活动有明确阅读目的、将注意力集中在阅读材料中的主要内容上、对当前阅读活动不断进行调节、自我提问以检查阅读效果、随时采取修正策略等。因此，基于元认知理论的自我调控更为复杂，对于学生学习能力的培养更有必要。

（三）自我调控能力的培养

在小组合作学习中，学生要结合自己的学习计划与小组内的其他成员做好协调和沟通。此外，在活动实施过程中可能会出现各种问题。虽然高年级学生的语言表达能力和社会交往能力相比低年级学生有一定优势，但大多数学生缺乏积极、自觉的控制和调节能力，而且都有自己独立的想法，在活动中可能会出现各种出人意料的问题，继而影响活动的顺利开展。这时，需要教师指导学生进行自我调控，自发寻找问题所在以及解决问题的方法，调整原先的计划，选择更优策略，进行尝试与再调整，从而更切实地培养学生自主学习的能力。

案例4：五年级英语George's four seasons

在高年级的阅读学习过程中，教师引导学生通过小组合作形式进行讨论探究。在5AM4U3George's four seasons的案例中，整个小组通过小组合作探究进行阅读，学生从中感知"归纳"这一学习策略，总结故事的核心信息和内在逻辑，在过程中进行自我评价和修正，从而培养自我总结和自我调控的能力。

学生在复习过程中将本单元的新知进行整理和归纳，最后利用图表的方式进行自我总结。教师设计了两份图表，分别为表格形式和段落形式，学生可根据自己的实际情况选择其一完成。学生完成之后，教师展示自己的图表，引导学生自行对比修正，修正过程中，学生进行自我反思和调整。学生在过程中完成学习策略的选择与调整，之后将教师的图表撤走，请学生将修正好的图表进行展示，并根据教师给出的评价表进行评价。学生在自我评价的过程中反思自己展示的效果是否达到准确、流利、富有感情的标准。整个学习过程帮助学生结合知识点进行归纳和整理，培养学生逻辑思维能力，引导学生建构自主学习策略选择的能力。其中，学生的小组合作学习经历了如下过程：

（1）交流分享：完成组建小组，确定小组内人员的分工和各自任务后，在快速阅读故事开头和第一段信息之后，要求学生交流分享故事的人物、地点和时间等关键信息，并把故事分成3个部分。

（2）整理结构：回顾之前的故事地图形式，组内学生各自提出故事地图内容建议，完成之后思考合适的故事地图设计思路。

（3）整体规划：共同完成故事地图的活动规划，确定要完成总计划的目标需要分几个阶段。

（4）阶段活动：以小组为单位，讨论每个阶段具体事项及人员分工，建立组内分工计划表。各小组完成计划，按照小组工作计划表进行筹备设计。

（5）阶段汇报：以小组为单位汇报阶段工作进程，展示已完成的故事地图内容板块，提出问题和困难。考虑故事地图的实施是否在能力范围内，计划是不是可行，其他小组给出可行性的建议。

综上所述，元认知理论中涉及认知控制这个概念。通过学习，我们得知元认知控制是对认知行为的管理和控制，是主体在进行认知活动的全过程中，是将自己正在进行的认知活动作为意识对象，不断地对其进行积极自觉的监视、控制和调节的过程。这种过程在工作记忆中进行。元认知控制包括检查是否理解、预测结果、评价某个尝试的有效性、计划下一步动作、检查策略、确定当时的时机和努力、修改或变换策略以克服所遇到的困难等。概括起来，元认知控制包括计划、监视和调节三个部分，而调节就是根据对认知活动结果的检查，如发现问题，则采取相应的补救措施；根据对认知策略效果的检查，及时修正、调整认知策略。以上几个案例中提到的学生对于学习任务的理解、判断和选择，都是学生基于元认知监控，即个体在认知活动进行的过程中，对自己的认知活动积极进行监控，并相应地对其进行调节，以达到预定的目标。元认知过程实际上就是个体指导、调节自身的认知过程，选择有效认知策略的控制执行过程。元认知的实质是人对认知活动的自我意识和自我控制。

（四）自我反思能力的培养

在阅读活动的推进以及长效作业的落实过程中，教师组织学生对活动推进过程进行回顾和反思，在过程中有意识、有目的、有计划地培养学生善于反思、勤于总结的学习习惯，提升学生自我反思的能力，既能激发学生学习兴趣，有助于提高学生学习积极性和主动性，又能让学生在反思中掌握高效学习的思维方法，发展思维能力和自主学习能力。

1. 养成反思习惯，加强团队合作

学生要顺利完成长效作业任务必须经历成员组队、组内分工、合作设计以及共同参与等多个环节，靠一己之力完成的可能性不大。针对长效作业完成后的结果，教师要求学生进行针对结果的反思，如对优点、不足之处以及改进点的反思，通过反思对如何提高团队合作效率以及如何发挥各自的优点进行优势整合的思考，从而为团队成员创造更大的合作空间。

案例5：五年级英语The Double Ninth Festival

本课例是上海小学牛津英语四年级下册M4U2 The Double Ninth Festival第三课时say and act，主题内容是关于中国传统节日之一的重阳节。在教学过程的最后阶段，学生结合课堂表现，积极进行自我反思。

首先，学生参与了编写对话和表演的全过程，明确了自己的评价标准，这些均为之后的反思、评价创造了条件。学生对于整节课自己在课程内容完成度和活动参与程度这两方面进行反思，明确了在课堂上只有在充分理解课文内容又积极参与回答问题或小组展示活动的情况下才能高效地完成学习任务。例如，针对accuracy（准确）这一评价，反思此部分时，学生结合课堂表现提出在观看视频时可以小声跟读或默读以加深印象使自己使用语言时不盲目，从而提高语言的准确性。

其次，学生针对自己的对话内容、表演状态、语言流利程度等方面进行了反思，明确对话内容应该围绕课程内容关键词，可以运用what、who、how、when等几个疑问词提炼出课文重要信息，抓住了这几个问题，对话内容的设计问题也会迎刃而解。这样的反思给学生自主学习处理阅读材料思考提供了很大的帮助，帮助学生在头脑中搭建信息框架，也有助于学生归纳总结思维品质的提升。关于fluency（流利）这一评价标准，学生展开了热烈的讨论，最终明确流利程度是相对的，适当的、不影响语义表达的停顿是必要的，是不会影响流利度的。

2. 抓住教育契机，提升合作效率

就如何在团队合作中提高每个组员的配合度以及如何做好沟通和协调，最终顺利完成长效作业，学生也是各抒己见。例如，有团队成员临时改变了原来的想法，导致全组重新思考和规划最终的表现形式和内容。碰到类似这样棘手的问题，学生开阔思路，踊跃发言。有的学生提出由组长统一协调，不临时更改方案，也有学生提出如有需要更改，必须提前3天告知，不能给团队其他成员带来准备工作上的麻烦，更有同学说一开始就要明确分工，制定规则，每个组员严格遵守规则，确保作业顺利完成。当这样的问题出现时，往往就是教师最好的教育契机。此时，教师相机引导，帮助学生通过反思意识到问题的症结，从而提出合理可行的解决方案，这样才能真正培养学生自主解决问题的能力，并使这种能力深植于心，指导言行。

（五）自我评价能力的培养

在英语学科学习中培养学生的自我评价能力，能让学生更好地正视自己的优缺点，明确努力的方向，更理性地看待自己和他人。在阅读活动中，评价能够帮助学生树立强烈的主人翁意识，提高学生的管理和表达能力。在进行评价的过程中，学生的情操、思想、知识、创造力都能得到提升。

1. 明确评价维度，有效自我评价

案例6：五年级英语The Double Ninth Festival

评价标准对学生来说有很大的指导意义，但是如果评价标准不是学生自己制定的，印象就不会深刻，也就不会起到积极的指导作用，因此教师并没有在开始时就设定统一的评价标准，而是让学生在分好小组的基础上，以小组为单位设计本小组自己的评价标准。为了使自我评价更有效更有指向性，教师建议学生围绕内容、表达两个维度进行评价，具体细节由学生自己设定。大部分小组会设置两三个方面的评价标准，每个方面按照一般、良好和优秀三个层次分别设置为一星、两星和三星。

例如，有的小组设计Nice，Emotional，Logical三个方面的评价指标（表2）。Nice用于评价对话的长短和内容的完整性，Emotional评价动作设置是否合理，Logical评价对话是否合理符合逻辑关系。在组织对话时，我惊讶地发现学生在组织语言时是结合评价来考量的，他们会主动参考上一环节中What、When、How、What activities、What food等几个问题进行对话改编，使自己的对话足够完整，也会在表达时结合人物的年龄进行语音、语速、音调调整并辅以动作，以达成Emotional的三星标准。有的小组把Accuracy（准确）、Fluency（流利）和Emotional（感情丰富）作为评价标准（表3），学生就会更加注重自己的语言表达是否正确，几个学生轮流提出意见，不断修改，争取做到准确无误，在保证语言正确后，反复操练几次，力争在有限的时间内做到熟练。还有的小组会将Organization（组员的参与程度）列为评级标准之一（表4），这时组内学习能力较强的学生会耐心讲解以教会能力较弱的学生，保证组内成员全部参与对话表演，小组内成功实现了互帮互学，大大提高了课堂的学习效率，保证了学习效果。

表2

评价标准	G1	G2	G3
Nice			
Emotional			
Logical			

表3

评价标准	G1	G2	G3
Accuracy			
Fluency			
Emotion			

表4

评价标准	G1	G2
Accuracy		
Fluency		
Organization		

总体而言，学生为了让自己组获得更高的评价，会自觉根据评价标准进行调整、改进，让对话中的每一个人物的语言都丰富起来，使对话内容完整，并且表达流利、富有感情。

2. 根据评价标准，开展互动评价

案例7：五年级长效作业——借助云游"美丽中国"App设计Museum

当学生完成作业提交后，通过圈星方式开展自我评价、同伴评价和教师评价三个维度的评价。每项各有四星，一星是较差，二星是一般，三星是良好，四星为优秀。自我评价围绕总结优点、反思不足、改进三个方面，指向性明确，学生得以回顾过程、总结经验得失、找到改进方向。同伴评价主要关注目标达成度和展示的效果，如表达的流畅度、准确性、是否有感情。这样的同伴评价可操作性强，学生会主动把这个作为标准来提升自己的展示水平。

通过课堂互动时间，学生在钉钉平台上向同学们分享展示自己的作业，随后开展师评。教师针对每份小组作业一一进行评价和指导，寻找亮点，表扬和鼓励学生作品中的精彩之处，并对可能的不足之处提出改进建议。评价之后让学生回顾过程，总结本次长效作业分享带来的语言学习、表达能力的提升。这一过程促进了学生思考和交流，有利于学生反思总结思维品质的提升。

学生通过每堂课上对自己朗读和表达的评价发现自己的闪光点和进步之处，同时通过反思自身的不足逐步完善自己；学生可以通过评价，把自己所取得的进步和努力的足迹记录下来，在自我反思中，学会反省并改进不足。在阅读活动和长效作业中，学生也时时刻刻通过评价来了解自己在过程中的行为是否有利于任务的完成，是否需要调整部分学习行为来达成最终的目标。应该说，评价伴随着学生的每一个学习行为，也为最终目标的达成提供了保障。

通过自我评价，学生会在一个安全的环境中重新审视自己的猜想与假设，更有助于发散思维和创新思维的养成。学生不断努力地追求人格的升华，注重自己的品行，坚持着自我反省且努力地完善自己的人格。

3. 关注教学评价，强化以评促教

案例8：三年级长效作业——Protections we can use in the future

针对此次长效作业，教师设计了两张针对性的评价表，一张是项目作业开始前针对准备期的自查表，主要是指导学生分析对项目作业内容感兴趣程度以及拥有的资源充沛程度，从而想办法找资源；通过告知准备过程的步骤让学生明确自己可以在团队中发挥的作用；最后通过对遇到困难的罗列，引导学生想办法寻找解决问题的正确途径。如果说准备期自查表的设计目的是帮助学生梳理困难，想办法解决问题，那么项目作业课后评价表的设计目的就是引导学生对整个探究和分享过程的评价进行反思，并清晰地了解自己的能力增长点，或看到自己的不足，从而在下一次的团队合作中发挥自己的特长，针对自己的不足进行改进或寻求帮助。

无论是阅读教学的推进还是长效作业的落实，都不可忽视学生之间的评价以及教师给予的评价起到的积极推动效果。在小组合作完成阅读或者长效作业时，学生在小组内部实现自主管理，不仅锻炼了学生的能力，还在某种程度上解放了任课教师。在这个过程中，每个学生既是管理的对象，又是管理的主体；既是活动的对象，又是活动的主体；既是评价的对象，又是评价的主体。每个学生都各司其职，使小组活动有条不紊地运行。

在学生自主学习能力培养过程中，教师是学生自主学习的引导者，在教学中引导学生表达自己的真实思想，有目的、有计划地帮助学生建立和增强自我观念、正确认识自己、评价自己。

三、研究成效

在课题研究过程中，我们不断地调整方法和策略，运用新的课程理念指导新的教学实践。其间，在阅读教学中提升学生自主学习能力研究领域，我们构建了一个课内课外相结合的自主阅读教学模式。通过实践，学生的英语阅读自主学习能力得以提高、思维能力得到发展，并获得了积极的情感体验。

课内：设计阅读计划伴随反思评价

确定读后任务是设计阅读计划的组成部分。教师结合故事主题创设情境，激发学生阅读欲望，并指导学生确定读后任务。读后任务一般有三种形式。用自己的语言讲故事；通过角色扮演重新演绎故事；通过各种形式进行故事的创编和内涵外延的挖掘，如扮演故事中的人物进行演讲或其他形式的表达。我们课内自主阅读模式的推进有两条路径：

（1）学生自主阅读，设计读后任务，根据读后任务做计划，教师在课前展示阅读成果，指导学生自我反思与评价并深入挖掘故事内涵，完成教学目标。

（2）了解故事概要，围绕阅读任务和阅读目标，在学习过程中针对读后任务，教师做指导，如编写剧本、指导表演等，指导后给学生留时间做深入阅读，学生做计划，之后针对计划进行反思与评价并做相应调整。

在自主学习的课堂中，评价方法变过去的单纯结果性评价为注重形成性评价，注重阅读方法、阅读过程的评价，学生把过去的自己和现在的自己做比较，从中体会进步。自主阅读将评价变成了主动参与、自我反思、自我教育、自我发展的过程。在阅读课中，我们分别从整体学习、朗读要求和语段表达要求两方面确定了评价指标，并设计了各种评价表。这些评价表中的有些是贴黑板提醒全体学生关注并实时评价的，有些是以课堂评价表形式发给每个学生进行阶段性评价的，还有的是和具体教学内容相结合的。

课外：自我计划—自我调控长效作业—分享评价

针对英语课外阅读，我们的采用的模式是自主阅读加长效作业相结合的方式，帮助学生激发阅读兴趣、养成阅读习惯。在这个过程中，我们始终做到评价相随。

评价1：每天坚持阅读英语故事文本，包括低年级绘本和高年级长文本故事，要求每天定时、定点，读完后填写阅读记录表，记载阅读时间、故事名称、主要人物、对故事的评价以及分享故事的途径。在这过程中引导学生完成阅读计划。低年级针对读故事、找新词、跟读录音、做小测试、完成阅读报告等内容的阅读计划,在自主阅读之后根据完成的情况进行阅读反馈单的填写,针对完成的项目打钩。此方法主要检测学生每天在校外的阅读情况、是否养成了良好的阅读习惯,并为之后的阅读分享提供学习成果。

评价2:在班级里张贴阅读榜单,以"小书虫"形式评价学生阅读情况,每个学生阅读完一本绘本,并且完成其相关年级的阅读报告,就会获得小书虫身体的一部分。一学期下来看哪个同学的阅读书虫长,期末则对其加以表彰。

评价3:在实践过程中,我们前后设计了3份学生自主学习英语课堂观察记录表,针对5个观察点要求观课教师根据课堂教学实际情况在观察点一栏填入对应的代号,并对教师和学生的行为进行记录和描述。

授课教师需要根据自己的教学设计填写观察记录表,把教学环节简单罗列,帮助观课的教师进行课堂观察,最后提前打印这份表格交给观课的教师。观课教师需要根据这份表格进行相应的记录,听完课进行集体备课,并对这些观察点进行交流探讨,确认课堂行为是否真实,从而归纳整理有规律的、有普适性的教学模式。

此外,我们还设计了学生自主学习情况评价表,针对学生在自主学习过程中的习惯、能力和成效进行阶段性评价,从而归纳和总结出学生自主学习能力的增长情况。

评价4:学生完成课外阅读后,围绕故事主题完成一份作业来提升阅读能力和阅读素养。作业强调学生合作、探究、创新、问题解决等多方面核心素养的培养目标。长效作业和课前分享整合,帮助学生通过对课外英语故事的分享提高语言表达能力、故事整合分享能力以及资源综合运用能力。我们鼓励学生进行阅读分享计划制订,并通过评价提升学生阅读兴趣和分享的质量。

四、三步项目化学习模式

在课题研究过程中,我们针对长效作业的推进和落实也进行了一系列的尝试和总结。期间我们构建了一个问题驱动—探究落实—成果分享的三步项目化学习模式。通过实践,学生的学科项目化学习能力得以提高,思维能力得到发展,并获得了积极的情感体验。

(一)问题驱动

在项目启动阶段,我们从当下的学生需求出发,通过挖掘具有学科价值和社会价值的问题引发学生自主思考。在教师所创设的一种类似于科学研究的情境下,学生脑洞大开,以问题为中心,主动探究各种解决问题的可能性,从而实现核心问题的确定。当产生了自主思考后,学生根据自己发现的问题展开具体的自主规划。在教师的指导下,学生在知识的探寻过程中寻找答案,他们将学习的知识迁移到一个更广阔的空间,整理综合所获取的信息，从而培养创新精神和实践能力。小组成员在相互交流和分享过程中共同建构项目学习内容，完成有关学习内容的选择、组织和编排。学生通过深入的思考和学习，提出可能的解决方案，进行决策分析，发挥各自的优势，成为认知意义的主动建构者。

（二）探究落实

学生在落实探究的过程中，以小组的形式展开设计与实施。组内每个学生分工不同，各自发挥着自己的优势。比如，有的学生擅长画画，负责设计并绘画；有的学生擅长动手制作，负责巧用各种材料实体制作成品；有的学生擅长运用信息技术，负责根据实物制作出描述其细节的PPT；有的学生则擅长英语口语，负责用英语根据PPT流利地介绍团队的集体设计成果。在这些过程中，教师发挥着指导和协调功能，引导各小组学生完善设计和步骤等，同时适时督促积极性不高的学生积极参与活动，随时解答学生在探究中出现的问题，给出一定的语言支架和拓展词汇，展示各种电脑自带编辑工具的使用教程，帮助学生根据探究的实际情况不断修正探究设计，使探究过程井然有序。教师引导各小组进行合理的分工，小组成员可以各自发挥优势，也可以全程共同参与部分，避免了个别学生处理问题时过度情绪化，提升了学生在面对他人不同意见时的交际能力。在探究过程中，教师充分发挥学生的主体参与作用，培养学生获取信息的能力，激发学生学习英语的兴趣。同时收集的资料涉及美术、自然、数学等学科，使学科间的知识达到了较好的交融，培养了学生的跨学科综合能力。

（三）成果共享

学生通过照片和视频的形式展示小组合作的成果，实现了资源整合和分享。这些层出不穷的创意来自组内学生的互相帮助、团结协作。学生将收集的信息制作成PPT，进行展示交流，提升了信息加工的能力，这使得学生产生很强的存在感和价值感，树立了学习自信，团队意识在无形中也得以加强。经过交流分享后，学生充分进行思维碰撞，展开相互评价，在评价中吸取各小组的优点。这个成果是学生在解决问题过程中通过查阅资料、同伴互助得来的，其中涉及的英语知识与技能等不是由教师直接讲授的，而是学生自主运用并迁移的。小组间在交流成果时，互相从不同的学习和探究方式中吸取闪光点，从而进一步自主反思。

英语学科学生自主学习能力的研究促使教师变通教育观念，推动学生学习过程的变化，最终推动了英语课堂模式的变革，相信在接下来的课题实践工作中，我们会相互借力，朝着共同的目标继续努力！

第二节　英语学科实践探索

在活动中探索自主学习

——以三年级英语Module 3 Unit 2 Colours为例

上海市浦东新区福山唐城外国语小学　徐启榆

一、案例背景

元认知理论在英语教学中的应用主要可以从提升学生自身对元认知的认识、改进教学手段、增进学生的元认知体验、强化激励措施、引导自主学习、加强元认知的监控与调节几个方面来入手。学生是学习的主体，自主学习有利于学生高效学习英语。学生需要认识自身的学习基础、认知水平、学习能力与学习风格，基于实际情况，创设合理、科学的自主学习环境，实施有效的英语学习。不同的课型有不同的自主学习要求，本堂课主要是第一课时单词教学，学生要学会的是拼读，并且能学会将新授单词放在语段与语篇中进行运用，然后进行自我评价——是否已经掌握新授的词汇。结合学生的认知水平差异，我让学生更加明确自身的学习任务，通过科学设定学习情境与训练目标来进行单词教学，教学过程根据学生的水平差异循序渐进，让学生由简到难逐步掌握词汇。

二、案例描述

本模块的主题是"Things around us"，教材通过学生非常熟悉且富有生活气息的主题"形状""颜色"和"季节"引导学生用英语谈论周围物体的形状、颜色以及季节情况。通过教学，学生要初步学习和掌握自然景物类单词，如sea、sky、mountain、river的音、形、义；学习运用What's this/that? It's... What are these/those? They're... We can see... in/on... I like doing... in/on... 询问、回答并描述自己所见的自然风光和自己所喜欢的活动；为达成这一学习目标，学生应学会细心观察自然界中的不同景物，感受生活中的自然美景，表达对自然的热爱之情。本模块紧密结合实际生活，开阔了学生的知识视野，使学生在真实生活中交流运用的实用性，有助于激发学生的学习积极性。

教学片段一：指导学生制订准备期学习计划，培养自主学习和独立思考的能力

为了更好地展开新授内容，我在课前引导学生们制订准备期计划，围绕本课主题Colours—A visit to the earth，让学生在计划中思考如何预习新授知识。首先，我引导学生在完成的过程中勾选自己想要做的准备，比如第一项先要进行预习朗读，能够通过预习的方式读出四个核心词汇。接着，我引导学生朗读书本内容，使其对教学的主题Colours有一个初步的了解。然后，在了解我们的主题是关于地球上的颜色的基础上，学生可以通过查阅资料的方式去了解更丰富的地球上其他事物的颜色。自主查阅资料锻炼了学生自主学习的能力，拓宽了学生的思维，为下一步教学做好了铺垫。我也鼓励学生写下自己做准备的方式以及准备中遇到的困难、所需要的时间，当看到不同学生完成的准备期计划，我也能对学生的学习情况、自主学习能力有初步的预判，进而有助于自己之后教学的展开或是调整。

准备期计划：

Topic：Colours—A visit to the earth

Name：_____

I want to...（请在下列选项中打钩），见表1。

表1

Preview the lesson by reading：sky，river，mountain，sea	
Know about the topic: Colours—A visit to the earth	
Find the colours on the earth or around yourselves	
Time：_____	
Preparing by：_____	
Difficulties：_____	

教学片段二：了解课堂所学主要内容，鼓励学生跨学科表达，鼓励发言，整合信息

承接上一环节，学生能继续感受教学的背景——A visit to the earth这个故事。在进行最后两个单词river和mountain的教学时，相较于sky和sea这样比较简单的词汇，river和mountain词形更长，我需要通过引导使学生记住并能熟练运用。例如，在river的教学过程中，我引导学生探究river中i的发音，以及river和sea的区别，我在教学PPT中插入了河和海洋的相关视频，让学生通过画面、声音在视听方面对河流、海洋的区别有更直观、更生动的了解。

为了渗透跨学科表达，我邀请学生运用身体语言，用动作描绘出河流、海洋的大小、流速的区别。比如，海洋比较宽广，学生可以用夸张的手势比画出大海的宽广不可丈量；海浪也有大小区别，在演示大浪时，我邀请一组学生手牵手连起来做出浪的动作；在描绘河流的时候，学生可以手牵手用平缓的动作表现出平静的河流。

创编儿歌和歌曲有助于学生在跨学科表达中巩固学习，在教mountain这个单词的时候，我引导学生通过图片了解到不同季节、不同种类的山，拓宽了学生的思维。我也鼓励学生运用mountain创编简单的儿歌和歌曲。首先，我先给了学生一个模板：

Mountain，mountain. Green，green，green.

Mountain，mountain. High，high，high.

Mountain，mountain. I like to climb.

学生能够正确朗读儿歌，当我把模板挖空一部分引导学生完成填空时，学生能够结合之前看到过的不同季节、不同种类的山完成不同的儿歌，结合自己的想法进行表达。还有学生可以运用之前学过的儿歌模板创编一首新的儿歌或新的歌曲。学生纷纷积极地想要到讲台前表演，课堂气氛十分活跃，对这个环节十分有兴趣。

新授单词的时候可以在教学过程中评价，我重点关注的三个评价，维度分别是Correctness、Fluency和Completeness（图1）。在前面的教学过程中，学生朗读练习完，我会用醒目清晰的评价语呈现，然后单个单词基本教学环节结束以后，再用表格呈现给全班，让学生进行自我评价、同学之间互相评价（表2）。

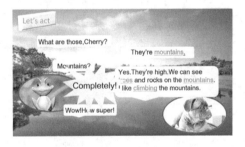

图1

表2

Word：mountain		Self-evaluation
Correctness	We can read the new words and sentences correctly.	☺☺☺☺☺
Fluency	We can use the words into the sentences and read them correctly.	☺☺☺☺☺
Completeness	We can use the new words and sentences to fill in the blanks and describe.	☺☺☺☺☺

教学片段三：自我反思，完成任务单，巩固重点

在最后的巩固环节，学生通过课堂上所学的单词和内容，结合主题Colours：A visit to the earth，在小组讨论中完成Read and complete这篇完形填空。这篇完形填空是对本堂课主题"地球上丰富的颜色"进行的总结，里面包含了新授单词sky、river、mountain、sea以及它们的复数形式，也结合了相关词组climb the mountains、row a boat、in the sky等，还结合了like doing的语法操练。

最后学生通过"Check and tick"评价表进行自我反思。自我反思从以下维度展开：

（1）学生能在自我反思完成评价表的过程中自我发现，学生能够正确朗读并拼写核心词汇sky、river、mountain、sea，以及能够了解cl-，pl-，gl-的语音。学生发现自己还能够运用相关句子说一说，对主题进行描述。

（2）学生能够在完成评价表的时候自我纠错，这方面体现在完成填空这一巩固环节，在教师和学生交流完正确答案、讲解完之后，学生可以找出自己有哪些核心单词还不会朗读、不会拼写，或是like doing的语法是否掌握，单词在句子中的复数形式是否能准确运用。例如"We can see green trees."，结尾trees的复数形式有些学生容易忽略。

（3）最后对于本堂课，学生进行了总结反思，完成评价表最后几项。学生能够演出故事，能够反思在准备过程中自主寻求的帮助。通过完成评价表，学生从中学到了自主学习的方法，通过制订学习计划、搜集资料、课堂中展示，最后总结评价这个完整的过程，学生对于自主学习又有了更直观的理解（图2）。

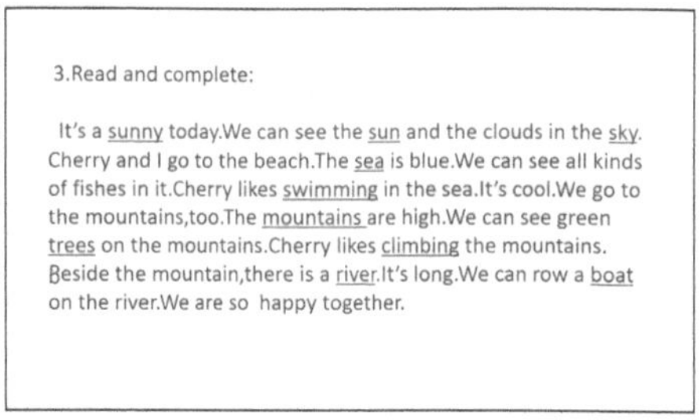

3.Read and complete:

It's a <u>sunny</u> today.We can see the sun and the clouds in the <u>sky</u>. Cherry and I go to the beach.The <u>sea</u> is blue.We can see all kinds of fishes in it.Cherry likes <u>swimming</u> in the sea.It's cool.We go to the mountains,too.The <u>mountains</u> are high.We can see green <u>trees</u> on the mountains.Cherry likes <u>climbing</u> the mountains. Beside the mountain,there is a <u>river</u>.It's long.We can row a <u>boat</u> on the river.We are so happy together.

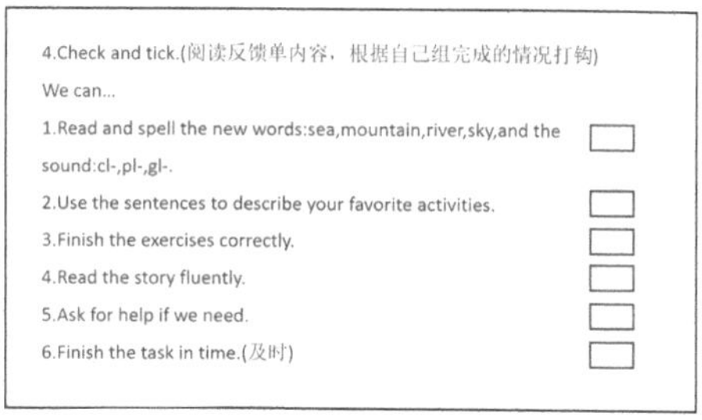

4.Check and tick.(阅读反馈单内容，根据自己组完成的情况打钩)

We can...

1.Read and spell the new words:sea,mountain,river,sky,and the sound:cl-,pl-,gl-. ☐

2.Use the sentences to describe your favorite activities. ☐

3.Finish the exercises correctly. ☐

4.Read the story fluently. ☐

5.Ask for help if we need. ☐

6.Finish the task in time.(及时) ☐

图2

三、案例反思

（一）收获

本堂课，在准备教学材料、课件、教具，思考教学方法以及最后的实践反馈中，我收获了很多，也明白了很多。在英语中进行自主学习就是学生能够独立地完成一些特定的英语教学活动，具体是通过教师帮助学生确定学习目标，学生进行自我认知和自我调节来实现的。本堂课我先让学生制订了合理、个性化的英语学习计划，在学生明确了学习的目的、目标、方法、技巧之后，我及时检测学生课前预习的情况，培养了学生自主学习和独立思考的能力，也为学生营造了一个良好的课堂教学环境。在教单词的时候，我给了学生判断自己读音的三个维度，让学生自主评价与伙伴互相评价。我也让学生在创编儿歌的时候开动脑筋，自主编写儿歌，让学生充分理解、巩固、消化、运用课堂中学到的知识，最后通过课后反思评价加深了学生对知识的理解，巩固了所学内容。学生通过反思自己对朗读单词是否准确，能否自主完成课堂中的小目标，不断进行自我监控、自我评价、自我改进，培养了自主思考能力，也知道了在今后的学习中如何更好地运用学习方法来使英语学习事半功倍。

（二）改进

本堂课我需要改进的部分是：学生还不是非常习惯自主学习的学习形式，在朗读单词之后，我引导学生对自己的发音进行不同维度的评价，自主学习。有些学生不能理解我的意思，还没有养成自主思考的习惯，我就花了一些时间来解释为何我使用这三个维度作为评价指标。这三个维度检测的方向分别是：能否正确朗读，能否准确使用，能否对此进行拓展，进行发散性联想后并说一说，这三个维度由浅入深，学生在我讲解以后明白了我的意图，但在课堂中，面对我的提问，学生会有些紧张，导致自我评价被影响。在课堂中如果发现有学生回答问题不是很熟练，我可以在之后的教学环节中多给他展示的机会，也可以让他在小组活动、课堂练习中不断加强。那下课后如何保证自主学习的延续性呢？在培养学生自主学习能力的道路上，我们依然需要不断反思，改进方法，不断实践。

学生的自主学习能力需要我们不断探索方法去培养，同时我们要不断自我提升，更深入地学习如何引导学生去提高自主学习能力，培养学生的主观能动性、独立性和创造性，在教学中不断思考、不断实践，让自主学习能力与学生们的学习生活更和谐地相融，逐渐成为学生良好的学习习惯。希望我们都可以成为学生学习道路上的一盏指路明灯！

四、点评

本案例的框架结构比较清晰，所要表达的思想比较明确，结合具体的课例进行解析说明的教学片段比较有代表性，在一定程度上能体现元认知理论下教师对学生自主学习能力培养的设计和相关实践行为，比较有代表性地说明了如何通过课堂学习活动的设计助推学生在学习过程中发挥主观能动性。希望教师在教学片段二的案例说明中，能进一步说明教师是通过怎样的方式助推学生收集、处理信息，助推学生进行跨学科表达，以及教师在此过程中给予了学生哪些必要的学习支持，等等。

云游美丽中国　增长见识　全面提升能力

——以"Museum"主题长效作业设计为例

上海市浦东新区福山唐城外国语小学　郑婵玉

一、案例背景

英语语言学习需要创设真实的语境，当前学习博物馆主题，单元主题即为探讨不同种类的博物馆。学生对于上海科技博物馆、汽车博物馆等相关内容表现出极大的兴趣，很渴望能去场馆游览一下。因此，我们借助云游"美丽中国"App设计以Museum为主题的长效作业。开展线上教学以来，我们已经设计过一次长效作业，学生对于长效作业的实施有了一定的了解。本案例将结合本次长效作业实施，围绕"云游美丽中国，增长见识，全面提升能力"这一主题，通过形式更丰富、内容更有趣的作业，着力激发学生思维，全面提升学生思考能力、语言组织和表达能力。

二、案例描述

五年级下牛津英语M4U1单元主题为Museum，为了帮助学生扎实掌握单元语言知识和语言运用技能，给居家学习期间的学生更多合作和交流的机会，培养学生协调组织能力，激活学生线上学习时期的求知欲、探索欲，适逢5月18日国际博物馆日，以此为契机，结合五年级下牛津英语课后Project 4借助云游"美丽中国"App设计以Museum主题的长效作业。希望通过长效作业的设计与落实，创设真实的语境，引导学生灵活运用所学语言，足不出户地云游中国，开阔眼界，增长见识。

（一）集思广益出智慧

1. 设计主题——云游博物馆

备课组教师在综合分析单元学习目标、学生实际学情的基础上，研究优质作业的设计理念，集体商量和讨论确定长效作业主题。希望通过云游博物馆，把课内学到的语言知识与真实的场景相结合，达到灵活运用的学习目标。

2. 规划时间

本次长效作业与单元主题吻合，随单元话题的学习不断深入，计划安排如下。

5月18日：了解"5·18国际博物馆日"，学习"美丽中国"App线上云旅游的使用方法，知晓长效作业要求。开展第一次组内讨论，讨论决定本组云参观的博物馆。

5月19日：组内讨论制订详细的参观计划和分工计划。

5月20—23日：分头搜集资料，完成自己的部分。完成长效作业准备期自评表。

5月24日：完成并递交小组参观报告。

5月25日：课上展示，自我反思、自我评价，完成长效作业课后评价表。

5月18日开始，5月25日展示、评价总结，为期一周，给学生充分的时间做好计划、实施、展示和评价，以及对各部分的思考、修改，并提醒学生完成各阶段作业的时间节点。

3. 完善设计方案

明确主题之后，讨论形成方案雏形。方案一稿只是让学生借助App开展云游，没有设定明确的目标，和主题的贴合度不高，不能达到运用本单元相关语言进行表达锻炼的作用。备课组内教师再次讨论，最终形成了一份作业落实方案。

首先，明确作业实施主要分为三大部分，即作业实施前、作业实施中和作业实施后。具体来说，作业实施前就是明确目标要求，做好参观计划和小组分工，并且确定展现形式。作业实施中要求明确实施进度。作业实施后进行展示，开展自我反思、评价，形成改进意见。

方案中对完成进度和各个环节的具体作业要求都做了详细指导，帮助学生明确作业的内容为博物馆主题。作业实施前，学生首先应该完成小组参观计划，找到参观哪一个博物馆，参观哪几个展厅。其次是完成小组分工，学生根据场馆的内容各自选取自己感兴趣的方面作为介绍的内容，另外，也对选取材料、制作PPT、美化和编辑等制作过程进行了详细的分工。作业实施中，学生在长效作业准备期评价表中对完成作业过程中遇到的困难进行详细记录。教师根据学生的准备期评价表进行过程性指导，尤其是针对资源不足和语言障碍如何解决给予具体的指导意见和帮助。教师及时进行过程化管理，如果发现学生在组队过程中碰到困难，就进行帮助和协调。作业实施后，提醒学生完成作业课后评价表，尤其针对评价、反思和提升的能力进行详细记录。最后指导学生课上进行屏幕分享和过程介绍。搜集学生的作品和过程记录，完成长效作业总结。

（二）强化指导，注重合作

1. 围绕主题，确定作业目标

教师利用课堂互动时间，在钉钉群中告知学生长效作业的主题和内容，对于长效作业的内容和要求进行了详细的解释说明和指导。开始时，学生选材比较随意，小组讨论时难以达成共识，教师及时给出原则，一是贴近博物馆的主题，二是运用好本单元的目标语言，使学生的目标更加明确，从而确定了上海历史博物馆、北京故宫和西安秦始皇兵马俑博物馆等具有代表性的博物馆。由此，学生也体会到只有深刻理解目标要求，才能更好地完成任务。

2. 结合目标，确定作业内容

教师在作业落实过程中教师提供了详细的文字和语音说明，参与学生们的小组讨论，帮助学生梳理步骤，使作业实施更有效率。学生往往会从App上找到相关的场所介绍后，利用翻译工具将之全部翻译成英文，虽然这样会帮助学生提升信息搜索的能力，但对语言学习的帮助并不大。教师建议学生找准该场馆最鲜明的特点，利用课本上出现的语言，用最精简的语句进行介绍。这一过程看似简单，其实是对学生的总结概括和理解能力提出了更高的要求。

3. 强化合作，明确作业要求

实施中，教师一直强调小组成员的全员参与——全员参与作业设计、讨论、展示的各个环节。小组成员的能力存在差异，如果不强调全员参与各个环节，有的学生可能只会做更多的"幕后"工作，他们的语言表达和运用能力将不会得到锻炼，这将违背此次英语作业语言学习的初衷。在小组成员全员参与的要求下，很多学生会在语言表达、课件制作等方面给同伴提供更多的帮助，学生的沟通和合作能力得以提升。

三、案例分析

（一）课内外有机结合，激发兴趣

1. 细化课本主题，结合课外，形成对比

牛津英语5B M4 U1 Museum一课，课内学习了science museum、insect museum、car museum等相关短语和词汇。谈论到science museum和insect museum的相关内容介绍，大部分学生参观过这两类博物馆，有真实的语境为背景，有真实的参观体验想要和同学分享，因此他们都很积极地参与介绍。上海有Shanghai Science and Technology Museum和Shanghai Insect Museum，而北京也有类似的博物馆，很多学生会借此机会，将两地的博物馆做对比，找其中的异同，比较的思维品质从中得以锻炼。还有学生对历史比较感兴趣，他们之前亲身参观过上海历史博物馆，这次就选取故宫作为云游地点。故宫很大，内容过于复杂，似乎超出了他们的能力范围，而这组学生只选取了瓷器和书画馆做详细的介绍，化繁为简，扬长避短，避开复杂的英文单词和表达句式，可见学生是经过了认真的思考和对自己的能力进行了正确的评估，因此学生解决问题的能力得以提升。

2. 兴趣引领

在组长的带领下，组员们积极讨论，选取大家共同感兴趣的景区或博物馆作为目的地，这个过程中，学生既尊重个性，又充分团结协作。本次长效作业可以使兴趣爱好不同的学生，都能找到自己各自感兴趣的内容。例如，参观上海博物馆的小组不拘泥于课本上讨论的博物馆和它在哪里以及喜爱的原因，而是把该博物馆的成立年代、背景和外观做了详细介绍，使该同学们对该博物馆的了解更加充分，把课内知识延伸到课外，并进行有机结合，提升了思维的深度。

英语长效作业准备期评价表中主要涉及资源充沛程度、遇到的困难和解决方案几个方面，能帮助学生一一列举困难，客观、合理地评判所遇困难，有助于学生综合分析问题能力的提高（图1）。

Visiting Plan

Group name Star Group

Which	Shanghai Natural History Museum
Why	There are a lot of interesting animals that I don't know.
Where	at No.510 on the West Beijing Road
When	Yesterday（May.18）on DingDing APP
How	big and clean
Visiting Route	first：the third and fourth floors：about animals specimen next：the first and second floors：about science Finally：You can see the film about animals at the cinema or have lunch at the restaurant.（or you can go home now）
Preparation	some data and a book
Show way	a small book（many pictures）

Visiting Plan

Group name: Victory Team

Which	Why	Where	When	How	What
Shanghai Museum	Because it is the most famous museum in Shanghai	Shanghai Museum is located at Shanghai's center, No.201, Renmin Avenue	At weekends.	By metro.	Chinese Ancient Bronze Gallery Chinese Ancient Sculpture Galle Chinese Ancient Ceramics Galle Chinese Calligraphy Gallery Chinese Paintings Gallery Chinese Coins Gallery

图1

（二）注重评价的意义

1. 制定评价标准

学生完成作业提交后，通过圈星方式进行评价，每项各有四星，一星是较差，二星是一般 ，三星是良好，四星为优秀。开展自我评价、同伴评价和教师评价三个维度的评价。自我评价围绕总结优点、反思不足、改进三个方面，指向性明确，学生得以回顾过程，总结经验得失，找到改进方向。同伴评价主要看目标达成度和展示的效果，如表达的流畅度、准确性、是否有感情，这样的同伴评价可操作性强，学生会主动以这样的标准用来提升自己的展示水平。

2. 开展互动评价

通过课堂互动时间，学生在钉钉平台上向同学分享展示，随后开展师评。教师针对每份小组作业一一进行评价和指导，寻找亮点，表扬学生作品中的精彩之处，并针对可能存在的不足提出改进建议。评价之后回顾过程，让学生总结本次长效作业分享带来的语言学习、表达能力的提升，促进了学生的思考和交流，助力学生反思总结思维品质的提升。

（三）增强主动性，提升自主学习能力

1. 增强主动性探究的作业内容设计，激发自主性

由于学生都是自主选择感兴趣的目标，选择后会带着很大的好奇和热情去探索信息，因而成功地调动了学生的积极性，学生的主动性也得以发挥。五年级的学生具有一定的思考和上网查找相关资料的能力。学生先汇总需要查找的信息，然后通过一系列搜索或是登录相关博物馆的公众号查找相关信息，其中包含提出问题、发现问题、解决问题的各个环节，使解决问题能力的全面提升。例如，学生会利用百度、谷歌等搜索引擎来查找信息，然后利用百度翻译、有道词典等将搜集到的信息翻译成英文，遇到读不准的单词会反复点击百度中的有声朗读跟读。最终，学生发现这些都是自主学习英语生词和读音的好方法。

2. 改进作业反馈方式，发挥能动性

设计录制好视频后，学生先是自己查看，看自己有没有发音不够准确的单词、表达是否流利准确。小组成员之间互相提出改进意见，通过自我反思、互评提升语言表达能力。

为了使自己的成果能以最好的形式展示出来，学生也会向家长、老师求助，自学、摸索、尝试制作PPT，解决图片、音视频插入或视频剪辑等技术问题，激发自己潜在的能动性。

从确定目标到完美展示，学生的英语语言学习能力、语言表达能力和多媒体技术综合运用能力全面提升，自主学习能力在实践中得到锻炼。

四、成效与反思

本次长效作业设计新颖，在综合分析学情的基础上，又从学生实际感受出发，有效激发了学生的学习兴趣。学习兴趣是推动学习、探索新知的内在力量，是调动学生学习积极性、主动性和求知欲的关键所在。

学生在理解作业要求的基础上积极探索个性化的展示方式，不但唤起了学生的创造力和表现欲，而且提升了学生的自主学习和探究能力。在作业实施过程中，学生综合运用理解、分析、比较、推断和评价等方式，使思维更有深度，思维品质得以提升。学生通过分工合作和各自的努力，学生最终展示和分享精彩的作品，在巩固语言知识、全面提升能力的同时，也丰富了居家生活。

回顾作业的实施过程也还有很多方面需要调整和改进。例如，学生好胜心比较强，为了让本组作业能够胜出，他们分工时就会考虑小组成员的特点，小组成员各自发挥长处，分工就会相对固定化、模式化。分享和展示作业的同时，要注重计划实施、组织协调成员和多媒体制作过程的经验分享。"云游美丽中国，博物馆之行"的长效作业对于学生和教师来说都是一次全新的体验，期待更多新鲜的、真实的收获和体验！

五、点评

教师从现实问题出发，围绕单元教学主题和学生的生活实际，从培养学生的自主规划能力、自主设计能力、自主实施能力出发，在教材内容的基础上，拓展学习资源，并让学生依托小组合作的方式展开自主学习，在此过程中积累更多有关博物馆的信息。同时，教师不仅关注课堂教学中学生自主学习能力的培养，而且在课后作业的布置过程中，根据教学中的问题或任务，设计实践型作业，帮助学生巩固所学，也关注评价在学习过程中的作用。希望教师在评价方面能进一步提炼有效的做法，并有效落实其在助推学生的自主学习方面所起到的作用等。

培养学生课堂上的自我评价和反思能力

——以一年级英语1B M2 U2 Food I like为例

上海市浦东新区福山唐城外国语小学　王玲玲

一、背景说明

学习中的自我反思和评价是学习者促进学习成功、提高学习效率的有效手段。小学生的自我反思和评价意识尚处在初级阶段，他们讲不清思考过程，缺乏反思意识，故本案例旨在研究如何在学习过程中强化学生的自我反思和评价能力。我在教学过程中，有意识地设计一些学习场景，帮助学生提高学习中的自我反思和评价水平，从而提高学生的自主学习能力。

二、过程描述

本案例是《英语（牛津上海版）》1B M2 U2 Food I like第一课时Having a snack party的教学。本单元的目标是让学生能认读并初步运用常见的食品类词汇，能在具体语境中运用所学与他人进行简单的交流与分享，并且在学习过程中，进行自我反思和评价。为达成以上目标，我进行了以下尝试。我设计了一份评价表，学生在学习过程中以此评价表为评价标准（表1）。

表1

I can read the words correctly. 我可以正确读出单词。	
I can find out the pronunciation rule of i and e. 我可以找到i、e的发音规律。	
I can read the dialogue fluently. 我可以流利地读出对话。	
I can act out the story completely. 我可以完整地表演出故事。	
I can act out the story emotionally. 我可以有感情地表演故事。	
I can correct by myself. 我可以自己纠正错误。	

续 表

Total stars:
Excellent：5～6 ☆
Good：3～4 ☆
To be improved：1～2 ☆

教学场景一：While-task procedure—Learn the word rice

教师先请学生听录音，然后给出图片和r_c_，请学生根据发音，尝试将单词填写完整，然后请学生朗读单词。学生对照录音以及教师的发音，模仿跟读后评价自己读得是否准确。教师提问学生：这样的单词有什么规律，马上有学生列举出了几个单词。教师出示几个有相同规律的单词，如ride、nice、bike等，请学生尝试读出单词，总结规律，帮助学生归纳总结这类单词的发音规律。最后教师请学生自我评价在本次学习过程中，自己是否能找到_i_e这类单词的发音规律。

教学场景二：While-task procedure practice—Can I help you? ...

教师先出示各个相关场景，提问学生这些场景有什么相同之处，思考在这样的场景下，怎么开始对话，然后出示正确的对话让学生进行操练。一开始，学生操练的对话比较平淡，教师请学生思考：你们到这些地方去消费，店员是什么样的语气和态度呢？因为这些场景很生活化，学生马上体会到该如何扮演店员的角色。最后学生根据自己能否在情境中完整地说出对话进行自我评价。

教学场景三：Post-task procedure—Act out the story

再次阅读故事，学生通过阅读，更深入地了解故事。学生利用所学知识画出自己喜欢的食物，进行说练表演。要求对话完整流利，表演感情丰富。表演完毕，学生可以根据自己表演对话的完整性和流利程度在评价表中进行自我评价。例如，在说到"I like eggs."时，有学生漏了s，教师尽量引导学生自己发现错误并进行改正，如提问学生这句话里是否有说错的地方，提醒学生自我纠正。但是学生还是无法自己发现错误的地方，教师给出两个句子："I like apple."和"I like apples."，提问学生哪一句是正确的，学生最后在教师的提问和引导下，纠正了错误。教师引导学生反思自己的答案，自主客观评价是否能自我纠正错误。学生参与反思和评价活动，切身感知自己学习活动的得失，积极主动参与自主学习过程，真正成为学习主体。

三、教学反思

英语教学的根本目的是培养学生用英语获取信息和处理信息的能力，从而为学生的发展服务。新课标提倡学生综合运用英语语言，形成积极的情感态度，主动思维，大胆实践，提高跨文化意识，并自主学习。要提高学生的学习能力，应该先从培养学生的自我反思和评价能力入手，培养学生学习的主动性和自觉性。通过本次案例研究，我有如下体会。

（一）设计评价标准，帮助学生自我评价

教学评价是教学活动中不可缺少的一部分，一般在教学过程中，在学生回答完老师的问题后，通常老师会给出一些评价。现在老师请学生自我评价，在课堂上给出明确的评价标准，告诉学生如何使用评价表，让学生利用评价表进行自我评价。学生在老师的引导下，学习公正地客观地评价自己的表现，争取有更好的表现。

（二）提出适切问题，引导学生自我反思

如果说英语环境是英语课堂思维建立的土壤，那么一个在学生认知范围内的问题就是带动学生思考的种子。英语的教学不应该是教师一味地传授，学生被动接受的过程，这样的教学仅仅是机械操作，没有将知识内化为学生自己的知识。学生需要主动思考，有一个思维的过程，从而自己解决问题，这样的课程才是有生机的、有活力的。一个适切的问题等于成功的一半，它能够引起学生自己的思考。在学生给出错误回答时，教师尽量让学生自我反思，利用提问的方法，循循善诱，帮助学生找到错误并改正，让学生得到更加完善的答案，让原本单一的教师讲授变为不同思想间的碰撞，激发学生的学习积极性，从而促使学生进行有效反思。

（三）利用归纳总结，加强学生主体活动

充分利用评价，使学生认识到自我评价对于学习能力发展的意义。当教师的评价是学生喜爱或易于接受的形式时，学生的学习自信心就会提高，从而直接影响学生的学习积极性和主动性。学生是学习的主体，教师应该让学生开展评价活动，参与评价活动，切身感知自己学习活动的得失。在本次案例中，教师采用口头评价以及学生自主评价等评价方式，让学生反思当日所学的东西和不明白的地方，完成学习资料包，大大激发了学生的积极性，促使学生主动发言、主动思考。学生积极主动参与学习过程，真正成为学习的主体。"吾日三省吾身"不仅是我们对自己的要求，还要帮助学生养成这个好习惯，让他们从而使学生及时发现问题，不断改正进取。

通过本次的案例研究，我的收获很大，也对如何提高学生自我评价和反思能力有了很多感想：课堂上要以学生为主体，要不断对学生进行积极有效的引导，促使学生进行自我反思和评价，逐步实现学生学习自主化。

四、点评

本案例的切入点比较小，围绕案例主题开展的解释说明针对性比较强，前后呼应得比较好，结合具体的案例，能有效展示教师的具体做法，以及在实施过程中对助推学生自主评价和反思方面所起到的积极作用。希望教师在后期的开展过程中能比较有针对性地设计相关的评价表。因为本案例所给出的评价表不能比较好地体现出课时特征，也希望教师在今后的实施过程中进一步思考和设计能助推学生高阶思维发展的评价标准，更好地提升学生的反思能力，等等。同时希望教师开展培养学生自主学习能力的深度探究。

培养评价能力，启发自身认识

——以4A M3 U 3 Panda's glasses shop为例

上海市浦东新区福山唐城外国语小学　曹凌君

一、教学背景

在英语学科的核心素养中，学习策略占重要一席。学习策略包含认知策略，认知策略又涉及元认知理论。元认知是认知的认知，在英语学科里指的是学生自主语言学习能力的发展。

认知与元认知相互影响、相互作用。例如，我们会突然觉得自己没有完全弄懂阅读材料（元认识体验），所以会对阅读材料和有关解释资料进行温习（认知行为），以便弄明白到底哪些信息没有掌握（元认知体验）。通常元认知较强的人会发展出更多的认知手段，获取更多的信息，掌握更多的策略，也就能更好地完成认知任务。故而在小学阶段，用元认知理论来发展学生的英语自主学习能力的实践具有十分积极的意义。

学生在英语阅读过程中，受限于自身的语言水平，容易遭受挫折，需要教师不断给予鼓励。教师不应只在阅读策略上帮扶，更要树立学生的信心。学生有了自信，引导他们步入元认知大门的契机才能出现。

本单元的故事Panda's glasses shop，情节简单，结尾戛然而止，没有明确结局，留有悬念，在语言上仅有极个别生词，学生对故事的阅读和理解较为容易。我通过鼹鼠太太和大象先生因视力不好到熊猫眼镜店购买眼镜的情节让学生自主体验购物。同时通过在小鼹鼠和小象因彼此差异较大而无法共同玩耍时，乐于助人的店主熊猫先生拿出了魔法眼镜，帮助二人解决了心理上的落差的情节让学生感受到的助人所带来的乐趣。我设定的教学目标是希望学生通过表演最终能自主复述这个故事，引导学生对于这篇故事的内在情感价值进行思考：什么是朋友？人与人不能因为有个别的差异而不敢去接纳友谊。

二、教学过程

Activity 1：Warming up

Step 1. Hot news

Step 2. Elicit: a glasses shop

Step 3. Talk about the glasses.

设计意图：以Hot news为热身活动，帮助学生进入英语学习状态。通过图片展现眼镜店场景。教师让学生用已学语言知识自主描述自己看到的眼镜并思考眼镜的功能和戴眼镜的原因，引导学生通过描述自主评估自己的语言水平和思考盲点。

Activity 2：Lead in—Mr Panda's self-introduction about the shop

Step 1. Elicit: Mr Panda

Step 2. Listen and read.

Step 3. Read in roles.

设计意图：借助熊猫先生的自我介绍引出故事的背景。教师通过听读，鼓励学生进行角色模仿，引导学生对角色模仿是否到位进行自我评价，感受熊猫先生的角色特征。

Activity 3：Scene 1—Mrs Mole buys small pairs of glasses

Step 1. Lead in.

Step 2. Ask and answer.

Step 3. Learn: mole & little

Step 4. Learn: forest yuan.

Step 5. Watch the video again.

Step 6. Read in roles.

Step 7. Fill in the blanks.

设计意图：观看动画，引入鼹鼠太太和小鼹鼠进店，由此学习mole和little，接着导入故事中的货币，让学生自主体验购物。用填空练习，让学生掌握故事信息，为课后学生复述故事做准备。

Activity 4：Scene 2—Mr Elephant buys big pairs of glasses

Step 1. Lead in.

Step 2. Ask and answer, and then complete.

Step 3. Watch the video again.

Step 4. Read in roles.

Step 5. Fill in the blanks.

设计意图：观看视频，让学生自主提取故事中的信息，完成短文；抓住对话核心，学生自主进行角色模拟，在角色朗读中进行自我评价，体会角色情感，对自己完成情况进行自我监控，以便自我调整；最后完成填空的练习，为学生能在课后复述故事做准备。

Activity 5：Scene 3—Mr Panda helps the two little animals

Step 1. Listen and guess.

Step 2. Watch the video.

Step 3. Read in roles.

Step 4. Fill in the blanks.

Step 5. Learn: worry and don't worry

Step 6. Watch the video.

Step 7. Learn: put on

Step 8. Learn: magic

Step 9. Fill in the blanks.

Step 10. Watch the video again.

Step 11. Read in roles.

设计意图：教师运用实物模拟对话场景，促使学生自主思考，提升学生高阶思维和解决实际问题的能力，并在分角色朗读中引导学生自我评价。

Activity 6：More practice

Step 1. Enjoy the whole story again.

Step 2. Think and judge.

Step 3. Read in groups and act.

Step 4. Elicit: the value

设计意图：回顾故事，加深学生记忆，在朗读与表演故事的过程中，加深对故事的感知，引导学生对于这篇故事的内在情感价值进行思考：什么是朋友？人与人不能因为有个别的差异，而不敢去接纳友谊。

三、反思与改进

通过本堂课的教学，我完成了基本的教学内容和目标，但本堂课和一节真正的阅读课相比还有较大的差距。我在课中利用元认知理论，着力让学生自主评价并进行自我反思，从而自我调控。通过这节课的学习，我希望学生能学会把握故事的关键信息，利用story map来复述并表演故事。本节课存在以下不足：教学过程中缺乏让学生阅读的过程，采用了传统故事课型的教学方法，操练偏机械，难度上欠缺层次，最后的价值观引导也比较生硬。这是一节值得在教学设计上重新构思的课。

故事可分为三个部分，用分情节的方法推进教学更为合适。在今后的教学中，我认为教师不单是使用教学用语，也要用无声的语言去引导学生进入英语学习。现在的我，还有相当长的一段路需要走。一节优秀的英语课，仅靠话语确实不够。只有建立在教师清晰教学目标上的教学活动，才能让学生在英语学习上得到帮助。

这个故事的情感价值在文本上并没有得到体现，而小象和小鼹鼠只有想要一起玩耍的意愿，但并不能上升到友谊的层面。这篇故事的学习还是应该着力于让学生感知故事中的逻辑因果、细节和先后发展顺序，从这些方面去训练培养学生的阅读技巧，最后落实到口头的表演和完成书面的story map上。为了培养学生的阅读技巧，我利用完形填空的练习方式，帮助学生抓取故事中的关键信息。通过自我评价，学生了解到自己的优势与不足，提升了自己的元认知。当故事简单，难以找到切入点时，为了凸显教师所挖掘的情感价值而偏离英语课培养学生语言素养的重心，是不可取的。英语课的目的是培养学生的英语学科核心素养，而非过分探求其中的情感价值内涵。

关于板书，由于设计了让学生去主动挖掘是什么让人们成为朋友、成为朋友需要什么条件、什么才是真正的朋友等情感价值，以期升华主题，所以板书上并未呈现出教师给学生归纳总结的内容（图1）。而且板书对故事情节的梳理也有所欠缺，只用人物关系图的脉络来呈现。虽然在上课过程中，带领学生学习故事中的三段情节，完成了板书中的story map。但学生对于板书建构的故事框架还是不够清楚，这给学生完成故事的复述表演造成了一定的困难。这样的做法显然也是不可取的。

图1

基于元认知的小学英语教学还在摸索阶段，但我们不能因困难而止步。传统的教学模式确实让人形成了一种难以忘掉的思维定式，学生自主学习的教学方式必然与传统的教学方式有所不同，这应当是一套自下而上的系统培养模式。在培养学生的能力和意识时也不是急于求成的，需要教师在自主学习上细心地挖掘并大胆地尝试与实践。

四、点评

本案例从英语课程标准所提出的具体要求出发，结合课例展开相关的说明，但案例的框架结构不够规范。本案例的第二部分只是简单呈现了教师的教学环节以及环节设计的说明，对于学生在自主学习过程中所表现出的自我调控、方法选择等方面没有进行深入的说明，只阐述了做法，没有分析说明行为背后的理念支持，以及相关做法对培养学习自主学习能力的促进作用，等等，希望教师能进一步凸显学生在教师指导下学习行为方式的变化。

情境创设启思考，自主学习启发展

——以1B M3 U1 P2 Seasons I like为例

上海市浦东新区福山唐城外国语小学　丁一

一、教学背景

随着素质教育的不断改革与发展，英语作为一门国际化语言，在小学阶段的教学内容看似更贴近实际生活，但如何在简单的英语教学中让学生体会到英语的乐趣，愿意主动去学习，其实是一种新的挑战。教师应该有意识地帮助学生构建适合自己的学习策略，采用科学的途径提高学习效率，形成自主学习的能力，为终身学习奠定基础。

对于一年级的学生来说，教师完全放手让学生自主学习是不太现实的。因此，我在授课时会创设有趣的情境，设置多样化、难度螺旋上升的问题，以此来丰富学生的学习体验。

本节课是Seasons I like，总体情节简单易懂，学生可以通过四个主人公走进四季、体验四季、享受四季时的介绍，在了解与运用春夏两季与体感类词汇的基础上，进一步理解与感受秋冬两季以及相对应的体感类词汇，如autumn、winter、cool、cold等；在语境中，能进一步运用核心句型向他人介绍和分享自己喜欢的季节、喜欢的活动，激发对自然和生活的喜爱之情。

二、教学案例

教学场景一：

我首先和学生一起回顾了第一课时大熊和朋友们无法出去享受四季的原因，然后请学生猜猜：神奇的哆啦A梦会想出怎样的好点子帮助他们享受四季？因为大部分学生都看过《哆啦A梦》这部动画片，所以他们都觉得是它运用了魔法帮助大熊和朋友们出去享受四季。之后，我在PPT上展示了一个门，很多学生立马就猜到了这是任意门。借此，我引出了magic door，让学生和四位主人公一起进行特别的四季享受之旅。

教学场景二：

为了帮助学生更好地进行语言输出，Let's say部分我有意识层层递进地进行教授。首先，PPT先出现白框内的四句话（图1），让学生欣赏春天的颜色、感受天气和闻花香的美好。接下来，隐去smell flowers和nice，同时出示其他春天可做的事情的图片，并将其分成眼睛所看、耳朵所听、嘴巴所说和鼻子所闻之事，将语段输出的难度降低、兴趣度提高。学生了解到不同感官能分别带给自己不同的体验，能回想起自己感受过的春天的美好。最后，水到渠成地点出"I like spring."

图1

教学场景三：

Autumn和winter并非本单元的核心词汇，因此本节课我弱化了对秋冬的教授。为了巩固spring和summer片段中的句型，也为了check学生的掌握情况，描述autumn和winter时，我提供了三种不同梯度的句型支架供学生参考：第一种是核心单词挖空，能力一般的学生可选择；第二种是只提供句型框架，大多数学生可以完成；第三种是出示图片和关键词，能完成的学生也不少，只是质量参差不齐，容易出现加词或漏词等小问题。

三、案例反思

（一）创设生活情境，让学生自主"趣"学

一年级的小朋友有个常见的学习特点，就是在掌握了新知后很容易分心。为了避免此情况，且让学生愿意开动小脑筋自主学习，我设计了将核心句型"Spring is..."运用到生活情境中的环节。针对眼睛、耳朵、鼻子、嘴巴感官类的体验，学生自愿选择其中的一项或几项来进行表达。此外，通过感官类的词汇，也让学生更快地回想起平时自己在春天的活动，从而为之后的表达做铺垫。

（二）引导学生思考，让学生自主"愿"学

为了帮助学生将过自己过去的知识经验有效地应用于目前的知识情境中，在不提高学习难度的基础上，让学生"愿"学。在让学生感知夏天美好活动的体验时，我在图片上出示了几张背景为夏天的班里学生的玩耍图片，先激发学生的学习兴趣，然后出示了1张水果图片和1张饮料图片和感官类的小图标，接下来请学生两两一组自主讨论他们夏天还会做些什么。接着，请几个学生分享了他们夏天的真实活动和对夏天的喜爱之情，这个环节不仅夯实了句型的教授，也在趣味中和学生的意愿中巩固了之前所学词汇。

（三）培养学生的观察力，让学生自主"好"学

在春天和夏天两个季节的铺垫下，在教授秋天和冬天哆啦A梦会进行什么活动时，我请学生先仔细观察PPT上的图片，有的图片上会直接显示一些活动，有些图片只展示游戏时用到的物品，有的图片很小但会通过声音进行提示。这个环节的设置在激发学生学习兴趣的同时，能考查学生对身边事物观察的细致度，起到间接提醒学生要多观察生活的作用。

总而言之，本节课学生对于学习更有明确性，从而能更好地识记、理解与运用单元核心句型。学生在听看、朗读、表演与思考中激发了学习兴趣、培养了表达能力。同时本节课培养了学生捕捉关键信息的能力，使学生的自主学习能力得到了发展。最后，在语言输出环节的角色扮演活动中，学生能够较完整地表达。学生的总体掌握情况较好。

在今后的教学中，我要有意识地多帮助学生构建适合自己的学习策略，采用科学的途径提高学生的学习效率，从而帮助学生形成自主学习的能力，为其终身学习奠定基础。

四、点评

本案例主题鲜明，在阐述的过程中，能梳理出相关的核心思想，并能结合具体的课例加以说明，文稿的前后关联性比较强。同时，教师根据低年段学生的年龄点和认知特征，提出了"创设生活化情境""培养观察力"等方面的做法，实操性比较强，围绕生活的情境性以及学生的观察力的培养的案例说明，在一定程度上能助推学生自我学习方法的选择以及策略的运用等，希望教师能借助相关的评价标准，从学生的自主评价和反思入手，更全面地关注学生自主学习能力的培养。

创设真实课堂情境，提升学生学习质效

——以五年级M2U1 *Food and drinks*为例

上海市浦东新区福山唐城外国语小学　赵怡婷

一、案例背景

"学生自主学习是元认知监控的学习，是学生根据自己的学习能力、学习任务的要求，积极主动地调整自己的学习策略和努力程度的过程。"根据这一理论，在教师的引领下，学生会对为什么学习、能否学习、学习什么、如何学习等问题有自觉的意识和主动的反应。对于学生自主能力的培养，主要可以从自我计划、自我选择策略与方法、自

我实践、自我调控、自我反思和自我评价的方式等途径入手。高年级学生通过不断学习及策略的运用，能够基本掌握自主学习能力，但道阻且长，在课堂中还需要不断实践与改进。因此，我尝试在五年级M2U1Period2中进行教学实践探究。

本次课的主题是Food and drinks，让学生通过利用what did you have for...? I had...的表达方式去了解同学、家长等的饮食习惯，并做出相关判断。有关饮食习惯的内容与我们每个学生的生活息息相关，学生都感兴趣，并且对于饮食的词汇，在以往的学习中已经有所积累。然而在学习过程中往往会出现"知道却说不出"的情况，也会存在语法知识混淆的问题。针对这一问题，我通过课前、课中、课后的多种学生活动，使学生在语境中、自主探究中、合作交流中掌握语言知识并提高语言表达能力，为后续英语学习奠定基础。

二、案例描述

本课的教学重点是对于What did you have...? I had...句型的学习，并且使学生能够应用句型与同伴进行问答，从而养成健康饮食的概念。

教学场景一：

在进行第二课时教学内容前，我让学生观察并记录上课前一天家里冰箱内的食物，并且用已经学过的语法知识进行表达，简单介绍自己家庭冰箱储存情况。大部分学生能够利用各项资源自主完成情况记录表，并用I have...，there be等基本句型进行表达。

随后，我通过对学生家庭真实的冰箱储存情况进行模拟展现，让学生通过对食物的摆放来介绍自己家的情况，从而达到复习本单元核心词汇的目的。与此同时，让学生自主探究语句表达中的时态问题。

有学生在描述前一天的情况时使用了一般现在时I have...的句型进行描述，然而通过生生间的讨论，学生发现前一天属于过去的时间，在表达时应该考虑到时态问题。有了这样的问题引领，学生也增加了学习的兴趣和动力。同时，我通过创设课文人物对于昨日饮食讨论这样的情境，让学生能更沉浸式地进行探究学习。

教学场景二：

在课中，通过Danny、Alice和Jill上学路上聊天的情境引出核心句型的学习，并利用学生身边的人物进行句型演练。这样的方式也更加贴近生活，增添了学习趣味性。

在传统的语法授课过程中，教师往往会让学生重点关注句子的各种情境或关键词，以达到学习的目的。但这样的方式相对来说更加生硬一些，对学生而言也难以留下深刻的印象。在本节课中同样遇到这样的问题，对于特殊疑问句的表达，学生会记得使用did来表示过去时间的语境，却忽略句型中动词的变化原则，而这却是应作为重点进行解释与分析的部分。

然而，合作探究的方式比教师引领更加有效。因此在实际授课过程中，我先让学生根据图片所给信息思考如何完成问答。接着，引导学生通过合作的方式共同探讨并完成对话内容。而在对话过程中，有学生提出问句中的动词变化有所不同。因此在问题的驱动下，大家通过对问句的对比了解到其特殊之处并尝试找到一般过去时在特殊疑问句中的使用规律。为了更准确地总结归纳特点，过程性评价在其中也起到了关键作用。通过不断地观察、交流以及互评等方式，学生找到了问题也准确总结了这一句型的使用重难点。这样的方式能够更好地促使学生形成自主学习探究的能力。然后，让学生再一次回归到情境对话进行自我调控。最后，通过自我反思与师生及生生之间的评价，使学生对于句型的掌握更准确、更熟练（图1）。

图1

教学场景三：

在post-task阶段，我融合了本单元第一、二课时的相关内容，让学生根据调查内容完成表格，最终以报告形式呈现。考虑到不同学生的语言能力差异，我以小组的形式布置了这次的作业（图2、图3）。

What about your ___?

name	breakfast	lunch	dinner

A: What did you have for breakfast/lunch/dinner yesterday?

B: I had _____ for _____.

图2

Give a report

This is a report about my friend _____.

In the morning, he/she had _____ for breakfast.

At noon, he/she ____ _____ for lunch.

In the evening, he/she ____ _____ for dinner.

I think they are _____. We should have three meals every day on time.

图3

但在调查过程中，学生发现了图一表格的不足之处——对于部分学生而言，仅仅复习了与食物相关的单词，若要完成报告并成段表述还有难度。此时，学生转变学习策略，通过组内对话实现自主实践与调控，并通过自评、互评以及师评来优化表格及对话内容，使其更具功能性（表1、表2）。

表1

Self-evaluation sheet（自评表）	
Part 1: Preparation	
1. I can ask and answer the questions	☆ ☆ ☆ ☆ ☆
2. I can finish the form	☆ ☆ ☆ ☆ ☆
3. I can give a report	☆ ☆ ☆ ☆ ☆
4. One or two points should be added or changed（需要增加或修改一两处内容）	☆ ☆ ☆ ☆ ☆
5. More than two points should be added or changed（需要增加或修改超过两处内容）	☆ ☆ ☆ ☆ ☆
Part 2: Presentation	
Correctly	☆ ☆ ☆ ☆ ☆
Fluently	☆ ☆ ☆ ☆ ☆
Emotionally	☆ ☆ ☆ ☆ ☆

表2

	Items（评价项目）	Standards（评价标准）	Evaluation（评价）
1	Language（语言）	Pronunciation（发音准确）	☆ ☆ ☆ ☆ ☆
		Intonation（语调标准）	☆ ☆ ☆ ☆ ☆
		Words（用词恰当）	☆ ☆ ☆ ☆ ☆
		Grammar（语法正确）	☆ ☆ ☆ ☆ ☆
2	Contents（内容）	Structure（结构清晰）	☆ ☆ ☆ ☆ ☆
		Ideas（具有创意）	☆ ☆ ☆ ☆ ☆
3	Presentation（展示）	Expression（表达流畅）	☆ ☆ ☆ ☆ ☆
		Emotion（感情充沛）	☆ ☆ ☆ ☆ ☆

　　这样的学习方式既能让后进生掌握核心内容，也能让学有余力的学生发挥自主学习能力，提升学习动机，提高学习效率（图4）。这也让组内学习更有效。

图4

三、案例反思

英语新课程标准强调从学生的学习兴趣、生活经验和认知水平出发，倡导体验、实验、参与、合作与交流的学习方式和任务型的教学途径，发展学生的综合语言运用能力，使语言学习的过程成为学生形成积极的情感态度、主动思维和大胆实践、提高跨文化意识和形成自主学习能力的过程。学习了这一理念之后，我就开始积极地在教学中进行尝试。在英语教学中，我尽量让英语走近学生，贴近学生的生活，激发学生的兴趣。本次的教学实践中有关饮食习惯的内容与每个学生的生活息息相关，学生都感兴趣，每个学生都能积极参与到课堂教学中，在生生互动以及师生互动中，达到了预期的教学效果。通过这次实践，我对英语教学有了更深的认识。

（一）提升自主学习兴趣——优化合作环境，使学生"乐学"

兴趣是促进学生主动探究知识的重要因素，是学生学习的动力，而生活中的英语能充分引起学生的好奇心，大大激发学生的兴趣。同时，合作探究的方式既能增加同学间交往和语言实践的机会，又有利于增强学生的自信心，培养学生的协作精神，让学生迈出自主学习的一大步。

（二）提高自主学习效率——优化评价方法，使学生"善学"

要让学生变成学习过程中的积极参与者，发挥学生的主观能动性。课堂活动设计需要能够支持并逐步培养学生的独立性、自主性。但要使学生保持持久自主学习的动力，还应采用合理的教学评价方法。其中形成性评价就不失为一种良策。形成性评价关注学生的学习过程，既让学生体验到进步和成功，认识自我，建立自信，培养自主性，又使学生看到自己的不足，便于学生及时调整学习方法、策略等并为以后的学习指明努力的方向，从而实现自主学习、自主发展，最终获得综合运用能力的全面发展。

现代教育已不再局限于在校园内和课堂上进行有限的知识传授，更多的是对学生自主学习能力的培养，只有对学生坚持进行自主学习能力的培养，才可使终身教育成为可能。总之，在实施素质教育过程中，要注重培养学生自主学习的能力，促使学生在教学活动中自主去探索、去思考，达到最佳的教学效果。

四、点评

教师围绕本案例的主题，结合具体的课例片段，分别从学习环境、小组合作、评价标准等方面对培养学生自主学习能力进行了解析说明。课堂片段的说明在一定程度上能凸显教师对培养学生的自我计划、自我反思、自我评价、自我调控等方面的思考。此案例的实践性和操作性比较强，有一定的现实意义。但本案例的主题比较宽泛，对于什么是自主学习环境的界定还不够清晰，建议教师进一步明晰案例的主题，并围绕主题开展有针对性的说明，同时需要进一步归纳总结所取得的经验、分析存在的不足。

云端组队共合作　项目学习探未来

——以三年级项目作业“Protections we can use in the future”为例

上海市浦东新区福山唐城外国语小学　刘诗怡

一、案例背景

在实施素质教育的过程中，注重培养学生自主学习的能力是不容忽视的要点。在“双减”背景下，教师从作业设计的研究出发，促使学生自主去探索、去思考，以达到最佳的教学效果。本文以项目式学习为途径切口，研讨学生如何能置于真实的、有意义的问题情境中，自主探究和协作交流，并在解决问题的过程中学习问题背后的知识，形成问题解决的技能、发展综合能力。

二、案例描述

考虑到线上教学的模式不妨碍学生通过网络建立合作小组，锻炼自主学习能力，培养积极的思维品质，而且“云合作”更能帮助学生掌握较强的信息处理能力，提升必要的社会交往能力，我们备课组结合三年级下牛津英语Module 2、3的教学内容设计了一份主题为Protections we can use in the future的模块项目作业（图1），要求学生以小组合作的形式完成“后疫情时代的防护用品”的设计与介绍，尝试为学生创造一个运用模块学习内容解决问题的交际任务，在过程中帮助学生建构自己的自主学习模式，培养学生运用所学语言解决问题的能力。

牛津英语3BM3 长效作业

Protections we can use in the future

自从2020年新冠病毒在全球蔓延，尤其随着3月以来上海疫情的发展，小朋友们的生活方式也有了不少改变，相信大家都在思考怎样在后疫情时代做好自我防护，在各种脑洞大开的防疫物品加持下感受四季的美好，那么让我们一起开启探索之旅！

Design a protection for the future.（让我们化身小小设计师，发挥想象，设计一款面向未来的防护用品吧）

✧ Step1：Discuss and write down your roles.（请仔细阅读下列分工，四人组成一组完成任务分配，并将姓名填入空格内 ）

Role	Details	Name
S1: Designer (设计师)	Please discuss and draw the protection down.	
S2: Maker1 (制作者 1)	Please make it with different materials.	
S3: Maker 2(制作者 2)	Please make the PPT.	
S4: Reporter（介绍人）	Try to introduce the protection in English.	

✧ Step 2: Design a protection for the future.（为了自我防护，我们可以设计各种各样的防疫物品，既时尚美观，又实用方便，例如可以是一件自动喷洒消毒水的雨衣，例如可以是一块裹上直接出门，做完核酸立马回家的魔毯；也可以是一扇穿过就做核酸的魔术门等，请发挥想象，画一画你心目中的防护物品，并从物品名称，形状，颜色，外形特点，适用的季节，以及功能等方面简单介绍设计理念）

例：
This is our ______. It is ______.
It is ________.
It has ________ We can ______
It is ________ ________

✧ Step 3：Prepare the materials and tools.（请和设计师同学商量一下，需要准备哪些材料和工具？和小伙伴们一起写下来并着手制作吧）

Materials: ____________________

Tools: ____________________

✧ Step 4：Show your model protection.（请用照片或者视频的形式呈现你们的防护作品并介绍一下吧）

图1

（一）制订方案，统一落实

通过备课组集体商量和讨论，我们根据优质作业的设计理念提示，根据3BModule 2、3的教学内容将Protections we can use in the future作为本次项目作业的主题。因为它具备了“高结构”“强关联”和“共成长”的特质。

1. "高结构"

自主学习的首要条件是学生要有学习的愿望，强烈的学习动机为学生提供了学习的动力。具备了学习的愿望后学生才能具有学习决策感以计划并实施学习任务，同时辅以学习策略达到较好的学习效果。此作业以真实的社会问题为探究情境，以问题为中心，学生在教师的指导下，以类似于科学研究的方式去围绕一个项目展开探究，这样的"高结构"特质使得学生在英语听、说、读、写四大技能上都能得到充分的锻炼，突出了学生的主体地位。本作业内容已不再局限于课本及光盘，而是充分整合各种网络资源，从而培养学生自主掌控学习进程、自主查找学习资料、自主获取有用信息的能力。

2. "强关联"

结合M2"My favourite things"、M3"Things around us"的学习，学生掌握了"I like..."等句型的运用，以及能从"shape""colour""season"等方面着手描述事物。在作业与学习的"强关联"下，学生也就能根据教师课堂的要求和指导，并结合自身的多重学习动机、知识和信念设置学习目标。

3. "共成长"

在小组分工合作的前提下，信息技术为学生之间搭起了"共成长"的桥梁。让学生在学习中自由自在、无拘无束，才能产生思维碰撞、闪现智慧火花。学生共同在云端合作，有挑战性地解决一个有意义的真实的问题；在科学探究的过程，提出问题，寻找资源并应用信息；在做与自身未来相关的项目中，学生自主思考解决问题的方法并用自己的声音自主表达想法。

考虑到我们4个老师执教的班级各有特点，为了使年级组作业布置的要求相对统一和规范，我们由备课组长牵头完成了一份项目作业落实方案（图2），对设计目标、设计意图、完成进度以及具体作业要求都做了详细指导，根据方案，教师帮助学生明确作业的内容、形式以及相关要求，并提醒学生完成项目作业的步骤和注意事项，告知学生完成各阶段作业的时间节点。

图2

（二）加强指导，强调评价

根据前一次的项目作业的完成情况，学生对居家合作学习模式有了一定的概念和实践经验。在落实项目作业之前，我们预料到学生会碰到各种各样的困难，于是我们调整策略，把落实此次项目作业的时间定在第十二周，也就是劳动节假期期间，让学生针对项目作业有充分的思考时间和交流的空间，教师也能进行充分的指导和解答。

1. 加强教学指导，明确任务分配

当小组任务分配中出现矛盾时，教师进行一定的干预和指导。和小组成员一起商议任务分配，能增进学生间的感情交流，改善个别学生的人际关系；教师通过在线课堂能引导小组成员有更明确的句型使用，促进学生在学习上互助提高；通过指导学生利用各种软件进行编辑等，能激励学生更上一层楼，提升自主学习的探究性。

2. 关注教学评价，强化以评促教

我们针对项目作业设计了两张评价表，一张是项目作业开始前针对准备期的自查表（图3），主要是指导学生分析对项目作业内容感兴趣程度以及拥有的资源充沛程度，从而想办法找资源；通过告知准备过程的步骤让学生明确自己可以在团队中发挥的作用；最后通过罗列遇到的困难，引导学生想办法寻找正确解决问题的途径。如果说准备期自查表的设计目的是帮助学生梳理困难，想办法解决问题，那么项目作业课后评价表（图4）的设计目的就在于引导学生对整个探究和分享过程的评价进行反思，并清晰地了解自己的能力增长点，或看到自己的不足，从而在下一次的团队合作中能发挥自己的特长，针对自己的不足进行改进或寻求帮助。

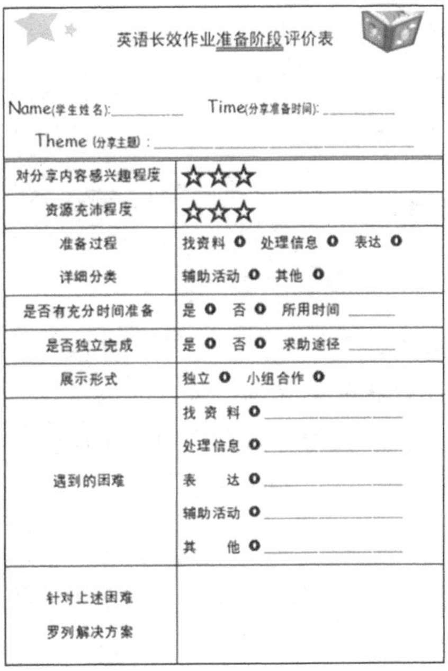

英语长效作业准备阶段评价表

Name(学生姓名):________ Time(分享准备时间): ________

Theme (分享主题) : ____________________

对分享内容感兴趣程度	☆☆☆
资源充沛程度	☆☆☆
准备过程 详细分类	找资料 O 处理信息 O 表达 O 辅助活动 O 其他 O
是否有充分时间准备	是 O 否 O 所用时间 ______
是否独立完成	是 O 否 O 求助途径 ______
展示形式	独立 O 小组合作 O
遇到的困难	找 资 料 O ________ 处理信息 O ________ 表　　达 O ________ 辅助活动 O ________ 其　　他 O ________
针对上述困难 罗列解决方案	

图3

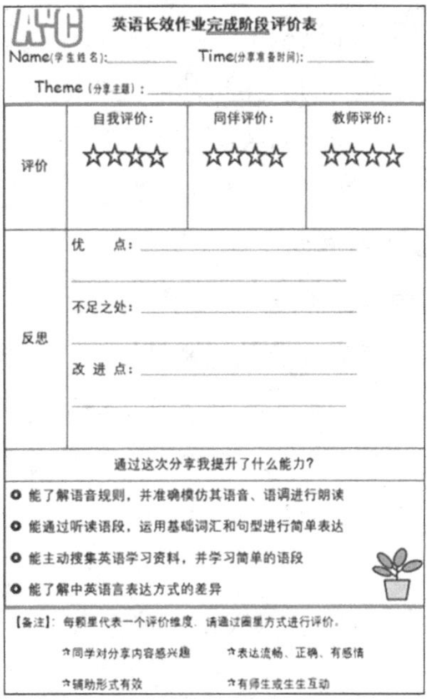

英语长效作业完成阶段评价表

Name(学生姓名):________ Time(分享准备时间): ________

Theme (分享主题) : ____________________

评价	自我评价： ☆☆☆☆	同伴评价： ☆☆☆☆	教师评价： ☆☆☆☆
反思	优　点：________ ________ 不足之处：________ ________ 改 进 点：________ ________		

通过这次分享我提升了什么能力？

O 能了解语音规则，并准确模仿其语音、语调进行朗读

O 能通过听读语段，运用基础词汇和句型进行简单表达

O 能主动搜集英语学习资料，并学习简单的语段

O 能了解中英语言表达方式的差异

【备注】：每颗星代表一个评价维度，请通过圈星方式进行评价。

☆同学对分享内容感兴趣　☆表达流畅、正确、有感情

☆辅助形式有效　☆有师生或生生互动

图4

三、案例分析

（一）问题驱动

三年级学生刚从低年级过渡上来，在学习上还无法做到完全自律，这需要同伴的激励和教师的引导。在线上学习过程中，学生可能会因为学习内容过于简单或者过于繁杂而产生厌学情绪，因此教师要设计有趣味性、有挑战性的英语作业，激发学生内在的学习动力，让学生在居家时能转变态度，从被动接受作业到主动完成作业。

（二）确立核心问题

我们从疫情现状出发，以"如何做好防护"为问题，促使学生畅想未来，思考怎样在后疫情时代做好自我防护。通过这样一个具有学科价值和社会价值的问题，引发学生自主思考。在教师所创设的一种类似于科学研究的情境下，学生们脑洞大开，以问题为中心，主动探究各种防护用品的形式与可能性。

（三）规划探究内容

当产生了自主思考后，学生根据自己发现的问题展开具体的自主规划。在教师的指导下，学生在知识的探寻过程中寻找方法，设想出一个个基本的防护用品形式。在这过程中，学生将学习的知识迁移到一个更广阔的空间，整理综合所获取的信息，从而培养创新精神和实践能力。学生完全处于一个动态、主动、多元的学习环境。依据规划的大致方向，学生再进行细节上的自主设计，如材料、工具、颜色、大小、用途、季节适应性等。

（四）推进实施过程

在小组交互过程中，学生共同建构项目学习内容，完成学习内容的选择、组织和编排。学生在真实的世界和抽象的思维之间不断地建立起相互的关联，进行深入的思考和学习；提出可能性的解决方案，进行决策分析，发挥各自的优势，成为认知意义的主动建构者。通过在团队中合作，学生学会交流与表达，大胆质疑、乐于探索、努力求知。

（五）探究落实

1. 组内分工探究

学生在落实探究的过程中，以3～5人的小组形式展开设计与实施。在确定了未来防护用品的形式后，小组成员从当下现有的防疫物品的原理、模式、设计等出发进行设计。在项目探究中，小组中每个学生分工不同，发挥着各自的优势。例如，有的学生擅长画画，负责设计并画出未来防疫用品；有的学生擅长动手制作，负责巧用各种材料实体制作出这份画作；有的学生擅长运用信息技术，就负责根据实物制作出描述其细节的PPT；有的学生则擅长英语口语，就负责用英语根据PPT流利介绍出这个未来防疫用品的设计。

2. 教师辅助协调

在这些过程中，教师发挥着指导和协调的作用，引导各小组学生完善设计和步骤等，同时适时督促不积极的学生积极参与活动，随时解答学生在探究中出现的问题，给出一定的语言支架和拓展词汇，展示windows等自带剪辑工具的软件使用教程，帮助学生根据探究的实际情况不断修正探究设计，使探究过程有条不紊。教师引导各小组进行合理的分工，小组成员可以各自发挥优势，也可以全程共同参与部分，避免了个别学生处理问题时过度情绪化，提升了学生在面对他人有不同意见时的交际能力。

3. 自主综合运用

在探究过程中充分发挥了学生的主体参与作用，培养了学生获取信息的能力，激发了学生学习英语的兴趣。同时收集的资料涉及美术、自然、数学等学科，使学科间的知识达到了较好的交融，培养了学生的跨学科综合能力。项目式学习能让学生在解决高度复杂的问题时调动阅读、写作等技能以及让学生提高在21世纪不可或缺的团队合作、解决问题、信息搜集、时间管理、信息整合、使用高新技术的能力等。学生在做中学，学习运用跨学科知识解决问题，兼顾了英语学科知识的掌握和领导力、演讲能力、合作交流能力等的培养。学生在这些方面得到锻炼和提升，才能更好地迎接未来挑战。

（六）成果共享

1. 编排整合资源

学生通过照片和视频的形式展示小组合作的成果：有神奇的防护球、有能自动喷洒药水的防护服、有智能消灭病毒的机器人等。这层出不穷的创意来自组内学生的互相帮助、团结协作。学生们将所收集的防疫物品的信息编排整合，达成了资源共享。

2. 展示交流成果

学生将收集的信息制作成PPT进行展示交流，提升了信息加工的能力。这提高了学生的存在感、价值感，也使学生的学习自信、团队意识在无形中得以加强。所探究的问题涉及科技发展、和谐共处，引导学生关注社会，发展了学生的社会参与意识。在锻炼学生表达信息、与人交流的能力的同时，也培养了学生的实践能力、观察能力、分析能力等。教师能从中判断学生是否掌握了M2、3的相关句型"I like..."等的合理运用，以及能是否能从"shape""colour""season"等方面着手合理描述事物，并进行一定的评价。

3. 互相评价学习

经过交流分享后，学生充分进行思维碰撞，展开相互评价，在自主评价中吸取各小组的优点。这个成果是学生在解决问题时查阅资料、同伴互助得来的，其中涉及的英语知识与技能等不是由教师直接讲授，而是学生自主运用并迁移的。小组间在交流成果时，互相从不同的学习和探究方式中吸取闪光点，从而进一步进行自主反思。这样的项目作业培养了学生的创新精神，发扬了他们的个性特长；充分发挥了学科教学的育人价值，促进了学生自主学习能力的发展。

四、成效与反思

（一）启发学生自主探究

项目式学习帮助学生主动获取信息，探索可行方案。在项目实施中，教师是辅助者和启发者，提供工具和方法，至于怎么用这个工具以及产生怎样的方案完全由学生自主探索。同时，教师通过启发性提问引导学生自主探索，而不是直接回答学生问题，提供标准答案。以体验式、探究式、项目式、综合性学习为主要学习方式也符合"双减"政策的关注重点。在项目式学习中，注重过程技能和核心素养的培养，学生由好奇心驱动，自主地为了自己学习变被动为主动，完成了自主思考、合作、探究、阅读、习作、修正等一系列项目实施的步骤，最终生成成果。学生作为学习的主体，通过独立地分析、探索、实践、质疑、创造等方法来实现学习目标。学生在过程中主动学、乐意学、善于学，培养了自主学习能力和习惯。项目式学习帮助学生自主学习、运用跨学科知识解决问题，培养了学生创新精神、实践能力、交际能力等，助力学生探究未来。

（二）成果评价有待提升

成果评价的环节还有待进一步的提升。教师可以根据发现的问题，继续布置新的任务，使学生的学习继续得到完善和升华，使探究持续进行。小组之间和组内之间的评价也仍有拓展空间，教师应留出更多的时间让学生通过评价得以充分的反思、调整。这样，可以更有效地提升学生自主学习的空间。

五、点评

本案例从现实问题和教学现象出发，围绕项目式学习，从理论分析、具体规划，结合具体的案例进行全面的阐述，内容比较丰富，前后的关联性比较强，有一定的说服力，在阐述的过程中能凸显出教师的核心思想。例如，在推动学生自主学习的进程中，应当先确立核心问题，以问题为导向，规划小组活动的内容，在此过程中借助评价手段，助推学生的自我评价和自我反思；在小组活动过程中，学生根据自己的实际情况开展相关学习策略的运用和方法的选取，学会自我调控，等等，建议教师进一步扩大相关研究，并提炼出可推广可复制的实施路径或相关操作等。

众人拾柴火焰高 以"评"促"学"更高效

——以4BM4U2 The Double Ninth festival为例

上海市浦东新区福山唐城外国语小学 江天舒

一、背景介绍

学生自主学习是学生根据自身的学习能力、学习任务的要求，积极主动地调整自己的学习策略和努力程度的过程。小学英语教师不仅要培养学生的语言运用能力和思维认知能力，还要有意识地帮助学生构建适合自己的学习策略，引导学生采用科学的途径提高学习效率，形成自主学习的能力，为终身学习奠定基础。

本课是Say and act板块，通过重阳节到敬老院探访老人，进一步了解重阳节的相关信息，让学生通过表演体悟和养成尊敬长辈的品德。本课的文本内容较简单，没有太多的生词，学生的朗读没有过多的语言障碍，但是本课的故事表演需要以小组合作形式完成。因此，如何有效地进行小组合作是本堂课教学研究的重点。

就教学本身而言，小组合作学习是一种学生在小组中通过明确的责任分工，完成共同任务的互助性学习，这种学习方式可以促进学生自主学习能力的培养，让学习过程更加深入和高效，提升学生学会学习的核心素养。在以往的教学实践中，我也会设计小组合作，但由于小组划分的随意性、组织的散乱、设置的时间架问题不合理、学生参与的欠平衡等因素，小组活动始终浮于表层或偏离正题，造成小组合作活动流于形式的问题很突出。

因此，这次的课堂实践，我尝试突破以教师为中心的框架，重在指导学习思路，放手给学生一个自行探索的空间和机会，让学生主动地学、灵活地学、创新地学、快速有效地学。指导学生通过小组合作尝试自我计划、自我反思、自我评价和调整，使学生能够更加明确各自的职责，合理分配小组成员，更有效地完成学习过程，并让不同能力水平的学生的自主学习能力都有所发展。

二、案例描述

（一）自我调控，合理分组，以优带弱

本节课中，我首先让学生和往常一样，自由组成四人学习小组。结果发现，学生基本上都是选择自己的好朋友进行组合。这种组合方式直接导致两种结果：小组中学习能力强

的学生居多的很快就完成合作任务，小组中学生学习能力普遍不强的则合作无法顺利开展。对此，我引导学生自我反思，找到小组合作中的存在问题。以往我可能更多关注小组学习的结果，对于学习过程和个人的学习情况关注较少。而这节课中，在小组合作再次开始前，我设计了几个问题，引导学生从"好朋友"组合朝"能力互补"组合进行自我调控：

（1）今天的学习小组要完成哪些任务？

（2）需要几个组员？

（3）谁能担任组长？理由是什么？

（4）以往的合作中是否顺利，存在什么问题？

通过问题引导，学生认真分析以往合作中的问题，各抒己见。

有的学生说：我们小组能力普遍比较强，有好几个人都可以做组长，他们语言能力好，会创编剧本。

有的学生说：我们小组语言能力不够好，遇到语言表达的困难就没有人能解决了。

有的学生说：我在小组中没有找到合适的任务。

有的学生说：我们小组每次都把大部分的时间花在讨论分配角色上，真正用于练习的时间很少。

经过讨论，大家获得共识：

（1）本次合作活动共需要4人来完成最后的故事表演。

（2）小组中要有一名组长负责分工，在征求组员意愿的基础上为组员协调合适的角色，确保每个组员都有适合的任务。

（3）组员要听从组长的安排，根据自己的能力选择合适的角色，并努力且认真完成自己的任务。

（4）组员要积极参与活动，把时间更多地放在排练故事表演上，必要时还应该互帮互助。

学生通过合理的自我调控，重新思考完成本次合作需要注意的问题，选择合适的组员，保证小组合作顺利开展，让每一个学生都参与到合作中。

小组合作学习确实增加了学生参与的机会，但是学习能力比较强的学生参与的机会更多，往往扮演了主导的角色，而学习能力较弱的学生成了听众，往往得不到独立思考的机会甚至直接从能力强的学生那里获得信息，致使学习能力较弱的学生在小组合作学习中的获益比在班级教学中的获益还少。

我引导学生重新思考，以优带弱，通过分析小组中每个人的能力和特点，合理分组，完成了角色分配的表格（表1），并说明分配理由，让每一个小组都有不同学习能力的学生，尽可能让每一个学生都能更好地参与到小组合作中，角色分配也更加顺利且合理。

表1

Role	Name	Reason
Kitty		
Alice		
Grandma		
Narramore		

（二）自我计划，头脑风暴，明确过程

在确定了小组成员后，学生就要尝试制订小组展示计划。在制订计划之前，我再次提出问题："完成本次活动需要哪些准备？"学生通过头脑风暴，讨论完成最后的故事表演需要哪些要素，在黑板上进行罗列，如"准备剧本""背台词""加动作""排练故事""准备道具""练习语音"等。然后学生以小组形式，讨论制订具体的计划（表2）。

表2

Steps	Contents	Time
Step 1		
Step 2		
Step 3		
Step 4		

经过将近一个学期的训练，学生制订计划已经有了很大的进步，大部分学生不仅能够比较有逻辑地设计活动的流程，并能对每一个步骤的具体操作方法和大致完成时间有一定的思考，计划的合理性和可操作性有了很大的提高。在制订完计划后，我引导学生进行计划分享，说说设计意图，然后让学生对自己小组的计划进行再调整。

（三）合作自主，以评促学，完善表演

学生合作的主要目的之一就是在解决问题的过程中促进每个人发展，培养学生创新精神、实践能力、解决问题的能力，发展学生情感态度和价值观，培养学生合作意识和能力。自我反思和自我评价是自主学习中很重要的一个部分，评价能够更好地改进小组合作的学习过程。例如，刚开始的分组，通过自我评价和同伴互评，找到个人与小组的优势和弱势，进行适当的调控；接着，制订小组展示计划，再通过同伴互评，完善小组

制订的计划。

在制订完计划后，开始第一次展示准备，准备时间是5分钟，然后进行第一次展示，并完成第一次自我评价。经过一段时间的训练，学生对自我评价的语言有了一定的积累，能够比较完整地表达评价性语言。为了让评价更有针对性，本次我分别从剧本、语音语调、表演、合作四个方面给出了相应的评价指标，引导学生根据指标进行自我评价和同伴评价，学生基本能够根据评价指标找到自己或他人的优点和不足，并通过自我评价和同伴评价尝试做相应的调整（表3）。例如，We can act out the story correctly and fluently, but we can't act out it emotionally，especially for the performance of old people. So for the Language, we can get three stars. Next time, we need to practice more, and act out more emotionally.

表3

Contents	Criteria（标准）	Self-evaluation1	Adjustment	Self-evaluation2
Play（剧本）	1.Completely 2. Logically（有逻辑的） 3. Creatively（有创意的）			
Pronunciation& Intonation（语音语调）	1. Correctly 2. Fluently			
Performance（表演）	1. With proper emotion 2. With proper actions 3. With proper voice			
Cooperation（合作）	1. Everyone works 2. Share ideas 3. Help each other			

在第一轮的表演中，通过自我评价和同伴评价，引导学生通过思考什么样的表演更能引人入胜、什么样的表演更能体现出文本内容的意义、什么样的表演更能展现出每个人的优势等问题实时进行自我反思和自我调控；在第二轮表演中，我再次引导学生进行自我评价和同伴评价，找出表演中表现较好的部分，并说说相较于第一次的表演，哪些部分做了什么样的调整，调整的效果如何，同时找出可以改进的地方，为以后的表演提出改进的方向。

进行小组合作学习，能使学生为了共同的学习目标，相互协调，相互配合、努力，从而培养学生的合作意识和团队精神，培养学生团结协作、合作共处的能力。在平等合作的氛围下，更轻松地实现自主学习，既增进了学生间情感的交流，又培养了学生虚心向同学学习的良好素质。这对于学生的终身发展是非常重要和必要的。

三、总结反思

（一）由"扶"到"放"，小组自主更有序

借助小组合作的学习方式，提升学生的自主学习能力，需要以学生为中心，突出学生的主体地位，教师扮演支持者、辅助者、合作者的角色。同时，以学习为中心，教师的教是为了促进学生的自主学习，教服务于学。教师在传授知识的同时注重教给学生学法，让学生学会制订学习目标、互相合作。

通过小组合作培养学生的自主学习能力需要经过一个由"扶"到"放"、循序渐进的过程。当学生的合作讨论自控能力存在欠缺，教师要积极参与其中，既关注全班，又顾及局部；既把握讨论题的讨论进度，又把握讨论题的中心，对讨论有困难、无序或偏离主题的情况要及时进行适当有效的引导。教师要注意观察小组合作活动，发现小组合作中出现的好的行为要及时进行表扬，并向全班说明这些行为受到认可的原因，使之成为其他小组模仿的对象，"扶"着学生顺利开展小组合作。同时要"放"手让学生大胆讨论，自主编排，自主地调控小组活动的进程和内容，如展示活动怎么安排，决定角色分配是否需要调整，表演需要什么设计，需要什么道具，表演时要注意点什么……学习能力相对较强的同学帮助学习能力较弱的同学提升表达能力，尽量发挥学生的主体地位。小组合作学习不只关注结果，更要关注自主学习的过程。

（二）以"评"促"学"，小组自主有方向

自主学习的评价不仅重视对知识、技能的把握，而且要帮助学生了解自己，提高学生自主学习的能力，发现并发挥学生多方面的潜力，提高学生知识应用能力、问题解决能力、自主的学习能力和相互协调合作的精神，促进学生语言能力、学习能力的不断发展。活动前对评价标准进行公布，可以促进实现学习目标，优化学习效果，提高自学能力，使小组合作的自主学习的方向有更加明确的调控。

本堂课上，我尝试出示了评价标准，但是就评价量表的规范性来说，我还需要改进。评价量表要依据课程标准、活动内容和目标进行设计，考虑需要学生达到的各种维度的提升。本次我设计的评价量表针对性还不够，在其他主题的教学中也可以通用，在下次设计评价量表时，要更有针对性，针对本课的内容给出更加具体的评价量表。

（三）以"学"定"教"，小组合作更高效

整堂课，把学生的自主学习活动贯穿于课堂教学的全过程中，在小组合作的过程中教师只是起到一个组织者、引导者、点拨者的作用，课堂上给予学生足够的自主学习时间，在小组合作的自主学习过程中，根据学生发现的问题给予针对性的"教"，把握教学方向，量体裁衣。

例如，课堂时间有限，部分学生没能顺利记下自己的台词，展示时还看着书朗读，这样表演的效果就不够好。在合作过程中发现，很多小组把较多的时间放在分配角色的

讨论上，而真正用于排练小组展示内容的时间却不多。因此在小组活动中，教师在引导小组把握好合作的重点，尤其是对于学习能力较弱的学生，帮助他们更好地掌握学习策略，更快地记住自己的台词，切实提高小组合作的效率。

总之，自主合作学习以学生为中心，学生在教师的帮助下，在一种积极的目标和相互依存的情境中，独立思考、分工合作，来探索和架构自己的新的知识体系，逐渐形成自己的学习习惯、方法。在小学英语课堂教学中，学生充分发挥主观能动性，在不断的语言实践活动训练、合作的体验下，培养和提高自己的自主合作学习能力，为今后的学习活动打下坚实的基础。

四、点评

本案例主题明确，提供的相关说明与主题呼应度比较高。在实施的过程中，教师关注学生自我调控、自我计划等方面能力的培养，在推进过程中，能比较清晰地看到学生是如何在教师的引导下不断优化小组活动中的角色选取、任务选取和任务的达成。同时，教师尝试运用相关的评价标准，助推学生自我评价和自我反思。建议教师深化相关的研究，并提炼出能促进学生思维发展的相关自主学习的活动或方式等，并在此过程中帮助学生形成一定的自主学习能力和意识等。

培养学生自主学习能力，提升学生核心素养

——以4BM3U1 P4 *Animal school*为例

上海市浦东新区福山唐城外国语小学　杜欣蕾

一、教学背景

新课程标准指出："英语课程的学习，既是学生通过英语学习和实践活动，逐步掌握英语知识和技能，提高语言实际运用能力的过程，又是他们磨砺意志、陶冶情操、拓宽视野、丰富生活经历、开发思维能力、发展个性和提高人文素养的过程。"新课标强调我们要培养能用自己的眼睛去观察、能用自己的头脑去思考、能用自己的语言去表达的自主型英语学习者。而在以往的教学中，学生在课堂上习惯于教师讲解，也习惯于自己的听众身份，习惯于被动地接受知识，教师在将语言知识点点滴滴传授给学生的同时，往往会忽略培养学生的自主学习能力。然而在强调学科核心素养的大背景下，我们要重视培养学生的自主学习的能力，激发学生的学习主动性。让学生主动探索要比被动

接受具有更好的效果，有助于培养学生学习的积极性，有助于培养学生优秀的学习品质，帮助学生最大限度地开发学习潜能，为学生终身学习打下坚实的基础。

自主学习能力的培养越早越好，自主能力越早形成，学生的学习收益就越大。因此，自主学习既是一种学习方式，也是一种学习能力。倡导学生自主学习不但是新课标的要求，也是英语学科核心素养下需要培养的重要的能力之一，是学生发展和终身学习的需要。本校正在开展基于元认知理论培养学生自主学习能力的研究，希望学生在学习过程中，能积极地倾听、主动地参与、独立地探索、自主地探究、自觉地调控以及及时地自我评价与反思，转变观念，让自己成为学习的主人。本案例是一节基于元认知理论的自主学习的英语阅读教学，我们希望通过本节课能激发学生学习动机，逐步培养学生自主学习能力。

二、案例实施

本课时的故事选自牛津教材四年级上册M3U1第四课时*Animal school*，该故事总体情节较简单，没有太多的生词和复杂的语言表达，要求学生通过Little Rabbit参加动物运动会的故事，能熟练运用There is/are...的陈述形式；能初步掌握forest、owl等单词的音和义；能理解What's the matter? I don't think so以及Come on! 等句子在句中的意义和用法。通过Little Rabbit在Animal school运动会上蜕变（从不自信到自信）的故事，在感受、听说与朗读、判断与思考中进一步提高学生的语言综合运用能力，进一步感受校园特定的活动；在增添对学校生活的喜爱的过程中悟出：在学习生活中，每个人都有自己的闪光点。

片段一：角色扮演，由扶到放，层层递进

Scene 1

Little Rabbit：Hello, Little Duck. What can you do?

Little Duck：Hi, Little Rabbit. I can swim. Can you swim?

Little Rabbit：No, I can't.

Scene 2

Little Rabbit：Hello, Little Monkey! What can you do?

Little Monkey：Hi, Little Rabbit. I can climb trees. Can you do it too?

Little Rabbit：I'm Sorry, I can't.

Scene 3

Mr Owl：What's the matter?

Little Rabbit：I'm sad. I can't swim. I can't climb trees. I'm a bad student.

Mr Owl：I don't think so, Little Rabbit. Please don't be sad. You can't ... , you can't ... , but you can run very well.

Animals：Come on, everyone! Let's run together.

Mr Owl：Have a try, Little Rabbit.You can run very well.

Little Rabbit：OK, let me try.

Animals：Wow! Look at Little Rabbit!He is so fast!

Little Rabbit：I'm the first! I'm so happy!

本节课的文本分成三个场景，我针对不同场景选择用了三种不同的方式教学。在场景二中，我采用让学生先听后演的方式进行文本教学。我先通过让学生听录音的方式来呈现整段文本，然后在最后的输出环节让学生采用演一演的方式进行学习内容的反馈。在朗读和角色扮演的过程中，我注重对学生情绪的引导和铺垫。在此段情境中，小兔子的情绪是难过悲伤不自信的，而小猴子是自信快乐的。我并非直接告诉学生两个角色的情感，而是引导学生并提问：The Monkey can climb the trees. So how does he feel？学生会思考并回答：He feels proud/happy/confident，以此来展示小兔子和小猴子两种不同的情绪，让学生自己有一个思考和感悟的过程，帮助学生在朗读时建立起不同的情感。

在场景二的再次回顾中，我采用观察推测的教学方法，我并没有选择让学生听录音，而是将对话中的关键信息挖空，让学生观察所给的图片，并结合场景二的文本内容进行对话的推测和填空。这种教学方式锻炼了学生观察图片、提取信息的能力，同时培养了学生联系前后文进行类比、推断的能力。

在场景三中，我采用分组形式，让学生合作讨论自主学习。我没有提供文本支架，而是向学生展示了此段故事的三幅图片，并要求学生观察图片，分小组讨论接下来的剧情走向和编写小动物们的对话。在完成对话的编写后，我又向学生抛出：What can the little rabbit do well? What will Mr Owl say to him? How do the little rabbit feel now?等问题，要求学生对照我提出的问题完善刚刚所编写的对话，进行反思修改、丰富剧情，最后通过角色扮演的形式呈现场景三的故事内容。在这三段场景的教学过程中，我由扶到放，从听、模仿到思考、创编，再到反思、改进，培养了学生的观察能力、思维能力，让学生尝试自我反思和调控，同时提高了学生参与活动的积极性。

片段二：运用story map，理清故事脉络，学会总结与提炼

在post-task环节，我要求学生先认真阅读故事，并独立完成story map的填写。在这张story map中，除了要求学生填写此故事的基本信息——Title、Setting和Character之外，还将故事分成了三个部分，分别是problem、solution和outcome。学生需要通过自己对故事的理解，找到并总结Little Rabbit的两个问题以及他的解决方案和最后结果。这样的教学活动，除了对学生的语言提炼能力有更高的要求外，还锻炼了学生的思维能力，让学生对事件因果关系产生思考。因此，我给学生较多时间进行阅读总结，理清思路，提炼故事情节。在巡视过程中，我也对个别学习能力较弱学生进行指导。最终学生基本都能完成story map（图1）。学生在这个过程中既复习了所学的内容，又独立对故事进行了重组构

建，体会到了独立运用信息、解决信息的快乐，为培养自主学习意识奠定了基础。

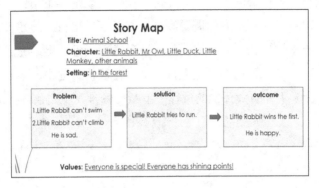

图1

片段三：复述故事，难度分层，评价伴随

在最后的口头输出环节中，我要求学生对整个故事进行复述。由于考虑到学生的水平能力不同，我设计了三种难度的分层练习。第一种是提供大量的文本支架，学生只需要填上所缺的单词和短语即可。第二种是只给予一些关键信息，学生根据短语的提醒进行复述。第三种则不提供任何的文字帮助，只给图片，要求学生通过看图来复述整个故事。学生可以根据自身的情况自主选择适当的难度进行故事复述，而先前填过的story map中的关键信息（图2），也为学生复述课文提供了很好的辅助。这样的教学活动激发了学生对自主学习策略选择的思考，也做到了分层教学，使每个学生都能积极参与到这个活动中。

Retell the story

Choice one ☆

There are no classrooms in _____ _____ , but there is a big forest and a small river. The classmates are swimming in the _____. They are_____, but Little Rabbit is _____.Because he can't _____. The classmates are climbing in the _____. They are _____, but Little Rabbit is _____. Because he can't _____. Little Rabbit can _____ very well. He is the _____in the running race. Now, he is so _____. He thinks he is a_____ student too.

Choice two ☆ ☆

no classroom, big forest and river, swimming, happy, can't swim ,sad; climbing, happy, can't climb, sad; Mr Owl, matter, run ,the first, happy

Choice three ☆ ☆ ☆

Retell the story according to the blackboard.

图2

在学生的复述过程中，我设计了朗读评价表，要求学生进行自评和互评，我给出三个评价维度分别是：I can retell fluently、I can retell vividly和I can retell logically。其中，fluently指要求学生能够流利、有感情地复述故事；vividly指要求学生复述故事时内容丰富，生动形象；logically指要求学生复述故事时前后逻辑通顺，条理清晰。学生需要从这三个维度对同伴和自己分别进行客观仔细的评价。在评价过程中，鼓励学生用英语组织语言说一说同伴在哪些方面做得比较好、哪些方面需要改进，并尝试提出自己的建议。由于课上时间有限，在评价过后，要求学生在课后根据自身的情况进行调整，最终完成调整后再次自己练习故事讲述，并尝试在第二天的课堂上进行分享。在评价过程中，培养了学生自我检查、自我评价的能力，让学生在自我评价的过程中不断反思自我、完善自我（表1）。

表1

	Group1	Group2	Group3
I can retell fluently	☆ ☆ ☆	☆ ☆ ☆	☆ ☆ ☆
I can retell vividly	☆ ☆ ☆	☆ ☆ ☆	☆ ☆ ☆
I can retell logically	☆ ☆ ☆	☆ ☆ ☆	☆ ☆ ☆

三、反思与改进

本节课通过元认知知识学习，学生能够识记、理解与运用forest、owl等词汇，能较为熟练地运用单元核心句型；通过元认知体验故事阅读，在听看、朗读、表演与思考中，激发阅读兴趣、培养阅读能力，在自主阅读完成story map的过程中，培养了学生捕捉关键信息的能力，使学生的自主学习能力得到了发展。最后，通过元认知监控和调节，在语言输出环节分层复述故事的活动中，学生能够较完整地表达。监测对本科内容的掌握程度，学生的总体掌握情况较好。但在教学过程中也发现了一些问题与不足有待改进。

1. 加强课前指导预习

预习是学生主动性的学习行为，预习的好坏会直接影响课堂教学的效果，大部分学生都已经养成主动预习的习惯，但在预习的方法上还需要一定的指导。

2. 加强课内指导

学生是课堂的主体，课堂上当学生在某个学习活动中碰到困难，教师要给予相应的指导，可以采用个别指导、小组互助等方式，尽量让每一个学生都能更有效地参与到学习活动中。

3. 加强课后指导

所谓"温故而知新"，教师不仅要在讲解新课时有计划地以新带旧，使新知识和旧知识有机结合，还要指导学生在平时的学习中进行有效的复习。同时，教师要给学生创造自主探究的机会，使学生能够主动获取知识和信息，并能运用知识和信息去解决问题。

四、点评

教师结合具体的课例，对相关的教学片段设计和实施进行了说明。在三个教学片段的说明中，教师分别从学生所参与的学习活动、小组活动以及评价等方面展开叙述，教师的教学设计说明阐述比较明确。但是对为什么这样设计、对培养学生哪些方面的能力有所帮助、这些能力与自主学习能力是否有必然联系以及核心素养培养如何实现等方面，教师的阐述说明还不够充分，建议教师围绕具体的教学片段对如何培养学生的自我计划、自我选择方法与策略、自我调控等方面进行更翔实的说明。

第四章

自主学习在自然科学学科中的
实践研究

第一节　自然科学学科概论

基于元认知理论
在自然学科中培养学生自主学习能力的实践研究

上海市浦东新区福山唐城外国语小学　陆君怡

一、在自然学科学习中培养学生自主学习能力的重要性

最新颁布的科学课程标准指出，要充分发挥科学课程育人功能，为全体学生提供公平的学习与发展机会，满足学生终身发展和适应社会发展的需要。自然学科中有很多物质科学、生命科学、地球与宇宙科学、工程与技术等相关知识，随着时间的推进，人类的发现会越来越多、越来越复杂，我们希望学生学会的不只是知识。科学教育的培养重点是科学思维能力、科学探究和实践能力、科学态度与社会责任。

科学课程的目标是促进学生学习能力、创新能力的发展。教师能教知识点，能教一些简单的技能，但是创新是没有办法通过"教"来达成的。社会发展、科技进步世界日新月异要求我们学会学习，学会终身学习。如此一来，自主学习的能力在自然学科的学习中的重要程度显而易见。而元认知是在学生已有知识经验的基础之上，通过新旧知识的相互作用，完成对所学新知识的有意义的建构过程。在这个过程中，学生在教师的引导下，明确学习目标，合理选择和运用一定的学习策略，对学习过程进行自我调节和控制，自主进行科学探究，在合作探究、合作交流的基础上实现对知识的构建过程。于是，元认知理论对培养学生自主学习能力起着重要的指导作用。

二、在自然学科学习中培养学生自主设计活动的原则

（一）仔细观察发现问题

大部分刚进入小学的一年级学生在幼儿园阶段已经经历过一些植物种植、动物养护的活动，但是这实际上仅仅是"图一个热闹"，连科普的入门都还不算。进入小学之后，学生开始通过自然课堂学习认识身边事物的表象，发现身边事物的变化，遇到与原

来的认知有冲突的地方，新旧知识相互碰撞下，学生开始问：为什么会这样？怎么会这样？之后才逐渐学习使用观察、比较、分类、归纳的探究方法来认识事物，这就是元认知的开始。

例如，在《阳光下的影子》一课中，由于一年级学生的经验、能力有限，因此本课从观察开始，逐步引导学生的探究活动。学生通过已有的生活经验，已经知道物体在阳光下有影子，不同的物体影子也不同。但是由于分析能力有限，大部分学生不会通过观察生活中的现象发现事物变化的规律。在后续的活动中，通过观察比较一些物体的影子和给影子配对活动，逐步引导学生通过观察、思考、分析实验现象，巩固已学知识，自主发现规律，获得知识，运用知识，从而激发学生自主探究学习的兴趣和探究欲望，让学生逐步养成良好的科学观察和探究的习惯，落实小学自然课程的改革要求。

（二）小组合作设计实验

在自然实验课中，小组合作是很常见的上课组织形式，学生可以在小组中通过讨论合作完成实验，观察到现象或获得数据，最终得出结论。课前，教师通常会准备好实验材料，上课时演示实验操作步骤，学生再进行实验操作。而在自主学习形式的自然课中，教师可以将实验的设计交给学生来完成，甚至可以将材料的选择准备工作也交给学生。（本文的写作时间正值空中课堂居家学习期间，学生实验材料大多自行在家中寻找）

例如，在五年级《斜面》一课中，教师首先通过提出问题"手提行李箱走上楼梯，和在斜坡上拖动行李箱，感觉有什么不同？"激发学生的探究欲望，引入课题，从而使学生认识斜面；接着通过实验，引导学生自主探究使用斜面能不能省力，以及斜面坡度大小与省力程度的关系。实验前学生小组讨论需要哪些实验材料，在这个阶段学生可能有不同的意见，经过协商最终可以统一需求。接下来，小组讨论实验设计：如何能够模拟真实场景，或者干脆利用真实场景（本实验可以做到），这时开始讨论试验方案，有想法的组员分享完自己的方案之后，还可以请其他听众对其方案作出点评：好在哪里、不好在哪里、什么缺点应当改善、什么优点可以采纳。此时，元认知这种高阶思维能力开始工作，学生主控了课堂，为解决实际问题而自己设计解决方法并加以修改。

（三）分工实践思考改进

小组要进行实验，还要进行实验工作分工，对于谁总负责、谁做记录员、谁负责拉重物、谁负责监控实验有效性等具体任务实施进行分配，在这一过程中有可能会出现矛盾，但解决矛盾的能力也是自主学习的学习成果之一。一轮实验结束后，请同学交流分享实验成果与经验，基于与同伴的对比以及点评建议，分享者可以对自己的实验方案设计进行反思改进，再投入实验验证。

依然以《斜面》一课的后续为例。因为实验比较简单，所以学生的实验设计比较单一，但是有很多细节学生在实验前是没有办法预料到的，所以笔者决定先请学生进行实验，让学生在实验操作过程中发现问题，再解决问题。在核对过数据之后，问题一个个浮现出来。经过交流分享之后，学生会更深入地了解实验的注意事项，以及如何才能使结果更加精确、结果又说明了什么。

（四）自我评价注重反思

反思能力是将自己作为思考对象，对自己的决策、行为、方法以及由此产生的结果进行审视、分析、调整的能力。教师写教学案例、学生会有错题集，这都是为了总结优点和缺点，以在之后的学习工作中尽量规避曾经的失误，保留并发展优势、长处。

为了能使学生更积极地完成教学任务，教师在"水的压力"一课中采用多种评价方式，如给予及时的口头表扬、鼓励和肯定，引导学生自我反馈和评价，开展同学间的相互评价。例如，在小组完成设计图的绘画后，教师引导学生开展讨论："这个小组的设计符合实验探究目的吗？""为什么不符合？""可以如何改进方案呢？"通过互相反馈和评价，学生学会了评价他人，也学会了评价自己。因为在评价他人时，学生必须自己先做出判断，发现不符合的地方在哪里，或者这个实验方案有什么欠缺。在整个互相评价的过程中，学生由学会转化成为会学。在课后的评价表中，学生对本节课的表现做出评价，如好在哪里，还有哪些地方需要改进，体现了学生的自我反馈和自我评价。

（五）课后拓展延续探究

课后的拓展活动是自然学习的一部分，小学自然教材的设计就是一个螺旋上升的过程，一个主题一年级学到，二年级可能会拓展开，到四年级可能会再深化。所以一堂好的自然课，下课铃声其实并不意味着结束，相反是另一个开始，只是受课堂教学限制，学生的探究可以延续到课后进行。丰富多彩的课外活动可以加深和扩大学生的知识面，激发学生学习科学知识的兴趣，发展学生的爱好和特长，增强学生的创新精神和良好的思维品质。

教师在"空气中的成分"一课中，向学生阐明了：自然界中不只有课上学习到的氧气和二氧化碳两种气体，还有更多成分等着大家去探究，对于其他的成分，也可以仿照我们本次课程学习的步骤去探究，先了解某一种成分的特点，再去思考用哪些材料可以去验证，自己设计实验步骤，得到实验结论。这给了学生在课后去学习探讨交流的目标，也可以加深对学生的自主学习能力的培养，让学生主动查阅资料，了解更多的知识，选择合适的材料，从无序的材料中选取合适的物品，分析实验现象，提高思维能力。

三、在自然学科学习中培养学生自主学习能力的策略及方法

（一）培养学生自我计划的能力

由于自然课的学科特点，这里的自主计划能力主要是自主实验设计能力。自主实验设计又分为自主材料选择、实验方案计划和分工安排。在低年级的自主实验设计中，教师会多加指导，避免放的程度过大，造成学生不知道要做什么以而浪费宝贵的学习时

间。例如，在给定实验材料的情况下请学生设计简单实验，或者在实验材料范围限制的情况下选择合适的材料进行实验。将自主的程度稍微降低，循环渐进地培养学生的自主能力。而到高年级，学生就有了一定的经验，教师就可以逐渐放手，在适当或学生有需要的时候才进行干预指导。

（二）培养学生自我选择方法与策略的能力

科学讲究实事求是，要吸引学生的注意，引起学生的兴趣，为学生创造自主学习的探究动机，就要从真实世界出发，让学生在实际生活中学习教材知识。因此，在学生的生活和学习中，教师要引导学生时刻将学习和生活联系在一起。在课程设计的时候，要明确学生的实际认知水平及现实需求，将教材上的知识与现实生活相联系，当学生发现学习到的内容就在身边，是与自己息息相关的，这不仅保护了学生的好奇心，还能够为之后自主学习储备动力。同时，鼓励学生进行尝试，在尝试的过程中，鉴别何种方法更具优势，何种策略符合实际情况。

（三）培养学生自我调控的能力

自我调控事实上对小学阶段的学生来说是比较困难的，但更凸显了自主调控在自主学习过程中的重要地位。正如我们会谈及小学生的自律程度较低，往往需要作为成年人的家长及教师进行他律。在学校中我们会发现，有一部分学生能在第一时间完成教师课堂作业，但有一部分学生会将课堂作业磨蹭到下课做，甚至拖拉回家。教师可以帮助学生逐渐养成好习惯，加强对这些学习活动的监控能力，让学生在探究过程中遇到困难时能够进行积极的自我调节。

（四）培养学生自我反思的能力

自我反思的能力很重要，从低年级开始，我们在教学过程中，就要有意识地提醒学生对自己的表现、对自己的实验设计、对自己选择的方法等进行反思回顾。所谓的"复盘"有助于下一次遇到相似的问题时可以更好、更有效率地解决问题。可以引导学生按照如下步骤进行反思：①回忆并描述整个经过——以便日后回顾时能想起当时的场景；②分析成功或失败的原因——多问几个为什么，直到有深度的启发；③思考改进的措施——尽可能提炼出一个认知点或行动点。

（五）培养学生自我评价的能力

评价的功能有很多，如可以促进学生积极主动地做作业。提高作业评价的有效性，可以帮助学生获得一种自我的满足与成就感，学生在获得知识的同时，也可以体验到理解、信任、友爱、尊重和鼓励。我们要多给学生一些鼓励，多给学生一些表扬。同时，应培养同伴之间的互相欣赏，如此一来，学生的合作会更加紧密，教育的成效也会越发显著。要评价的对象也有很多，使学生要经常对自己的学习方法、认知策略进行自我评价、反思，并自我调节所使用的策略。在和谐的学习氛围中，学生对自己更加有信心，创造性思维得到全面的发展，不但积极主动学习科学知识，还能善于运用所学知识解释生活中的现象、解决生活中的实际问题，起到触类旁通、举一反三的效果。

现今的课堂再也不是从前的课堂，学生能够接收到的信息远超过我们的想象，教师不能再故步自封，而要学习，要发展，要不断拓宽自己的视野、更新自己的理念，不断尝试，掌握科学方法，掌握现代教育教学基本理论，为了学生的未来而执教。

参考文献

［1］王丹.基于元认知理论的初中生物自主学习实践研究［D］.苏州：苏州大学，2014.

［2］路风叶.谈小学自然教学中的自主学习［J］.教育实践与研究，2005（2）：51-52.

［3］王冯祥.如何在小学科学教学中培养学生的自主学习能力［J］.西部素质教育，2015，1（13）：79.

第二节　自然学科实践探索

优化作业设计，培养学生自主探究的能力

——以小学自然探究性作业为例

上海市浦东新区福山唐城外国语小学　陈怡雯

一、背景

自线上作业形式普及以来，线上作业作为教学反馈、师生互动的主要途径，在教学中成为一块十分重要的阵地。而线上作业的形式和评价的方法是否有效，与学生居家学习期间自主学习能力的培养息息相关。

二、问题的提出

自主学习是一种主动的、建构性的学习，该学习模式由学生自主确定学习目标，监视并调控由目标和情境特征引导和约束的认知、动机和行为。而小学自然则以培养学生科学素养为宗旨，倡导以探究为主的学习活动，使学生在参与和探索中有所收获。在居家学习期间，大多数学生家中是缺少实验材料和器材的，很难像在学校课堂中那样自主设计实验并动手做实验，只能靠观看空中课堂中的实验学习科学知识，学生自主学习的能力也没办法得到提升。那能不能利用线上作业和评价，促进学生自主学习呢？我开始了思考与探索。

三、问题的解决

（一）利用丰富多彩的探究型作业促进学生自主学习

针对需要解决的问题，我尝试了利用探究型作业，围绕教学内容设置合适的作业的模式。探究型作业，是小学自然作业的重要形式，适度、适量、适时的探究型作业有利于促进学生在科学知识、科学探究、科学态度等方面获得全面发展。通过各种各样的探究型作业，可以促进学生在居家学习期间激发科学兴趣和学习热情，培养学生科学精

神，培养和提升学生的自主学习能力。

（二）设计长周期作业，培养学生的探究兴趣

小学自然离不开探究，探究离不开观察。为了培养学生的观察能力，特别是养成持续细致观察的习惯，新课标对每个年级都安排了1～2个长周期观察项目，要求学生种植植物或饲养动物，进行长期观察，体验"观察记录—持之以恒—收获发现"的科学过程。长周期作业对学生的自主学习能力和实践能力等提出了较高的要求。居家学习期间，学生有更多的时间投入到长周期探究型作业中。现在又逢春天，非常适合种养活动。低年级学生可选择"种小葱"作为长周期作业，观察并探究小葱的生长过程（图1）。高年级学生可动手"制作生态瓶"，观察动植物在生态系统中的生存情况。整个长周期作业中，学生要计划如何实验，在种植过程中根据实际调整计划，在完成长周期作业的同时，学生的自主学习能力得到了提升。要注意的是，在实施过程中，教师要对材料的准备、如何做观察记录等给予详细的指导，充分为学生构建"阶梯"。例如，"种小葱"活动，需要学生持续观察小葱的生长情况，并做好记录。教师可以先向学生介绍一些种植植物的注意事项，并指导学生设计观察记录单、"小葱成长日记"观察记录指导表（表1），帮助学生更好地完成探究。

图1

表1

观察时间	说一说我的小葱	给小葱画像	养护措施	我的收获
2022年4月10日 天气晴	描述小葱的生长情况（如叶子的颜色、长高了几厘米等）	画一画小葱，或拍照记录	浇水、施肥等	种植小葱过程中的收获和感悟

（三）设计制作类作业，培养学生的创造能力

科学小制作不仅能帮助学生理解科学原理，还是学生十分喜爱的动手实践活动。在制作过程中，寻找制作材料、完成制作、展示成果也充分培养了学生的自主学习能力。这些小制作的材料是居家环境中容易获得的，且选择丰富，根据选材不同，制作的成果也不同，可以进行有创意的创造。例如，一年级《磁铁游戏》一课，教师可以布置"利用身边材料，制作一个磁铁小游戏，并向家人展示你的游戏"的探究作业。学生开动脑筋，制作出了形式多样的小游戏，还有的学生给游戏编了一段小故事。在展示成果的同时，学生的语言表达能力也得到了提升。

（四）设计操作类作业，培养学生的科学技能

实验操作技能是学生科学学习中的重要一环，它是规范实验的基石。在线教学过程中，教师可结合教学内容，将一些带有科学技能的实验设计成探究作业，并且实验的材料是家中容易获得的。例如，三年级《物质的溶解》，结合活动"探究哪些物质能溶解在水中"，让学生学习如何搅拌。这个技能看似很简单，其实学问可大着呢。搅拌时玻璃棒不碰杯壁和杯底，且要顺着一个方向搅拌。再如，二年级《观测气温》，结合活动"测一测室内的温度"，让学生学习规范读取温度计的数据。在操作的同时，反思、评价自己的操作规范与否，也是提升自主学习能力的表现。

（五）利用形式多样的作业评价促进学生自主学习

除了利用探究型作业，作业评价也能提升学生在线教学的学习效果。由于在线教学空间的局限，教师与学生、学生与学生之间的交流互动没有在学校时便利，而线上作业在此时就起到了很好的交流互动作用。借助网络通信技术，教师得以开展及时评价、个别评价、激励评价，以此激发学生自主学习的积极性。

（六）及时评价，提高学生参与积极性

作业的内容和形式是教师传递给学生的教学信息，学生的完成情况则需要得到教师的及时评价。不同类型的小学自然作业，完成的时间长度也是不一样的。这就需要教师根据每次作业的难易程度及完成探究所需的时间，设定提交作业的期限，并在学生提交完成后，及时进行评价，不可以累积作业评价。教师借助钉钉这一平台，在线批改学生作业，有问题及时反馈给学生，还可以对学生的作业进行等级评价，将优秀学生作业在班级群中展示，以此激发学生的自信心，提高学生参与的积极性。

另外，对于长周期探究作业，教师可在探究初期、中期、末期分别设置一次作业的提交，对学生的观察记录进行过程性评价，学生能在多次及时评价中获得完成作业的成就感，提高参与下一次作业的积极性。同时，提交不同阶段的探究作业让学生在探究时出现的问题能及时被发现，教师给予合适的教学指导，能大大增加学生长周期探究活动的成功率。

（七）个别评价，抓住学生评价针对性

在线教学弥补了平时在学校，教师由于时间分配原因无法详尽地对个别学生进行评价的遗憾。借助钉钉平台，每次批改作业时，教师可用写评语的方式，有针对性地对学生进行评价。对高质量完成作业的学生提出表扬，并提出更高要求；对有进步的学生提出鼓励和指导。学生得到自己特有的评价，也都备受鼓舞。

（八）激励评价，助力学生参与长效性

在情感方面，学生一定是希望被肯定、被尊重的，教师真诚的表扬和鼓励有利于学

生产生愉快的情感体验，从而激发学生持续的学习热情和积极性。首先，评价可以是多维度的，不仅局限于作业的正确与否，还可对学生的学习习惯进行评价，如字迹是否端正、探究方法是否有效等。其次，要善于发现学生作业中的闪光点，多给予学生正面、积极的激励评价，让学生体验到完成作业的成就感。最后，评价不是一味地表扬，对学生存在的问题进行客观分析，要采取鼓励式的引导和帮助。

线上评价的形式可以是多种多样的。教师可以用文字语言描述学生的进步和优秀；可以用亲切的语音留言将评价传递给学生；还可以设计"电子表扬信"发给学生，对学生的作业完成情况和近期学习状态进行评价。

四、成效与反思

从实施效果来看，有更多的学生参与到了课堂的探究型作业中。采用布置探究型作业和进行作业评价的线上作业模式，提高了学生的学习参与度。教师通过评价学生作业，了解学生的学习状况。同时，教师将作业及评价反馈给学生，加强了在线教学的师生互动性，促进形成在线教学的活跃氛围。学生课后作业的形式也越发多样化：有些学生提交多张照片和文字说明，有些学生采用录制视频的方法，通过演讲的形式完成作业，并对作业有了自我反思和自我评价。在这一系列作业的完成中，学生的自主学习能力得到了培养和提升。

五、点评

本案例以线上自然探究作业设计为切入点，探索了促进学生自主学习能力的途径和方法。居家学习期间，如何提升学生作业兴趣和学习热情一直是教师关注的问题。作者利用居家学习的契机，设计了"种小葱"的长周期作业，提升了学生参与探究的积极性。同时，教师在作业实施过程中对学生的探究给予了详细的指导，为学生自主学习提供了支持。各种类型和形式的自然探究作业，结合多样化作业评价，使学生的自我选择、自我评价、自我反思等能力得到了提升。

多次对比实验下，学生实验思维的养成
——以《空气的成分》为例

浦东新区福山唐城外国语小学　周陈超

一、背景介绍

对照《上海市小学自然课程标准》和《上海市小学自然学科教学基本要求》，本单元属于"物质世界"模块，对应的主题是"我们周围的大气"。本课中涉及的学习要求：知道空气是由氮气、氧气、二氧化碳等混合组成的。学习水平为A。

学生在之前的学习中已经对空气有了初步的认识，如我们周围到处都有空气、空气无色无味、空气会流动、空气有重量等，并且在日常生活中也从多种角度对空气有了了解，知道空气中有氧气、二氧化碳等成分，但不知道空气中主要成分是氮气，以及除主要成分外，空气中还有一些其他稀有气体，对空气缺少整体认知。五年级的学生思维活跃有想法，具备了一定的思考、交流、分析、反思的自主学习能力，在科学态度方面，敢于表达自己的不同意见，也乐于小组合作学习。本单元先让学生在观察、讨论、实验和阅读资料等活动的基础上，了解空气的成分，发现空气是由多种成分组成的混合物，并不单一；再由大气的各种成分，联系到它们对地球上的生命的不同作用；最后通过认识大气污染的危害，进一步激发保护大气的意识。

二、过程描述

本单元先让学生在观察、讨论、实验和阅读资料等活动的基础上，了解空气的成分，发现空气是多种成分的混合物，并不单一；通过实验，分析实验现象认识到空气中还有氧气，通过视频的观看知道氧气具有助燃性，再通过进一步的实验，引导学生积极分析，整理实验中出现的现象和数据，通过测量的长度数据的分析、蜡烛燃烧的时间的记录、测量水进入杯子的高度数据的分析，鼓励学生充分猜想并说明，理解"氧气在空气中占有一定比例"，知道水占据了氧气的空间。

这是活动一中的第一个实验，也是本节课最难的一个实验。那么，如何让学生通过自主学习去完成这个实验呢？我们经过了多种尝试。

几次尝试之后，我又告知学生氧气的助燃性，选择合适但不唯一的材料给学生进行一个演示，告知学生材料的注意事项，让学生再进行材料挑选和实验的设计改进。通过这些条件，学生可以顺利地进行实验，并且大部分小组可以得出实验结论，小部分小组需要经过一点提示得出实验结论，这样的效果是更好的。

在这次实验课上，学生能够自主设计选取实验材料，自主进行实验验证猜测。以往的课上，教师会在实验开始前，把实验所有的注意事项全部告诉给学生，但是直接告诉并不能帮助学生思考为什么，下一次还是会忘记的。所以这次我就大胆进行改革，让学生独立完成思考，以更好地培养学生的自主学习能力。学生可以自己进行实验的设计，这样的操作可以让课堂充满未知与趣味性，使学生的思维得到更好的拓展。材料的选择也可以让学生尝试不同的实验表现，有时候同一种方法，但是可以用不同的材料完成。然而材料的不同也可能会引起实验的结果不同，一切都是未知。对实验的改进，可以培养学生的思维能力，让学生的实验更完美。

三、总结反思

（一）层次把控

在整个实验的层次把控上，我分了三层，第一次的尝试是把起点拉到最高，如果可以完成的小组很多，说明这个最高的层次对学生来说还是可以接受的，并不是很难。但是实际操作下来，只有一两组小组才能想到实验的部分，所以这个层次明显对学生来说太过于困难了。于是，我在第二次的尝试时把整体降低，发现所有小组的成员都可以完成，并且是同一个方式方法，整体过于简单且枯燥。在第三个尝试中，我使最低难度中的部分条件缺失，留一些起到一点点提示的操作，这样的话，可以满足局部同学的学习，还有部分学生的提高。

（二）实验材料自主准备

这节课上的材料比较多，有螺帽、盘子、玻璃杯、蜡烛、水、点火器、钢尺等，因为学生设计的实验有可能多种多样，所以我们提前准备好多种材料，也给了一些材料的干扰，即并不是每一种材料都适合，或者说有的材料之间是相等的，并不需要全部选择。所以这里给学生带来了材料的选择困惑，需要学生自己去思考哪些材料是适合自己实验的。这提升了学生的自主学习能力，让学生能够深入分析自己的实验设计，选择更为合适的实验材料去完成自己的实验。

（三）实验步骤自主设计

在第三次的尝试中，实验步骤还是教师演示了部分，还有部分是留给学生自主思考的。虽然大家的想法各异，但是通往的目的地是一样的，都是进行类似的实验，得到水上升的现象，然后分析结论。因为这个实验的现象还是比较单一的，所以区别并不是很大。但是，我们得到了和平时课堂不一样的效果，之前的课堂都是教师简单讲解，然后学生进行操作，无法体现教学的差异性和创新性，效果并不是很好。只有在多样化的学习中，学生的思维才能被打开，我们会得到很多不同的实验，有错有对，这样的话，课堂才会丰富以及活跃。所以，学生的自主学习是其中非常重要的一环。

（四）课后的拓展

空气中的成分不单单只有我们课上学习到的，还有其他的成分，也可以通过本次课程学习的步骤去探究：先了解某一种成分的特点，再去思考用哪些材料可以去验证，自己设计实验步骤，得到实验结论。这些都是学生可以在课后去学习探讨交流的地方，也可以加强对他们的自主学习能力的培养，让学生可以主动查阅资料，了解更多的知识，选择合适的材料，从无序的材料中选取合适的物品，分析实验现象，拓展思维。

四、点评

作者以自然学科"我们周围的大气"的几次尝试为例，从易到难，不断探索最适合学生自主学习的实验设计。在每一次尝试中，教师仔细观察学生完成情况，反思并改进教学设计，最终在第三次尝试中，达成了学生自主设计选取实验材料、自主进行实验验证猜测的实验过程，取得了想要的教学效果。通过层次把控，每一次尝试都在前一次的基础上更加完善，并在这个过程中使学生的自主设计、自主学习能力得到了培养，对今后小学自然学科实验操作教学也有借鉴的意义。

在自然实验课中培养学生自主设计小组实验方案的能力

——以五年级第二学期"斜面"教学为例

福山唐城外国语小学　陆君怡

一、背景介绍

2021年3月25日，我们班于实验室进行了一次以学生自主学习能力培养为目的的教学试验，执教内容为《斜面》。《斜面》是上海科技教育出版社《自然（科教版）》教材第十册第一单元"简单机械"的第一课时，属于《上海市小学自然课程标准》一级主题"物质世界"中的二级主题"运动和力"模块中的内容，对应教学基本要求是了解其他简单机械、知道斜面可以省力。本单元主要内容是学习简单机械。本课通过两个实验操作活动，让学生发现使用斜面能省力，斜面坡度越小越省力，学会探究环节顺序，为进一步学习本单元知识奠定基础。

授之以鱼，不若授之以渔。如今的学习是教会学生"学会学习"，因此，教师应尝试把课堂还给学生，构建自主学习的环境。小学高年级的学生有一定的自学能力。身处信息爆炸的时代，学生的视野也是很开阔的，如果单单靠教师讲解、学生听讲的传统教学模式，学生无法对地形有深刻的理解，并且会对很多知识缺少兴趣。因此，本案例尝试改变学生以往的自然课堂被动实验模式，以学生自主选择实验器材、自主设计实验过程、自主进行实验猜测、自主实验验证猜测、自主反思改进实验设计为新的自然实验课主动学习模式。

二、过程描述

本课的设计思路是先认识什么是斜面，然后探究斜面的作用，最后了解斜面的应用。具体来说，首先通过提出问题"手提行李箱走上楼梯，和在斜坡上拖动行李箱，感觉有什么不同？"激发学生的探究欲望，引入课题，从而让学生认识斜面；接着通过试验，探究使用斜面能不能省力，以及斜面坡度大小与省力程度的关系；然后通过观察无障碍通道、盘山公路等，了解斜面可以变形以及斜面在生活中的应用，为比较、讨论南浦大桥两端引桥不同形状设计的优缺点做好铺垫。最后比较南浦大桥两端引桥不同形状的设计，进一步了解斜面在实际生活中的应用。本课中最主要的部分是实验部分，在教师课前引入无障碍通道以及拉杆箱的实例之后，学生已经有了对斜面的初步感知。

现实生活中会有很多科学现象、科学问题，学生会从中发现与已有知识经验有不一样的地方：行李箱的重量不会变，但是通过不同的方式使用的力的大小好像是不同的？会不会是错觉？带着疑问，学生开始了实验设计的第一环节——选择实验材料。

教师在课前会准备一些实验材料供给学生课上使用，学生可以在一定的范围内选择自己认为合适的材料。教师需引导学生明确选择某种材料的原因，而不是肆意选择。通过不同小组之间交流各自选择的材料，学生会发现自己小组考虑的不太周到、可以改进的地方。选择实验材料的过程，培养了学生自主设计的能力。在选完实验材料后，其实学生在脑海中已有实验的初步方案，教师请学生在实验小组内进行讨论，再在任务单上画出实验方案。将方案书面化能够帮助学生整理思路，将方案汇总并可视化。这里建议学生用简笔画的方式来画出试验方案，节约时间用于交流反思改进。

生1：我们小组的计划是用木板和铁架台拼好斜面，再用弹簧测力计拉着小车从斜面最低处往斜面最高处走，测需要多少大的力。

生2：只测一个力你怎么能确定是否省力，至少要两个力，才能比较。

师：有理，那还有一个力是什么样的？

生3：就是从楼梯上抬起行李箱到台阶上用的力。

师：那是一个什么方向的力？

生4：斜上方。

生5：只要向上提就可以了。

因为实验比较简单，所以实验设计比较单一，但是有很多细节学生在实验前是没有办法预料到的，所以我决定先请学生进行实验，让学生在实验操作过程中发现问题，再解决问题。这个部分帮助学生培养自主反思和改进实验设计的能力，学生自己或在小组分工时会发现问题，通过自主反思实验设计、反思实验过程、反思自己的操作，再经过同伴交流，便会发现可以改进之处。在核对过数据之后，问题一个个浮现出来。

有的小组的数据每一项都比旁边小组的少0.1牛，怎么回事？有学生就提到了调零的问题。还有的小组会关注到弹簧测力计拉动的方向也会影响到测出的数值。各个小组实验结束后，交流实验结果，全班八个小组的数据不是完全一致，但是说明的实验结果是一样的：斜面可以省力，并且斜面坡度越小越省力。

但在本节课中，在初次实验之后，学生会遇到一系列的问题，如明明拉动的是同样重量的小车，为什么实验数据会有规律的差异；有的小组只做一组实验，有的小组做了多组实验，哪种选择更加好？学生渐渐明白了一次实验会出现特殊情况，会有误差，但多次实验会减少误差出现的概率，更有小组提出，可以再计算平均数，这样的数据就可以无限接近最准确的答案。

三、总结反思

在选择实验材料的部分还不够自主，但从实验设计到实验猜想，再到实验验证和反思都是学生自己经历的过程。这个实验中有很多的细节，在以往的课上，教师会在实验开始前，把实验的所有注意事项全部告知学生，但是直接地告诉并不能帮助学生思考，下一次还是会忘记。因此，教师要在各方面加强培养学生自主学习的能力。经过这次的实验课，学生能够自主设计实验过程（自我设计）、自主进行实验猜测、自主实验验证猜测（自我选择方法与策略）、在探究过程中实时改进（自我调控）、自主反思改进实验设计（自我反思）、在探究过程后进行评价（自我评价）。

（一）自我设计

这节课我想要帮助学生明确要研究的疑惑"斜面省力吗？"于是，我为学生提供了实验材料弹簧测力计、塑料块和斜面装置，并与学生讨论了每个实验材料各自的作用。之后学生模拟现实情境来设计实验方案。我觉得已经足够自主了，但是教研活动下来发现，还不够。我要教学生的只是"斜面可以省力"吗？显然不是。我要教学生的是"自主设计实验方案"，但是，我没有放手。

于是，我有了这样的设想，我用前一节课最后五分钟的时间为下一节新课的开始做一个简单的导入："从斜坡上向上拖动行李箱省力还是从楼梯向上搬省力？"布置的作业是：学生课后研究这个问题，自己在生活中寻找实验材料，可以用课上模拟的方法，也可以用真实的行李箱来完成这个实验。我没有规定说一定要模拟实验，但真实的物体、真实的场景不是更能说明"斜坡省力"这个结论吗？

（二）自我选择方法与策略

在之后的那节正式课上，可以请不同的学生分享不同的方案，不用限制在那几样教师提供的、实验室仅存可用的、质量还不太好的实验材料上。学生发现的实验材料可以是五花八门的，每个人的方案也可能不一样，但原理趋同，有种殊途同归的感觉（毕竟是一个简单实验）。每个学生分享完自己的方案之后，还可以请其他听众对其方案作出点评：好在哪里、不好在哪里、什么缺点应当改善、什么优点可以采纳。这一部分的交流应尽可能多。基于与同伴的对比以及点评建议，分享者可以对自己的实验材料选择及实验方案设计进行反思改进，再投入实验验证。课后有兴趣的同学还可以继续实验，寻找更多的可行性研究，而不被教师的预设问题和条件所限制。

（三）自我调控

自我调控事实上对小学阶段的学生来说是比较困难的，但更凸显了自主调控在自主学习过程中的重要地位。正如我们会淡及小学生的自律程度较低，往往需要作为成年人的家长及教师进行他律。在学校中我们会发现，有一部分学生能在第一时间完成教师布置的课堂作业，但有一部分学生会将课堂作业磨蹭到下课做，甚至拖拉带回家。教师可以帮助学生逐渐养成好习惯，并加强对这些学习活动的监控能力，让学生能较好地监控自己的学习过程，从而在探究过程中遇到困难时，能够进行积极的自我调节。

（四）自我反思

做了一次实验之后，学生将会有一次亲身的体验，有时候做出的结果如自己实验前预测的那样，有时候做出的结果与自己的想法相差甚远。此时，问学生一句"为什么会导致这样的结果？"鼓励学生进行反思，反思自己的实验材料准备，反思自己的实验步骤设计，反思实验操作的整个过程是否有操作不当的地方。学生也可以在班级中进行相互的观察，为别的小组提出建议或者指出其不合理的操作。学生在讨论的过程中也会发现自己小组的问题，从而进行改进。课后可以继续做课堂探究的延续，学生可以在家继续更为发散的实验探究，看用更多其他的材料是否能够得出更加贴合实际、更加精确的实验结果。这些问题可以留给学生作为课后作业进一步研究。

（五）自我评价

学生要经常地对自己的学习方法、认知策略进行自我评价、反思，并自我调节所使用的策略。在和谐的学习氛围中，学生对自己更加有信心，创造性思维得到全面的发展，不但积极主动学习科学知识，还能善于运用所学知识解释生活中的现象、解决生活中的实际问题，起到触类旁通、举一反三的效果。以教师评价为范例，逐步变为学生自评，培养学生的自评能力，以此促进学生自主学习的能力的发展。

四、点评

案例以自然实验课《斜面》教学为例，探索以学生自主选择实验器材、自主设计实验过程、自主进行实验猜测、自主实验验证猜测、自主反思改进实验设计的自然实验课主动学习模式。在实验中，学生会遇到一系列的问题，通过自主学习和教师支持，这些问题都得到了较好的解决。教师在教学案例中发现以往自己事无巨细的课前准备影响了学生自主学习能力的提升，并提炼出推进自然实验课主动学习模式形成的经验，体现了教师的自我反思能力。

第五章

自主学习在体育学科中的实践研究

第一节　体育学科概论

基于元认知理论
在体育学科中培养学生自主学习能力的实践研究

上海市浦东新区福山唐城外国语小学　朱聪

一、学生自主学习的内涵

自主学习是与传统的接受学习相对应的一种现代化学习方式。顾名思义，自主学习是以学生作为学习的主体，通过学生独立地分析、探索、实践、质疑、创造等方法来实现学习目标的学习方式。基础教育课程改革的具体目标指出："改变课程实施过于强调接受学习、死记硬背、机械的现状，倡导学生主动参与、乐于探究、勤于动手，培养学生搜集和处理信息的能力、获取新知识的能力、分析和解决问题的能力以及交流与合作的能力。"传统的体育教学，是接受式、被动式的，而21世纪，提倡自主学习，这是否就是否定接受式的、被动式的学习方式，一概采用自主学习的方式？根据《基础教育课程改革纲要（试行）》的精神，可以这样理解，我们只是要改变过去的那种，"过于强调接受学习"的倾向，要倡导学生学会自主学习而不是完全否定接受式的学习方式。从上述的几种界定，我们可以看到自主学习强调培育学生强烈的学习动机和浓厚的学习兴趣，从而使学生进行能动的学习，即主动地自觉自愿地学习，而不是被动地或不情愿地学习。因此，"自主学习"这一范畴本身就昭示着学习是学生主体自己的事情，体现着"主体"所具有的"能动"品质；学习是"自主"的学习，"自主"是自主学习的本质，"自主性"是自主学习的本质属性。学习的"自主性"具体表现为"自立""自为""自律"三个特性。

二、在体育与健身学科教学中培养学生自主学习能力的意义

本项研究以元认知理论视角下提高学生的应变能力和自我动作修为为目的，探究学

生如何在自主学习中将运动中的技术动作做得更好。教师尝试运用元认知理论，根据学生的心理特征，通过对学生自主学习技术动作的观察和研究，使学生从现有的被动式的接受学习的状态转为主动式、探究式、合作式的学习状态，培养学生更好的学习习惯和学习方法，提高学生自主学习的能力，让学生养成不断思考并实践的好习惯，全面提高学生的综合素质。

学生通过自己的思考和努力，积累学习经验，掌握自主学习的方法，学会自我计划、自我调控、自我反思，学会策略性地学习。提升学生的自主学习能力，使学生成为体育课堂的主体，从而优化体育教学结构，促进体育教学质量及学校体育社团层次的全面提高。

三、在体育教学中提高学生自主学习能力的实践过程

（一）体育教学引导

体育组针对体育游戏方面打破传统教学模式，尝试结合设计新颖的"自主学练任务单"以及"自主学练改进记录表"的形式，鼓励学生开展自主学练。将教师预设的要求与游戏规则及重点进行梳理与总结，有效地促进了上课期间学生对体育游戏的掌握进程，提高了学生对所学游戏的兴趣。同时，引导学生在开始游戏前先进行自我或小组计划的制订，有目标地实践练习，带动学生明确在练习过程中会出现的问题，并针对问题或困难进行再调整，从而增强学生的自主调控、自我反思的能力。就以"奔跑吧，少年！"这节课为例，结合建党100周年主题活动的项目"重走长征路"，我设置了过草地、跨雪山、钻山洞这三个活动，采用了循序渐进的教学方法。我先给学生三个固定的位置和三种器材，第一次学生可以自由选择摆放并尝试练习。接着，我们一起来看一看，学生是怎样摆放障碍物练习的呢？一样的距离，一样的学生，一样的器材，为什么最后成绩却是不一样？

我为此设计了自主学练改进记录表，它会给我们答案。我们一起来看一下学生自己的总结的感想吧。学生在第一次的练习之后，进行了激烈的讨论，总结出将用于爬、跳这样复杂的障碍器材放在起点的地方先完成，将用于跨的器材放在接近终点折返的位置，这样在跨之前有了助跑，就可以更好地跨越障碍。而中间留出了很多的跑动距离，整体提高了整组的速度。

学生在练习中不断自我反思，通过一次次的尝试、失败、再尝试，不仅将枯燥的跑步练习密度大大提高，还从中寻找出规律。在体育课中，教师的作用就是在教学中结合自己的专业知识，帮助学生建立目标意识，创造好的学习氛围，给予学生更多的学练讨论空间，并在自己的教学过程中尽量因材施教，不断提高学生自主学习的能力。

障碍跑接力自主学练改进记录表，见表1。

表1

障碍跑接力
障碍物： 1. 标志杆 2. 双联标志桶 3. 大垫子
第一次放置顺序编号：
第二次放置顺序编号：
选择原因：
自我评价： 1. 练习用时 ☆ ☆ ☆ ☆ ☆ 2. 完成效果 ☆ ☆ ☆ ☆ ☆ 3. 调整优化 ☆ ☆ ☆ ☆ ☆

（二）训练与推广

以一分钟快速跳短绳项目为例：每个年级都有一分钟快速跳短绳项目而且只有跳绳项目是可以额外加分的。所以我们就在课上及课后针对跳短绳项目展开了让学生自主学练的工作。

1. 活动课落实

学校规定的每周两次的活动课是全校学生参加体育项目的固定活动时间，学校为每个班级配备了一个活动器材百宝箱，在这一时间里自主练习跳短绳使学生能更好地巩固跳绳的方法。

2. 课后延伸

利用大课间、午间的时间进行自主跳绳活动，有利于劳逸结合，并能积极开展"健身一小时，幸福一辈子"阳光体育活动，促进学生身心健康发展。还可以让学生把绳子带回家练习以丰富学生的家庭娱乐生活。

3. 亲子活动

民间文化一旦得到传承和发展，就会激起几代人的情感共鸣，成为联结和凝聚人心的纽带。学校每年11月会举办亲子跳踢拍运动会。我们将传统游戏和跳踢拍体育项目相融合，在学校举办的亲子活动中更全面地推广了跳短绳项目。

（三）活动推进

我校每年5月和11月会举行一次田径运动会和跳踢拍运动会。这也是检验学生自主学练成果的一个大舞台。为了取得好的成绩，每个班的正副班主任抓紧一切时间对学生进行指导与训练。

四、在提高学生自主学习能力的实践过程中的具体实施

（一）体育学科培养学生自主学习能力的五个方面

体育学科培养学生自主学习能力是紧紧围绕以下五个方面来开展的。

1. 自我计划

学生自我计划，确定学习目标，自主学习意识、获取新知识能力的研究与培养。（学生先进行自主练习，练习过程中自我反思，发现练习过程中的存在问题）

2. 合作交流

学生合作交流、分析问题和解决问题能力研究与培养。（学生发现问题后与同学一起讨论分析问题，一起思考如何解决问题）

3. 自主选择学习内容、学习策略

学生自主选择学习内容、学习策略、方式与方法，搜集和处理信息能力的研究与培养。（结合课堂教学，拓展延伸想要学习的内容、知识和技术）

4. 自我调控

学生自我调控学习过程能力的研究与培养。（如在跳绳练习的过程中，如何自我调控使得跳绳过程不会中断）

5. 自主评价、反思

学生自主评价、反思自己的学习成果，保证学习目标实现能力的研究与培养。（完成某一技术动作或一连串动作练习后的师生互评及反思改进）

（二）以一分钟跳短绳项目为例

低年级教师在创设情境的情况下鼓励学生分析自己在学习中的特长优势以及缺点不足。学生在一年级已基本学会并脚跳短绳的方法，二年级开始尝试左右脚轮环跳的方法并取得了一定的效果，这也达到了学生对自我认知对自我的期待目标。中高年级时，在课堂中淡化教师的主导作用，激发学生想要学会某项运动的欲望，帮助学生建立自信心，让学生自主学习，不断去尝试不同的跳法。课前提出问题：每个人在团队合作时，如何更好地分配各自的角色，练习过程中都遇到了什么样的问题？在团队练习中鼓励学生进行过程记录。课中的阶段练习，学生组内自我评价、反思，教师在课堂中以引导学生自主学习为主，由团队自我决策，让学生学会独立思考，培养自信。课后再由教师对

学生进行课堂表现反馈，让学生积累经验。学生的成绩都有了很大的进步，取得加分的人次也增加了许多。

（三）推进阳光体育健身活动、劳逸结合，促进学生全面发展（每日健身一小时）

学校每年5月和11月会举办以福山外语节为主题的田径及跳踢拍运动会活动。我们将学生自主学练的方法渗透到传统的体育项目和跳踢拍体育项目中，有力推进了阳光体育健身活动。利用大课间、午间进行踢毽子活动，落实"每日健身一小时"，推进阳光体育健身活动，有利于学生劳逸结合，促进学生身心健康发展。

（四）活跃学校社团活动，丰富校园文化

学校充分利用资源大力开设了6个体育社团。学校在校内、校外利用长假以及寒暑假请家长一起参与学校的各项体育活动：和孩子做一做体育游戏，玩一玩体育器材，说一说体育活动的乐趣，创一创体育游戏的新玩法。在亲子互动中让孩子进一步感受自主学练体育项目的魅力。

五、在体育教学实践过程中提高学生自主学习能力的经验

1. 体育课渗透

在体育课上教学生如何自主计划、自主选择方式与方法，渗透自主学练的内容，利用"自主学练任务单"和"自主学练改进记录表"等，引导学生积极展开自我反思及自我评价，逐渐提高学生自主学习的能力。

2. 活动课落实

学校规定每周两次的活动课为体育项目固定的活动时间，学生通过自主选择练习器材、自主制订小组计划、自主参与学练过程使自己在这个时间段里能巩固各个体育项目的方法，进一步提高自主学习能力。

3. 群体打基础

利用大课间、午间活动，落实"每日健身一小时"，推进阳光体育健身活动，以自主学练体育项目，自我调控活动内容，积极开展"健身一小时，幸福一辈子"阳光体育活动，促进学生身心健康发展。

4. 全员指导

以校运动会为平台，检验学生自主学练的成果。各班为了取得好的成绩，正副班主任抓紧一切时间对学生进行自主学练的指导与训练。

5. 家校联动

将传统游戏和体育项目相融合在学校举办的以福山外语节为主题的运动会、体育节活动和亲子活动中开展与展示。

6. 竞赛队成梯队

通过大家齐心协力实施的自主学练体育项目，我校的体育社团已具有了一定的规

模。在多方的共同努力下，以学生自主学练项目为基础，每个年级中都有几个拔尖的队员涌现，队员们经过定时定量、科学系统的训练后，使社团队伍也形成了一个较完整的梯队。

7. 宣传先行

全面开展学生自主学练的宣传工作，让每一个学生了解自主学练体育项目对身体的好处及意义并乐于参加这些活动，为能入选校体育社团而自豪。

8. 设计学习任务单

学习任务单的设计思路来源于"基于元认知理论，培养学生自主学习能力的实践研究"这一课题，需要在一个月乃至一个学期的单元学习中逐步开展。那么学生自主学习能力的培养又何尝不是一份复杂而又系统的作业呢？学生能否顺利完成这份任务学习单？这样的实践研究对于学生自主学习能力的培养是否可行？一切都还在起步摸索阶段，在这未知的领域中我们愿意勇敢坚定地跨出第一步。我们坚信，这将是艰难却意义远大的一步。

第二节　体育学科实践探索

"授人以鱼，不如授人以渔"
——以学生"花样跳短绳"为例

福山唐城外国语小学　李波

一、背景介绍

现代教学改革方向要求充分发挥学生的主体作用，改变传统的学生被动接受的学习方式，培养学生学习的积极性、主动性，使学生具备自主学习的能力，真正地热爱体育，主动参与体育运动。在学习方法上，由教师教给学生学习的方法转变到"引导学生自主学习、探索学习方法"，调动学生学习的积极性。本案例中，教师为学生创设了一个良好的学习氛围，使学生在课堂上大胆自主学练、合作尝试、畅所欲言。教师采取行之有效的引导，激发学生学习兴趣，使学生自主进行学练，提高了课堂教学质量。跳短绳是低年级学生喜爱的一种体育活动，器材简单易携带，场地限制小，容易开展。通过各种跳短绳活动，能促进学生下肢力量、下肢关节、韧带和内脏机能的发展，对发展弹跳、灵敏、协调性等素质有显著作用。本节课是二年级学生复习跳短绳。通过练习，发展学生下肢、手臂等身体力量，提高学生身体协调性，培养学生自主探究、乐于学习的优良品质。

二、过程描述

（一）创设良好学习氛围

在教学中，我设计了一个"花样跳绳短"的活动，我启发学生说："同学们，你们知道手中的短绳有多少种玩法吗？"这时，有的学生立刻做出各种跳绳动作，有的则聚在一起讨论起来。在此情况下，我进一步激发学生的兴趣，对他们说："下面，我们进入第一关：智力大比拼。看谁玩的花样多，好吗？"因为要参与活动，学生情绪非常高涨，纷纷表示渴望参与。紧接着，我提出要求："希望每个小组认真地去思考、演练，并且大家在跳绳的时候，尽量不用别人的跳法，而且每次都能成功跳过3～5次。最后，分组展示，看哪一组跳法最新颖，好吗？""好。"学生大声回答。同时组长带领本组成员开始尝试练习。学生在操场上自由自在地玩耍，犹如一只只快乐的小鸟，有的单脚跳，有的双脚跳，有的花样跳，有的两三人合作跳，花样还真不少，玩得不亦乐乎。

（二）激发学生学习兴趣让学生自主地进行学练

通过刚才的"花样跳绳短"活动，我对学生做了简单总结："同学们做得都非常棒，有的小组的花样动作都出乎老师的意料了，你们真聪明。但是，花样不少，跳成功的不多，你们知道是为什么吗？"这时，学生议论纷纷，有的说："花样跳难度大。"有的说："有的花样跳动作，不协调，不好跳。"有的则说："两个人配合，动作不一致，老是失误。"……看着学生你一言我一语，我笑着说："说得很好，你们看，某某同学，她为什么花样跳不但跳得好而且失误少？因为她本来跳绳就很厉害，所以要想花样跳得好，基础跳绳不能少。"

接下来，我引导学生进入下一个内容——"挑战自我"。我对学生宣布活动方法以及要求：每个小组自由选择"定时跳短绳"（在规定时间内，跳绳的次数。最少30秒，规定时间可根据自己小组情况而定，越长越好）或者"定量跳短绳"（每次跳绳的数量，不得低于50个，失误次数不得高于2次，跳绳数量定得越多越好）。选择完成后，在组长带领下进行练习，5分钟后，所有小组进行展示。

这时候，学生表现出一副跃跃欲试的样子，有的小组迫不及待地问我要了秒表开始了"定时跳短绳"；有的小组则在激烈地讨论，哪一个跳绳项目适合自己小组；有的小组一开始选择了"定量跳短绳"但是失误率比较高，小组商量之后，重新选择了"定时跳短绳"。在这期间，我游走在各个小组之间，观察着每个学生的表现。我发现有一个小组的练习非常有意思，他们选择的是"定量跳短绳"。小组长说："我想到一个办法，我们把目标50个，分成25个一次，跳2次，跳50个会有人失误的，那么25个应该失误的人不多了，而且不违反老师说的规则，你们看怎么样？"组员A："好办法，50个连续跳我有点吃力的，25个应该问题不大。"组员B："对呀，这样更容易了，我们可以把目标再提高一点。"组员C："好呀，好呀，我们先试试吧，成功了，再提高目标。"在这种方式下，该小组成员轻松地完成了任务。在最后的展示环节中，我特意让这个小组来展示一下并介绍了经验，同时提示学生主动地去思考问题，自主地进行学练。

三、总结反思

（一）创设良好氛围，让学生像鸟儿一样自由的飞翔

（1）兴趣是调动学生学习积极性最好的手段

在课堂中，我通过创编"花样跳短绳"的活动，充分调动学生学习的积极性、主动性，改变原有固定的教学模式及木偶式的教学方法，让学生有了思考和创作的空间，体育课被注入了生命，它变成了一个载体，一个能让学生自由飞翔的载体。此时的学生不会觉得体育课很枯燥，反而做得更好，玩得更尽兴本课满足了学生的追求。

（2）自主学练，让思维的火花永不熄灭

在课堂教学中，学生总是会带来意想不到的创新。课程标准针对传统体育课中教师居于绝对支配地位、反复练习和训练成为主要教学手段的现象，提出要提高教学活动的有效性，强调帮助学生自学、自练和学会合作学习和探究式学习，提高学生的体育学习能力。在这节课里，我让学生自主选择"定时跳短绳""定量跳短绳"，同时给予基本的练习要求以及目标，让学生根据自身水平、需求，自主选择目标，自主安排练习。教师稍一放权，学生把短绳练习换成另一种形式，比教师安排的好多了，并且在活动过程中，学生的热情程度远远超过教师的预期。学生的潜能就是一座埋藏在地下的火山，只要教师给个空间，他们思维的火花便会喷涌而出！

（二）有效引导，授人以鱼，不如授之以渔

教师应考虑从学生实际出发，打破以往低年级教学中由教师组织学生一起做同一活动的做法，多给学生自由练习的空间，使学生找到练习的乐趣，发现自己的特长，为终身体育打下坚实的基础。同时，教师要把课堂还给学生，给学生自主表现的机会和空间。教师放手让学生自己去练、自己去学，把课堂还给学生，使学生真正成为课堂的主人。

四、点评

培养学生自主学习能力，引导学生自主探索学习方法，能使学生更主动地参与体育运动，提高身体素质。作者以跳绳复习为例，从设计到实施，再到展示，呈现了一个较完整的自主学练案例。案例中，为了激发学生兴趣，教师提问启发，并设计了"闯关"活动，达到了很好的效果。在以小组为单位的自主学练过程中，教师引导学生自主选择形式和工具，在小组中自主探讨和调整。教师关注到了兴趣和引导对学生自主学习的积极影响，并针对两方面进行了有效尝试。

学非探其花　要自拔其根

——以"一年级跳短绳"为例

上海市浦东新区福山唐城外国语小学　龚宇伦

一、背景介绍

　　"基于元认知理论，培养学生自主学习能力的实践研究"是福山唐城外国语小学的研究课题，学校的校风是"尊重、责任、合作、温馨"，育人目标是"学会生存、学会做事、学会学习、学会合作"。因此，本课题期望从小学生的心理特征入手，结合元认知理论提升小学生自主学习能力，从而有效落实学校的办学理念。

　　元认知，通俗地讲，即关于认知的认知。元认知是认知主体对自身心理状态、能力、任务目标、认知策略等多方面的认知，它是以认知过程和认知结果作为对象，以对认知活动的调节和监控为外在表现的认知。

　　从本质上讲，自主学习的动机应该是内在的或自我激发的，学习的方法是有计划的或经过联系已达到自动化的，学习的时间是定时而有效的。自主学习的学生能够意识到学习的结果，并对学习过程进行自我监控，他们还能够主动营造有利于学习的物质和社会环境。

　　本研究中的学生自主学习能力，指学生自觉确定学习目标、制订学习计划、选择学习方法、监控学习过程、评价学习结果的过程或能力。元认知是自主学习的一个重要内部影响因素，它与自主学习有着密切的相关性。一方面，从自主学习的整个过程来看，无论是计划安排学习活动，还是在学习活动中监控和调节认知策略、学习态度、学习意识、学习结果等，每一个环节都有元认知成分作用的体现。另一方面，元认知发展的内部和外部条件与自主学习的内外影响因素有很多交叉、融合的部分。可以说，元认知的发展，对个体自主学习的顺利进行起到良好的保障作用。

　　"并脚跳短绳"是贯穿小学学段的基础教学内容，学好跳短绳对于身体素质的提高和开展其他运动项目都有很好的促进作用。一年级"并脚跳短绳"单元分为4课时，该单元重点是双脚并拢，两手握绳协调用力，难点是连贯、轻巧落地。本课是第一次课，开展戏绳活动，首先引导学生与短绳做朋友，尝试各种玩法；接着，让学生体验并脚跳短绳，激发学生的学习兴趣，以期攻克"用前脚掌并跳，手摇一下，脚跳一下"的学习重难点。

二、过程描述

一年级的体育课堂上，教师手握的短绳竟然有节奏地扭起了屁股，这种用"一根短绳"闪亮登场的方式，吸引了所有学生的注意力。教师问道："小朋友们，想不想和短绳做朋友，一起来玩一玩呀？"不出所料，学生齐声欢呼道："想。"

随后教师趁热打铁，示范了两种玩法，一种是把短绳围成圈，摆成"荷包蛋"的样子，轻巧灵活地跳跃着；另一种是邀请一个同学玩"踩绳尾"的游戏，即一人握绳一端，高频率抖动，另一人用脚踩住绳子的另一端，并且逐渐步步为营往上踩，以此控制住绳子，直踩到绳子末端，不能再抖动为游戏结束。"这两种玩法你会玩吗？""你还有其他玩法吗？"连着两个问题的引出，早已把学生玩的兴趣点燃到最高。

分发到器材以后，学生就迫不及待地玩耍起来，几乎所有的学生都模仿起了"荷包蛋"与"踩绳尾"的游戏。一小会儿后，场面就呈现出百花齐放的态势，学生有的把绳子摆成三角形或方形；有的在跳绳；有的边跳绳还边跑动；有的把绳子塞到裤子里露出一小截，就像长了个小尾巴。真是佩服学生的想象力与创造力啊！

十五分钟以后，教师鸣哨集合，详细讲解学习任务单的学习目标与运用方法（图1）。希望学生不仅在学校里与短绳做朋友，在社区里同家人、同伴也可以一起玩耍。教师告诉学生这是一份单元学习计划，它是一份长效作业，一个月以后请大家来晒一晒、评一评。

班级：＿＿＿＿＿＿

姓名：＿＿＿＿＿＿

我与短绳做朋友

安全提示

1. 做好充分的准备活动，特别是肩膀、手腕和脚踝。
2. 衣服和鞋子要轻便。
3. 身上不能有多余物件，如：学习用品、头饰、眼镜等。

填一填

1. 我学会了＿＿＿＿种戏绳的方法。（每种玩法要成功多次，且能顺利进行）
2. 我哪种玩法最厉害？＿＿＿＿＿＿＿＿＿＿＿＿＿＿＿
3. 我喜欢和谁一起玩？＿＿＿＿＿＿＿＿＿＿＿＿＿＿＿
4. 第一次我能连续跳绳＿＿＿个；通过锻炼我最多能连续跳绳＿＿＿个；我进步了＿＿＿个。
5. 第一次1分钟计时跳，我跳了＿＿＿个；1分钟测试我跳了＿＿＿个；我进步了＿＿＿个。

图1

每个学生手上都捧着这张新鲜出炉的任务单。一部分学生迫不及待地拿起公用铅笔画起来，其他学生接着玩起绳子，又时不时地回来对照任务单操作一翻……

三、总结反思

根据小学生的身心发展情况和认知特点，我认为自主学习不完全等同于主动学习或独立自学，不能忽视教师的作用，教师要意识到自主学习的重要性和复杂性，给学生足够的、系统的自主学习的示范和指导。对于一年级的学生来说，由于他们的元认知能力没有发展起来，教师要有"帮与扶"的措施，为学生搭建自主学习的"脚手架"，教师要有意识地激发学生的学习兴趣，教会学生如何确立学习目标，制订学习计划，选择学习方法，进行自我监控和自我评价，等等。

"跳短绳"是体育与健身学科的重要教学内容之一，它贯穿整个义务教育阶段。对于刚入校的一年级学生来说，怎样让他们对这根短绳产生浓厚的、持久的兴趣？是否可以有更多创造性的玩法？如何搭建学习支架，促进学生自主学习意识的养成？这些是我一直思考并期望解决的问题。如果解决成功，那么对于学生跳短绳这一运动技能的学习和运动能力的提高以及自主学习能力的形成来说是个良好的开端。

（一）观察阶段，激发学习兴趣，确定目标和制订计划

"小学体育兴趣化"是上海市教委提出的课程改革要求。"兴趣化教学"必须体现在体育知识技能学习的过程中，倡导体育知识技能学习的兴趣化。当学生所面临的任务是学生感兴趣的，具有一定的新颖性的，在难度适中的情况下，学生的求知欲会得到提高。运用游戏化教学，有利于发挥学生的无限潜能，可以培养学生持久的学习兴趣，让学生在游戏中明理成人。因此采取游戏的方式进行教学，教师善教，学生乐学，会取得意想不到的效果。

案例中教师运用个人魅力出示了短绳这一活动器材，有效地激发了学生的学习动机。使学生在感兴趣的环境中学习，会促进学生产生积极的情感，在思维过程中表现出更多的创造性、灵活性，有助于提高学生的洞察力。示范的两种戏绳方法是一般性的、常规的，如果示范太多玩法会使学生具有依赖性和盲目接受性，甚至有可能起到限制学生思维发展的作用。

教师的示范与学生的观察融合在一起，起到了搭建自主学习"支架"的作用，使学生对于合理玩耍短绳建立了完整印象，为之后开展游戏活动起到了铺垫与支撑作用，同时能初步建立"我能玩出好多种花样"的学习目标，学习计划的制订有相对独立性和自我建构性的自主学习特征。该特征具体表现为学生先玩自己最喜欢的游戏，再挑战有难度的游戏；学生先自己玩，然后找其他同学；学生先模仿老师的游戏，再玩更多的花样……

（二）模仿阶段，强化榜样作用，选择学习方法

自主学习能力的获得过程中，榜样的示范起着极为重要的作用。学生在榜样的示范、指导、鼓励下观察学习策略的运用。通过观察榜样，许多学生能够归纳出学习策略的主要特征，但是要把这些学习技能整合到自己的认知结构中，多数学生需要实际的练习。在练习过程中，如果榜样能够给学生提供指导、反馈，练习的精确性将会得到提高。

例如，学生对于"我与短绳做朋友"有了初步的认识以后，就可以模仿这样的活动形式，顺着教师给予的"脚手架往上爬"，合理地进行短绳游戏了。教师积极参与到学生的活动中，示范动作、表扬鼓励、给予建议等教学手段的运用，较好地起到了榜样的作用，促进学生更快模仿教师教授的玩法，更多地进行反复操练。另外，榜样可以是教师，也可以是同伴。不要小看一年级学生，他们都是聪明的孩子，会观察会模仿同伴是怎么做的，从而完善自己的学习行为。

犹如著名的斯基尔曼"棉花糖挑战"中展现的那样，时钟一开始滴答作响，所有在同一团队中的儿童就开始搭建并进行试验，比较结果，互相学习。学生用行动来思考。课堂中给予学生充分选择策略练习的机会，使学生对策略能够熟练运用，积累丰富的实践经验。在与短绳做朋友的过程中，学生经常会调整绳子的形态，变换活动的方式，选择学习的方法，优化学习效果。

（三）自我控制阶段，监控学习过程，不断强化自我

此时，学生不再照搬榜样的学习表现，而是效仿榜样学习的模式和风格。把已具有的知识技能和学习经验迁移到之后的学习任务中，能够独立地使用学习策略时，学习就进入自我监控阶段。

案例中教师给足学生活动时间（15分钟），支持和发展学生与生俱来的求知欲和内在的学习动机，而不是限制学生或者以各种形式的惩罚威胁和强制学生进行学习。学生很快想出新点子，创造更多有趣的玩法，玩得足够尽兴，兴趣多多。在学习任务单的设计中，考虑到学生的认知能力与身心理特点，采用画图与填空的形式呈现。通过教师引导，把活动范围向课外延伸，活动形式可以独自也可多人，活动对象可以是家人亲戚也可以是同伴朋友，等等，让学生有更多选择学习方法的可能，有更多在"有效失败"中生成的深刻理解和解决方案的可能，而不是根据别人的意愿或者他人指令行事，满足学生自主学习的心理需求，从而让学生愿意对自己的决定负责。

这样做的用意是改变以往传统的教学方式，充分发挥教师作为教学组织者和引导者的作用，以促进学生自主学习方式的养成，使学生主动地监控、调节学习过程，并能根据反馈信息积极查找原因，及时发现存在问题来调整或修改自己原定的学习计划、策略、步骤等，不断强化自我。

（四）自主学习阶段，评价学习结果，养成学习能力

学生天生喜欢学习，他们会追求自己感兴趣的目标，把已有的知识和新的知识与个人目标结合起来，处于该学习阶段的学生能够自觉地促使自己积极参与到学习环境中，能够为自己的学习过程负责，能够控制自己的学习进程，并根据学习过程中自己的体验对学习计划和进程进行自由调整，评估自己的学习效果，成为自律的学习者。

案例中学习任务单的设计思路来源于"基于元认知理论，培养学生自主学习能力的实践研究"这一课题。就像教师告诉学生的那样，它是一份长效作业，需要在一个月的单元学习中逐步开展。那么学生自主学习能力的培养又何尝不是一份复杂而又系统的作业呢？一年级学生能否顺利完成这份任务学习单？这样的实践研究对于学生自主学习能力的培养是否可行？一切都还在起步摸索阶段，在这未知的领域中，我愿意勇敢坚定地跨出第一步，我们坚信，这将是艰难却意义远大的一步。

四、点评

学生自主学习能力在运动技能学习中会起到事半功倍的作用，而自主学习能力的形成也是学生增强自身技能的一个过程。在本案例中，教学"跳短绳"伊始，教师用有趣的方式引入，激发学生的内在学习动力，为之后的学习提供了良好铺垫。随后，教师示范和学生观察的有机融合，为学生自主学练搭建了支架。学生从观察到模仿，再到自我控制，最后达成自主学习。整个学练过程中，学生自我计划、调控能力反复得到锻炼，合理评价学习效果，养成了自主学习的习惯。

设计长效作业，让养成学生自主养成习惯

——以三年级"正面助跑屈腿跳高"为例

上海市浦东区福山唐城外国语小学　　朱璎樱

一、案例背景

本课以上海市小学体育与健身课程标准为依据，以"学生为本、健康第一"为指导思想，旨在为学生营造一个自主体验的长期学习环境。

有学者提出：当学生在元认知、动机和行为三个方面都是一个积极的参与者时，其学习就是自主的。自主学习的动机应该是内在的或自身激发的，学习的方法应该是有计划的。长效作业是一种有计划的，旨在促进学生主动、全面发展，以作业为载体的学习

活动。长效作业注重培养学生的学习习惯、发展学生体能，帮助学生掌握运动技能、培养运动兴趣，它是培养学生自主学习能力的重要方法之一。在完成长效作业的过程中，学生是学习的主体，能充分挖掘自身主观能动性。

跳跃是人类基本活动能力之一，本教材是在一、二年级跳跃的基础上，对助跑踏跳和跳跃高度做了更高的要求，同时为四年级蹲踞式跳远做了铺垫，是小学《体育与健身》跳跃类教材中的一项重要内容。本课通过线上教学，引导学生自主学练，学会正面助跑屈腿跳高的动作方法，做到单脚蹬地踏跳、屈膝上提，并让学生在练习中，自我检查、自主反馈。在身体素质方面，使学生提高上下肢力量，增强弹跳能力，发展身体协调性。通过积极尝试和挑战不同难度的跳跃练习，提高学生居家体育锻炼的兴趣和运动的自律性。

二、过程描述

以自编操"一起向未来"和"石头剪刀布（脚）"作为热身活动，使学生充分热身。复习上一步单脚起跳双脚落地的动作，巩固上节课单跳双落这一重点。在传统的体育课中，此步骤是用橡皮筋或者横杆作为器材进行练习，家里不具备这样专业的器材，于是我想出了用整包的纸巾排列做障碍，排列的组合可以自由设计，纸巾也可以用鞋盒、一次性水杯等代替。在后续完整的动作练习时，当我提出更高、更远的目标时，学生可以根据个人能力，设计出属于自己的障碍。在互动中，学生特别积极，"我堆了3层""我堆了4层""老师，我把纸巾平铺，铺了有4排！"学生不断地向我"炫耀"自己的练习成果，一次次的尝试让课堂活跃了起来，也提高了学生的兴趣。对于教学重点的设计，我利用玩偶或者鞋盒作为小道具做屈膝上提的动作，引申出本课重点——两腿屈膝上提。我给学生设计了练习的动作、次数、要求等，学生一步步跟着练习。但计划是死的，每个学生的情况各不相同，学生可以根据实施的情况适时调整，以取得更好的练习效果。在这个时候，教师是监督者、指导者，一方面需要监督学生的练习情况，另一方面，在被动的学习中，帮助学生找到学练的乐趣，激发学生的运动意识。在学练的过程中，帮助学生自我调整，对于练习的动作，及时反思并作出调整。学生在这一过程中慢慢地由被动学习变为主动学习，进而对自己的学习过程做到自我监控。

在课后作业的部分，我们教研组设计了长效作业。长效作业是以长期坚持锻炼为目标，不断提高自身运动能力的一种非常有效的作业方式。在每节课后，我都会布置一些简单的体能、技能练习。在一个周期内，学生根据我给出的标准，针对不同的项目进行练习，第一阶段结束后，我根据学生反馈的情况，表扬坚持参与的学生并且适当地修改标准放入本周期内的下一阶段。学生通过这个长效作业，提优克难，以达到全身协调发展的教学目标。在本课程的周期内，包含了这一阶段所要提高的运动技能，也有需要强化的运动体能，以及学生对于课外体育运动的拓展。三年级课后锻炼项目及评价见表

1～表3。

表1

交换跳绳（1分钟）	坐姿举腿收腹	各种单双脚跳	自己喜爱的运动
男：104个 女：109个	男：20次一组，2组 女：15次一组，2组	2分钟	
评价：	评价：	评价：	评价：

表2

交换跳绳（1分钟）	坐姿举腿收腹	摸高跳（门框、树枝等）	自己喜爱的运动
男：104个 女：109个	男：20次一组，2组 女：15次一组，2组	30次左右	
自我感受：	自我感受：	自我感受：	自我感受：
教师评价：	教师评价：	教师评价：	教师评价：

表3

交换跳绳（1分钟）	坐姿举腿收腹	摸高跳（门框、树枝等）	自己喜爱的运动
最好成绩：	男：20次一组，2组 女：15次一组，2组	最高纪录：	
自我感受：	自我感受：	自我感受：	自我感受：
教师评价：	教师评价：	教师评价：	教师评价：

三、总结反思

小学生好奇心重、学习能力较弱。教师应当更多地通过各种游戏性的练习、精美的教具、风趣的语言等，激发学生的学练兴趣，引导学生从被动学习向主动学习转变。怎么样提高学生的自主学习的能力呢？可以从以下两个方面入手。

（一）提高学习兴趣，促进自主学习能力

线上教学区别于传统的体育教学，场地、器材、环境都有了很大的限制。应对这些变化，我们要提前对可能的变化做出预判并找到应对方式，更改练习的要求、强度、密度等。因地制宜，巧妙地利用各种家庭日常用品作为道具，提高学生居家运动的效率。学生掌握运动技能有一个内化的过程，为了完成这一过程，练习时要针对不同的学生设计适合不同层次的练习内容。浅层次的以模仿动作为主，大部分学生属于较深层次，可以掌握完整的技术动作，也可自主巩固练习；而小部分高层次的学生可以通过教师引导、完成技术动作的迁移和应用。学生从被动学习向主动学习转变，需要教师不断地引导、反馈、再引导。自主学习对学生来说是在教师的指导下，进行自主学练、自我反思、反馈、多种评价活动的一种学习行为。

（二）设计长效作业，提升自主学习能力

本案例将线上学习的过程延伸至课后锻炼，培养学生自主学习、自我锻炼的好习惯。体育课中的实践与课后的长效作业结合，是学校体育和家庭体育的融合。最终的目标是让学生养成锻炼的习惯，从而为终身体育做铺垫。长效作业应该由练习记录、反馈、评价三个最基本的元素组成。学生在这个过程中可以培养元认知意识，学会自我调控，在练习后有自我反思的意识，逐步养成自主学习能力。在实施长效作业时，教师应该帮助学生积极反思。及时的反思能帮助学生尽快找到运动的要领，使学习达到最好的效果。自我反思的过程应该是与学习过程同步的，教师的引导也需要非常及时。及时的反馈与评价能再次激发学生的积极性，促进学习的良性循环。

对于长效作业的设计，我还有很多不足。在我的设计中，还有很多内容没有涉及，如一些运动常识、竞赛知识、观看运动赛事等。我还要在今后的实践中，将更广泛的运动知识融入长效作业中，积极尝试，不断完善。

四、点评

本案例以长效作业为切入点，通过有趣多样的练习达到促进学生全身协调发展、提高运动技能和体能的教学目标，并在此过程中引导学生自主学习，提高相关能力。教师关注到居家运动的特点，设计不同层次的练习内容，学生各取所需，各有所得。这种因人而异的作业设计让不同层次的学生都能得到成就感，激发了学生自主学习的动力。同时，练习后教师鼓励学生及时评价与反思，有助于学生培养元认知意识，学会自我调控。

激发学生学习兴趣，让课堂变得"不一样"

——以一年级"30米快速跑"为例

上海市浦东新区福山唐城外国语小学　张燕

一、背景介绍

《义务教育体育与健康课程标准（2022年版）》强调以学生的发展为中心，重视学生的主体地位。因此，在体育课堂教学中，我们要关注并满足学生全面发展的需要和情感体验，从课程设计到评价都要从利于学生主动、全面的发展出发，都要特别注意体现学生在学习活动中的主体地位，以便充分发挥学生的学习积极性和学习潜能，提高学生的学习能力。体育课对于大部分学生而言都很有趣，兴趣是最好的老师，但这兴趣是否能维持在一个合适的高度，是否能促进学生自主学习？我们要打破传统的教学模式和固有的思维方式，在体育课的教学中及时改进教学策略，引进元认知策略，全面优化教学效果，充分调动学生的学习主动性、积极性，变"要我学"为"我要学"。

如何让学生在快乐的自主学习氛围中学会自我评价与相互评价，促使学生在自我创造中积极好学、展我个性、共同进步，将是我在体育教学中永远的追求。为此，我在课堂实践中始终贯彻"健康第一"的指导思想和新的课程理念，坚持"为学生创造自主学习空间"的目的，不断改进、不断完善，激发学生对体育课的兴趣，提升学生自主学习和评价的能力，努力让每一个学生在体育课中都感受到快乐，养成锻炼的习惯，切实为终身体育奠定基础。

30米快速跑是小学体育与健身学科中重要的教学内容之一。快速跑的学习，对于学生发展速度，提高自然奔跑能力具有重要作用。因此培养跑的正确姿势是教学的主要任务。本课主要是通过一些游戏的形式让学生改进快速跑技术动作，养成用前脚掌着地跑成直线的习惯，提高学生的快速奔跑能力及灵敏性与协调性，并在日常生活中结合运用。同时发展学生个性，培养学生团队合作意识，让学生树立自信心，养成关心和尊重他人的良好习惯，并找到适合自己的学习方法，增强自主锻炼意识和提高自主学习能力，促进身心健康发展。

本课的教学对象是一年级的学生，而且是借班模式，因此教师对学生的认知与了解度不够，配合默契上可能有一定影响。虽然一年级学生通常充满好奇心，在短时间内有可能被一切新的人或事所吸引，同时学生年龄小，他们的自控能力较差和有意注意力通常不能持久，可能会造成课堂教学没有达到预期的效果。

二、过程描述

本课首先从激发学生快速跑的兴趣开始，以小游戏"叫数抱团"拉开序幕，除了让学生在游戏中从走、后踢、跑来体会并掌握前脚掌着地的动作之外，在游戏中还进行了自然分组，打破了常规的组织队形，为后面的合作打下基础。其次，在30米快速跑中通过集体和分组的练习、讨论、交流、演示及评价，让学生掌握了正确的起跑姿势以及直线跑的方法。最后再以小游戏"追逐跑"来激发学生快速奔跑的能力。在综合活动中，教师引导学生利用已学过的动作及场地上已有的器材进行合理搭配，组织小组进行活动。在整个活动中，学生认真思考、积极讨论，友好合作，相互评价，一环扣一环，始终处于一种兴奋状态，保持一种学习的新鲜感。在整个教学活动中，学生通过练习、观察、思考、比较、交流等教学活动，改进了跑的姿势，提高了跑的能力，也拓宽了思路。学生在轻松、愉快、和谐的学习氛围中体验到了体育的乐趣，获得了成功的满足，也建立了对学习的信心。

本次课我执教的是一年级"30米快速跑"内容。当课进行到综合活动——障碍赛跑时，意外发生了。

"咦，你们小组怎么会有这么多小圆垫啊？"我在巡视中发现，明明每个小组我统一备了五个，有的小组却放了不止五个，还有个别小组练习兴致不高。

"老师，我把起跑线上的也拿来用了呀。"A组学生扬起笑脸，很自豪地说。

"老师，我们组每次比赛都是最后一名的，我们可以不参加小组比赛吗？"B组学生一脸不悦地说着。

"老师，你看，我们又找到了几个圆垫作为障碍，而且增加了跳跃的姿势，我们组厉害吧。"C组学生得意地说着。

"那各组障碍个数不一样，过障碍的方式也不一样，而且有些小组实力有点弱，你们觉得我们该怎么比赛和评价呢？"我立即问道。

"我们可以根据大家练习情况进行组内比赛和评价呀！"

"我们也可以自己找实力相当的小组进行比赛与评价呀！"学生个个眼神发亮，似乎做了一件特别伟大的事。

看着大家不同的表情，我突然想到，只有当学生有了兴趣，他才会去积极思考，主动参与；而当学生间的差异出现时，如果不及时引导，学生不就失去对学习的兴趣了吗？想到这里，我立马改变教学策略：尊重差异，因材施教，自主评价。对于能力强的小组可以根据场地上多余的圆垫以及小组的实力适当增加障碍进行练习，也可寻找实力相当的小组进行比赛，并相互做出评价；而对于实力较弱的小组可使其在自己组内进行练习及自我评价。

"你比刚才又多了一个过障碍的姿势，你真棒！"

"我觉得这次摆臂做到前后摆动，而且摆得很快，速度比刚才又快了一点了。"

"我这次用前脚掌着地，而且看着前方目标跑的，速度又有进步了。"

"你们组跑得也很棒，我们相互学习。"

……

看着学生兴致勃勃练习着的模样，听着他们独树一帜而又朴实的评价，我觉得心里暖暖的。

课堂教学不正提倡学生的自主学习，营造学会创造与学会评价的良好氛围吗？

三、案例反思

在这堂课的教学中，无论是器材准备还是评价设计，事先我都尽可能做到万无一失。但真没想到，在最后的环节因我未把篮球架下面多余的圆垫放回器材室而意外有所收获。这让我对体育学科的自主学习有了更深入的思考，对学生的创造能力也有了更进一步的认识。

元认知，即认知的认知，是个人在认知过程中认识和调节这些过程的能力。这一过程强调学生要有较高的自主学习意识，有较强的自我选判能力。这样学生才能在一定的学习活动中自我探索，与学习伙伴一起展开合作和竞争，让自己的潜能得到激发，让自我学习品质得以培养，并最终使自己的学习能力得到提升。

（一）自主学习的前提：兴趣入手，搭建支架

让学生"生动活泼，积极主动"地得到发展是现代教育观的一个重要观点。创新精神和实践能力是衡量学生心理健康的一个重要指标。

学生进行创新活动必须有充沛的体力、饱满的精神和乐观的情绪。在课堂教学中，我首先从学生的兴趣出发，采用不同的方式方法让学生产生兴趣并能积极主动地参与课堂教学。随后，把课堂中的大部分时间留给学生，搭建自主学习的平台，给予相关支撑。在师生交流互动中，提高学生运用知识的实践能力，以此来培养学生的创新精神。

（二）自主学习的关键：尊重差异，因材施教

自主学习并不是每一个学生都能做到或者做得很好的。在很大程度上需要教师给学生创设一种宽松、活泼和谐的教学氛围，使学生对体育学习产生浓厚的兴趣，从而逐渐建立自主学习的空间，发挥自主学习的能力。

这一堂课让我深刻感受到：我们不能过于追求让学生服从命令，过于强调步调一致的机械操练，而是要根据课堂实际情况，因材施教。我们要避免"齐步走""一刀切"的教学方法，要尊重学生间的差异，要努力使身体素质好的学生"吃得饱"，身体素质差的学生"吃得好"，提高每一个学生的学习积极性。

这一堂课的综合活动环节，我尊重学生的想法，照顾到全体学生，充分调动学生的主动性、积极性、创造性，既有利于学生知识的学习和能力的培养，又有利于学生主体作用的发挥。

（三）自主学习的动力：自我评价，提升自信

在设计本次教学时为了能使学生更积极地完成好教学任务，我在教学设计中尝试采用多种评价方式，如及时给予口头的表扬、鼓励和肯定；引导学生进行相互间的评价，如组长对组员的评价、组员间的评价及小组间的相互评价，使得每个学生对自己更加有信心，对他人更加关心、更加信任，也使学生间的感情更加融洽。

而因为"小意外"，这次课的评价方式更多的是采用自我评价方式，毕竟各组之间的能力是不同的。在这之前的游戏中进行自然分组，很有可能能力较强的学生会选择在同一组，这样的话如果要进行小组统一比赛很有可能会打击到部分能力较差的学生。而现在根据小组自身情况，在小组中展开自我评价，有利于保护部分能力差的学生的自信心。

　　纯粹的学习过程是认知过程，注意到自己的学习过程并对其进行调控，叫作"元认知注意"，本课注重在学习过程中对学生的所得所感的评价，让学生在学会基本技术动作的同时，适当利用周围的器材举一反三，给予学生自我创想的空间，发挥学生的想象，让学生在自主学习中更快地树立信心，找到快乐，得到健康。

　　这次课上的"小意外"，让我收获了惊喜，得到了启示。那一群可爱的孩子，用他们的活力和创意实实在在地给我上了一堂专业发展课，让我走出思维定式，走出传统模式，走向自主学习更广阔的研究天地。

四、点评

　　尊重认知规律，尊重学生差异，是教师能够引导学生自主学习的前提。本案例的亮点在于当教师发现了执教过程中的"意外"时，及时改变教学策略，用教学机制引导学生进行自主评价并取得了很好的教学效果。自主评价是自主学习能力中重要的方面，体育学习中运动技能水平的提高固然是重要的教学目标，但习得过程中学生的所得所感能通过自主评价得到较好的体现，也不应被忽视。体育学科中重视培养自主学习能力，可以调动学生的学习积极性，优化体育教学效果。

第六章

自主学习在美术学科中的
实践研究

第一节　美术学科概论

基于元认知理论
在小学美术学科中提高学生自主学习能力的实践研究

上海市浦东区福山唐城外国语小学　周骊

一、自主学习能力在美术学科学习中的重要性

随着我国新课程标准改革的不断推进，为推动育人方式变革，应着力发展学生核心素养，凸显学生主体地位。自主学习既是一个很好的学习习惯，也能培养学生良好的学习能力。

小学美术是一门培养学生艺术素养的学科，对于学生审美感知、艺术表现、创意实践和文化理解等能力的提升有着至关重要的作用。以往的小学美术教学采用较为传统的教学方式，教师是课堂的主角，在讲台上为学生传授美术知识，学生被动聆听教学内容，教师竭力将内容讲细讲精，但忽略了学生对于所学内容的兴趣。美术学习是需要大量的感受和欣赏来丰富审美体验的。首先，要让学生自发地提高学习美术的兴趣，让学生主动探索，有表现美、创造美的意愿，激发学生参与艺术活动的兴趣和热情。其次，艺术学科涉及的不只是离我们很遥远的"艺术品"，还有与生活息息相关的自然、生活、社会、科技等，这些都是学生在日常生活中能直接体验到的事物，更能与学生产生链接共鸣，是激发学生自主学习的动力。学习美术不仅仅为了画一幅画、做一件手工，而是要体会制作工艺品背后的文化内涵，用画笔表现自己看到的世界和内心的感受。而教师只是引领学生的"领路人"，只能传授简单的学科知识和技能，如果学生可以通过元认知理论，对已经掌握的美术学科知识进一步提升，运用元认知策略应对不同的学习任务，对于美术学习效果的提升必然是显著的。

二、运用元认知理论提高学生自主学习能力的教学策略

元认知理论在小学美术教学中的应用深远，通过教学案例分析，探究各学段元认知

培育，掌握学生审美能力、超越自我认知思维形成的具体方法，将自主学习任务单应用于日常教学，让美术教师通过理性分析和目标设计，在课堂中激活和实现元认知培养，帮助美术教师提高教学效率，并提升学生的核心素养。

学生在创作美术作品时要有更多的自由发挥空间以及更多灵感的启发。在传统的美术教学课堂上，学生长期处于被动填鸭式的教学模式下，这种教学模式不但不能提高学生的学习兴趣，更不利于学生个人素质能力的提升。因此，美术教师应该积极地创新发展教育方式，让学生能够积极地参与到美术课堂中来，发挥学习主体作用，在美术课堂上进行自主学习，在教师的正确引导下尽情地领略艺术的魅力。

那么如何运用元认知理论提高学生在美术学习中的自主学习能力？在平时的教学过程中，学生对自己的创作过程没有深入的思考和统筹设计，这种综合性能力在不同的学段、不同的学生身上也会有很大的差异。所以根据不同年龄段的学生，教研组教师对不同课型设计了针对性的自主学习任务单、这些任务单有课前的预习单，有课中的设计任务单，也有完成作品后的评价单、课后反馈单，对应了自主学习阶段的自我计划、自主选择方法和策略、自我监控、自我评价和自我反思。

但是为何要以任务单的形式呈现呢？当前程度的学生还不具备将思考的东西直接转化为结论的能力，过程性的记录有助于帮学生整理思路，能直接把学生思维过程呈现给自己和其他人，有助于接下来的自我调控和反思。

（一）培养预习良好习惯，引导学生自主计划

课前预习能使课堂学习起到事半功倍的效果。对于低年级学生，学习主动性、自觉性是比较薄弱的，没有预习的好习惯。因此，为了让学生真正做好课前预习工作，激发学生自主学习能力，培养学生自我计划的主动性，可以通过几个基本的问题让学生有针对性地思考和这节课或这个单元相关的知识。例如，每学期的第一节美术准备课上，让学生在大致浏览课本后，说一说每节课可能要运用到的工具和材料，猜测每节课是什么类型的课，是绘画类、手工类还是泥塑类等，让学生当小老师，对该课提出一个小问题考考其他同学，以此让学生带着问题去思考，从而对课程进行自我计划。

对于高年级学生，美术课堂中尝试通过各类"预习单"的形式，鼓励学生展开课前自主预习，通过预习进行美术作品制作形式的自我计划与思考。例如，《素雅的青花瓷》一课，课前探究单上会提出问题：这节课要用到哪些工具？学生讨论表示："蓝色的马克笔或水彩笔。"也有学生说："彩色铅笔或油画棒。"有经验的学生会表示彩色铅笔笔触过"轻"过"细"，油画棒太粗还容易粘在手上导致画面不干净。基于原有绘画工具的认知，学生自主做出了合适工具的选择。而在欣赏不同青花瓷的过程中，学生发现瓷器上蓝色纹样的深浅会有区别，有一部分学生也会自主选择不同深浅的多只蓝色彩笔进行创作。例如，《我的吉祥物》一课，学生对于课本上的彩泥动物作品进行结构分析，将已有的泥工技能进行梳理和排列，按照自己计划的顺序将步骤记录下来，这种自我计划就是为了让学生无须按照教师的要求按部就班地执行，让学生成为制作过程中的主人，决定用什么工具制作、如何制作、制作的先后顺序。

和以往教师提前告知创作工具的不同之处在于，首先学生并不会被教师特定的创作工具限制作品的呈现效果，学生完全可以尝试各种自己熟悉或不熟悉的创作工具，即使没有使用过也可以尝试使用，摸索该工具的特点并归纳使用感受；其次预习单还会让学生自己找寻该课程的主题内容、对此内容是否有已知的信息，如果是陌生的内容，通过何种手段方法可以了解它，这其实是对学生搜集知识和信息的能力的一种培养。例如，《恐龙时代》一课，恐龙离现代人的生活很遥远，因为它们已经灭绝很久了，学生表示对于恐龙的种类、身体构造和生活习性一知半解，所以在课前预习单中，教师就会提问：①你最喜欢哪一种恐龙？②这种恐龙的生活习性是怎么样的？③恐龙身体的各个部位有什么特点？引导学生自主选择探究的恐龙种类，了解它们的习性和身体特征，总结不同部位制作时可以运用的泥塑技法，而不是老师一一灌输，学生不假思索地照搬老师的示范作品。

（二）尊重学生个体差异，培养学生自主选择

美术课有别于其他课的一点是，该课呈现出的作品可以千人千面，没有标准答案。所以在创作过程中所选择的策略和方法，都是可以按照每个学生个体的差异自行决定的。比如，低年级的绘画类课程的涂色环节，因为对于美术学科的上色工具，低年级的学习准备期就有让学生体验过它们的不同特点和不同效果呈现，学生可以自主选择喜欢和合适的涂色工具来进行创作，让学生在创作过程中体会不同工具的使用感受，而不是老师事先告知哪些工具用起来更趁手。另一类手工课程——剪纸课，对于策略和方法的选择也体现出了学生的自主性。例如，创作剪纸作品时是先画后剪还是直接剪，剪纸作品中的内部纹样的剪法是用剪刀直接剪还是用刻刀刻下来，剪纸作品完成后用什么工具粘连在底板纸上，等等，教师都可以放手让学生自己选择。《飞向太空》是一节高年级纸艺课，学生通过绘画平面图纸，再运用不同形状的纸筒造型组成一个航天飞船，平面梯形的舱体如果变成立体造型可以有多种变化，有上窄下宽圆筒形、有玛雅金字塔形，学生可以根据已有的纸工经验选择合适的方法进行创作。在粘贴时，学生也可以根据需求选择用固体胶还是双面胶——基于已有的对两种粘连工具的优缺点的认知与自身使用情况进行自主选择。

（三）改进评价机制和方法，鼓励学生自我评价

评价一直是美术课堂不可或缺的一个环节，评价机制一般以教师评价学生（师生互评）和学生评价学生（学生互评）为主，评价标准普遍是由教师根据课堂作业要求制定，但这并不能积极促进学生的自我评价。如何让学生做到自我评价？切入点应该是在评价机制和评价标准上作出改变。

普通的评价是学生听其他同学根据教师给出的作业要求对自己作品的评价，而自我评价应该是学生自己评价自己的作品，并且有一套自己的评价标准。例如，不同的学生对在绘画中的涂色技能会有不同的标准，有的学生觉得颜色鲜艳是标准，有的学生觉得涂色均匀是标准，还有的学生觉得在不同的涂色区域运用不同的涂色工具也可以成为评价标准，这就是不同人对于涂色标准的理解的差异性。这种差异对学生的自主学习能力的提高是会起到积极作用的，因为评价标准不再单一化、扁平化，而是因人而异，因选择而异。

评价的内容的多样性也是自我评价的体现之一，如在《我设计的自行车》一课中，评价要求是：①自行车的结构是否完整；②自行车的功能是否多样；③自行车的造型是否新颖。但除了这些评价内容，其实还可以找到不同的评价点，如自行车是在什么样的环境下行驶（背景添加了哪些内容），自行车的车身运用了哪些装饰方式，学生可以运用以往其他不同类型课程的评价内容结合这节课的主题自行添加，增加评价内容的多样性。

自我评价的途径也不拘泥于口述，以往的评价大多是以口头方式进行，但并不利于后续的自我监控和自我反思，因为学生可能听过就抛诸脑后。将评价以文字描述方式记录下来更有利于进行自我监控和自我反思。例如，《飞向太空》一课，教师提出问题：你制作的飞船有什么特点？是否和设计图纸中的造型一样？引发学生对于自己作品的思考，如对比预设的创作方案与实际的创作成果是否一致，是否进行了自我的调整等环节。通过这样的多方位自我评价模式，学生对学习过程做出及时反馈，同时积累成功或失败的经验。无论成功与否，相信都能使学生的自主学习能力有所提升。

（四）实时进行自我反思，促进完善自我认知

以往的评价阶段都被安排在完成作品后，对一件已完成的作品进行评价，但其实忽略了很重要的一点：评价是为了什么？可能学生只是把这种评价作为教学环节中的一项，机械地去完成，但评价根本的作用其实是总结这次创作过程中的问题，对最终成果进行总结或打分。但由于美术学科的特殊性，完成了的作品几乎无法被修改，至少不能大规模地改动，所以在教学过程中，我们应该鼓励学生养成在创作过程中进行过程性自我评价的习惯，因为在这个时候进行才能根据评价对自己的作品做出反思和监控。那么怎样促进学生的自我反思和监控呢？那就是学生在创作时进行阶段性评价，评价不仅仅是完成作品后的动作，而应是贯穿整个作品创作过程中的、不间断的行为。《疏密的花纹》一课中，学生在添加花纹的过程中不断地自我评价和反思：花纹是否疏密得当，如果太稀疏了怎么办？添加到什么程度会更合适，疏密的线条和绘画工具是否有关系？在这种自我反思和自我监控中完善作品，促进学生的自主学习。可能一开始需要教师在学生创作过程中抓住典型作品进行平铺直叙式的展示，让学生了解在什么时候自我反思和自我监控可以起到更好的效果。当学生掌握了这项技能，教师就无须千篇一律地按照统一的标准和内容去评价学生，因为学生自己就能很好地做到自我评价、自我调整、自我监控的良性循环，真正提高自主学习的能力。

自主学习能力的提高，不只在于教师如何精细设计各环节的任务单，更在于在日常教学环节中，从量到质的积累和变化，引导学生养成自主学习的习惯，以不变应万变的自主学习模式面对任何形式的学习任务和难题，让学生在学会认知中体会学习的乐趣。

第二节　美术学科实践探索

基于线上伙伴式学习模式的美术课堂研究
——以"版画"主题为例

上海市浦东新区福山唐城外国语小学　高雨薇

美术学科教研方针建议教师从课上延伸到课后，关注倡导"小组合作""小助手""小伙伴"，发现学中挚友，提倡合作学习。同时，艺术新课标的出台，也提醒着教师：我们培育的是能够改变时代、创造新成就、新展望的时代新人，而非墨守成规、照本宣科的学习机器。那么，掌握"自主学习"的能力，是关键！在居家学习过程中，如何能让学生在自觉、自主的情况下，自发地培养学习的能力，是我们教师需要着重关注的部分。

因此，作为一线教师，我将针对"如何有效地进行线上伙伴式自主学习？"这个问题进行课堂实践研究，以此在"伙伴式"的开放性环境下，提升并培育学生的自主学习能力。

一、线上"伙伴式"自主学习策略与方法描述

（一）"伙伴式"自主学习准备期

本次美术课堂研究紧跟空中课堂的教学进度，基于线上伙伴式的自主学习模式，根据三年级版画主题，"印出来的画"单元进行实时探究实践活动。本单元下设三节课，分别是：《刻刻印印学版画》《贴贴印印纸版画》以及《刻板印制藏书票》。本次教学实践，主要在学习过第一节课《刻刻印印纸版画》后，开启第2节课《贴贴印印纸版画》前以及正式学习的阶段。其中实践策略及流程，具体如下。

1. 自主预习提效能，梳理计划供支持

在开始学习"版画"单元前，我提前整理相关的版画"学习资源包"，其中包括版画拓展视频链接、版画相关文本及图片资料等，于正式课程开始前，进行提前发布和预告，鼓励学生通过相关"学习资源包"进行自主预习，为后续的版画课程做好相应知

识积累，以便有序开展相应教学活动。同时，自主预习有助于提高学生的自主学习、自主计划学习的能力，使学生提前通过预习，找到有关版画课程中自己学习的薄弱点与困难之处，在正式课程中，着重学习，以此提升在学习过程中学生对"知识点掌握"以及"自觉整理重难点"的自主计划能力，为后续过程性评价及展评活动提供支持。

2. 自主结队提兴趣，建立桥梁促交流

长期的居家封闭学习，阻碍了学生间的交流，教师需要做的是为学生尽可能地建立交流的桥梁，减少沟通屏障。而"伙伴式"自主结队的方法，在一定程度上，为学生提供了沟通的机会。因此在课程开始前，教师通过"钉钉在线智能填写小组安排表"的形式鼓励学生自主结队，引导学生在结队分组的过程中更多地进行交流，提升美术学习的兴趣，"一人独学，不如群人共学"。

小组人员安排表以问答方式进行，内容包括：

（1）小组人员安排表（具体人员姓名）_____

（2）我们小组组长是_____

（3）我们小组的名称是_____

（4）我的姓名是_____

每个学生通过钉钉填表后，对于极个别没有分组的学生，教师应统一安排，着重关注。教师通过"导出数据"，进行整体性的统计与整合，明确各班的分组情况，适时查漏补缺，确保每个学生都能有相应的分组，不让任何一个学生落单。

（二）"伙伴式学习"实施期

1. 自主带教创氛围，梳理总结提质量

经过前期"自主预习"和"自主结队"的准备后，版画实践探究进入中期实施阶段。一方面为了提升学生的教育教学质量，培养学生自主学习及总结的能力，另一方面为了促进学生间的相互交流，在本单元第1节课《刻刻印印学版画》学习完成后，也就是《贴贴印印纸版画》课程开始前，提前筛选在第1节课中的优秀版画作品在课堂上进行集中展示。由于居家学习，因此不少学生缺少工具材料，制作版画作品相对困难，因此在筛选优秀作品时，教师特地选择一些开动脑筋，找到家中代替材料并制作的成功的优秀案例，并通知背后的优秀创作者当回"小老师"，录制"版画带教视频"，创造学生间自主带教的学习氛围，以此培养学生自主总结、自主学习的能力。

带教视频收集工作完成后，在第2节《贴贴印印纸版画》的导入部分，设计"带教小老师"的教学环节，通过"带教小老师"的宣传，提升整体三年级版画单元的教学质量，解决各类材料不足的问题，帮助其他学生找到合适的代替材料以及多种创作版画的方法。

2. 自主探究激合作，减负增质聚能力

在《贴贴印印纸版画》的教学实践环节，教师一改往日固定式作业的设计，拓宽作业内容的版块，推出"套餐式"小组探究型长效作业，并且在作业完成的时间上进行延长，从而起到为学生居家学习减负增质的效果，提升了学生自发学习实践的兴趣，有助于培养学生自主学习的能力。

本次"套餐式"小组探究型长效作业包含三个板块：

（1）个人作业形式：空中课堂全市统一的固定版画作业内容。

（2）小组探究活动1：通过小组探究，结合学习资源包，进行组内自主探究活动，美化设计并完成"版画知识探究单"。

（3）小组探究活动2：通过小组探究，结合"带教小老师"的教学视频，进行组内自主版画制作研究，美化设计并完成"版画制作探究单"。

上述长效作业的时长为期一周，学生组内进行讨论，自行领取探究任务，自主选择其中一项探究活动进行组内探究；其中，第一项空中课堂的作业根据工具情况及探究活动的需要，自行选择是否制作。同时，在探究单的设计上，考虑居家学习的硬件条件，许多学生无法使用打印机打印填写，另一方面，简单直白的表单形式，无法激起学生的探究兴趣，因此在设计本次长效作业时，特别给予学生最大的设计创作空间，让学生将"设计"与"探究"相结合，创作完成版画探究单。

（三）"伙伴式"自主学习展评期

美术课堂中的重点环节除了实践作品或实践活动之外，展评环节也是一大亮点。本次线上"伙伴式自主学习"的教学研究更是将更多的策略方法聚焦于展评环节，希望通过多种线上展评的形式，营造开放式的线上点评环境，激发学生自主点评的兴趣，以此引导学生不仅在自主点评的能力上有所提升，还在点评过程中进行自我调控与反思，在潜移默化中掌握自主学习的能力。

1. 自主汇报展风采，促进交流提效率

在本节课展评环节，组织学生在每个小组自主筛选"优秀探究单"，由挑选出来的"优秀探究员"进行探究汇报展演的视频录制，将每位"优秀探究员"的视频串成"优秀探究单"的长视频进行"云展览"，并在正式展评环节，作为"小惊喜"供三年级各班进行展示学习，让学生汇报自己的学习成果，从而促进各班与各班之间、组员与组员之间、学生与学生之间的三方自主学习。

2. 自主互评促反思，圈内展评趣味多

线上教学模式，虽然有许多的局限性，但也有其优越性。例如，钉钉App中，每个班级群都会有自己"班级圈"，因此在本次线上教学研究中，利用"班级圈"分别发布各班优秀学生的作品，包括第1节课中的版画实践作品，和"优秀探究单"的设计作品，同时进行展评活动。学生可在班级圈中送花留言，激发学生自主点评、自主反思的兴趣，以此促进学生之间的互相评价，这也在一定程度促进了"伙伴式"学习的交流与开展。同时，开放性的点评环节提高了学生的点评积极性与参与度，增加了点评的趣味性。

3. 自主调控攒经验，留言互动促反思

在组内筛选"优秀探究员"以及"班级圈"的展评活动后，学生可以在组内互提修改意见，或者通过留言的形式对喜欢的作品进行修改意见的提出，被点评的同学在课后可以分别对"版画探究"与"版画实践"两部分进行作品的修改和调整，留言互动的形式不仅增加了趣味性，还培养了学生自我调控、自我反思的自主学习能力。

二、"伙伴式"自主学习经验与反思

（一）"切片式"资源预告，提自主学习兴趣

所谓"切片式"资源预告，指的是"学习资源包"以及空中课堂的切片教学片段预告的整合性资源整理。在本次"线上伙伴式自主学习模式"的教学实践中，"切片式"资源预告的作用是在版画课程开始前，鼓励学生切片撒网式地对"版画"主题进行广泛研究，这项研究可以涉及多个方面：版画知识的预习、版画制作方式的预习、版画历史发展的预习等。通过这样的教学方式，引导学生在正式学习开始前，先通过查找资料，借鉴"切片式"资源包等各类途径，对即将要学习的内容，进行自主预习，这对后续的"版画"单元化课程的进行起到推动作用，同时锻炼了学生自主查找、自主整合资源、自主学习的能力。

（二）"手拉手"组队结伴，创线上自主氛围

其一，无论是线上还是线下的学习，都需要"组队"的学习形式。这种学习形式可以增加学生间的交流与沟通，对教学质量起到提升的作用。而居家学习因硬件条件的限制，学生之间的沟通并不顺畅。小学生由于年龄较小，无法和大人一般自如地调整心情与沟通方式，因此教师更需要关心学生之间的互动交流，为学生在软件条件上搭建有利于学生互相沟通的桥梁。这是建立"手拉手"组队结伴的原因之一。

其二，授人以鱼，不如授之以渔。美术教学中以传授实践技巧为基础，但随着艺术新课标的提出，更重要的是培养学生的自主学习的创造性能力，因此教师需要将注意力更多放在如何在线上的教学模式中，以及提高学生自主学习的能力上。

基于以上两点，鼓励学生在课前自主结队分组，为学生创造有利的自主沟通的条件，在自主选择、自行组织的过程中，建立线上教学的良好沟通渠道与模式。

当然，在分组时，极个别学生被迫"落单"，从这看出，这些学生更加缺乏沟通的机会，需要更多的关注与关爱，以避免学生在居家学习期间出现不必要的心理问题。教师可以实施线上分层教学、个性化教学的模式，针对不同学习能力的学生，进行个别辅导和教育，以此提升部分特殊学生的学习能力。

（三）"伙伴式"带教学习，促居家自主质量

通过"带教小老师"的形式，学生针对已有的学习经验或实践经验，对作品最终效果和制作步骤进行自我反思、自我总结。这种自主学习过程不仅锻炼了学生自主学习的

能力，也提升了学生个人的表述能力。对于受"带教小老师"指导的学生而言，"带教小老师"的参与能够很大程度上激发学生的线上学习的兴趣以及线上听课质量，这对教师的整体性教学起到促进的作用。

在本次教学实践过程中，从学生读取信息的数量统计上可以看出，"带教小老师"的呈现，大大提高了学生在线听课的质量，"带教小老师"发挥的是榜样的力量，在不知不觉中，激发了学生之间正向的积极比较。学生努力争当"小老师"，提升了在线教学的参与度。

另一方面，这些被"小老师"教授的学生们，也在学习中对自身的实践过程进行回顾性思考与总结，激发了他们对自己实践操作过程的自我思考，锻炼了他们的自主总结能力，一定程度上提高了学生的自主学习能力的整体水平。

（四）"结队式"长效探究，减负增质促自主

在以往美术教学中，往往都是布置相同的实践作业，从而在实践过程中对所学美术知识进行巩固与操作。实际中，不少学生由于工具材料不足等原因，又或者是部分家长考虑到保护视力等各方面因素，都对线上教学有着一定的阻碍作用。因此如果美术学科在作业设计上一成不变，不具备趣味性，很显然就会提不起学生参与实践的兴趣，而锻炼学生自主学习能力的关键就在于激发学生的学习与创作的兴趣。因此考虑种种因素，此次课程进行了"美术小组探究型""套餐式"长效作业的布置。一来刻意延长作业创作的时间，可以起到减负增质的作用，提高美术教学质量，负担减轻了，也就开启了自主学习能力的培养一道阀门，对自主学习能力的培育起着推动作用；二来小组探究型"套餐式"作业布置的开展，能够引导学生通过小组交流的形式，根据学习兴趣展开趣味性探究活动，在自主选择的前提下，开展实践活动，从而有利于提高美术实践成果的质量，锻炼学生自主选择的能力，建立组内沟通的桥梁。

（五）"围观式"自主展评，破冰派对形式多

线上学习由于空间上的局限，学生只能在家进行学习，阻隔了学生间的交流。"结队分组"是针对该问题的一种解决方式，免通过多种形式，引导学生线上"破冰"，在形式多样的"破冰派对"中，减少线上学习的弊端。"围观式"汇报展评活动，是建立良好沟通、促进自主点评的途径。

通过"视屏录制展风采""线上班级圈建立""互提建议并调整"这三种展评方式起到的"线上破冰"作用，营造线上自主点评的开放性教学氛围。学生在点评交流的过程中，互帮互助，互相促进，共同提升，部分学生可以根据老师同学的点评，对版画作品或版画探究单再次进行修改和调整，这锻炼了学生自主调控的能力，以及自我反思的能力。其中，"班级圈"的氛围建立，激发学生多展示、多交流的兴趣，不少学生在被点评、被送花、被点赞的过程中，建立学习自信心，同时在与同伴沟通中，释放学业压力，进一步提升了自主学习的积极性，有效培养了自主学习的能力。

三、点评

教师能关注到疫情期间居家学习期间美术线上课堂中学生缺少沟通的问题，并在此基础上开展了课堂实践研究，是很有观察力和行动力的。论文主题明确，结构清晰，以"版画"单元课程不同阶段的伙伴式自主学习为切入点，进行了丰富的实践并提炼了经验。在美术学科学习过程中自主预习、自主结队、自主带教、自主探究、自主汇报、自主互评，一系列的实践策略切实提升了学生自我计划、自我选择方法与策略、自我调控、自我反思和自我评价的能力，提高了学生居家学习的质量和自主学习兴趣。

线上学习，学生自主探索的有效性

——以三年级"印出来的画"单元课为例

上海市浦东新区福山唐城外国语小学　吴雨桐

一、案例背景

从之前的在线学习经验中我们了解了低年级的学生有非常高的学习的积极性，作品完成率也非常高，但自主学习能力相对较弱。中高年级的学生有一定的自主学习能力，如能自己预习、收集、整理学习内容、制订学习计划、自我评价作品，但长时间的在线学习使得学生作业完成率并不高、学习积极性参与度也不高。

伴随着空中课堂的学习的深入，其他的困难也接踵而至，如个别学生的工具不齐全无法完成目标作业和学习任务。在这样的情况下，我们教研组考虑到这些学生的学习积极性，给这部分学生提供一些拓展性的同类型的作业内容，或可以替代的工具材料，让学生能在自己能力范围内有选择地去完成作业。

不同于可替换有选择的课程，三年级"印出来的画"这个单元，由于教学材料资源匮乏和不足，大部分学生无法完成本单元的学习内容，但版画单元又是美术课程中比较重要的一个单元，如何解决这个问题？只能在有限的资源中让学生先了解版画的一些相关知识和特点，为后面回归校园课堂中做好准备。那如何让学生了解版画的一些知识和特点呢？具体的做法应既要有效地提高学生的学习积极性，而不是老师的一言堂宣讲，又要使学生多些参与感，让学生自主预习版画知识，让学生印象更加深刻。

这是一种自主学习的尝试，把一个单元的2～3节课的教学目标转变成一个学生自主学习探索学习内容的预习过程。通过老师准备的课前问题、结合空中课堂和老师的学习资源，学生从中自主学习、找寻答案。当然，老师提供的是部分信息，全程"放手"给学生更多的发挥空间，在此过程中也碰到了许多的困难。例如，因为长时间居家学习，可能有的学生不愿意完成额外的学习内容；由于材料和信息媒体不充分等，预习活动不能达到人人参与的水平。虽然只有部分学生能完成预习内容，但这也是对三年级学生自主学习意识的一种启蒙和培养。我将在接下来的教学中吸取更多经验，不断完善优化个人教学能力和水平。

二、实施策略与方法描述

（一）前期设想

与一年级的学生相比较，二、三年级的学生具有更强的自主学习能力。针对版画单元的材料准备匮乏，无法用替换制作方法来展现版画的特殊肌理质感的情况，教师引导学生先把版画的相关知识与特点掌握好，以更好地为回归校园后的学习做准备。那如何让学生在家中掌握版画的相关知识呢？可以把学习的主动权交给学生自己，让学生自己去预习需要掌握的重点学习内容，从而培养学生的自主学习能力，同时，老师也要掌握好学生学习的效率和积极性。

因为版画内容比较宽泛，小学美术教材中本单元的三节课是三种不同的版画技法和内容，所以学生可预习的版画范围较大，但如果仅预习其中一节课是无法感受版画的独特魅力的，所以教师整合了三节课的内容来帮学生预习版画的相关知识，给了学生一定的范围来提高自主预习的有效性。

（二）实施策略方法

首先考虑到班级众多，在多个班级教学直播期间，教师可能无法与学生进行有效互动，所以教师鼓励学生运用空中课堂视频资源，加上教师整理的版画视频资源链接和问题等，给学生一定的预习范围和关键字搜索，提高学生的自主预习效率。学生也能从教师预设好的问题中尝试计划学习重点内容（表1）。

表1

版画知识探究
通过空中课堂的学习，我们初步了解了版画的相关知识与制作方法。接下老师就请大家在接下来的20分钟里做一个版画知识调查员，请你通过网络、书本等形式来探索版画领域，感受版画这种独特艺术的魅力（可以以文字、图片、视频等形式进行介绍）
1.什么是版画？ 2.你知道有哪几种版画？ 3.版画的类别（通过版画材料、制作工艺来区分，请你举2~3个例子，可以提交图片） 4.你对哪种版画制作感兴趣？说说你对版画的看法
关键词搜索：凹版、凸版，丝网版画、铜版画、木版画、石膏板画，黑白版画、单色版画、套色版画

空中课堂是很好的教学资源，所以在空中课堂学习的过程中，学生可以根据课中要求对此类版画的内容、环节中不了解或有困难的地方进行提取和梳理，尝试找到解决困难的办法。这是学生检验自己对版画的重难点是否已经了解、掌握有效方法。在版画单元每节空中课堂后20分钟交流讨论时间，学生能结合空中课堂内容和自己调查、搜索的信息内容，计划、调整好自己要学习的内容。学生利用每次线上课程时间来自主预习版画相关资源，在这个过程中学生对知识点的梳理和掌握需要靠自己去计划去调整。虽然大多数还是纸上谈兵，但学生对版画的基本知识有了基本的了解，对培养自主学习能起到了重要的作用，也调动了学生的好奇心。

预习完成后如何呈现学习内容？考虑到班级群内交流可能有些混乱且容易被刷屏，我尝试了以图文的形式将学习内容展现在版画的探究小报上（图1、图2），学生之间可以在群内展示的小报作品下留言评价交流，或对自己所预习的内容进行一个阐述或评价，如在预习过程中遇到问题自己是主动解决，还是寻求其他人的帮助，等等。这不仅是学生对自己预习的内容的一个展示交流，还是学生对自己所学习的内容的一个反思。

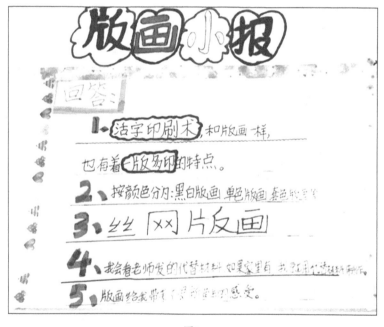

图1

图2

三、实施经验与反思

（一）自主效率两手抓

在自主预习的过程中教师可以看出一些问题，这些问题包括：在空中课堂中学生慢慢缺乏积极性，对待课堂的兴趣在慢慢减退，作业质量有一定的下降，个人的自主预习缺乏积极性，作业内容缺乏有效性。如何调动学生的自主性并提高学生学习效率，还需教师多多实践研究。

（二）结伴共成长

在居家学习中，学生的自主学习能力虽然有一定的提高，但还是无法保证大部分学生自主学习内容具有良好效果。正所谓"三人行，必有我师焉"，对于学生而言，一个人的力量或许单薄、思考问题单一，如果学生之间聚集力量相互学习，是否会有不一样的结果呢？在版画的自主预习交流过程中，有完成特别优秀的学生，是否可以通过优秀的学生来带动其他同学进行有效的学习呢？使优秀的同学在学习的同时也给其他同学树立榜样，其他学生吸取同伴的经验后，也能在平时的学习生活中培养自主学习的能力，为以后的学习提供新的方向。

总之，在居家学期间老师也需要不断进步，要在不断的尝试中去发现网络教学中的一些问题，并在实际的教学过程中能有所借鉴和改进，要跟上时代的步伐，不要原地踏步。

四、点评

针对线上疫情居家学习阶段显现出一些问题，如学生自主学习能力较弱、美术学科某些单元学生缺少材料等。教师不断地尝试解决困难，培养学生自主学习意识，提高学生自主学习的积极性。从前期设想到具体实施，从作品图片到互动截屏，教师对课例进行了较完整的呈现。为了让学生在家中也能掌握版画知识，教师给出范围和关键字，整合了三节课内容让学生自主预习。这种预设提高了学生自主预习的兴趣和效率。通过自主预习，学生在自我计划、自我反思、自我选择方法与策略等方面有了一定的进步。教师在案例实施后也能主动反思，为今后进一步探索提供了新的方向。

自主探索融课堂，长效作业促发展

——以"我的玩具世界"单元长效作业设计为例

上海市浦东新区福山唐城外国语小学　倪雨婕

一、背景介绍

网络授课的新型教学模式不仅考验教师的教学能力，而且考验着教师对网络技术的驾驭和运用能力，更是考验学生自主学习能力。作业设计作为线上教学环节中不可或缺的一部分，需要教师考虑到空间及材料的限制。为了更好地激发学生自主学习兴趣，提升学生参与学习积极性，我进行了美术长效作业的设计。经过这一段时间的网上教学，我不断地摸索和探究，现进行如下案例的分析。

二、过程描述

新课标理念下的作业过程，并不只是巩固知识的过程，更是学生成长的过程。它包括情感态度、价值观的成长体验过程，是培养学生学习兴趣、挖掘学生艺术表现潜能的一个有效途径。因此，在美术长效作业设计环节中，应对作业情况深入分析，不仅要考虑学生知识技能的掌握，还要密切关注学生的差异和需求以及作业形式的趣味性及可操作性。只有这样，才能使美术作业更加有效，更好地激发学生的美术表现欲望和创造潜力。

（一）基于教材，厘清目标，长效作业单元化

教材是美术长期实践作业的主要内容来源，课程标准又是长期实践作业目标确立的依据。美术长效作业内容的选择以教材为主要内容，结合学情，设计以单元为单位的美术实践作业。美术课程在内容上用单元主题统整的方式来建构教材体系，在知识架构上是螺旋上升的。在设计美术长效作业时，应纵向分析各单元的联系与区别，明确单元定位，然后通过长效作业，让学生将课堂中所学的知识技能在实践作业中综合显现。"我的玩具世界"单元中，结合本单元的目标，我设计了为期两周的长效作业。活动一为

选取家中合适材料制作"会动的玩具"，活动二为巧妙利用圆筒造型制作玩具鼓，活动三为观察家中玩偶，用写生的方法进行描绘。学生在写生与制作玩具的过程中，学会观察与表现并选择材料，综合运用各种技能制作玩具，感受玩具的美，体验制作玩具的乐趣。

（二）自主选材与运用，拓展空间，长效作业生活化

新课标注重问题情境下的教学。教师在确定单元目标时，更要在挖掘教材的同时联系学生的生活实际，教会学生将美术知识与技能应用于自己的生活，让美术作业回归生活。于是，在设计美术长效作业时，我们更注重实践作业与学生生活之间的联系，通过与学生的实际生活进行联系，让美术作品更具实用价值。学生完成美术作业之前需要进行素材的收集和整理。艺术源于生活、高于生活，积累素材的多少与艺术创造力有着直接的关联。学生要创作出优秀的作品，得从作业材料的收集开始。为保证教学质量，每次上网课前，我都会在钉钉群发布信息，提前告知学生准备所需的学具，以及需要收集的相关素材。我也做好示范，根据教学内容事先收集相关素材，上课时进行展示，教会学生收集、甄别、选取恰当的材料，授人以渔。同时，这些优质的素材能帮助学生拓宽视野、拓展思维、激发创作激情。"我的玩具世界"单元，课前教师提出问题，学生自主思考哪些材料适合作为圆筒形材料，家中哪些物品可以进行利用，以做出会动的玩具。巧妙结合居家学习的环境，引导学生积极探索多种艺术形式，鼓励学生大胆利用家中材料进行创作。学生巧妙自主取材，利用薯片罐、一次性饭盒、纸杯等材料，结合鼓的特点，做出了一个个造型独特的玩具鼓。在综合运用各种技能的同时，学生感受鼓的造型美，体验巧妙利用材料进行制作与装饰。

（三）自我调控与反思，长效作业多样性

由于线上教学的特殊性，考虑到学生线上教学期间材料有限性等问题，布置长效作业时应更加多样。"我的玩具世界"单元，所需材料比较多，因此增设写生家中玩具这一作业。学生根据自身情况自我选择作业类型。通过开放的作业活动引导学生自主体验与实践，有利于培养学生创新意识，提高学生综合实践能力。学生提交作业后，增设欣赏优秀作品环节，很多学生在欣赏完作品后，对于创作有了新思路。"我的玩具世界"中《会动的玩具》一课，利用弹簧让玩具动起来。其中有一件作品并没有用到弹簧，但是像不倒翁似的能左右摇摆，引发了学生的好奇与思考。学生纷纷通过亲自实践，不断反思，对于《会动的玩具》这一课进行再创作。欣赏优秀作品很好地激发了学生的创作欲望，让长效作业得到了延续。

三、总结反思

（一）统整学科，自主探究，长效作业综合化

新课标强调学科融合。实践作业综合化是指通过跨学科的综合性的美术活动，以任

务为驱动，引导学生主动探索、研究与创作。综合化的长效作业设计需要教师改变思维定式，寻找美术学科与其他学科的连接点，注重对所学知识的综合利用，设计出丰富多彩并突出美术学科特点的美术活动。"我的玩具世界"这一单元，制作鼓这一课中可以与音乐学科结合，如利用制作的鼓，可以创作哪些动人的音乐？从而再次引发学生进行自主探究，推进跨学科学习。

（二）做好点拨指导，放手让学生成为学习的主人

自主选择就是让学生根据自己的能力，针对所学的知识技能，选择喜欢的形式和内容进行创作。自主选择给不同层次的学生以自主权，有利于调动学生的积极性，让学生能在更大的空间内发挥自己的水平，使不同层次的学生潜能得以发挥出来。可以说，自主选择是学生潜能发挥的前提和重要保证。二年级学生对于制作玩具都很感兴趣，教学内容贴近生活，容易激发学生的表现欲和创作欲。教师进行适当点拨，引导学生自主寻找可用材料，根据家中情况自主选材。制作时由于材料不同，制作方法上对二年级学生来说有一定难度。教师针对学生个别问题进行适当的点拨，更多地给予学生自主尝试体验的空间，让学生在自主体验的探索中掌握本课的重点难点，成为学习的主人。拨浪鼓、腰鼓、点鼓……学生制作的鼓种类丰富多样，有的利用超轻黏土为鼓身进行装饰，有的利用拼贴绘画的方式对鼓进行刻画。学生巧妙利用圆筒造型制作玩具鼓，并自主选择合适的方式进行装饰。学生根据自我判断和自我尝试选择合适道具，并自主选择方法将材料组合，完成作品。学生在自主体验创作中，充分感受创作的乐趣。

（三）多元评价方式，自主设计评价标准

教师必须让学生参与评价。让学生参与评价，就能使学生主动参与学习。在具体的课堂操作中，我采用师生互评、学生互评等多种评价形式，并根据学生心理特点与能力循序渐进。以学生互评为主，让几个同学相互评价对方的作品，让学生把个人的审美标准通过合作化认知表现出来，教师进行适当的点拨。在这一形式的评价中，还可以让学生自行设计一个评价标准。引导学生从学习态度、目标达成、情感意志、思维状态等各方面进行思考设计，从而培养学生自我反思意识。通过这几种课堂习作展评，让学生去发现美、认识美、创造美，最终达到提高学生绘画水平、审美创新能力等美术素质的目的。

在今后的教学中，我将积极开展以自主学习、探究学习为主要学习方式的美术学习模式，以锻炼学生养成自主探究、学习美术的行为习惯为基础，积极培养学生主动、自主、创造性学习的能力。

四、点评

网络授课的新型教学模式对很多教师来说是一场考验。在这种新教学模式中的作业设计如何激发学生创造力、调动学生积极性是值得每位教师认真思考和探索的。本案例呈现的小学美术单元长效作业设计基于教材、结合学情，引导学生自主思考材料，自主选择作业类型，使学生在自主体验中提高综合实践能力。通过自我选择方法与策略，学生能在更广阔的空间内发挥自己的水平，不同层次的学生潜能都有了被激发的可能，学生充分感受到创作的乐趣。

第七章

自主学习在音乐学科中的实践研究

第一节 音乐学科概论

基于元认知理论
在音乐学科中培养学生自主学习能力的实践研究

上海市浦东新区福山唐城外国语小学 吴晓静

音乐学科新课标以立德树人为根本任务，以学生发展为主，以审美为基础，以音乐文化为主线，以美"育"人，以文"化"人。教材中蕴含着很多立意美、情境美、曲调美等，但很多教师未潜心予以挖掘，因而使教材中的美"养在闺中人未识"。现实中也有不少学生感到音乐学科枯燥无味，或者认为音乐学科是"小三门"，不屑一顾，把自己当成旁观者。基于这种现状，如何培养学生自主学习意识，让学生真正成为学习的主人，成为摆在我们音乐教育工作者面前的一个严峻课题。

我认为，在音乐教学中培养学生自主学习能力的意义是促进学生全面发展以及创新型人才的培养。所以在音乐教学中，应面向全体学生，以分层教学为方式，以因材施教为导向，以开放性的课堂为切入口，以激励性评价为杠杆，以探究型学习为动力，创造可以充分发挥学生的主动性、积极性的学习氛围，让学生自始至终地参与到音乐的学习当中，并获得音乐的亲身体验。

需要指出的是，本文所研究的自主学习绝不是那种不需要教师的放任式的学习形式，相反，是指在充分发挥教师对课堂教学主导作用的基础上，真正体现学生在学习中的主体地位的教学模式。

一、转换教育观念，基于元认知理论培养学生音乐自主学习意识

所谓元认知就是对认知过程的认知，是个体在认识活动过程中，将自己正在进行的认知活动作为意识对象，不断积极地自我调整的认知活动，是学习者在获取知识的过程中对自我行为的思考与反思。我国学者庞维国将"自主性学习"概括为：建立在

自我意识发展基础上的"能学";建立在学生具有内在学习动机基础上的"想学";建立在学生掌握了一定的学习策略基础上的"会学";建立在意志努力基础上的"坚持学"。

在新课改的指导下,大多数教师已经了解传统教学方式的弊端:以教师为中心的课堂教学模式会制约学生学习音乐的激情和兴趣;循规蹈矩地模仿、被动地接受音乐知识的学习习惯,会遏制学生的想象力、创造力。所以教师应及时转换自身角色,把学生作为教学的主体,强化学生的主体意识,使学生自觉自主地承担学习任务,把课堂还给学生,让学生真正成为学习的主人!

我从事音乐工作二十余年,认为与其他课程相比,音乐学科更具有实践性、开放性、自主性、生成性等特点,所以音乐教学中运用元认知理论培养学生自主学习能力,会给课堂注入新的活力,教学效果会更佳!所以本项研究实施一直基于如下理念:坚持学生的自主选择和主动参与,发展学生的创新精神和实践能力;面向学生完整的生活领域,为学生提供开放的个性发展空间;注重学生的亲身体验和积极实践,促进学习方式的变革。

让学生在音乐艺术活动中激发动机,产生内驱力,制定目标,使学生越学越愿学;让学生在音乐艺术活动中获得成功体验,升华认识,形成自主意识与良好习惯,使学生越学越会学;让学生在音乐艺术活动中锤炼悟性,培养自我调控与自我反思的能力,使学生越学越聪明。

二、优化教学资源,基于元认知理论增强学生音乐自主学习能力

音乐学科的自主性学习,就是学生在教师有计划的指导下,自觉地主动掌握自己的发展过程,通过积极的自我计划、自我选择方法与策略、自我调控、自我反思、自我评价等实践活动,实现高效的自我发展。音乐学科的自主性学习,不是学生单方面的学习,而是教学双方在全新的观念指导下高度协调统一的一种新型组合。然而,学习者的自主学习能力并非与生俱来,学生需要接受必要的指导和训练。在日常教学中,教师需要对学生进行学习策略的指导以及元认知能力的培养。

(一)提高学生的元认知主体意识,使学生感受到"我能学"

培养学生自主学习的能力,有一个不可忽视的因素——自由的心理环境。教师对学生的控制越少,学生体验的自由度越高,活动的自主性就越强。所以在日常教学中,教师应努力创设舒适的自主学习教学环境,让学生意识到自己"能学"。

在中高年级的音乐课上,让学生有选择性地进行预习。每个学生都可以按照自己的能力自由制订计划:学习能力强的可以去网络上查乐曲的背景和知识点,做成PPT介绍给大家;音乐感觉好的学生可以自己先学会歌曲,或者给大家展示不同的版本歌曲;学过器乐的学生可以用乐器演奏,录制下来并对比一下哪个乐器更适合;能力比较弱的学

生也可以组织提问，使学生明确自己想从中学习到什么。所以现在的音乐课堂模式是开放的。学生各抒己见，每个人既是老师又是学生，互教互促，许多问题都凭着集体的智慧得到了解决，学生的主体作用也得到最大限度的发挥。这样的教学方式不会限制学生的想象空间，不会阻碍学生的创造性思维，学生既享受了探索的乐趣，心理上得到了满足，又有了不同的自我表现的机会，增添了自信。

例如，在欣赏《单簧管波尔卡》时有学生提出：我好像听到有的旋律重复了很多次这是为什么？有的学生查过资料回答说：这种形式叫回旋曲。那个学生继续问，那什么叫回旋曲呢？问了班级钢琴已经是演奏级别的学生，该生虽然弹过这种曲式，但也解释不清。我正想着怎么用专业的术语来给大家讲解，有个学生反应很快就说回旋曲是不是回旋镖那种？我立马说：太对了，就是这个感觉！扔出去是要回来的那种，也就是不管往哪儿去发展，都要回到主旋律的，所以回旋曲经常是AB，AC，AD，再回到A。没等我说完，几个顽皮的学生就照着我说话的节奏做起了回旋镖的动作，引得大伙儿哈哈大笑，也有的学生带头鼓掌说这个解释真是太"牛"了。一问一答之间，消除了师生之间的隔阂，大家敞开心扉，互尊互爱，在欢声笑语中习得了知识。

此外，教师在课堂上对于学生别出心裁的设想和提问要及时给予称赞和鼓励，这样就会提升学生的成就感、价值感，这些称赞和鼓励也能成为今后学生主动学习的潜在动力。而上课前让学生把学习成果进行交流、展示，是引导学生自主学习的开始，是培养学生合作分享精神的一种途径，是学生自我风采的展示。一旦引导学生养成自主学习的习惯，那么在今后的学习中可以进一步培养学生的学习积极性、主动性，让学生感受到学习其实是一件非常快乐而富有意义的事情。

（二）丰富学生关于元认知的方法和体验，使学生领会到"我想学"

学生需要在教师引导下，选择适合自身的学习方法及方向，探寻自主学习的乐趣，在每一次成功与进步中获得积极的情绪体验。在教学中，我通过改进教学模式，结合自身教学风格，重新摸索出一条更新更优的教学道路，使"自主学习"不是流于形式，而是渗透到每一堂音乐课中，真正改变教学常态，把课堂还给学生。

"小组表演"这个环节通常会安排在歌唱教学的第二课时进行。在第一课时结束后，给予学生充分的时间自主讨论，一旦有小组选择后就会由组长带领组员一起在课后策划排练节目。小组的成员会根据自己的特点选择在团队中所担任的角色。这些角色通常有组长（能力比较强者）、演唱者（声音好听者）、舞蹈者（表演欲强者）、打击乐伴奏（节奏感较强者）、背景（可以扮演景物）、报幕员（不会唱歌跳舞者）、音响师（播放音乐）等，每个成员都不落下，每个人都是表演者。从选择歌曲、设计队形、编排动作、歌曲表演所有环节都由学生自主决定。在这期间，教师仅作为合作者，在学生需要帮助的时候提出一些自己的见解，让学生有章可循。

在这项教学活动中，学生会根据自己的喜好，结合自己的能力，通过自身的努力，与团队一起通力合作，取长补短。整个过程可能会出现各种问题，学生可以在自我调控之下经过选择、讨论、调整、排练等一系列努力，最终完成表演，将团队的成果展示在班级的舞台上。每每表演结束，无论表演得怎样，只要认真准备了，当"演员"们鞠躬谢幕的时候，我都会带领同学予以热烈的掌声，并且师生会一起给予很高的评价。当然，每个人的分工不同，表现能力也有所差异，但如果整个组评价是优的话，那也只是优+和优的区别，因为评价的依据是整体的表演效果，所以也有很多孩子会戏称有"被大神带飞了的感觉"，这就是一加一大于二的效果。

刚开始设立"小组表演"这一活动时，有的孩子一开始就喜欢参与，但有的孩子因性格、能力等原因，害怕表现不好或者不被组内同学认可不太愿意参加，但是经过一段时间对"表演规则"的逐渐熟悉和组内合作交往的磨合后，在教师和学生的鼓励之下，越来越多的学生对这个活动产生了浓厚的兴趣。每次在学完一首歌曲后，学生会主动提醒教师该进行"小组表演"活动了。

在这项活动中，教师践行了因材施教的理念，尊重学生身心发展规律，鼓励学生在实践探究中互动合作、有效解决问题，营造和谐愉快的评价氛围；学生结合小组合作模式展开自我探索，认识接纳不完美的自我，积极寻找并利用自身优势建立自信心，改进自主学习方法，提升学习效果。

（三）加强对学生元认知操作的指导，使学生体验到"我会学"

自我监控是学习过程中的重要组成部分，通过自我监控，学生可以对自己的行为与进展进行了解，并可以及时调整学习方法与学习策略，及时总结、反思。除了学生自我监控，还有小组、生生之间的相互监控。教师亦可以站在多元视角，监控学生学习情况，对结果做出客观、公正的评价，引导学生发现自身优势与不足，促进学生更加主动积极地参与学习过程，让学生真正感受自身采取的学习方法、元认知策略等是否具有实际效果。

每个学期末，都会举行"小小音乐会"的展示，在两到三周的准备时间里面，学生要完成从自由组队、撰写计划、创编动作、匹配服装等一系列事情。有一个小组的同学选择了《学习雷锋好榜样》这首歌曲，他们很快就在课上进行了队形、舞蹈动作的设计，并加以排练，可是第一次在班级内表演时效果并不是很好，同学们的评价褒贬不一。组长经过商议后向教师申请多给一个星期时间重新排练并表演，并希望教师和同学们给一些建议。有的学生说："我觉得你们计划书应该再详细一些。"有的说："组员之间存在差异，动作参差不齐。"该小组自己也反思"动作创编得非常有难度，虽然好看但是完成度不高"，"有些队形设计需要更大的场地"……同学们你一言，我一语，讨论得非常热烈。

接下来的一个星期，该组成员调整计划，选择更优化的策略，进行了好几次的修改，包括服装、背景、道具等的补充等。教师经常看到该组成员围成一小堆，将铅笔盒、笔、尺等作为道具，在地上摆放成各种队形，大家商量哪个更好看，怎样变化队形更迅速；表演方面也不再是一个人编舞，而是互相商量，男女生一起协调，根据能力搭配不同的动作；还会主动请教师和家长的意见，并一次次用视频的形式记录下来。经过选择、协调、讨论、排练、修改、彩排等一系列努力过程，最终这个作品被选为优秀节目在文艺汇演上演绎给全校学生观看，获得了一致的好评！

学生的自主学习能力和自我评估能力密切相关，它们能够促使学生对自己的学习负责，还能使学生清楚地认识到自己现有水平和期望水平之间的差距。所以，每次完成一项任务后应该给学生一定的时间来反思学习活动并评估自己学习策略的使用情况，评估当初制订的学习目标是否完成。教师也要对学生的自主学习起到监督和指导作用，帮助学生认清前一阶段的学习效果和存在的不足，及时调整学习策略，逐渐形成在自主学习过程中自觉地使用元认知策略的意识。

三、改变作业模式，基于元认知理论提升学生音乐自主学习素养

如何在课堂外继续保持学生的学习兴趣，如何利用现代化信息技术手段让学生在居家时能继续学习并在艺术实践和鉴赏方面有所提高，也成为重点探讨方向。我以自主学习为抓手，以新颖有趣的音乐长效作业为途径，为学生提供交互式的学习平台，让艺术课堂走进家庭，让居家学习的学生，以网络平台的形式相约，线上分享创作成果。

原本音乐学科对学生的评价标准都是音准、节奏、舞姿等，但是有的学生天生五音不全，有的人肢体不协调，所以这些学生不太愿意上传自己的音乐作品。但是现在我们改变了作业模式，让音乐真正"活"起来。学生就有了多种选择：音乐作品的表演形式可以是歌唱、舞蹈、器乐、自制打击乐器伴奏等；可以与其他学科结合，绘画、朗诵、编故事、角色扮演等；也可以介绍喜欢的音视频，鼓励家长与学生进行亲子合作表演等。

每隔一段时间，教师还会把比较有创意、优秀的作品在钉钉群展示，师生共同赏析。有了这样的活动后，学生交作品的积极性增加了。同时，学生有了更多的选择：可以把喜欢的音乐画出来，把喜欢的歌词诵出来，把喜欢的情境演出来，把爱听的音乐传上来……更有亲子合作的情景剧、小品、四手联弹、乐队弹唱等，甚至有学生别出心裁地自创舞蹈、自编歌曲、自配音响短剧等，热闹程度不亚于学校联欢会。每次观赏作品时，我都会被学生的才能所惊艳，被学生的智慧所折服，被学生的幽默所逗笑！我惊叹，原本在音乐课上"默默无闻"的一些学生竟然有这么丰富多彩的一面。

积极的元认知体验能够提升学生学习主观能动性，让学生获得学习自信心和增强学习进步的成就感。自主学习的养成是一个长期的、循序渐进的过程，音乐课堂和作业模式的改变能引导学生运用正确的方法展开学习。结合学生个性特点探寻学习的优势，提

高学生音乐学习的素养，增强学生元认知体验，提升学生整体元认知水平。

　　在今后的教学过程中我要更加充分运用教学智慧，全方位地调动学生的主动积极性。学习之路永无止境，无论居家学习还是课堂学习都要以更开阔的视野，坚定初心更努力地奔跑，在前方遇见更加美好的风景，释放青春能量，不负灿烂梦想。

第二节　音乐学科实践探索

利用长效作业，培养学生音乐表演的能力
——小学音乐学科线上长效作业的设计与实施案例

上海市浦东新区福山唐城外国语小学　刘戎骄

一、线上长效作业案例背景

"居家学习"的特殊模式下，我们将要面对各种"云课堂"的问题：学生居家表演条件有限、线上教学对音准节奏的把握难度增大、音乐学科的互动性受到削弱、一个教师同时上多个班级的课等，都是我们面对的巨大考验。最终，我们找到了一条逆向思维的道路，利用有针对性的单元长效作业设计，使作业既统一、又多元，以此来促进学生居家学习的热情，提高音乐空中课堂的教学成效，让音乐真正融入学生的生活，而不只是一门技能课程，让艺术走进家庭，和谐家庭氛围，让学生感受到生活的美好。

鉴于此，本教学案例是学生在线上的自主学习的单元长效作业，旨在探索提高学生自主学习能力的有效路径。

二、长效作业设计案例描述

（一）作业设计思路

以空中课堂的统一实践活动为基础，增设拓展型作业的创编设计，不局限于音乐一门学科，可自由加入其他学科，与表演、舞蹈、美术等结合，并引导学生根据自身的条件创编作业内容，如器乐演奏、自制乐器、舞蹈、歌唱、亲子合作等多维度的音乐表演。更多提倡家人亲子合作完成作业——自主自发在一周时间内完成一个表演作品。让音乐真正融入居家生活，真正打动心灵。通过作业设计的优化，解决学生因居家条件的限制无法进行实践学习的问题，拓宽学生的实践操作范围，激发学生的创作兴趣，在提高学生自主学习、自我创编的能力同时提升家庭亲子关系，和谐居家氛围。

（二）作业实施

线上教学为年级统一长效作业设计要求，教师应为学生提供思路，激发灵感。学生通过居家自我计划、自我选择方法与策略、自我调控来完成作业。优秀作业会通过网络平台展示给老师和同学，提高学生的积极性和自豪感。老师通过学生前一周的作业对下一周的要求进行细微的调整，把需要改进的地方在要求中提醒学生，但并不强行要求，不给学生施加压力。

例如，作业要求一：本周完成一个与空中课堂教学内容相关的歌曲（乐曲）的创造性表演。学生在家里就地取材，开动小脑筋。具体要求见老师课堂发布的讨论内容。（欢迎家长们与孩子的亲子合作表演）

作业要求二进行了相应的调整：本周内完成一个与空中课堂教学内容相关的歌曲（乐曲）表演。若特殊情况无法观看空中课堂内容，可自由选择喜欢的音乐作品和任意形式进行演绎。也可以和班级同学自由组成小组或利用已分配好的小组进行歌曲（乐曲）的分工合作表演。交作业的同时可写明"××小组作业之歌唱（舞蹈/伴奏/乐器）"等。可以拼成一个视频也可以各自交给老师。表演形式：歌唱、舞蹈、器乐、打击乐伴奏、自制乐器伴奏等皆可。也可与其他学科结合，或上传你找到的与本周课堂内容相关的拓展视频音频等。

（三）自我反思和作业评价

线上隔着屏幕，师生评价和生生评价反而使师生在这一时空得到了不一样的交流，师生关系，生生关系有了不一样的提升。有些平时害羞的学生也敢于踊跃发言，评价他人的作品头头是道，有的同学看到了老师的作业评语之后，提交作业的质量及积极性明显提高，比线下课堂中表现得更为主动。在直播课中，学生对自己的作品也学会了更客观地自我反思和评价，让教师倍感欣慰。

三、案例反思

本次线上教学，可以说是给了我们一次机会，放手把机会给学生，从需要的"结果"来指引学生自主学习、自主创造，理解"我"需要去学些什么。

（一）调动积极性，自主完成属于自己的音乐表演

通过优化长效作业设计要求，解决学生因居家条件的限制无法进行实践学习的问题，拓宽学生的实践操作范围，激发学生的创作兴趣，提高学生自主学习、自我创编的能力。根据单元化的课程，统筹设计作业，提高单元化教学模式。在这过程中，我们惊喜地发现，在传统课堂中督促学生多唱多跳多练，可能下课他们就遗忘了，也不是所有学生有自觉性，而空中课堂作业发散性强，部分歌唱或表演上薄弱的学生难以自我规划，难以实施。但我们有趣的长效作业吸引了学生，要想完成这个表演，必须听熟歌曲旋律、练熟伴奏节奏、跳熟歌曲舞蹈或者分清歌曲段落，甚至有的表演需要完整背唱歌曲。线上递交视频作业的时候，必然是学生自发去想好办法好点子、自主去不断地练习自己设计的各种音乐实践环节，可能教师和同学们最终看到的优秀作业，是学生在家录制了非常多遍才成功的。学生有的利用特长乐器进行展示、有的利用自制小乐器进行展示、有的创编音乐情景故事等。这些歌曲旋律、节奏、音准的音乐性知识点，在学生排练自己的小表演的过程中自然而然得到了训练与掌握。

（二）形式多样多维度、亲子合作乐融融

自主设计表演节目的长效作业，在居家环境下，拥有了更好的资源，获得了意想不到的亲子合作成果。学生可以和家人长辈一起设计、创编、表演。共同找到自主创编音乐节目的乐趣。

在整个年级、整个班级中，表演的类别形式非常多元丰富，但当我们只关注一个作品时，往往伴奏中缺少歌唱、歌唱中缺少点舞蹈等。在年级的长效作业中，还可以有更多分层性、针对性的建议。教师在评语中对学生提出了更高的期望，希望学生能够不断地完善，拥有更出色的表演作品。作为第一线的音乐教师，我们将不断探索、不断尝试，让学生在自主学习中享受到学习的快乐和成功的喜悦，让学习音乐真正融于学生日常生活。

四、点评

本案例探索了在线上学习的单元长效作业中，提高学生自主学习能力的有效路径。案例中的亮点在于丰富多样的作业形式：学生要融合自我计划、自我选择方法与策略、自我调控等来完成作业。这种激发学生自主学习能力的作业设计调动了学生的积极性，避免给学生施加过多压力。同时，多维度的作业评价也使学生进一步提升了自我反思和自我评价能力。教师放手把机会给学生，用"结果"来指引自主学习，取得了一定的成效。

利用小组合作，培养学生歌唱表演的能力

——以歌唱教学《火车快跑》第二课时为例

上海市浦东新区福山唐城外国语小学 李婉冬

一、案例背景

歌曲《火车快跑》是一首2/4拍、欢快活泼的儿童歌曲。歌曲独特的趣味性能给学生的自主创编活动带来无尽的遐想。四年级的学生，在音乐知识储备方面以及小组合作方

面都有一定的思想性。但以教师为主导的课堂，会磨灭学生的自主创新能力，因此在本节课的设计中，教师将全面放手，让学生开动脑筋进行自主创编。学生通过小组合作表演的方式进行反思交流，使得表演变得更加多样化。这一堂课将充分发挥学生自主学习能力，提高课堂的趣味性，增强学生参与意识、合作意识、创新意识。

二、案例描述

（一）小组节目的自主创编，组内自我选择方法策略

自主创编环节，班级内同学按照五个小组位置准备好，开始进行讨论。教师发现这一次的表演，很多小组还是按照以往的表演模式，迅速排好队形，并且根据歌曲进行舞蹈动作的表演。绝大多数同学对于"歌唱表演"已经按照固有的思维模式进行了。为了突破以往表演模式，教师开始挨个小组进行轻声设问："这首歌曲在讲什么事呢？又可以怎样表达？"教师的一句小小疑问，顿时打开了部分学生的思路，个别小组抓住了"火车"这一主题，开始在小组位置内模仿火车跑动。学生边表演边观察教师的"批评"。但此时，我默许了学生创意表演。这一小小的肯定，仿佛打开了学生的创编思维，每个小组都在进行着不同的编创。

在完全放手让学生去表演的课堂中，有的学生已经熟悉了以往的表演形式，不愿再开动脑筋，组内表演也大相径庭，教师不经意的提醒、突破以往表演形式的默许，会让学生肯定自己的思想。对于学生而言，小组表演方法策略的选择也出现了新的突破。

（二）自我反思完善表演，全方位提高小组合作表演能力

创编环节结束后，小组之间进行了表演。教师先让小组自我阐述优点及反思，然后再进行他评。五个小组的表演都是不同的。有的小组说："我们虽然是中规中矩地表演，但我们的表演的声音洪亮、动作整齐。"没错，在音乐歌唱表演中，演唱声音洪亮是最重要的。其他小组同学也表示了赞许。等到小火车小组表演结束的时候，该组同学积极地进行自我反思："我们的火车不是原地不动，我们将它开到了祖国的大江南北，但是我们表演时唱歌的声音太小，而且我们的表演没有表现全部的歌词内容。"看着学生的表演，听着学生的反思，我决定再给同学们几分钟的时间进行歌曲的完善表演。

再一次的讨论与表演，各组同学的讨论更加激烈了，不断地反思、不断地完善。在最后的表演中，每一小组的表演都突破了"传统模式"，小组合作表演能力也得到了非常大的提高。

三、总结与反思

首先，音乐本身就是一项综合性艺术，不仅包含了"唱""舞""乐器"等元素，还包含了表演这一复杂活动。素质教育的本质是全面发展学生的综合能力。因此，在小学音乐课堂中，"小组合作"这一活动，成为展现学生的小小舞台，每个学生都可以以

小组为单位，表现自己对所学乐曲的理解。高年级的学生已经出现了紧张、害羞、不愿表演的情况。这时候教师的引导作用就很重要。教师不应在课堂一开始先入为主去左右学生的思想，那样会禁锢学生的思想，而应适当地引导与评价，让学生在不断表演的过程中放开自己，充分发挥小组的表演能力。

其次，"自主学习"是一项非常考验教师与学生合作水平的事情。教师放任学生自由发挥，但不能"要求"，学生自由合作，但不能"跑题"。学生在小组合作与评价中相互学习，对于学生而言也是一个很大进步。课堂不再完全以教师为主，学生真正做到"学""玩"统一。在潜移默化中，学生掌握了知识，拓宽了视野。

在此堂课的课前构思、课中实践、课后讨论这一系列的过程中，我也有一定的反思：

（1）受教室环境位置的影响，学生在综合表演中可能会影响的其他的同学，教室的纪律也会受一定影响，这就要求教师在上课之前明确综合素质表演的规则和秩序，以免影响到其他同学。另外，本课中，教师在最开始没有任何的引导教学，使学生在最开始表演的时候出现了与音乐不相符的情况。在今后的教学中，应对学生的表演予以适当引导。

（2）教师在互动环节的提问的方向还有待商榷，应更有引导性，尽可能让学生畅所欲言又不脱离现实问题，能让学生进行有效沟通。这一个问题，还需要与教研组其他教师进行研究与实践。

每个学生都有不一样的思想，在小组活动中不可磨灭学生的探索与自主学习精神，同时要凝聚学生的团队合作意识，让学生在讨论中找寻属于自己小组的表演方法。同学之间的讨论，可以完善小组内表演，在锻炼语言表达能力的同时，又可以以"旁观者清"的角度观察问题、改善问题，使学生不断完善表演。一场由学生自主思考而完成的表演，不仅提高了学生的综合能力，增强了学生的表演欲望，还可以让学生得到心理上满足与肯定，让学生在轻松快乐的氛围中，喜欢表演、热爱表演、热爱音乐，在音乐课这一小小的舞台中，绽放自己的光彩。

四、点评

歌唱教学中，自主创编是发挥学生自主学习能力非常好的活动。本案例自主创编环节中，教师放手让学生去探究，让学生在组内自主选择表演形式和表演创意，打开了学生的创编思路。创编表演后的评价环节，教师结合了自评和他评，让学生积极进行自我反思和评价并在完善表演中又有了提高，能够平衡"放手"和"要求"，把课堂真正还给了学生。学生有自主，课堂有活力，这不失为一次成功的教学尝试。

利用课堂创编活动，培养学生音乐表演的能力

——以《在欢乐的节日里》为例

上海市浦东新区福山唐城外国语小学　方妍宏

一、背景介绍

传统的音乐教学模式以"老师教、学生学"为主，学生大部分时间只能被动地接受，缺乏对音乐的自我理解和认知。这样的教学模式，课堂环境安静压抑，会降低学生学习兴趣，减少学生学习的主动性。新课标明确了音乐学科要以音乐艺术为载体，以审美教育为核心教育理念。因此，在备课时，我常常思考：如何能够在短短35分钟的课堂学习时间里，让学生进行有效学习，增强学生对音乐学习的兴趣，提高学生的审美能力呢？为解决这个问题，教师就要在课堂教学中善于引导学生创造性地解决问题，并利用身边丰富生动的教学资源设计出创造性的作业，这样既可以发挥学生的创新思维，又可以使学生感受到音乐学习的乐趣。由此我探究设计把"自主学习"巧妙引入音乐课堂，以学生作为学习的主体，通过让学生独立地分析、探索、实践、质疑、创造等方法来实现教学目标，从而激发学生学习兴趣，满足学生自主学习的心理需求，激发学生的内在学习动机，培养学生自主学习意识，启发学生的音乐理解，从而创造使学生对音乐产生共鸣的"兴趣课堂"。

二、过程描述

在这节课中，我通过创设"老师想邀请外国小朋友来我们中国做客，请小朋友们向外国小伙伴介绍我们国家的传统节日"为情境，以小组为单位进行歌词改编的自主学习活动。首先，我请学生自主制订学习计划：你想改哪一句歌词？你准备怎么改？让学生有针对性地对歌词进行改编。之后，我在小组展示念唱歌词环节，发现某些小组改编的歌词节奏跟不上音乐的节奏。针对这个问题我让学生进行自主反思：为什么会出现这个问题？随后学生进行自主调控，思考这个歌词该怎么改编才能合上音乐的节奏。根据再次改编好的歌词，大家再来一起完整地念唱。最后，我请学生自主选择表演方式（演唱方式、小乐器演奏、舞蹈动作、队形编排等）来演绎改编好的节日歌曲。随后进行小组展示，并采用师生互评、生生互评或自主评价等多种评价方式，寻找问题之所在，调整计划，选择更优策略，进行表演调控，最终在课堂中呈现最佳的歌曲表演（图1）。

图1

在课后，我邀请学生针对自己的表演填写"小小音乐会表格"（图2），从而进行反思。

图2

三、总结反思

音乐学科提倡以即兴创作为抓手，培养学生的创新意识。编创类活动是音乐课中必不可少的一类实践活动。在音乐教材的每一课中都会有"创"这样一个教学内容，目的就是要求学生在体验美、欣赏美、表现美的基础上，也要学会去创造美。在小学低年级阶段，学生的创编活动主要以创编歌词、创编舞蹈、创编节奏、创编简单的队形为主，在课堂学习中进行表演的商讨，最后排练出完整的歌唱表演。通过此类创编活动，既巩固了学生所学的音乐基础知识，又扩大了学生专业知识的覆盖面，从而更进一步使学生感受到音乐的美感。

针对学生自主学习前后的变化，进行比较（表1）。

表1

观察维度	观察项目	观察要点	传统音乐课堂	自主学习课堂
学生行为	学习状态	学生情绪，参与面，学习习惯	情绪一般、个别举手、侧重聆听	情绪饱满、积极参与、人人参与、活动丰富
	学习方式	预习歌曲、学唱歌曲、小乐器伴奏、舞蹈动作、歌曲表演、小组合作等	聆听教师指导、按部就班	有自主学习、主动探究、合作交流
	学习效果	歌唱表演的最终节目完整性	传统唱跳，创意有限	自主创编、各组不同、想象力丰富
教师行为	教学评价	对演唱、表演等进行自我评价、互相评价	评价点笼统	评价有音乐性要点和针对性、有优势不足等

（一）要注重自我方法与策略的选择培养

反思过去的课堂教学，缺乏有效的自主学习策略培养，忽视了自主学习促进、激励学生发展的功能，忽视了学生的参与性和情感性，也忽视了学生个体间的差异，无法使学生体验到成功的快乐，学生的自尊心和自信心得不到很好的保护。因此，要让学生积极主动参与课堂活动，教师不仅要关注结果，更要关注过程，这有利于促进学生自主学习，发挥学生的主体地位。

（二）要注重学生自我反思的培养

学生在学习过程中要经常性地进行反思。一方面，学生为自己提供了再创造的沃土和新型的学习方式，为小组表演注入了新的活力。另一方面，让学生在反思中真正领悟自主学习的思想和方法。

（三）要注重学生自我计划自我调控的培养

在小组表演活动中，当学生就某项任务进行自我计划后，在活动实施过程中可能会出现各种问题。这时，学生就要主动寻找问题之所在，调整原先的计划，选择更优策略，继续完成任务。

（四）要注重学生自我评价的培养

教师要做学生自主学习的引导者。在教学中引导学生表达自己的真实思想，有目的、有计划地帮助学生建立和增强自我观念、正确认识自己、评价自己。经过课堂实践发现，加强学生自我评价后，课堂气氛和谐了，学生之间的关系更加融合了，学生学会了宽容、理解，也增强了学习兴趣。

在新课标的指引下，音乐课堂应多采用自主学习的教学模式，让学生从"要我学"转变为"我要学"，使学生乐于探究、乐于创新，充分调动学生学习的积极主动性，促进学生个性化与创造力的发展，帮助学生逐步具备自我学习的能力。让学生在真实体验学习音乐、享受音乐、创作音乐的乐趣的同时，培养自己的音乐审美情趣，展现自己的音乐风采！

四、点评

音乐学科教学要切实提升学生的音乐素养，离不开对学生自主学习能力的培养。本案例展示的创编活动实施过程中，在各环节都体现了培养学生自主学习能力的设计，如学生自主制订学习计划、自主反思出现的问题、自主调控节奏、自主选择表演方式、包含自主评价的多元评价等。教学后，教师对学生自主学习前后对变化进行了细致的比较，展示了学生自主学习状态、方式、效果的积极变化，非常有说服力。

第八章

自主学习在德育活动中的实践研究

第一节 德育活动概论

基于元认知理论
在班团队活动中培养学生自主学习能力的实践研究

上海市浦东新区福山唐城外国语小学 杨小君

一、研究的意义

现阶段国内外关于培养学生自主学习能力的相关研究虽然较为丰富，但是基于元认知理论，通过德育教育的班级团队活动来培养学生的自主学习能力的相关研究却极少。以元认知理论作为基础，通过德育教育中的班级团队活动来更有效地转变学生的学习方式方法，培养学生的自主学习能力，促进学生的综合素质全面发展的实践研究，是一项有益于培养学生自我计划、自主策略与方法的选择、自我调控、自我反思及自我评价的实践研究。同时，该研究对培养学生的综合素质全面发展，培养学生健全的人格思想和建设学习化社会具有促进作用。

二、研究的目标与内容

（一）研究的目标

（1）通过本课题的研究，对本校的学生在班团队活动开展中自主学习能力的现状展开调查，分析影响学生在班级团队活动开展中自主学习能力的消极因素。

（2）通过本课题的研究，深入对于元认知理论知识的学习，实践研究和探寻科学、有效开展主题班会课的课堂教学新模式，进一步促进教师更新教育理念，改进教学模式，提升教学能力。

（3）通过本课题的研究，在班团队活动中，探究有效提升学生自主学习能力的应用策略。培养学生的自主学习的能力，改善现阶段学生自觉主动学习能力较弱的问题，激发学生的学习的兴趣和积极性，让学生在自主的团队活动学习氛围中学会自主探究，亲身实践，合作交流，主动地构建知识网络，提升创新思维和能力，实现核心素养发展。

（二）研究的内容

1. 充分了解学生自主学习能力现状，把握教育教学中存在的问题

本研究通过对本校的学生、教师以及学生家长进行问卷调查、走访等方式了解现阶段在班团队活动开展自主学习所存在的问题。教师进行扎实的理论学习，深入地分析问题存在的根本原因，从而积极转变自身的教育教学理念和方法，探寻有效提升学生自主学习能力的策略与途径。

2. 基于元认知理论，在班团队活动中提升学生自主学习能力的实践策略研究

基于元认知理论的学习，教师应充分转变自身的教育教学理念和方法，从知识的灌输者转变为学生在知识获取中的引导者。在研究实践过程中，以学生"自我计划""自我方法与策略的选择""自我调控""自我反思""自我评价"这五种自主学习能力为研究点，开展了基于元认知理论，在班级团队活动中提升学生自主学习能力的实践策略研究（表1）。

表1

班团队活动内容	
类别	**活动主题**
节日体验	传统文化节日：元宵节、国庆节、重阳节等
	学校节日文化：外语节、科技节、冬锻节等
劳动教育	"我是劳动小能手"劳动技能比赛、"校园环境我负责"校园清扫活动等
班队建设	制定班级公约、布置主题黑板报、制定劳动岗位安排表、文明之星评选、开展"每日一省"活动等
社会实践	红色基地参观学习实践活动、春秋游实践活动、垃圾分类活动、学雷锋献爱心活动等

三、研究成果

（一）通过创新自主学习活动模式，提升学生自主学习的能力

传统的班团队活动都是以班主任教师为主导，由教师安排和组织德育教育活动的学习，对学生所产生的教学效果往往与预期相差较大。一方面是由于教师思维固化和活动形式呆板，没有抓住学生的兴趣所在，教师一味地按照自己的主观意见进行课堂教学内容安排，使学生只是被动地参与，学生往往专注度不高，配合度不强，甚至会产生不良的消极抵触心理，这对于学生的发展是极为不利的。这样的德育教育活动不仅没有达到良好的德育教育的效果，还遏制了学生自主学习的能力。

基于对现状的分析，全体班主任教师通过对元认知理论的深入学习，积极转变传统的教学理念，将课堂的主体进行调整，充分发挥学生主观能动性。以"自我计划""自

我方法与策略的选择""自我调控""自我反思""自我评价"五项自主学习能力为研究点,通过不断实践与反复推敲,将培养学生自主学习的活动模式分为四个阶段:活动前→课堂学习→活动实践→活动后。

1. 活动前:任务驱动——激发自主学习意识

教师告知学生即将开展的班团队活动主题及活动目标,让学生成为本次活动的设计者和实践者。充分利用学生对班团队活动开展的美好向往,在任务的驱动下,激发学生积极主动地参与课堂活动的热情,提升学生开展自主学习的兴趣。

2. 课堂学习:

(1)头脑风暴——构建自主学习思维框架

围绕活动目的和要求,教师带领学生开展头脑风暴。学生可以通过倾听他人的发言,学习他人的学习方法;也可以通过将自己的想法说清楚,提升自己的思维逻辑和口头表达能力。在交流与讨论的思维碰撞中,教师应适时地帮助学生进行交流内容的提炼,帮助学生构建自主学习思维框架,为接下来开展自主学习奠定良好的基础。

(2)小组合作——自我计划、自我学习方法和策略的选择

教师适时运用问题来充分激发学生的学习动机。以问题探究为教学互动方式,以问题评价为教师指导方式。根据任务目标,紧扣重难点,可通过"活动任务单",以小组合作的形式,指导学生选择合适的学习方法和策略,共同设计活动计划。

(3)讨论交流——自我评价、自我调控

教师始终明确评价促学理念,给予学生明确的评价要求和细则,帮助学生在自主学习过程中进行自我监督和调控。在小组计划交流后,教师积极启发、引导、讲解、延伸拓展,给予学生进行自我评价和调控的空间。在交流后,组织学生进一步完善活动计划和学习方法与策略的调整。

3. 活动实践:解决问题——自我反思、自我调控

学生在实践过程中,很有可能碰到困难或者疑惑,教师要根据学情,适时给予指导,或者启发学生自己发现问题并解决问题。可提前设计"活动考察表",引导学生反思和调控自己的所思所想,从而培养学生的创新能力和反思能力,增强学生的自主调控能力和反思意识。

4. 活动后:总结完善——自我反思、自我评价

在"计划—反思—调控—再计划"的自主学习过程中,始终明确评价细则,可通过学生自主设计"活动评价表",有针对性地让学生学会活动总结与自我反思,学会正确评价自己和他人。最后,再次调整完善活动计划,以助于学生建立完善的学习思维,提升自主学习的能力。

(二)通过五项"自主学习能力"的培养,全面提升学生自主学习的能力

基于元认知理论,紧紧围绕"自我计划""自我方法与策略的选择""自我调

控""自我反思""自我评价"五项自主学习能力开展实践研究，找寻有效提升学生自主学习能力的方法与策略。

1. 运用提问技巧，提升学生自我计划的能力

自我计划能力的培养是培养学生自主学习的第一步，需要教师事先将复杂的任务加以分解以便把学生的理解引向深入。教师通过有效的提问来指导学生学会自己去分析和探索；学生通过问题的解答或自己提出问题再解答，不断搭建自我计划的思维框架，最后通过小组合作在交流与讨论中制订活动计划。

例如：在"小小红军重温长征梦"社会实践活动中，二年级的同学们将在教师的带领下前往红军长征纪念馆开展班团队活动。在同学们自主开展活动计划的过程中，教师设计有效的提问，帮助学生制订学习计划。

问题1：本次社会实践包含好几项活动内容，怎样安排才合理呢？

问题2：在有限的时间里要合理规划好每一项活动的顺序和时间，怎样才能保证活动的质量？

两次提问后，小组A很快给出了活动计划（表2）。

表2

活动	时间
学党史讲座	12：15—13：00
重走长征路	13：00—14：00
回忆抗战故事	14：00—14：30

显然计划过于简单，考虑的也不够周全，在小组A分享与交流后，其他组的同学提出了问题。

问题1：路况难以预计，是否应考虑预留出一部分时间？

问题2："重走长征路"有各种障碍，不同学生的行进速度不同，是否把这部分时间因素考虑在内？

在问题的引领下，小组A学生调整了活动计划（表3）

表3

活动	时间	备注
学党史讲座	12：15—12：45	听完讲座后、分批换"小红军"服装
重走长征路	12：45—14：00	按行走速度，有序进入"故事大厅"
回忆抗战故事	14：00—14：30	按先后顺序安静就座

考虑到二年级学生的认知水平，同学和教师对于调整后的活动计划给予了肯定。当然自我计划的能力不是一蹴而就的，需要教师耐心地扶持，一步一步地进行自我计划能

力的训练。随着学生认知水平的增长，教师可逐步放手，让学生自己提出问题、解决问题，设计完整的、具有可操作性的活动计划，不断提升自主学习的意识和能力。

2. 借助合作探究，提升学生自我选择方法与策略的能力

在传统教学模式中，学生是按照教师要求一步步开展学习活动。每个步骤的学习目标和学习方法也都是教师设定好的，不能随意改变。这样的学习过程虽然使学生不易走弯路，但是却阻碍了学生思考和自主选择学习方法与策略的能力的发展。在培养学生自主选择方法与策略的实践中，我们发现学生因长期处于被动学习的状态，对于选择学习方法的能力掌握不足，特别是低年段的学生还处于学习的启蒙阶段，因此通过个人完成自我选择方法与策略有一定的困难。

借助合作探究，以小组为单位，能提高每一个学生活动的参与度，发挥团队的力量，凝结团队的智慧，由自主学习能力强的学生引领能力较弱的同学，在小组交流与讨论中，促进学生寻找合适的、科学的学习方法与策略。

例如：在"劳动岗位我负责"活动中，五年级同学们自主制定班级新的劳动岗位表。根据劳动岗位数量分成几个学习小组，每个小组对应一个岗位。其中以"擦黑板岗位"小组通过合作探究，选择采访小调查的学习方法，先了解同学们在擦黑板中还存在什么问题，再根据问题的反馈，有针对性地对劳动岗位调查表进行补充和修改，调整劳动岗位的职责和人选。

"擦黑板岗位"小组设计的采访调查表（表4）。

表4

采访内容	采访对象	反馈
现在负责擦黑板的同学做得如何？存在什么问题？		
说说擦黑板的岗位职责		
说说擦黑板的技巧		
推荐最适合擦黑板这一岗位的同学		

高年级同学已具备一定的自主学习能力，教师只需适时地点拨，甚至可以选择放手，让小组通过反复的实践来验证学习方法的可行性。低年级同学则更依赖于教师，需要教师提供相关学习资料来帮助学生顺利完成学习活动。

3. 解决实际问题，提升学生自我调控的能力

当学生就某项任务进行自我计划后，在活动实施过程中可能会出现各种问题，由于学生缺乏积极、自觉的控制和调节能力，一旦有问题发生，可能难以顺利地开展活动。这时，需要教师指导学生进行自我调控，自发寻找问题所在以及解决问题的方法，调整原先的计划，选择更优策略，进行尝试与再调整，从而更切实地培养自主学习的能力。

例如：在"你好，2021"迎新活动中，四（1）班的班干部负责组织一场班级迎新文艺演出。教师首先给中队长，文体、卫生、学习、纪律委员5名班干部开了个会，使他们明确了两周后的元旦迎新活动要求。通过一天的小组讨论，班干部们制定了工作安排表（表5）。

表5

人员安排	工作职责
中队长	征集小游戏
纪律委员	征集节目
文体委员	负责主持人选拔
学习委员	负责串联节目
卫生委员	主持稿

在工作落实中，小组成员遇到了许多问题：

（1）演出节目只有2位同学报名，太少了。

（2）小游戏征集中，不少游戏不适合在教室里开展。

（3）争当主持人的同学人数太多，不知道如何选择。

（4）征集进度缓慢，无法及时完成节目串联、书写主持稿。

在小组成员们不知所措时，教师有意识地引导学生发现实际问题，通过交流与讨论，反思问题发生的原因，找到解决的方法，有效开展自我调控，结合实际问题有针对性地调整和完善原先的工作安排表（表6）。

表6

人员安排	工作职责	数量	要求
中队长	征集小游戏	3	适用场地，安全文明
纪律委员	征集节目	4	适用场地，形式多样，有益有趣
文体委员	负责主持人选拔	2	有主持经验，一男一女，大方得体
学习委员	负责串联节目	1	节目顺序安排合理，控制时长
卫生委员	主持稿	1	简明扼要，行文流畅

当然，在不断实践过程中，每次实践都可能发现不同的实际问题。通过解决实际问题，帮助学生不断自查问题，进行自我调控，对于学生自主学习能力的提升发挥了重要作用。

4. 开展"每日一省"，提升学生自我反思的能力

"每日一省"意思就是每天反省自己。通过反思自己身上的不足，时刻提醒自己，改正错误，及时弥补不足。通过开展"每日一省"活动，教师可及时监控学生的学习状态，发现与帮助学生解决自主学习困惑；学生从被动地开展自我反思慢慢转变为主动地"自我反思"，在长期的反思训练中，养成良好的反思性学习习惯，潜移默化地在反思中掌握学习的思维方法，发展思维能力和自主学习能力。

具体做法：

学校大队部领衔设计"每日一省"活动实施方案，开学初发放"每日一省"记录表。每天学生从礼仪习惯、学习习惯、劳动习惯、爱粮节粮等多方面对自己进行自省，通过填写"每日一省"记录表找到自己一天的闪光点与不足，第二天以小组为单位，进行沟通与交流，再由小组长将沟通情况报告给教师（表7）。

表7

年_____月_____日"每日一省"			
班级		记录人	
每日自省内容（完成的打√，没有完成的打×）			
1. 今天有准时到校吗？	☐	9. 今天在课间有没有文明休息？	☐
2. 今天有没有做到礼貌招呼？	☐	10. 今天吃饭有没有做到爱惜粮食？	☐
3. 今天到校后有主动上交作业吗？	☐	11. 今天有因贪玩而浪费了时间吗？	☐
4. 今天你有忘带学习用品吗？	☐	12. 今天的作业有认真完成吗？	☐
5. 今天你认真做早操吗？	☐	13. 今天你帮忙做家务了吗？	☐
6. 今天你认真上好每一节课吗？	☐	14. 今天有预习明天的功课了吗？	☐
7. 今天在课堂上有积极发言吗？	☐	15. 今天有认真课外阅读吗？	☐
8. 今天你在学习中碰到问题有寻求老师或同学的帮助吗？	☐	16. 今天你设定的计划完成了吗？	☐
今天完成了哪些非常重要，或者值得表扬的事情？			
今天有哪些事情没有做好，需要改进的？如何改进？			
明天你的计划是什么？			

5. 设计评价表，提升学生自我评价的能力

在课堂学习阶段和活动后的反思总结阶段，都可以引导学生设计评价表，通过量化评价指标，帮助学生有针对性地、更全面地对自己和他人进行正确评价，从而不断自我反省并改进学习的方法，提高自主学习的能力。

例如：在"赏秋色，寻秋叶"——秋季社会实践活动中，学生通过小组合作，自主完成一份以"秋天的落叶"为主题的自然笔记。在活动结束后，学生通过设计"小组合作评价表"，不仅把自己在学习合作中的收获与不足记录下来，而且通过互评从他人的肯定中得到满足（表8）。

表8

赏秋色，寻秋叶 社会实践活动"秋天的落叶"小组合作评价表					
班级		姓名		日期	
小组名					
项目	评价内容	自评	组评	师评	合评
倾听	我是一个好听众，我能认真地倾听每个组员的发言，并能够概括出每个组员发言的内容				
交谈	小组活动时，我愿意与小组的每一个成员交流，并表达自己的想法和提出疑惑				
分享	我尽量努力做好自己所承担的那部分任务，并将自己观察和探究的结果分享给每个组员，为小组做出贡献				
合作	我能积极参与活动，乐于和同学商量讨论共同完成小报制作的任务，并对有困难的同学提供帮助				
在本次活动中，你在合作学习能力方面表现得好的地方有哪些？					
本次活动中，你与他人合作学习的能力是否有了提高？如果有，具体体现在哪些方面？					
以后的学习活动中，在合作能力方面你还需要改进或加强的地方有哪些？					
总评					
备注：组评栏由小组长组织填写；评价的内容填"优""良""合格""需努力"					

四、存在问题与今后设想

（一）存在问题

1. 各年龄段的研究目标缺乏顶层设计

每个年龄段学生的自主学习能力还存在较大差异，虽然本次研究过程关注到了能力的差异，教师在开展班团队活动指导时，设计与该年龄段相符的教学方法与培养目标，但由于缺乏顶层设计，对于同年段学生，教师设置的目标不统一，也没重点突出说明，导致教学成果书写的不统一。在今后的课题研究中还需要进一步明确，以便教师更有效地针对学生能力特点开展教学实践。

2. 各年级组在课题的实践研究中缺乏统一规划

因同一类别的班团队活动主题过多，教师选择实践研究的活动主题就较为分散。虽然通过实践研究，已梳理出较为统一的自主学习活动模式，但是在实际的个性化的班团队活动实践中，教师难免还是会碰到问题。这时如果找不到研究内容相同的教师就很难得到帮助，因此会走不少弯路，浪费大量的时间与精力。在今后的课题研究中，各年级组需要在课题开展的前期就应该对每学期要研究的班团队活动主题内容进行统一规划，这有助于教师间的思维碰撞，使教师积累更全面、更丰富的教学成果。

（二）今后设想

1. 进一步完善自主学习活动模式

继续开展课题的教学实践研究，不断细化自主学习活动模式中各活动阶段的教学流程，分高低年段，书写不同且详细的教学思路与操作办法，梳理成文，为各年段教师开展学生自主学习指导工作提供操作范本，有效提升教师指导学生开展自主学习的教学水平。

2. 潜心挖掘更多自主学习活动平台

班团队活动只是"大德育"课程体系下开展育人活动的一个途径，本研究将继续努力挖掘更多提升学生自主学习能力的德育教育内容并开展实践研究，为不同年龄段的学生提供多元的自主学习能力训练的活动平台，持续激发学生的学习热情，从而培养学生自主学习的习惯和学习品质，全面提高学生的整体素质。

3. 注重教师理论知识学习，促进教师科研能力的发展

课题的研究开展要基于理论成果，因此在今后的研究工作中，还要不断提升教师专业能力，尤其是加强青年教师对于理论知识的学习。鼓励教师，尤其是老教师积极参与课题的研究实践，定期开展科研培训，开展实践研究，进一步提升教师的教学创新能力，促进教师研究水平的发展。

参考文献

［1］吴强.班级活动促学生自主发展［J］.教育家，2018（43）：60.

［2］徐世康.以班级活动强化小学生的自主管理［J］.小学生（教学实践），2015（9）：79.

［3］张静.学生开展班级主题活动的自主发展效应研究［D］.上海：华东师范大学，2010.

［4］徐进标.班级活动自主化管理之我见［J］.吉林教育，2009（34）：119.

基于元认知理论
在劳动教育中培养学生自主学习能力的实践研究

上海市浦东新区福山唐城外国语小学　余凌凤

继2020年7月制定了《大中小学劳动教育指导纲要（试行）》后，教育部又正式印发义务教育课程方案，将劳动从原来的综合实践活动课程中完全独立出来，并发布《义务教育劳动课程标准（2022年版）》。2022年秋开学起，劳动课正式成为中小学的一门独立课程。劳动教育正迎来前所未有的蓬勃机遇和旺盛生机。

虽然党和政府对劳动教育高度重视，近年来在政策导向、社会效应、课程设置等方面取得了瞩目成效，但总体而言，当前劳动教育在以下方面尚存在一定问题：

（1）家庭劳动教育缺位。家长普遍重智轻劳，忽视对孩子独立生活能力和劳动习惯的培养，缺乏科学有效的教育指导方法；孩子对家务劳动或自理性劳动持消极抵触态度，劳动是被动、应付式的，缺乏主动性。

（2）学校劳动教育不足。劳动课程会被其他课程占用，有些教师将劳动当惩罚手段，劳动多教育少，忽视劳动观念和劳动习惯培养；学校对于开展劳动教育的整体规划和组织实施尚不能为劳动教育提供系统化的支撑。

（3）学生劳动主体意识薄弱。不少学生缺乏劳动意识、轻视劳动，缺乏劳动技能、漠视劳动。学生劳动的主动性、积极性不强，出现不想劳动、不会劳动、不爱劳动的现象。劳动价值不够明确，主体意识不够明晰。

在劳动教育中，家庭的阵地作用、学校的主导作用和学生的主体作用是相辅相成的。学校教育起主导作用，家庭教育也有重大影响，但更重要的是要以学生为本，唤醒学生的主体意识，即唤醒学生对自己在劳动教育中的主体地位、作用的认识及主观能动性发挥的内在要求。

而元认知，就是个体关于自己的认识过程的知识和调节这些过程的能力。元认知一般包括元认知知识、元认知体验和元认知监控三个部分，与激发学生主体意识相得益彰。基于元认知理论开展劳动教育的实践研究，有助于唤醒主体意识，形成主体方法，调控主体行为。

一、掌握元认知知识，唤醒主体意识

元认知知识主要包括个体关于自己或他人的认知活动的过程以及结果等方面的知识。家是孩子成长的沃土，家长是孩子的第一任老师，家庭应该承担起劳动教育的义务。孩子不仅模仿能力强，还对陌生事物充满好奇，家庭成员的言行就是孩子模仿的对象。父母劳动时让孩子参与，既能满足孩子的好奇心，也能让孩子知道自己是家庭的一分子，体会到责任，享受到劳动的乐趣，更重要的是，孩子在劳动过程中在不断地在进行自我学习、自我成长。

（一）多样性

劳动教育的启蒙在家庭，父母是孩子劳动教育的启蒙老师，家庭是学生早期劳动技能学习的基地。关注学生的实际生活，让学生去主宰、支配自己的家庭劳动学习，亲历劳动学习的全过程，积极主动地参与劳动。孩子与家长生活在一起，耳濡目染家长的劳动习惯、劳动内容、劳动方式，可以开展诸如"夸夸我家的劳动能手""我最喜爱的家务劳动""亲子生态劳动微作业"等活动。对于衣食住行等日常生活中的劳动实践机会，孩子要自觉参加、自己动手，随时随地、坚持不懈地进行劳动，掌握洗衣做饭等必要的家务劳动技能，每年有针对性地学会1至2项生活技能。鼓励孩子通过网络、通信等新技术、新理念开展新形式的劳动。

（二）趣味性

枯燥的劳动活动，如何变成一场充满童趣的自主探索？可以开展"生活中的奥妙"活动，引导孩子从现象中去思考、去发现。例如，怎样让地板既干净又能防蚊？让孩子去自主寻找办法解决。孩子可能会采用喷洒花露水的方式，但地板会留下明显的水渍，又容易打滑。经过多次试验，孩子发现拖地的时候，在拖地的水中加入一些花露水，就可以有效驱蚊。西红柿去皮，用刨刀和菜刀都切得坑坑洼洼，有什么好办法能使西红柿去皮后仍保持圆润？经过查找资料、请教长辈，孩子知道了原来可以用热水烫一下就能轻松剥皮。孩子在亲身参与中去思考、去观察、去研究，在劳动中获得成就感以及对过程、对结果的认识。

（三）安全性

很多家庭不支持孩子参与劳动的一个重要原因就是对家务劳动中的安全和规范比较担心，害怕发生事故，这是因噎废食的短视行为。孩子有很强的好奇心，越不让孩子做，孩子越会偷偷做，反而更不安全。家长可以跟孩子一起学习电器的各项操作说明，引导孩子掌握正确的使用方法。孩子可以通过绘制思维导图了解操作方法，罗列"负面清单"规避安全风险，张贴"安全提示"强化安全要点，设计"安全海报"宣传安全知识。孩子从自身认识出发，意识到了家务劳动中的安全和自己的生活、生命、成长以及家庭的幸福密切相关。

二、伴随元认知体验，形成主体方法

元认知体验指伴随认知活动而产生的认知体验和情感体验。它包括知的体验，也包括不知的体验，在内容上可简单可复杂。元认知体验所经历的时间可长可短，可能发生在一个认知活动持续期间，也可能发生在一个认知活动以前或以后。在真实劳动和教育性劳动中，在"非劳动"的教育和隐性的劳动教育之中，唤起学生的劳动需要，让学生为某一目标的实现而制订自我计划，并提升学生反思的深刻性、全面性和延展性，最终在反思的基础上，培养学生的劳动行为习惯与劳动思维习惯，形成主体方法。

（一）自我计划

对自我有充分的认知才能制订切实可行的计划并不断地去生成和优化。例如，在班级的劳动岗位设置中，改变原有的由教师单向发布的模式，由学生自主设立岗位，讨论岗位细则，讨论人员安排，完成岗位安排填写。经过试运行，学生动态调整岗位，思考人员安排、岗位人数是否合理，并进一步优化岗位职责，细化工具的种类和数量，设计岗位评价表，组织岗位考评。又如，劳动清单的制定。学生在劳动任务群的基础上，对自己本阶段的任务有比较清晰的认知，结合自己的实际情况，能够设计一张劳动清单。整个过程，通过多样化的形式充分激发了学生主动吸收知识的热情，是学生浸润式参与的过程，也是学生对自我客观认识的过程。

（二）自我反思

在劳动教育中反思，注重经验与对问题的解决，考虑过往的积极体验、他人的想法、当前新的变化等，从中挖掘过去没有意识到的联系和解决方法。理解劳动的喜悦与欢乐，主动地投入到学习和劳动活动中去。通过劳动，观察劳动者的辛劳以及讨论劳动成果与生活的重要关系等，使学生建立爱劳动的情感。例如，将劳动内容纳入"每日一省"，每日都思考一下今天的劳动现状，总结优点，对不足的地方进行自我反省并提出改进措施。又如，开展"照镜子"活动，对标自己、对标要求开展自我检查。再如，开展"送你一朵小红花"活动，议一议、评一评，挖掘自己和伙伴劳动中的闪光点。

三、实施元认知监控，调控主体行为

元认知监控是指认知主体在认知过程中，以自己的认知活动为对象，进行自觉的监督、控制和调节。学生既是劳动教育的对象，更是劳动教育的主体。学生需要在明确劳动教育意义和价值的基础上，主动把握自身在未来工作、生活中所必须具备的基本劳动素质和品质习惯，投身创新劳动实践，以求在实践过程中锤炼吃苦耐劳和积极奉献的优良品质，以主体性的发挥为前提，调控主体行为，以更好地服务于人与社会的生存和发展。

（一）自我评价

自我评价不仅具有独特的自我功能，促进自我发展、自我完善、自我实现，而且具有重要的社会功能。在劳动教育中开展自我评价，能有效地推进自我反思，促使学生努力自我改进，从而促进学生自身的发展。要注重过程性评价和结果性评价相结合。例如，在"劳动评价荣誉墙"中，学生挖掘自己或他人的闪光点，树立身边的榜样；在"我设计的劳动奖章"活动中，学生设计"清洁章""内务章""厨艺章""扫地章""垃圾分类章"等，把劳动教育目标落实为争章目标，使奖章成为评价劳动实效的载体。

（二）自我调控

学生通过亲身参与劳动，用发现的眼睛去寻找自己及身边良好和不良好的行为，明白什么是对的，什么还需改进。鼓励学生对良好行为进行有目的、有计划的训练，对于存在的问题，自己提出改进措施。学生在"自我发现—自我找寻—自我训练—自我改进"的活动过程中实现了自我教育、自我调控，建立起自信心，也加深了自我体验。学生可自己设计劳动教育评价量规及反馈表，对自己在劳动观念、劳动知识与技能、劳动习惯、劳动实践等方面的成长或者表现进行评价或者等级评定并及时进行反馈和调整。

综上所述，基于元认知理论开展劳动教育，能最大限度地挖掘学生的自主潜力，帮助学生明确知道自己正在做什么、做得怎么样、进展如何，也可以使学生随时根据自己对劳动活动的认识不断进行调节、改进和完善，使劳动教育有效地达成目标。基于元认知理论开展劳动教育，能在深化劳动教育的过程中，精准把握"劳"的要义，科学研判"劳"的方法，合理评价"劳"的效度，精心凝聚"劳"的合力，努力挖掘劳动教育"树德、增智、强体、育美"的综合育人价值，从而培养社会主义合格接班人。

第二节　德育活动实践探索

自主选择课余生活

上海市浦东新区福山唐城外国语小学　王妃

一、背景介绍

自主选择是学生的权利，也是成长过程中需要发展的能力。随着年龄的增长和知识、经验的增多，学生对一些事情有了自己的看法，更愿意表达自己的观点，做出自己的决定，特别希望能按照自己的想法安排课余生活。

四年级的学生已有基本的组织能力，结合之前的迎新班会等各项主题班会，学生已经可以自己组织班会，召开活动。学生更想去接触社会实践，参与更多新鲜的活动。于是我结合四年级道德与法治《自主选择课余生活》一课，让学生自己去组织活动，自己作为组织者、参与者融入活动中。在此过程中，让学生学会进行自我计划、自我调控、自我评价和反思。

二、过程描述

（一）自主组队，选择活动

结合之前的"雏鹰假日小队"，学生对小组活动已经有了一定的认识。于是学生自己进行组队，确定好人员。接下来，我就以一小组为例，他们确定的人员是：林×媛、方×雅、王×怡、肖×辰、李×恩、李×涵、卓×晖、郭×沫8人。

在选择课余生活时，小组内各成员都有自己的想法，有的想去动物园，有的想去游乐场，有的想去烧烤。面对颇多的想法，怎么让大家统一意见呢？

作为班主任，我提到之前的选举是如何公平公正地进行的。大家都能想到"投票"！于是这一小组的组员进行投票，最后得出的结果是烧烤。大家都表示同意。

（二）互相交流，确认安排

确定小组及活动后，同学们开始选择活动地点，互相商量时间，最终确定时间、地点如下：××烧烤营地，9月20日上午12点。

结合之前的"雏鹰假日小队"出行方式的反思，学生决定的出行方式有两种：①坐私家车。②和同学一起。如果自己坐私家车，每个孩子都需要自己的家长接送，不方便。后来大家决定将两种方法结合，一个小区的同学请1～2位家长开车接送，相邻小区距离较近的也可以一起坐"顺风车"。这样只需要2～3辆车就可以满足出行要求。那么让谁的家长开车呢？同学们决定回去询问家长的时间后再做决定，并约定如果谁的家长有空，就在微信群中说一声。到了晚上，已有三个同学在微信群中说自己的家长可以负责接送。于是出行问题得到了解决。

（三）整理归纳，下达方案

活动主要的难题出现在任务分配方面。首先，大家把所有需要准备的任务都列了出来，如烧烤炉、餐具、零食、蔬菜、烤串、帐篷、娱乐游戏、饮料等物品和游戏项目的准备工作（图1）。然后，大家开始选择任务：有的同学说自己家里有帐篷，所以她选择的任务是准备帐篷。有的同学比较爱做饭的，自告奋勇，准备蔬菜、水果等食品。学生自我调控，选择自己的任务，并将所选的任务记录下来。最后，由一个同学把大家的任务进行整理归纳，并做成如下的思维导图（图1），该图清楚直观，方便大家看到自己的任务。

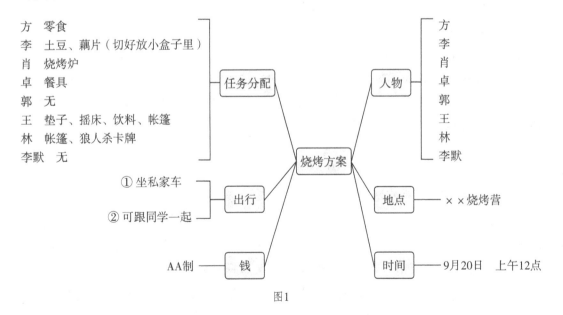

图1

（四）顺利活动，经验总结

在活动前一天，大家互相提醒是否准备好了烧烤用品及食物并再三检查，确定没有遗漏。当天，在出发之前，同学们也是在微信群中实时交流，及时给同伴发送"已出门"的信息，确保到达时间相近，避免某些同学迟到导致其他人等待时间过长的现象出现。烧烤活动顺利进行。

活动结束后，大家对活动进行了总结与反思。

部分学生在自主选择中，还是需要听取父母的意见，在考虑自己的实际情况及能力的基础上，争取锻炼和成长的机会。活动选择方面，此次选择的烧烤活动难度较大，四年级的同学是很难掌握烧炭、烧烤这些技能的。如果没有大人的陪同，该活动将较难完成。还好这次活动在几位家长的陪同下顺利完成了。下次在选择活动时应结合自己的年龄段做选择，如果是难度高的项目，要邀请家长陪同。

在出行方式的选择方面，这次有家长的陪同可以坐私家车出行，但是停车位置紧缺，停车难，停车费昂贵。之后可以考虑地铁等公共交通，这样更环保、更便利，也不用顾虑停车难的问题了。

通过这次活动，学生自行组队，一些平常胆小、内向的同学，也融入了此次活动。学生能够自行制订活动计划，规划时间、地点，并且有自我调控的能力。活动后，同学进行了反思，在此次活动中吸取经验，在下次活动中进行改进。

三、总结反思

作为班主任，我结合《道德与法治》教材中的内容，提供给学生一个活动的契机，让学生自由组队、安排课余生活，有了以下总结与反思。

（一）遇问题，教方法

在活动过程中，学生确定人数、活动内容、分工计划、出行安排，从一筹莫展到有序计划，直至顺利开展活动，学生作为组织者参与进来。而我则是在学生遇到矛盾、困难或意见不一致时，提供给学生解决困难的、化解矛盾的方法，并不是帮学生解决问题。例如，当学生选择课余生活时，大家都有自己想去的地方，谁也不肯让谁，讨论一度中止。如何让大家达成一致并保证公平公正呢？我引导学生联想选举每月"文明之星""劳动之星"所用的投票方法，并让学生自己进行选择。

作为班主任，授人以鱼，不如授人以渔，不论是生活还是学习，我应该传授学习和解决问题的方法，而不是帮学生解决问题。只有学会了方法，当学生再遇到类似的问题时，才知道如何去解决，而不是一味地寻求别人的帮助。

（二）激兴趣，导其行

此次活动并不是所有小组都顺利开展。有的小组因为成员参与不积极活动中止；有的小组起初讨论得很热烈，但没有坚持到最后。原因有两点：①空闲时间都被安排了。②学生自己不想参与小组活动，觉得没意思。

自主选择课余生活，是通过社会实践提高学生的综合素养，鼓励学生根据自己感兴趣的主题，通过实践，走进社会、走进生活，主动参与和设计活动，在交往和沟通中获得更多经验，激发参与活动的好奇心，感受成长的快乐。如何引导学生做自己生活的主人呢？

班主任应当鼓励学生参与活动，在过程中也要实时关心、询问进度，当发现学生积极性不高时，要引导学生发现活动中的乐趣，鼓励更多学生在感知体验中扩展知识面。

四、点评

案例立足于学生对课余生活安排的自主选择、计划的自行研制、活动后的自主反思等，呈现自主学习以学生为主体，体现学生学习的主动性。教师作为一个引导者，适时点拨引导，较好地创设了学生自主学习的和谐环境。通过学生主体性的发挥和教师的引导相结合，学生的自主学习能力一定会极大提升。

我的班会我做主

——以"一次班干部组织的元旦迎新活动"为例

一、案例背景

班级是一个小社会，是开展教育活动的主要场所，不管是立德树人还是全面发展，都应以学生为中心，使学生通过发挥自己的主观能动性，体验班级中的一切事务，履行自己的职责，锻炼做事做人的各种能力。

班干部是班级管理中不可或缺的部分，在班级中起着带头作用，是班主任的左膀右臂。因此，培养班干部独立自主的精神和自主管理的能力，有助于逐步完成由教师管理向学生自主管理的过渡。在这个过程中，班主任应该起到合作者和引路人的作用，授之以"渔"，而不是授之以"鱼"。

为了培养班干部的管理能力，两年来，我们经历了"扶""辅"两个阶段：一年级时，我就安排了"值日班长"岗位，该岗位由每个学生轮流充任，我先手把手教学生，如值日班长每天要做什么，每件事情该怎么做，用流程化的方法教会学生如何管理班级，在这个过程中，我会有意识地观察，找一些有领导才干和管理能力的学生，重点扶持，提升班级管理质量；二年级时，我设立了班干部管理岗位，在设立之初就定好每个岗位的工作职责，竞争上岗，竞选出来的班干部大部分都已经在一年级时得到了基础性锻炼，有了特定岗位安排后，我先请班干部自己说一说自己对这个岗位的理解，然后我再进行补充。我辅助当选学生完成岗位职责，他们碰到问题及时与我沟通，我来协助解决。

今年已是我带这个班的第三个年头了，平时的班级日常管理工作已经井井有条了，我也应该进入第三阶段的"放"了！适逢学校组织元旦迎新活动，我想着，也是时候让学生试着自主组织一次活动了！

首先，我先给5名班干部开了个会，布置两周后的元旦迎新活动要求：同学们表演节目、做做小游戏，大家一起迎接元旦的到来，先给一天时间去商量一下，出一个计划，再给一周时间去准备。

当天中午，我就收到了班干部的计划：纪律委员负责征集节目，中队长负责征集小游戏，文体委员负责主持人选拔，学习委员和卫生委员负责串联节目和主持稿。

我说："不错，安排得挺合理！有什么困难需要我协助的吗？"班干部们都摇了摇头："没有！"我继续给他们打气："干劲十足啊！那就按这个计划先执行吧！明天中午咱们再开个会，我来看看你们的进展。"

二、案例描述

（一）执行计划，问题生成

第二天中午的会议，班干部们提出了碰到的问题：

（1）报名人数少，只收到2个节目。

（2）主持稿的开头结尾已完成，但没节目导致中间的串联词没法写。

（3）征集的小游戏不适合在教室内进行。

（4）报名主持人的同学特别多。

（二）自我反思，讨论交流，改进方案

听了班干部们提出的问题，我先安慰了几句："好事多磨，第一次组织活动嘛！碰到问题很正常！"

"昨天大家都觉得没什么问题，但是在执行的过程中，还是会发现很多之前没预设到的问题，大家先来说说一下自己的想法。针对刚刚你们每个人提出的问题，你们能先反思一下自身的问题吗？是不是自己发布任务环节出现了问题？"

经过我的点拨，班干部纷纷提出了自己的想法：

（1）时间比较短，有些同学还没想好能表演什么节目。

（2）有的节目不适合在教室里表演，如钢琴之类的乐器也没办法拿来教室。

（3）征集的小游戏的时候，没讲清楚前提，同学们没考虑到环境。

（4）应该对报名主持人的同学提点要求，最好是有过主持经验的，这样就不会有这么多同学来报名了！

"你们分析得很到位，那接下来再思考思考怎么改进吧！再给大家两天时间，两天后，我们再来集合一下，汇报工作吧！"班干部们若有所思地点了点头！

中间的这两天，我特地在课间和中午的时候观察了班干部们，看着他们一桩桩、一件件有条不紊地进行着前期准备，很是高兴！

（三）问题解决，圆满完成

果然，两天后，整个会议的氛围都不一样了！班干部们分享了最新进展：

（1）除了现场表演的节目以外，还征集了视频节目，那些乐器没办法带来的同学就可以提前录好视频参与表演了！

（2）动员了几个文艺方面有特长的同学，这些同学都报名了！

（3）关于主持人的人选，最终确定下来是A同学和B同学，他们不仅是学校主持人社团成员，还都有过主持经验！

（4）两个主持人还会写串联词，所以主持稿也顺便搞定了！

（5）前期准备工作都差不多了，游戏最终确定为击鼓传花。这个小游戏道具简单，规则也不难，还可以用来确定即兴表演的人选，所以让每个同学额外准备了可能会表演的小节目，尽量做到人人参与！

我不由得发出感叹："哇！你们太棒了！反思过后，发现问题，自主调整，完成情况远远超出我的预料了！加油！我期待着迎新活动的到来！"

这次活动组织得很成功，主持人的控场和临场应变能力也很强，大家都玩得很尽兴，比起以往教师组织的活动，学生更享受自己作为组织者、协调者和参与者的这次元旦迎新！

三、案例分析

以往低年级的主题活动方式，都是教师作为主导来安排和分配任务，这种方式很难发挥学生的主观能动性，学生参与活动的积极性也大打折扣，学生能力的培养更是无从谈起。

此次，我结合学校课题"基于元认知理论，培养学生自主学习能力的实践研究"，尝试让三年级的班干部们组织了这次元旦迎新活动。班干部们从以前的被动执行到当家作主，更激发出他们作为班级管理者的责任感！而作为班主任的我，对班干部的培养进入了第三阶段的"放"，主要提供精神上的支持，在他们有需要的时候稍加点拨！事实证明，班干部完成得比我想象中更棒。

（一）自主计划，合理分工

凡事预则立，不预则废。在活动伊始，我先把活动要求告诉班干部们，然后请他们根据这个要求制订计划，每个人做什么事情责任到人，合理分工。这个环节他们做得又快又好！但是毕竟是第一次自主策划活动，在预设困难方面还是比较缺乏经验，当我提出有没有需要我帮忙的地方时，他们都非常乐观，很有干劲！很多事情也只有亲身经历后，才会知道其中的困难，所以我也没有多说，让他们去尝试吧！

（二）问题生成，自我反思

看着班干部从计划到执行，从预设没困难到执行过程中发现了很多问题但却找不到头绪。我想：既然要"放"了，那就让他们自己来想办法解决这些问题。所以此时，作为班主任的我以旁观者的角度提醒了他们：先反思一下，是不是你们布置任务的过程中出现了问题呢？

在反思的过程中，班干部不仅发现了自身的问题，还能在别人的反思中改进自己的策略，中队长发现自己征集小游戏时没说清楚要求，文体委员也发现了自己没有对主持人提要求，于是调整了自己的策略——要找有主持经验的。不仅如此，他们还会在别人分析问题的时候提出自己的意见和想法，正所谓"众人拾柴火焰高"，正是在大家自我反思、讨论交流的过程中，迸发出了更多的火花，让活动的方案更加趋于完善。

（三）改进方案，不断调整

在第三次会议时，从班干部的汇报中就能看出：他们不仅解决了之前碰到的问题，还在执行过程中不断调整自己的策略，预设新的困难，改进方案。

负责征集节目的纪律委员不仅想到了准备器材不方便，可以录视频，还想到有些同学可能比较害羞，不好意思报名，自己去动员了几个有文艺特长的同学。负责征集小游戏的中队长征集到了小游戏以后，还考虑到可能会有小惩罚，需要表演小节目，就提前跟同学们都说好了，每个同学都要准备好一个小节目，以备不时之需。正式活动那天，我发现击鼓传花的时候，大部分选的是没有表演节目的同学，真正做到了他说的：尽量做到人人参与！看来他们想得比我周到啊！

四、点评

班级活动一旦有学生的自主参与，将达到事半功倍的效果。本次活动是教师在有意识地对一、二年级时学生活动组织的"扶"和"辅"之后的第一次放手，学生在教师的点拨下自主进行计划，大胆质疑。执行过程中大胆反思生成问题后，教师再鼓励学生自我调控，不断调整。整个活动教师分层指导实施，循序渐进地训练学生，学生乐思考、善学习，收到了很好的效果。

劳动岗位我负责

上海市浦东新区福山唐城外国语小学　沈玲洁

一、背景介绍

四年级的学生已具备一定的自主学习能力，经历了三年多的班级生活，有了初步的集体意识、民主意识，随着自我认识的提高以及作为一个社会人的心理需求，他们的民主意识突飞猛进，有参与班级事务的意愿。《大中小学劳动教育指导纲要（试行）》中指出，应设计劳动教育课程，并提出了"以体力劳动为主，注意手脑并用"的要求。要使学生掌握基本的劳动知识和技能，具备完成一定劳动任务所需要的设计能力和操作能力，培育积极的劳动精神。以学生为主体，提升学生的自主学习能力。这一次，结合学校课题，我在"劳动岗位我负责"这一堂主题班会课上进行了研究和实践，以提升学生的劳动实践能力和自主学习能力。

二、过程描述

（一）下发任务，分组制订自我计划，确定主持人，制定完成调查表

针对班中有相当一部分学生劳动习惯差、劳动技能低的情况，向全班提出：将在一周后召开"劳动岗位我负责"的主题班会。由学生民主投票选择两位主题班会的小主持人，并由主持人写好主题班会的流程稿。

全班根据劳动岗位数量分成几个小组，每组针对一个岗位，制定劳动岗位调查表。利用一周的时间，采访身边的同学、老师和家长，完成调查表。劳动岗位有扫地、拖地、排桌椅、擦黑板、管理植物角、整理图书角及作业架、节电节能等。

以"擦黑板岗位调查小组"为例，学生们设计了劳动岗位调查表—擦黑板见表1：

表1

劳动岗位调查表——擦黑板		
采访内容	采访对象	反馈
现在负责擦黑板的同学做得如何？存在什么问题？		
说说擦黑板的技巧		
推荐最适合擦黑板这一岗位的同学		

（二）小组交流，劳动技巧人人会，召开主题班会，自我调控

班会课上，由两位小主持人主持班会课，各小组轮流上台，向全班展示交流自己组的劳动岗位调查表。每个小组交流时，其他同学进行补充，说说各个劳动岗位还存在什么问题，补充每个岗位的劳动小技巧。例如，针对擦黑板这一劳动岗位，同学们在课前调查时，收集到了小技巧——将湿抹布或黑板擦，始终由上至下擦拭，这样黑板更干净，不容易花。在课堂中，同学们继续补充："在黑板全部竖直擦完后，还要将黑板的顶部和底部水平方向擦一遍。""在用湿抹布擦完黑板后，用干净的干毛巾把水擦干，这样可以干得更快些，不会影响老师使用黑板。"

（三）小组宣言，劳动岗位我负责

各小组根据全班同学的讨论内容，对劳动岗位调查表进行补充和修改，调整劳动岗位的人选。根据同学们的讨论结果，制定新的劳动岗位表，让每个同学能做自己最擅长

的劳动项目。同学们签名：热爱劳动，珍惜劳动成果，劳动岗位我负责！

（四）谈谈体会，自我反思，说说收获

在主题班会课最后，学生讨论：

（1）在这堂主题班会课上学到了哪些劳动小技巧？自己今后该怎么做？

（2）对于主题班会课的开展还有什么好建议？

最后，通过评价表来反思本次主题班会课情况，见表2。

表2

评价表		
评价内容	自评	他评
能在班会课前做好计划和准备	☆ ☆ ☆ ☆ ☆	☆ ☆ ☆ ☆ ☆
能积极参与课堂，及时修改调整	☆ ☆ ☆ ☆ ☆	☆ ☆ ☆ ☆ ☆
能反思这堂课的收获，知道今后该怎样做	☆ ☆ ☆ ☆ ☆	☆ ☆ ☆ ☆ ☆

三、总结反思

本次班会课的主题贴近学生的生活，能解决班级管理中的问题。学生都懂得了责任意识的重要性以及劳动最光荣的道理。同时，这次主题班会课改变了以往的教师主持、教师发言、教师结语的模式。这堂课上，学生成了班会课的主人，他们自己尝试了策划、主持、互动、总结的全过程。

（一）课前分组，学会自我计划

学生在班会课前确定主持人，分成几组来设计并完成劳动岗位调查表班会课所需资料，为主题班会课做好充分准备。

（二）课中讨论，学会自我调控

主题班会课上，学生分组交流劳动技巧，其他学生积极讨论，发表意见，给出建议。各组对劳动岗位调查表前期的资料做修改和调整。通过民主商量，决定事宜，制定了新的劳动岗位表，并表示：劳动岗位我负责。

（三）课后评价，学会自我反思

学生反思在策划、召开"劳动岗位我负责"主题班会课过程中的得失，总结做得好的经验，提出意见，以便在下次班会课活动中做调整和改进。

总之，在这堂班会课中，学生通过民主讨论的方式决定班级事务，遵循公平公正、协商合作的原则。在观察、分析、联系实际的基础上，提升了合作能力，并培养了自我计划、自我调控、自我评价和自我反思的能力。

在今后组织班会课时，要更大程度地发挥学生的主观能动性，使学生更自主地策划班会课。例如，让学生根据班级情况，确定班会课的主题；在分组活动时分工更明确清晰，确保人人有任务，人人更自主；优化班会课评价表，使评价方式更多元化，使评价内容更细化、更全面，从而进一步促进学生自主学习能力的发展。

四、点评

活动能紧紧围绕主题"劳动岗位我负责"展开，从下发任务分组制定调查表到小组交流"劳动技巧人人会"，再到小组宣言"劳动岗位我负责"，过程清晰有操作性和针对性。活动中，学生能自主计划，积极讨论调控，课后能自我反思做好评价。很显然，一次巧妙设计的主题班会课，对提升学生自主能力是很有帮助的。

放手让孩子去做

——以"制定班级劳动岗位"为例

上海市浦东新区福山唐城外国语小学　庄晓怡

一、背景介绍

中午劳动时间，我发现教室地面很脏，桌椅摆放歪歪扭扭，讲台乱糟糟的。我很纳闷：值日表上安排得很清楚：每天值日的学生，应负责扫地、擦黑板、整理卫生角、排桌椅等工作。为什么还会出现这样的问题呢？这时我不禁想到这个值日表是我在开学一次主题班会时制定的。大部分学生没有参与制定的过程，缺乏主动意识，这就是问题的所在。因此，我决定重新召开一节主题班会课"制定班级劳动岗位"，改变原先的指定学生打扫卫生的模式，将之变成学生自我计划、制定劳动岗位，以学生为主体，做到人人参与。

二、过程描述

（一）提出问题，初定计划

初定计划表，见表1。

表1

岗位	星期一	星期二	星期三	星期四	星期五
扫地	1号	3号	5号	8号	10号
	2号	4号	6号	9号	12号
	17号	19号	40号	13号	15号

岗位	星期一	星期二	星期三	星期四	星期五
扫地	20号	26号	28号	29号	30号
	41号	21号	7号	24号	37号
黑板讲台、窗台	27号	33号	14号	33号	39号
排桌椅（课间）	☆34号	☆23号	☆31号	☆25号	☆22号
注：11号和打☆同学负责下课、每日总检查					

在教室的黑板上我张贴了一张开学初安排的劳动岗位表，上面清楚地写着周一到周五每个劳动岗位安排的人员，我提出问题：最近班级卫生很糟糕，这张劳动岗位安排表存在哪些问题呢？同学们纷纷说，34号太矮了擦不到上面的黑板，39号、22号每次下课都跑出去玩，根本不擦黑板和排桌椅，扫地的同学反映每次扫完地又有很多同学乱扔垃圾，负责监督的同学没有提醒劳动的同学……接着我又提出：既然有这么多问题，那应该怎么解决问题呢？有学生提出：重新分配劳动人员，调整劳动岗位安排表。另一个学生提出：教室的图书角经常因为同学随意借阅导致书不知道被谁借走了，图书放得歪歪扭扭，应该增设一名图书管理员。于是我追问：那你们计划设定多少个劳动岗位？如何分配呢？李同学说：每一个人都要被安排到劳动岗位，我们班37个学生就是37个岗位。每个人都应该负起责任，保持我们教室的整洁。苏同学说：上五天课，每天要安排不同的值日生，轮流值日。刘同学说：要推选一个负责任的同学作为当日监督员，督促同学劳动。杨同学说：可以先选出擦黑板、讲台和窗台的同学，再分5组，正好对应周一到周五的值日，然后制定剩下扫地、排桌椅等岗位比较方便，同学们纷纷表示赞同。

（二）集体和小组讨论、详细制定

根据大家的初计划，先选出5位擦黑板的同学。学生选出班中个子最高的5名学生，这个过程中同学们没有任何异议。接下来我根据学生的计划，把学生分成了5个小组，每个小组分别对应周一到周五的一天，并分别给了他们一张空白的表格，请他们完成制定（表2）。

表2

岗位	星期一	星期二	星期三	星期四	星期五

每个小组都讨论得非常积极热烈，很快一张空白的纸已经被写得满满当当。在巡视的过程中，我还发现了有些小组增加了计划中的新劳动岗位图书管理员，有些小组修改了扫地的人数，有些小组还在推选监督员，每个人都争着表达自己的想法，劳动岗位表

到处都是涂改的痕迹，思维碰撞非常激烈。

（三）发现问题、主动解决

我请了一组学生展示他们制定的劳动岗位表，表中打星号的是监督员。我提出问题：在安排过程中有发现什么问题吗？你们是如何解决的呢？学生说：有个同学说他想要扫地，但扫地人数满了，只能分配他去排桌椅，经过协商，一位同学愿意和他交换岗位，所以最终的岗位安排表是这样的（表3）。

表3

扫地	1号
	2号
	17号
	20号
拖地	☆34号
排桌椅	23号
擦黑板	39号

接着，我请了另一组学生交流展示，原本该组安排了五个同学扫地，一个同学拖地。但是在讨论中发现拖地的是一个女生，一个人有些吃力，所以把扫地的一个同学安排去拖地，两个人就没有问题了。这组还增设了一个图书管理员的岗位，正好可以解决班级图书角混乱的问题。每一组都根据计划推选出了一位岗位监督员，同组的学生一致推选了组内公认的有责任心的同学作为岗位监督员，以更好地提醒、监督当天的值日生按时完成每天的劳动任务，避免出现之前值日生忘记劳动的问题（表4）。

表4

扫地	☆19号
	26号
	21号
	5号
拖地	3、4号
排桌椅	41号
擦黑板	29号
图书管理员	22号

（四）总结经验、自我改进

通过讨论，我把各个小组的岗位安排表整合在一起，最终制定了这样一份完整的岗位劳动安排表，大家都纷纷表示肯定（表5）。

表5

岗位	星期				
	星期一	星期二	星期三	星期四	星期五
扫地	1号	6号	☆19号	8号	12号
	2号	7号	26号	9号	38号
	17号	40号	21号	10号	31号
	20号	☆13号	5号	☆11号	37号
拖地	☆34号	28号	3、4号	24号	30号
排桌椅	23号	33号	41号	15号	☆27号
擦黑板	39号	32号	29号	14号	25号
图书管理员	22号				

在总结交流的过程中，我让每一组对今天制定的劳动岗位表进行评价，满分三颗星，两组打了满分三颗星，三组打了两颗星。我先询问两组为什么给自己小组打了满星。其中一个小组说考虑到了计划里的图书管理员，设置了这个岗位，另一个小组说人员安排很合理，讨论得很热烈。我又询问另三组打两星的原因，有的说没有想到计划中的图书管理员，有的说一开始在人员安排的过程中没有考虑到女生力气小不能拖地，存在不合理的情况，但经过调整后每一个岗位都安排了合适的人选，所以打了两颗星。这节主题班会课每一个学生都参与其中，通过自我计划、反思、调控和评价，完成了劳动岗位的制定。

三、总结反思

（一）自主思考、计划实施

在这次活动中，我提出在开学初安排的劳动岗位表中存在的问题，引发学生的思考。我并没有直接帮学生解决，而是接着问：如何解决现有的问题呢？学生便根据问题提出了自己的想法和计划，如图书角杂乱应设立图书管理员、设立每日监督员等。为了让学生能够更明确地制定劳动岗位表，我便引导学生思考班级中需要制定多少个劳动岗位、怎么分配等，学生纷纷提出自己的想法：37个人每人都要有一个劳动岗位，周一到周五轮流值日。讨论后学生有了明确的计划，我便给了学生一张空白的劳动岗位表，根据学生的计划分了5组，一组负责一天，让学生自行讨论完成填表。在讨论过程中，每一

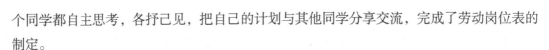

个同学都自主思考，各抒己见，把自己的计划与其他同学分享交流，完成了劳动岗位表的制定。

（二）分享交流、修改反思

每组都根据计划完成了劳动岗位表的制定，接着请各组分享交流。在交流过程中，每个小组都能够说出自己这样安排的原因和优势，像减少扫地人员，增加拖地人员，扫地拖地结合可以更好地保持教室的整洁，这些都是在计划中没有提到的，是在讨论的过程中萌生的新想法，并且得到了大家的认可、填入了劳动岗位安排表中。有个小组只安排了一个女生拖地，有学生提出质疑，讨论后觉得不合理，于是调整了安排，分配了两个学生拖地，减少一名扫地的同学。我给了学生充分的时间思考和交流，每个组我都是在旁倾听，没有干涉学生的想法。这些都是学生在组内交流、班中交流的反馈。在这样一个过程中，学生能够自我反思、自我调控，自主性得到了提升。

（三）总结评价，自我改进

每个小组分享讨论后，最后一张新的劳动岗位表就制定完成了，学生纷纷对新表表示赞同，这是大家共同努力的成果。新的岗位劳动表解决了一开始学生发现的一系列问题：图书角混乱、高处的黑板擦不到、当天值日生忘记自己的劳动任务……此外，还新增了拖地的劳动岗位，更有利于保持教室的卫生整洁。接着，我便请各组学生对自己这堂课进行评价，评价内容包括一开始制订的计划、调整后的岗位劳动表、这节课自己的参与度等。每个小组都说出了评价的原因。通过这一环节的评价，学生清楚地知道自己这堂课的优点与不足，也知道在下次的活动中该如何改进，更完善地思考。

四、点评

围绕"制定班级劳动岗位"的主题班会活动，使学生从一开始发现原来劳动岗位的不合理，到计划思考如何解决现存问题，再根据计划讨论制定劳动岗位表，最后整合各个小组的岗位安排表，最终制定一份完整的班级劳动岗位表，初步达成了"放手让孩子去做"这个目标。活动以学生为主体，学生自我计划、自我反思、自我评价，在教师的引导下，自主学习已初步成为一种习惯。

我是小导演，学做小主人

——以"一次朗诵活动"为例

上海市浦东新区福山唐城外国语小学　季秋霞

一、背景分析

一年级孩子刚从幼儿园升入小学，即将踏入正式的教育学习，本班级的孩子有着很多相似的地方，如他们都活泼好动、天真烂漫，对学校的一切充满好奇，大多数人思维活跃，学习的兴趣较浓，但是他们也存在着一定的差异。总体而言，孩子们缺乏主人翁意识。在班级这个大家庭中生活，大到学习习惯，小到吃饭拿勺子，孩子们都要一点一点去适应、去习惯。

我结合国庆节排练朗诵节目《我骄傲，我自豪》，围绕主题"我是小导演"开展了三次主题班会并请学生出谋划策，让学生尝试学做"小导演"，不断优化班级节目，在活动中培养学生的"主人翁"意识。

二、案例描述

（一）集思广益，优化节目

1. 教师播放3个优秀的朗诵节目视频

师：朗诵节目需要关注哪几个方面？

学生能够说出，队形、动作两个方面，有的还会说道具、发型、服装。教师补充了一个方面——声音。

2. 学生按兴趣和自身意愿，分为队形组、声音组、动作组初次计划

教师告知演出时的舞台条件：三个长方形台阶，最多可以站三排，2个立麦，4个手持式麦克风。学生自由组队并进行策划，教师巡视。

队形组：学生画了梯形、五角星、半圆形等形状。

声音组：学生有的按照男女生分段，有的按照小组分段，有的安排了8个领诵，有的安排了一男一女领诵。

动作组：给每一个分句都想了动作。比如，给"黑色的眼睛""乌黑的头发"都想了动作。

3. 交流讨论，改进计划

师：大家的想法层出不穷，非常有创意，但是我们计划的时候也要开动脑筋想象一下，我们的计划可行吗？我们的计划是否详细？例如，队形组只给了一个圆形，我们的舞台台阶能排成圆形吗？每排站几人呢？请大家根据自己的计划推测一下，会出现什么状况，再改进、丰富自己的计划。

学生在讨论交流后改进自己的计划：

队形组：有学生质疑五角星等形状太复杂，要简单为主，可以按照学校舞台的阶梯设置梯形，要确定具体人数。

最终决定使用梯形，设置两排，左右两边每排站五人，其余站中间长台阶。

声音组：有学生认为有难度的句子，齐读会很乱，请领诵单独朗诵更好。简单、重复的句子可以齐读。请老师帮忙选出4位领诵。

最终确定4位领诵分别单独朗诵4段难读、拗口的内容。具有重复性的"我骄傲，我是中国娃"等句子全班齐读，选了两句句式相同的句子分男女生齐读。

动作组：学生提出动作太多，记不住，幅度大的动作很难做到位。

最后在领诵读的内容部分及最后齐读部分设计敬礼、比心、握拳等简单的动作。

（二）小试牛刀，评价演出

1. 根据计划，实践排练

排练之前，教师下发评价表，见表1。

表1

项目	评价自己	评价班级整体
站位明确	☆ ☆ ☆	☆ ☆ ☆
朗读流利有感情	☆ ☆ ☆	☆ ☆ ☆
动作标准	☆ ☆ ☆	☆ ☆ ☆

教师先和队形组一起确定学生的站位。学生在教师的引导下入场上舞台朗诵《我骄傲，我自豪》。朗诵结束回到教室，教师先给大家回放班级排练视频，然后请学生填写评价表，给自己和班级整体进行评价。

2. 交流评价表

学生在评价表上给自己打星，再举手交流打星理由。大部分学生给了自己2～3颗星，认为自己的朗读很投入。也有的学生认为自己记不住站位，有的同学说自己做错了动作。

学生看完排练视频对整体效果进行评价。学生对整体效果的评价几乎都是1颗星，因为此次排练效果甚至没有第一次正式彩排的效果好，可见排练暴露出很多问题，效果不佳，如上下场秩序混乱，表演时有小动作出现。

3. 反思演出，布置任务

再布置任务：请你就自己或者班级演出不足之处，提1～3个建议。

（三）调整计划，再次实践

针对班级近期的排练情况，再次召开"我是小导演"的主题班会。首先请学生说说排练的不足之处，再引导学生调整计划。

1. 分组填写优化节目的建议和注意事项

小组建议汇总表，见表2。

表2

小组建议汇总表	
第（　　）小组	
类别	优化建议
朗诵声音	1.
	2.
队形	1.
	2.
朗诵动作	

2. 交流汇总表，调整计划

学生交流意见汇总表，其中有学生提出上下场非常乱，需要请排头同学引导大家上下场。有学生提出朗读不够有感情，在齐读时，声音要响亮有力。有学生提出动作还是太多、太杂，需要进一步简化。

最后，在教师的带领下，学生再次总结优化计划。

队形：根据队形分三组，分别由两排的排头做小组长，引导大家上下场、站位。依次入场后保持立正站姿，正视前方。

声音：朗诵要整齐，在"我骄傲，我是中国人"等齐读的句子时要加重关键词的朗读。领诵要熟悉自己诵读内容，全班学生要集中注意力，流利衔接朗读。

动作：最后一段设计"单手握拳放胸前""手臂单手展开伸向远方"两个动作，数量虽少，但要做得整齐有力。

3. 根据优化计划再次彩排

在小组长引导下入场演出，领诵站到指定位置，学生看领诵站位确定自己的位置，开始朗诵表演，朗诵结束致谢并退场。

4. 评价排练

这一次，大家基本都给自己和班级整体效果打了3颗星，认为演出有了明显的进步。

三、反思分析

（一）结合活动，培养元认知计划策略意识

计划策略是根据认知活动的特定目标，在完成一项学习任务之前计划各种活动，预计结果，选择策略，并预估其有效性。一年级的学生计划能力较弱，因此我根据学生的实际能力水平进行引导。先给学生观看成熟的朗诵节目，再请学生为自己的节目从各个方面策划细节。计划应具有可操作性，目标是学生力所能及的，实施是有实现条件的。当然，在过程中会遇到很多困难，我在第一节课第三环节初采用提问的方法引导学生去质疑自己的计划，并且鼓励学生自我提问，再将计划细化。

一年级的学生做什么事情都喜欢当"小主人"，因此我创设"小导演"的情境，让学生亲自参与策划自己班级的节目。大家对"策划"这件事兴致高昂，达到了培养计划策略意识的目标。令人惊喜的是学生在第一节课中就能提出较完整的计划，开始得好就成功了一半。学生期待排练，为后续的活动做了铺垫。

（二）通过评价及实践，学会自我监控

作为认知的统领，"元认知"在认知活动中并不直接处理外部信息，更重要的是在"暗中"监视认知过程。在第二节课初，我给了学生评价表，让学生明白，自己不光要排练，还要在排练的过程中监控自己、班级的表现。在自我监控的过程中，潜移默化地进行调控，及时发现自己、班级整体的不足并进行反思。

教师做"甩手掌柜"，将"导演"的工作交给学生，学生都能积极参与评价，并且通过交流共同指出表演的问题，通过实践去发现计划的不足。在这里，我布置了任务，给予大家充分的时间去反思，好让大家在下节课进行充分交流。

（三）利用反思任务提高学生反思习惯

当监测到问题后，学生要做的就是采取措施及时补救。

因此，我在第三节课中，先请学生充分交流自己的反思，及时优化计划，并通过实践体验反思的效果。学生在这一节课中，能够尝到反思带来的好处，反思的魅力在于能够让节目更加优秀，让学生体验到了成功的乐趣。

反思是学生一种有效的学习方式，引导学生在活动中进行反思，能促进学生的有效学习，提高学生的智能和潜能；学生通过反思，互帮互助，激发兴趣，获得能量。

总之，元认知能力是人对认知的自我意识和自我调控能力，就其功能来说，它可以使学习者将自己的学习活动作为认识主体来进行认识，还可以用于辨别学习材料和学习情境，从而使学习者可以在不同情境的学习活动中选择适当的学习策略，并针对具有相似特点的材料或近似的学习情境选择相似的学习策略，实现学习的迁移。从元认知的调控功能看，学生可利用元认知能力通过各种反馈信息对学习活动进行调节、控制，从而检测学习中出现的各种情况，判断自己活动的有效性，当出现与以往相似的新的学习情

境时，学生就可以在元认知的调控下顺利地进行学习迁移。

"我是小导演"系列班会课的主题贴近学生的生活，能解决班级节目中的问题。同学们自由讨论，结合实践，不断改进计划，能够使他们的思维得到良好的训练，提高元认知水平。学生只有思维活跃起来，才能在不自觉中形成一种能力，提高在班集体中快乐生活、有效学习的能力。相信在此之后，学生能有意识地去做自己的主人，乐于计划，善于监控，敢于调节。

四、点评

教师如何去引导学生主动发现规律，启发学生元认知能力，培养计划、监控和调节策略是更加明智、具有发展性的选择。本篇案例中，教师针对一年级学生的年龄特点，结合学生感兴趣的内容教会学生"策划"，下发评价表慢慢引导反思，并邀请学生一起交流评价……相信，教师从激发和培养学生的学习兴趣开始，循序渐进，积极引导，学生自主学习的能力一定会有更好的提升。

从"进步箱"到"荣誉墙"

上海市浦东新区福山唐城外国语小学　江天舒

一、案例背景

今年我刚刚调到本学校，接手的是四年级的班级班主任工作。本班中队队员比较活跃，部分学生经常在课间追跑打闹，班会课上教师多次教育都收效甚微，有时课间即便教师在教室里，部分男生也依旧打闹不断。

结合学校关于自主学习的课题，我准备运用发现闪光点、鼓励自信心的班级管理自主学习策略，让队员积极主动参与班级管理，不仅关注结果，而且关注过程，促进队员自主学习，发挥队员的主体地位作用。

队员的自主学习能力是其长期发展的基础和动力。在班级管理中，运用自主学习策略提高队员自主学习能力，对于班级行为规范的改进，提高队员的班级归属感和集体感，改变队员的自我认识有非常重要的意义。

二、案例描述

在静静观察了一个月之后，作为一位新到岗的中队辅导员，我召集小干部们商议，希望与中队委员一起合作设定新的班级管理模式。我们通过对照行为规范小册子设立"进步箱"。"进步箱"的自主设计，预示着中队的自主管理开始。

（一）谁设计——我能行

我们特地召开了一次班会，一起探讨在行为规范方面班级中存在的问题。课后中队辅导员布置了一个小任务，请队员以小组的形式设计"进步箱"，对它进行装饰美化，要求温馨、牢固，有一个小口可以投递纸条，并且可以打开取出纸条。队员们小组分工比较明确，每个人都积极地出谋划策，有的队员负责寻找和提供适合的盒子，有的队员负责书写标题大字，有的队员负责绘画美化，有的队员则负责最后的整合。队员们热情高涨，活动井井有条，人人参与设计。几天后，我们收到了好几个设计精美的"进步箱"。

然后中队辅导员请队员们一起来讨论和评价这几个"进步箱"。队员们通过观察，发现"进步箱"有的投递口太小，有的不够美观，有的打开不方便。最终通过队员们的热烈讨论和自主投票，队员们人人参与评比，选出了一个最美观实用的"进步箱"。良好的开端是成功的一半，相信"进步箱"的落地会为我们中队的自主管理拉开进步的序幕。

（二）谁掌门——管理员

很多队员都好奇，这个"进步箱"究竟怎么用呢？我们利用十分钟队会进行了一次自主讨论。根据班级中比较主要的问题，我和队员们一起设置了以下这些班级小岗位：课间管理员、午餐管理员、眼保健操管理员、图书管理员、听广播管理员、路队管理员。然后我又指导队员们制订具体的评价标准，完成了班级纪律改进计划，让队员们在平时对自己行为的规范更具有针对性，也可以更好地做好心理准备。

我准备了一些彩色的小卡片，每天会由小小管理员发给有某方面表现特别突出的队员。比如，坚持一整天课间没有追跑打闹、认真完成眼保健操、午餐光盘、认真聆听广播，都可以获得一张进步卡。队员自主记下被表扬的点投到盒子中，队员们亲切地称它为"进步箱"。

每一位当周的小小管理员需要自己选择适当的管理方法。例如，课前预备铃，是否集体一起念"小叮当"的准备儿歌，是否念一遍就够了，如果念完儿歌，队员们还是没有准备好，应该怎么做。有的岗位负责人会采用多念几遍儿歌来督促队员做好课前准备，有的岗位负责人会采用请这位没有认真做课前准备的队员单独来念准备儿歌，并且边念边做好相应的准备。又如，眼保健操，音乐响起，队员们是否开始认真地做，动作是否到位，如果没有认真做，采用哪一种措施进行补救，对于没有认真做的队员，眼保健操管理员有的会多次提醒，有的会请队员到讲台上做，有的会请他结束后重新做一遍，等等。不同策略都可以由当周的岗位负责人自主进行决定。

在第二周的班会课上，这些小小管理员需要总结自己一周的管理情况，总结出比较有效的策略或者思考并提出更有效的策略。

（三）谁开门——中队长

班级的管理是一个长期的过程，队员们的行为规范也是在不断地发展和改进的。每周一早上的班会课上，中队长会先请上周参与班级管理的队员先来反思和评价上周的班级情况，说一说这周需要改进的地方。其他队员也会进行自我评价。这既能让队员们记住自己的被表扬的点，又可以提高队员们被抽中的概率，有更多进步的表现。然后，中队长会从"进步箱"中再抽取一部分队员参与班级本周的班级管理，并由本周负责"每日一省"小册子的队员进行每周的反馈和记录。

我们也会根据班级的情况经常更新岗位设置。例如，午餐管理员，从原来的一位改成三位，一位管理教室内队员的准备情况，一位管理教室外排队队员拿饭的秩序，一位做好搬汤桶、拿酸奶水果等准备工作。这样岗位细化后，午餐秩序比以前有了很大的改进，午餐准备阶段打闹嬉戏导致饭菜打翻的情况明显减少。

又如，我们班级的队员非常活跃，经常在课间追跑打闹，导致队员间总是有大大小小的摩擦。于是，我们一起讨论了关于课间纪律管理员的设置，将课间纪律管理员从原先的一位，增加到三位，管理上也更加细致，每一位管理员管理好两组的队员，比原先一个管理员忙不过来的情况有所好转。

"进步箱"使用几周后一次班会课上，中队长按照惯例抽取了本周的小小管理员，突然从角落传了一阵轻轻的哭泣声，我一看是小×同学哭了。课后，我询问她怎么了。她表示自己这几周都没有被抽到小小管理员，所以很伤心，我和她一起分析了问题，引导她进行自我反思，评价一下自己是否确实各方面都做得很好了，也向她展示了"进步箱"中满满的小卡片，她终于意识到自己虽然有些方面做得挺不错，但还不够，只有坚持不懈，有更多的进步，才能提高被抽中的机会。自此以后，包括小×同学在内的很多队员都更加积极参与班级各种活动，在各方面争取进步，以期在"进步箱"中投入自己的小卡片并在周一班会课上能被抽中，然后选择自己喜欢的小岗位。

（四）谁转场——中队辅导员

经过一段时间的实践，"进步箱"取得了不错的效果，大部分队员都很积极地争取进步。通过队员的自主管理，班级的纪律有了较大的进步。中队长提出转场意见，问我们是否可以进行更进一步的尝试。于是，我们又一次召开班会，中队辅导员总结这一段时间"进步箱"的使用情况，肯定了队员各方面的进步和班级在行为规范方面的巨大进步，并提出了进一步的要求。队员们自主讨论、自主总结，经过头脑风暴后，中队辅导员宣布，"进步箱"离场，我们的"荣誉墙"正式登场。

队员们一起合作设计并制作了我们的班级"荣誉墙"，并张贴在班级的前面，把评价标准进一步细化，当队员们有了进步，他们的进步事迹，将更加直观地在"荣誉墙"上展示出来，队员们的积极性又一次得到激发，班级的自主管理也有了一次"质"的转场。

三、案例反思与改进

本学期中，中队辅导员巧妙运用一些自主学习的策略，通过自我计划确定班级的改进方向，制定具体的评价标准；通过自主方法策略选择锻炼小小管理员的自主管理能力；通过自我调控不断改进，实现了从"进步箱"到"荣誉墙"的转场；通过自我评价和自我反思引导队员不断改进自己的行为规范。帮助队员们形成清晰的自我概念，明确什么样的表现是值得肯定的，是可以获得进步卡的，甚至是可以登上"荣誉墙"的，而什么样的表现是需要改进的。

（一）一个支点，撑起整个班级管理

多年来的"保姆式""警察式"班级管理模式，抑制了学生的创造性。在班级管理中，转变教育观念，从"进步箱"到"荣誉墙"，给队员们一个自主管理的支点，让队员们自己去启动班级管理，在自我反思、自我计划、自我选择方法策略、自我调控、自我评价中自主管理班级。

（二）大胆放手，引导学生自主管理

从"进步箱"到"荣誉墙"的使用过程，中队辅导员不再直接去管，而是间接去调控、去完善，更多地起着引导的作用，引导队员们自主寻找班级问题，自主开动脑筋想办法管理好自己，管理好班级，让队员们直接参与到班级管理中来，成为真正的主人。在队员们有困难时，中队辅导员引导队员们找到解决问题的办法，为队员们创造更多的锻炼的条件和机会。最重要的一点，要敢于放手，把中队辅导员的权力下放，让负责相关工作的队员大胆工作，真正培养队员的自主管理的能力。

（三）自主蜕变，提升班级管理效果

积极运用自主学习策略进行班级的常规管理具有十分重要的作用及现实意义。队员个体之间存在很大的差异性，中队辅导员有针对性地根据队员个体的特点进行引导，不仅能够保护队员的自尊心，还可以更全面地深入了解队员，挖掘每个队员的潜力。运用恰当自主学习策略指导能够有效地提高队员的自信心及主观能动性，促进队员的个性健康发展和人格完善，促进队员的全面发展。因此，在班级管理中，灵活运用自主学习策略，从"进步箱"到"荣誉墙"，细化班级管理细则，能够有效提高班级管理效率。

从"进步箱"到"荣誉墙"，每一位队员都能在自主管理的过程中追求真知、奉献爱心，实现自我，感受欢乐与成功，也会对自己的班级充满热爱之情，在各方面都积极进取、争取为班争光。

四、点评

从"进步箱"到"荣誉墙"，教师能运用自主学习的策略，改善班级管理模式。教师主动放权给学生，让学生自主设计"进步箱"，从小队长管理"进步箱"到中队长开

门"进步箱"自主评价，都在自主上下功夫。教师穿针引线，不仅关注学生个体的主动进步，而且在班级管理上下功夫，引导学生开辟"荣誉墙"，强化班级管理的效率，切实提升了全体学生的自主学习的自信和自主管理的能动性。

队干部改选计划我来定

上海市浦东新区福山唐城外国语小学　王之逞

一、背景

已有的传统教学模式注重教师教、学生学，课堂形式单一，教学内容全由教师一人完成从思考、设计到落地于课堂的过程。长此以往，既无法提升学生的学习主动性，也无法锻炼学生的独立思考操作能力，更无法体现以学生为主体的教育思想。本案例基于学生拥有自主学习实践能力的理论，结合中队实际情况加以调整和安排，再应用到班会教学中，取得了不错的教学效果。

本学期我所辅导的中队刚升入四年级。相较三年级学生，四年级学生思想更成熟，不仅有更强的语言、逻辑思维能力，也逐步养成了良好的学习生活习惯。如何充分地利用此学段学生的特点，培养学生的自我学习反思能力，成为我的首要目标。为此，我选择将班会课作为"试验田"。班会课形式多样，内容丰富切合学生日常学习与社会生活，是优质的试验场所。学期开始，中队恰好需要进行队干部的改选活动，我就借此机会向队员们提出我们需要制订一个由所有人决定的队干部改选计划，大家也由此展开了一系列的准备活动。

二、过程

（一）制定计划表

首先，我向队员宣读了大队部对队干部改选的内容要求指示。接着，又向队员们提出了本次计划由全体队员讨论得出，并为队员们明确了计划的目标：确定改选的时间；确定改选的大致流程；确定改选涉及的工作人员。在我的组织下，队员们积极地举手发言。可是队员们零星的交流讨论不仅没有订出有效的计划，反而计划因为某些队员发言后立即遭到其他队员发言反驳的情况而止步不前。在这样的情况下有队员表示，所有人零零散散地进行发言效率低下，且无法做到思想统一，不具有普遍意义，应该以小组为单位，对本次队干部改选计划进行讨论。于是，为了更高效地完成队干部改选活动的设计，一番沟通交流之后，队员们提出更好的方式是制定计划表。以通过小组成员讨论总结设计，小组长完成汇报的形式进行，以最大限度地保证每个人的想法得到重视（表1）。

表1

小组	组长	成员

可在实际操作的过程中又遇到了问题：原本计划是队员们讨论的时间为半节课，然后上台介绍，并且最终得出计划。结果队员的讨论时间过长，导致时间不够，只能下节课继续进行，原定的队干部改选也受到了波及，只能一延再延。由此又有队员提出，为了防止此类事情的发生，还需要设置时间节点，于是又出现了带有日期与对应任务的计划表（表2）。

表2

时间	阶段	任务
10月8日周五	初次讨论，组成小组	初步了解情况，组成小组展开讨论
10月11日周一	展示交流，形成计划	整合各组意见，形成最终计划
10月13日周三	中队改选	按照计划进行改选

有了计划表中的时间节点，队员们强化了时间概念；有了更明确的任务要求导向后，也更能把握所需完成的相关工作，不至于南辕北辙乱了方向。

（二）形成计划

周二队干部改选活动计划展示课上，各组队员纷纷拿出自己的活动计划，组长作为代表一一上台进行展示。队员们的展示方式五花八门，有站在台上有模有样地看着队员手舞足蹈演讲的，有拿出组里绘制的活动计划表，边比画边说的，更有甚者拿出了U盘，制作了朴素的PPT与队员们分享自己组内的建议。活动过程中，台上的队员展示计划时激情四射；台下的队员听得出神，不时有队员会提出异议，但很快在演讲者同组的辩驳声中收获了妥善的解释。

在展示交流过程中，队员们思维的火花不断碰撞着，他们发表着各自的看法。各个小组的计划展示完毕，队员们从各组的计划中找出最令人满意的环节，相互融合，形成最后的队干部改选计划表。计划表中包含了计划名称、时间、环节、具体要完成的工作以及相关的工作人员（表3）。

表3

环节	内容	相关人员
四（6）班"小智龙"中队队干部改选 时间：2021年10月13日　周三13：00　地点：教室		
准备工作	确定主持、监票、唱票、计票；统计出席人数与缺席人数	辅导员
主持人发言	宣布改选开始，宣读改选方法	主持人
竞选人发言	竞选人发表竞选感言	竞选人
队员投票	队员进行投票	队员
唱票、计票	唱票，计票	唱、计票人
宣布选票结果	主持人宣布选票结果	主持人
监票宣读	监票人宣布选举真实有效	监票人

（三）反思计划完整性

整合队员们的汇报完成队干部改选计划后，不少队员都觉得大功告成。这时有队员提出了自己疑问："这次的队干部选举老师参加吗？"这不问还好，一问可炸开了锅，队员们听后纷纷表示这的确是需要考虑的问题，以往老师的票往往有更高的权重分，很容易影响最后的选举结果，确实应该提前确定好这个问题。

此时，关于选举的问题源源不断地冒了出来："所有老师都有选票吗？""选举中一个人可以竞选几次？""选举要是有人拉票怎么办？"一时间教室里疑问不断。我此时提出疑问："你们之前小组讨论的时候没有想到过这些问题吗？"有队员说当时没有想到。我不置可否，告诉队员们，计划有漏洞很正常，在计划安全落地之前，都可以进行修改，但是我们要时时刻刻不忘记反思自己所作的工作是否有遗漏，能主动地把这些问题规避，那就最好了。

于是，队员们就这些问题又展开了讨论。经过大家的讨论得出：辅导员及任课老师不参与投票；选举中每个人都可以对不同的岗位进行竞选，但只能最终担任一项职务；对于拉票及违规参选者，一经查证取消其竞选资格。这些条款都将以文字形式备注于本届队干部选举计划下方并严格落实执行。

三、反思

（一）自我计划制订需强化

周三的队干部改选完完全全按照队员们自己制订的计划进行，结束后趁着队员们余兴未尽，我又向队员们提出了疑问："你们认为这次的队干部改选计划成功吗？有没有什么可以改进的地方？"队员们有的说举手投票的方法不够好，没有保护到个人信息；有的说在黑板上计票的方法太落后，最好能做个电子的计票软件；有队员怀疑唱票和计票有猫腻，希望完善监督机制……队员们的回答让人忍俊不禁，我也颇感欣慰，告诉队员们，这次的计划很成功，这都是大家贡献集体智慧的功劳，想要做得更好，就需要大家一起再总结经验，制订更加完善的计划，希望下学期的队干部改选可以有更加完善的计划。队员们听后纷纷点头称是，说下次一定将计划做得更好。我也告诉队员们，我们以后很多的班队活动都能借鉴这一次的经验，由大家自主参与计划的提出、制订与执行。队员们听了都表示很期待下一次的班队活动。

（二）计划出台反思要到位

爱因斯坦说兴趣是最好的老师。学生具备了对生活对学习的兴趣与思考，就有了进一步向前探索的精神，才能乐在其中，就算跌打滚爬也不觉得累或痛。在辅导中队时我们往往将学生的手牵得太牢，不愿放松，不敢放松，其实这样也一定程度上限制了他们的思考，也框定了他们的成长与进步。培养学生的自主能力，其实是完成一个对实际问题的解决过程，是解决问题时的不为思考，如"我为了完成，该如何做？""我这样做好不好，不好我要怎么改？""我的方法是不是最好，还有没有更好的方法？"。在思考中获得成长，在实践中获得强化，不停循环自主计划、自我调节、自我控制、自我反思的过程，从而达到教育教学的真正目的——让人成为人。

放手教，耐心导，才是中队辅导员们应该走的路。

四、点评

班干部改选本来就是学生自己的大事。"队干部改选计划我来定"活动中，班主任紧紧抓住"放手教，耐心导"这个关键，以计划的制订、出台为要点，强化改选计划的自我制订，展示交流，再到反思汇总，形成正式计划。整个过程全部由学生完成，充分发挥了学生的主动性、积极性和创造性。

班规我来定

上海市浦东新区福山唐城外国语小学　张诗宇

一、案例背景

班规作为学生学习与日常生活的基本规范，在一个班级的日常运行中发挥着重要作用，且对学生规则意识与契约精神的培养有着重要的影响。因此，如何进行班规建设，制定一份合乎班情又被学生高度认同的班规，值得每一个学生思考和参与。

小学二年级是学生树立正确价值观、是非观的重要阶段，因此要重视班规制订对于提升学生规则意识的作用。应多方参与制定班规，最大限度地发挥教育合力。此外，班规内容应涉及学生全面发展。不仅如此，教师还要及时加强班规教育和修订班规，让班规"住在"学生的心中。如果能让学生作为班级的主人公参与到班规的基本制订、修改和确定中，那么学生的自我认知、自我体验、自我评价等都会有明显的发展，而班级的凝聚力也会得到提高。

二、案例描述

班会片段一：初次交流班规，并评价

班会课的前一天，我将班级学生分成了四个小组，并让学生根据周围同学的情况，以及学生平日里观察到的小朋友们的纪律，列一列班规。于是课堂中的第一次小组展示就是每个小组经过讨论之后所列出的班规。按照小组意愿，我让每个小组派出代表分别上来展示他们所列举的班规。

在第一次小组交流班规后，大家都发现所有小组列出的班规都比较类似，如"上课不迟到""作业要及时完成""上课要认真思考，并积极举手发言"等。于是，我提醒学生，其实大家忽略了很多学生经常会犯的一些小问题。在这样的情况下，我出示了"班级放大镜"。"班级放大镜"中所呈现的画面有学生在地上一起打闹、随意踩草坪、午睡时转来转去讲话、不认真做眼保健操等。

在每个小组第一次交流，并展示完他们讨论的班规之后，我让少数学生对每个组的班规进行了评价。所有学生对黑板上罗列出来的班规的评价都是"我觉得他们小组列的班规很好""他们小组制定的班规想得很细致"。不难看出，没有教师的引导，学生很难对现有的班规进行有效的评价。

同样，在最后完成整个班规制定后，学生对这个具有二（6）班特色的班规评价亦是如此，无非就是"很好""很棒"这些笼统的字眼。

班会片段二：出示"班级放大镜"，小组第一次调整班规

在我出示"班级放大镜"照片之后，学生能明显察觉到，有些班规的制定不具有班级特色，因为很多很典型的班级问题没有被大家提及，而这些图片给了学生一定的启发。在后面调整班规的过程中，大家都补上了一些符合班级情况的班规条例，使得班规更具有可行性。例如，"每天穿好校服"所有人都能做到，学生就将这条改为"下课要文明休息"。大家还添加了"午睡时间认真休息""吃午饭时不聊天，午睡时间要安静"。这几条都是针对本班还有很多调整空间的地方。

班会片段三：小组第二次调整班规，使其条理化、美观化

在学生根据"班级放大镜"中的提示，针对班级情况调整班规之后，我向学生提出："老师觉得现在的班规非常细致，考虑得很全面。但是我们看有些小组，一会儿说课间文明问题，一会儿说卫生问题，一会儿又说回课间文明问题。你们觉得这些看上去

有条理吗？"立马有学生反映，有些班规很重复，其实可以归为一条。接着，我又让学生对班规进行分类以及提炼，之后呈现出具有二（6）班特色的班规。最终学生将班规分为行为规范三条，礼仪、卫生、学习三方面各两条。行为规范班规为上学、上课不迟到；下课要文明休息；吃午饭时不聊天，午睡时间要安静。礼仪、卫生、学习班规为遇到老师要主动问好；同学有困难要及时帮助；卫生班规为轮到值日不能忘；看见垃圾要主动捡起；学生班规为上课要积极动脑举手；不懂的问题要及时问。

三、案例反思

（一）有效的评价有利于班规的改进

对学生在课堂上的评价要注重学生的学习过程，要注重学生在教学活动中所表现出来的情感和态度。有效的课堂教学评价不是一味地表扬学生，不是表面的热热闹闹。不管是学生的评价，还是教师的评价，都是如此。

在这堂课上，我两次针对现阶段所呈现的班规向学生提问：即"你觉得这些班规怎么样？"学生的回答都是"我觉得很好"诸如此类笼统的回答。这类回答对后面的教学环节推进和总结都是无效的。因此，我应该一开始就制定一个评价表，这样学生才会知道这些班规有哪些问题，接下来应该如何改进，从而得到有效的改善（表1）。

表1

符合班级情况	班规没有重复	语言简洁
☆	☆	☆

（二）进一步的反思有利于加强学生的思维能力

在第一次小组讨论交流班规后，我出示了一系列的图片（"班级放大镜"）。学生在看到图片后，纷纷表示很多班级不文明现象他们都没有考虑到，但是这些不文明现象几乎每天都会在班级的上课时间或者下课时间出现。

在这一环节我觉得我应该紧接着提问：你们自己提出的班规和老师给出的提示让你发现了什么？这样的话，学生才会进一步地反思列出的班规和实际的情况有什么区别，自己列出的班规具体的问题又出现在哪里。

其实在我开始出示"班级放大镜"的时候，学生就已经意识到他们的班规过于笼统且没有针对性。如果加上紧接着的提问，能促进学生的反思更深一步，更加能够启发学生对班规进行思考、提出。由此可见，在学生的反思过程中，教师适当提问或明确提问内容，对学生的进一步思考及反思有促进、催化作用，但也要注意主动权还是在学生手中。

有学生觉得，基于本班的情况，在行规方面我们可以再多列一到两条。于是我就问为什么，学生回答："因为我们班的行规表现相较于其他三项是做得最差的。"我觉得这个学生就说得非常好，学生能够基于班情做出适当的改变调整，这说明学生一直在反思、思考。

（三）适当、有序的调控有助于指向明确的结果

在最后的班规成型之前，作为教师，我其实没有干预、参与得太多。因为每次的讨论过后，大部分学生都能发现一些明显的问题。可以看到学生在每一次的班规调整中的进步，学生的思维越来越有序、越来越清晰。例如，学生自己就发现有些班规重叠了，可以归为一条；有些班规太长了，如果要展示，觉得语言不够简洁。

我在这个过程中只需要提醒学生：这些班规看上去有点乱、没有秩序，可以给这些班规归类。针对教师简单提醒，学生根据之前的反思调整，应该很快就能反应过来接下去应该怎么做。学生的潜力永远超出我们的想象，因此在学习过程中，教师应该给学生更多的思考过程和机会。

四、点评

在"班规我来定"这个主题下，教师紧紧依托"评价"这一手段，在小组交流制定的班规后，让学生进行第一次互评。教师出示的"班级放大镜"，更激发了小组第二次调整班规的兴趣，最终形成了学生自己制定的班规。学生在一次次的评价中自我质疑、自我调控，不断地进行思维加工，将认识由具体、简单逐步上升，自主学习的主动性和创造性有了不断提升。

动起来，让学生做班会课的主人
——以"三次爱粮节粮主题班会"为例

上海市浦东新区福山唐城外国语小学　卢晓

一、案例背景

作为班主任，一直以来，我都是一个人策划开展主题班会，对于主题班会同学们固然也乐在其中，但是我觉得整场班会仅仅是教师的一家之言，学生参与度不高，而且形式太单一了。于是我思索，是否能在学校"基于元认知理论，培养学生自主学习能力的实践研究"课题背景下，尝试让五年级的学生自主设计并开展主题班会。如果是由学生来组织策划主题班会，是不是更能提高学生的积极性，使学生的才能得到充分的展现呢？

有一次，我在食堂看见有的学生将只咬了一口的香蕉直接扔进了垃圾桶；有的学生饭盒里的饭菜只吃了一格，有些甚至没有吃几口就倒掉了。这些浪费现象每天都会发生。为了改变这种现状，唤醒同学们"爱粮节粮"的意识，我请大队长和班长带头，召集全班开了三次有关"爱粮节粮，尊重劳动"的主题班会，请小组长带头分组行动，在实践中探讨如何从小树立"爱粮节粮"的意识，懂得珍惜粮食，尊重他人劳动成果，从小养成爱粮节粮的好习惯。

二、案例描述

主题确定后的一周，大队长和班长召集了其余五名班干部，围绕主题讨论班会的表现形式和呈现手段。经过商量后，教师认为在组织活动中表现形式不宜过多，而要突出表现形式的新颖性和真实性。在实践内容上，我们要考虑活动的可行性、意义，要有全班同学自主参与讨论的过程以及自我监控、自我评价、自我反思等的呈现。

第一次班会——小组制订活动计划，分工协作

第一次班会课以班长和大队长为主要牵头人，出示了班级学生用餐情况的照片和短视频，阐述了本次班会的目的和要求。随后全班以5~6人为一组自由组队，由组长带领大家做活动计划，分派任务，包括何时做现场调查，如何收集数据、做现场记录，预想活动中可能会遇到的困难以及解决问题的方法，等等。有些小组利用课余时间制作了"爱粮节粮"宣传小报，普及爱粮节粮知识；撰写了学生调查问卷，在打印出来后分发给自己班级和五年级其他班级的同学填写，由组内成员汇总数据，并做了简要的调查结果分析。以下是D小组第一次实践活动的部分调查问题（表1）。

表1

你是否了解学校"爱粮节粮"主题活动？	是□　　否□
你每天午间用餐是否能做到光盘？	是□　　否□
什么原因导致你无法做到光盘？	1.胃口小。□　　2.饭菜不可口。□ 3.其他原因（　　　）
你是否知道学校午间的饭菜是怎么来的？	是□　　否□
在阅读完"爱粮节粮"宣传小报后，你是否进一步了解"爱粮节粮"的重要性？	是□　　否□

第二次班会——汇报实践情况，调整活动方案

在第二次班会课上，每个小组先汇报了各自的实践情况，经调查发现五年级每个班级或多或少都存在浪费粮食的情况。大部分学生虽然知道学校"爱粮节粮"主题活动，但并不了解此项活动的意义和重要性，仍然会选择根据自己的口味偏好用餐，只有少数学生能坚持每天光盘。随后，每个小组各自提出了活动中遇到的问题，经过全班讨论制定解决问题的策略，对活动方案再次进行了调整和优化。在之后的一周时间内，每个小组都进行了第二次实践调查活动，并由组内成员进行了调查统计。以下是B小组同学在第二次实践中记录下的一段采访语录。

B小组同学：同学你好，我们小组目前正在统计"学校五年级学生爱粮节粮"的相关情况，现在能否借用你几分钟时间采访你几个问题吗？

（1）你每天午间用餐是否能做到光盘？如果不能的话，能不能说一下原因？

同学B：偶尔能做到光盘，因为我觉得有些蔬菜烧得不好吃。

（2）你是否了解我校食堂工作人员的工作流程？

同学B：我不知道食堂的工作情况。

（3）这里有一个关于我校食堂工作人员工作流程的短视频，大概3分钟，请你看完之后说一下自己的感受。

同学B：我原先并不知道食堂的叔叔阿姨们每天工作这么辛苦！他们一大早就开始准备中午的饭菜，在我们用餐后需要花费一两个小时收拾、清洗、消毒全校学生的餐盘碗筷，还要整理打扫食堂。回想我过去浪费了这么多粮食，真的很不应该。今后，我会尽量多吃一点，争取做到每天光盘。

B小组同学：感谢同学的配合！希望在班级里，你能和其他同学说说自己的收获，引导大家一起养成爱粮节粮的好习惯！

第三次班会——总结收获，反思活动成效

在实践活动结束后的一周时间里，我引导学生留心观察班级每日的用餐情况，观察剩菜剩饭数量是否减少，反思自己的活动方案是否有成效。此外，班长和学习委员执笔，围绕"爱粮节粮"的主题，以学生的口吻、简朴的语言撰写了第三次班会方案和活动主持稿。本次主题班会，由学生推选出两位小主持人引导活动有序开展。课堂上，两位小主持人侃侃而谈，引导同学们畅谈自己在两次实践活动中的收获，并展示自己活动前、活动中、活动后的计划方案，撰写的文稿，拍摄的照片、视频等资料，课堂上笑声和掌声不断，气氛非常活跃。

三、案例反思

（一）主题策划——干部引导，自主管理的持续性

萧伯纳说过：倘若你有一种思想，我也有一种思想，而我们彼此交流这些思想，那么我们每个人将各有两种思想。策划一次主题班会需要班干部用心设计每一个环节、每一个细节。通过本次"爱粮节粮"主题活动，学生提高了设计班会活动的能力。在每一次主题活动中，班干部都设计了15分钟左右的小组交流环节。小组合作策划活动方案对于启发学生思维、培养团队合作精神有很大的帮助。在小组合作讨论中，小组成员自由表达见解，集思广益，互相启发，充分体现学生的主体性，培养了学生自我监控、自主思考的能力。

小组初步探讨的活动方案通过文稿加演说的形式呈现，并整合其他小组的优点和好方法。在这一过程中，学生思维的广阔性、条理性都得了训练，得到了提高。

有别于之前班主任的"一言堂"，在两次实践活动中，每个小组都精心设计和完善了采访环节，包括撰写调查问卷和制作宣传小报。为了提高学生的积极性，班干部还鼓励每个学生围绕这个主题搜集资料，组内一同学习粮食安全科普知识，并制作"爱粮节粮，尊重劳动"的宣传小报。在这个过程中，同学们学到了很多课本上没有的知识，培养了自主学习、合作学习以及勤动笔、勤动脑的好习惯。而短短的5分钟采访时间既培养了学生自主策划活动的能力，也锻炼了学生的胆量及语言表达能力。

（二）活动分享——共商策略，分级管理的创新性

"自主学习"理念的关键就是借助新论点、新问题引导学生主动探索、讨论并提出新的问题，然后再次思考解答。学生自主学习，总结事物发展规律，自主建立知识框架。自主学习的过程充分体现了元认知的"探索性"，也就是运用多种学科知识展开思辨和实践活动，提出具有创造性的解决思路，以最佳的方法解决问题，进而培养学生的主动性、创造性和解决问题的能力，促进学生综合能力的发展，让学生形成一定的技能。但要达到这一教育目标，先要尝试放手让学生积极主动地投入学习中，自主探究解决问题的方法。考虑到每个学生都拥有鲜明的个性和不同的学情背景，我们要充分为学生搭建"自主学习探究"的平台，允许学生呈现各具风格、富有创造性的问题解决思路和策略，使问题解决方式更具多样化，显示出自主学习过程的包容性、开放性，这有利于学生思维水平的提高。

在第二次主题班会上，各个小组分别提出了在实践的过程当中碰到了哪些困难，小组想出了哪些解决方案。有的小组根据第一次的调查情况进行了深入的思考。例如：A小组提出："我们活动的最终目的是帮助同学树立爱粮节粮的意识。有没有什么切实可行的方法可以在实践的过程中初步实现这一目标？"，C小组提出问题："我们能通过哪些方式让同学们直观地感受到粮食的来之不易？"，等等。针对活动过程中出现的尚未解决的问题，班干部引导全班分小组进行讨论，调动其他组一起谋划策。在学生发表意见时，班干部适时总结，发表自己的想法，为小组进一步完善活动方案提供新思路。

（三）自我反思——全员参与，自主管理的有效性

自我反思是学生思维持续发展的原动力。自我反思意识不足，是当下学生在学习中存在诸多问题的原因之一。在反思之前，学生已经在活动中得到了"学习样态"的训练，包括在问题解决过程中综合运用跨学科知识的自主学习、课内课外实践观察的自主学习、主动探究与团队协作的学习等，为反思提供了经验和理论支持，改变了课堂结构，充分以学生为主体，为培养学生的内在学习动力提供空间。

第三次班会课打破了以往课堂中学生作为被评价者的传统模式。学生先在组内开展自我评价和相互评价，接着每一组分别上台进行自我反思、自我总结。有些小组表示，在活动过程中经常会碰到这样那样的问题，但他们很快通过组内讨论得出了几种解决办法，然后在实践中加以优化，整合出最优策略。有的学生说："我原先挑食比较严重，经常浪费粮食，但我在制作小报时通过搜集资料，知道了落后国家的人民是多么渴望粮食，而自己每天伸手就能获得的热腾腾的饭菜，是食堂的叔叔阿姨辛勤工作的成果。我以后一定要珍惜粮食，吃光每一粒米饭。"还有学生表示自己以前很害羞，只善于写文章，所以在小组分工时主要承担做记录以及制作小报的任务，但通过这几周的活动，自己胆量增大了不少，也敢于在小组内建言献策，施展自己的才华了。听着学生侃侃而谈，我经常回以肯定和鼓励的眼神，整个课堂氛围欢乐而不失内涵。作为班主任，我完全相信他们能在自我反思和总结中取得长足的进步。

总体而言，主题班会基本达到了我预期的效果。在班干部的引领下，通过小组分工协作，每个学生都能积极地参与其中，并且对"爱粮节粮"有了进一步的了解，知道我们吃的每一粒粮食都是农民辛苦耕耘的结果，我们每天中午的饭菜都是食堂的叔叔阿姨们起早贪黑、辛勤劳动的结果。我们应该尊重他人的劳动，爱惜粮食，勤俭节约。这一次活动都准备充分、形式新颖、内容丰富，穿插了小组讨论和实践活动，但由于这是学生第一次自主组织活动，所以细节方面仍然存在一些问题，如节奏没有把握好导致拖堂了几分钟，课堂纪律不是很好，有抢答、插嘴的情况。还有，本次活动偏重于理论，对于被调查者的后续用餐情况没有及时跟踪调查和反馈。在以后的教学过程中，我会引导学生加以完善，继续让学生自主策划活动，做班会课的主人，使学生的主题班会越办越好。

四、点评

教师以身边事"浪费粮食"这个现象为切入点，激发学生自主学习的兴趣，引导学生自主设计班会"爱粮节粮"。两次实践活动使每个小组都精心设计和完善采访环节，包括撰写调查问卷和制作宣传小报，在学生获取一定感性认识的基础上，积极组织全班同学自主参与讨论、自我监控、自我评价、自我反思，引导学生自己进行思维加工。活动循序渐进，充分关注了学生的自主学习能力提升。

聚焦自我管理，乐享自主课间

——以"我的班级我做主"主题班会为例

上海市浦东新区福山唐城外国语小学　尹诗蓓

一、案例背景

要让学生全面发展，学校必须先帮助学生培养自我管理能力。低年级学生正处于自主管理意识和行为规范培养的黄金时期，但低年级学生年龄较小，分辨对错能力不足，喜欢模仿，许多学生在做事前没有很好地思考、判断，想到什么就做什么，没有想过后果，更没有意识到有些行为会违反学校的规章制度。这样的情况在我们班很常见。下课时经常看到学生在走廊三两成群地你追我跑，甚至推来推去，这样的行为很容易造成危险，所以引导学生认识到下课时应该注意什么，并提高学生自我管理能力尤为重要。在学校课题的引领下，我利用主题班会课帮助学生进行自我思考、自我管理，激发学生管理自身的内驱力，促使学生养成良好的习惯。

二、案例分析

（一）演一演，找影子

我让学生演一演下课时容易出现的一些情况，如奔跑、吵架、乱扔垃圾等不遵守秩序的行为，同时播放一些因为奔跑、打闹造成严重后果的小视频，全班交流感受。观看完毕后，同学们议论开了，有的说这样的行为会造成严重后果，以后不能这么做，有的害羞地承认自己以前有过奔跑的现象……借此机会，我马上发问："小朋友们有没有在这个情景剧中找到自己的影子呢？"班上平时比较调皮的男孩子都默默低下了头。

通过刚才的情景剧，很多小朋友都能从中找到自己的影子，也发现自己曾经做得不足的地方，此时教师抛下问题：你觉得自己在平时有没有需要进步的地方？刚才低下头的学生一个个都举起了手，检讨起了自己的行为。有的说我下课赶着去上厕所，就会不由自主跑起来，我以后会注意；有的说我以前觉得下课太无聊了，所以经常找同学打架，现在知道了打架是很危险的行为……在你一言我一语中，学生渐渐发现了自身的问题。在这个过程中，还有一些学生提出了自身的问题，但是不知道该如何做，这时就可以请同学或教师帮忙，集思广益提建议。

（二）画一画，寻榜样

接着教师提出："其实我们的身边也有很多的榜样，值得我们去学习。你心目中的榜样是谁呢？你要向他学习什么呢？请你画一画，然后小组合作交流一下吧"！听到这儿，小朋友们迫不及待地拿起铅笔画了起来。通过回忆，大家发现了自己身边的小榜样，有爱在小花园跳绳、踢毽子的小朋友，有热心提醒违反纪律的同学，等等。大家发现，原来我们身边的榜样其实有很多呢！

（三）写一写，定目标

经过讨论，学生都化身小小纠察员，一一指出了班级中的不文明现象，也找了自己应该学习的榜样。于是，我请学生想一想：这些不文明现象中，他们觉得自己最容易改正的是哪一个，写一写，为自己制定一个目标（表1）。

表1

我发现的问题	我想到的解决办法	我的榜样	给自己评一评
问题1： _____ _____	_____ _____		☆ ☆ ☆ ☆ ☆
问题2： _____ _____	_____ _____		☆ ☆ ☆ ☆ ☆

写完后，请学生当自己的小老师，每天给自己评一评，如果做到了就得到一颗星，如果没有做到就扣除一颗星，一个月后见证自己是不是进步了，到时可以再和同学交流自己的心得。

（四）评一评，做自己

"有了反思和改进方法之后，再次碰到刚才情景剧里的情况，你会怎么做呢？请你做个小小纠察员，评一评刚才的行为，劝告一下那些违反校规的小朋友吧！"听到这些，同学们争先恐后地举起了手，一个个雄赳赳气昂昂地走到前方，义正词严地劝告着那些奔跑、打闹的同学。有的同学甚至还拿出了自己亲身的经历，以此增加自己话语的可信度，这堂主题班会课在热闹的交流声中结束了。

三、案例反思

课间十分钟如果让学生随意活动，虽然校园充满欢乐、活力四射，但也会使校园处处充满了危机。没有教师和管理的课间，虽然能给学生充分的体能锻炼和思维放松的空间，但也造成了班主任和班级学生的真空隔离带，充满着不可控和不确定的情况。特别是一些学生拥挤在一条不算宽阔的走廊中追逐打闹。在学生缺乏自制的状态下，这样的课间活动显然"危机四伏"。也许今天这个踢坏了"安全出口"的招牌，明天那个可能又摔伤了，甚至稍不注意就会酿成重大事故。这种课间活动使教师成了"消防员"，天天繁忙，到处

"灭火"，今天这里灭了火，明天又不知会在哪里出事，可谓防不胜防。鉴于此，我利用主题班会课，引导学生认识到下课时应该注意什么，并提高学生自我管理能力。

（一）对照问题，自我反思

低年级学生具备了发现问题、分析问题的能力，因此教师要为学生创设解决问题的空间，所以我设置了情景剧并就此展开讨论和评价。观看情景剧的过程也是学生自我对比和反思的过程，学生在情景剧中找到自己影子的同时也意识到了很多问题。教师可以和学生共同梳理出课间十分钟自由活动时要发现的问题和解决策略，在学生心中种下一颗"下课如何文明活动"的种子。最后一个环节重现情景剧，因为小小纠察员的干预，原本悲剧的瞬间得到了不同的结果。学生在对比中更有了直观的感受与反思，让安全课间小种子在之后的日子中慢慢地生根发芽。

（二）自我计划，榜样监督

教师的时间和精力是有限的，不可能每个课间都能走到学生中去。这就要在班级中选择出负责的"管理员"帮助教师监督，以及时发现课间的不安全因素，及时提醒同学，同时他还可以作为榜样让其他学生从而模仿学习，影响到全班每个成员，让安全约束由他律发展成自律。所以在这节班会课上，我请学生画一画榜样并说一说原因，我相信由学生自己选出来的"管理员"更能激发学生学习的动力。

（三）自我评价，自主成长

学生除了发现自己的问题，对自我管理能力的培养还需要持之以恒，所以我利用评价表，请学生自己设计填写要进步的地方，再通过评星的方式让学生实现自我监督。学生逐渐从一个被教育者转变为主动思考者。这种评价机制激励了学生参与改进下课行为规范的积极性。但是我认为自己的表格设计得还不完善，低年级学生毕竟自控力差，所以还可以通过同学互评，实现同学之间的相互监督，再加上一些奖励机制，如得星最多的几人会成为本月的"文明之星"，进步最大的同学会成为"希望之星"。相信加上这样的奖励机制，学生的积极性一定会大大提高。

总之，培养小学生的自我管理能力是教师必须面对和解决的问题，本次主题班会通过有计划的主题活动，让学生在轻松愉悦的学习氛围中，潜移默化地提高自我管理能力，享受一个安全、快乐的课间。但是小学生的自我管理教育任重而道远，需要持之以恒、反复提醒以及和社会、学校、家长密切合作。

四、点评

教师按照低年级孩子的年龄特点，创设情境，采用直观生动的演一演、画一画等活动方式激发学生自我学习的兴趣，让学生发现问题，大胆质疑，使学生愿意学，乐于思考，在反思中让学生自我计划；然后指导学生自我评价，反思导行，独立自学，逐步培养学生的自我学习意识和自我学习的能力。

线上"交环"，雏鹰小队活起来

——以"线上雏鹰小队活动"为例

上海市浦东新区福山唐城外国语小学　陶美纯

一、背景介绍

2022年，学校德育处制订了福山唐城外国语小学"家校亲"专项行动实施方案，其中有一项活动是"交环"好友互聊，目的是加强同学、同伴之间的沟通。我们三年级依托"雏鹰假日小队"开展线上"云"活动。

同学们在爸爸妈妈的帮助下，利用假期时间开展了几次"雏鹰假日小队"活动，并填写了活动记录表。活动结束后，我们利用班会课展开讨论。请每个小组上台分享他们的活动计划、活动实施情况，并评价和反思一下本次活动。经过以上几次线下的"雏鹰假日小队"活动的开展和讨论，同学们已经有了自我计划、自我选择方法和策略、自我调控、自我评价和反思的意识和行为。

那么把"雏鹰小队"活动搬到线上，会对学生的自主学习能力有怎样的影响呢？带着这个问题，我开始了本次线上"雏鹰小队"活动，对学生自主学习能力进行研究和实践。

二、过程描述

（一）线上发布，"云"活动筹备启动

我通过线上班会发布了"雏鹰小队"线上"云"活动的通知后，同学们积极响应。我通过钉钉这个平台组建了线上"雏鹰小队"群。钉钉群组建完成后，同学们就在群里你一言我一语地交流自己感兴趣的主题。有的说疫情"宅"家太无聊，有没有好办法让"宅"家生活有趣一些。有的说每天做核酸，我们可以讨论一下如何安全正确地完成。最后大家通过组内投票选出了第一期的活动主题。

关于活动时间，大家也进行了商量。有的小组决定利用某一天中午午休的半小时进行讨论。有的小组则选择利用某个周末大家都有空的时间进行活动。

至此，各组制订了第一期线上"雏鹰小队"计划，见表1。

表1

小队名称	活动主题	活动时间
向日葵小队	一起折四叶草	4月5日13：30—14：00
小太阳先锋队	如何做核酸	4月8日13：30—14：00
守初心担使命小队	疫情期间如何居家学习和坚持锻炼	4月9日16：00
Rainbow小队	神舟13号返回与中国航天	4月18日16：00
天鹰小队	如何安排课后时间	5月2日15：00

（二）组长带领，活动形式各有特点

在计划的时间，各小队在组长的带领下都有序开展了线上"雏鹰小队"活动。虽然都使用了钉钉这个平台，但是各组采用了不同的活动形式。同学们自我选择了活动的方法和策略：有的组选择了群里打字、发语音和发照片，有的组开启了视频直播或语音电话，有的组还使用了在线课堂。例如，向日葵小队的同学们就开启了在线课堂，组长把折四叶草的步骤先在黑板上演示了一遍。然后大家都打开了摄像头和麦克风。组长一边折一边讲解，组员们跟着屏幕上组长的动作学习折纸，有想法时还能互相交流。活动结束后，各组员都发表了自己的活动感想，填写了电子版活动记录表。

（三）线上班会，总结优化后续活动

在线上"雏鹰小队"活动结束后，我们又利用每周五的线上班会，请已经开展活动的小组向其他同学简要介绍一下活动情况，并且请组内每个成员对本次活动进行自我评价和自我反思。同学们都表达了参加活动后自己的想法。有些同学认为此次活动组织得非常成功，同学们能够积极配合，并且利用信息技术实现了同学间的见面和互动，感觉很棒。有的同学提出13：30开展活动，时间有些仓促，还没轮到他发言，下午的空中课堂就要开始了。还有同学发现组内有个别同学忘记了活动时间，所以没有参与这次活动。有的组长还提出，活动结束后有同学不能及时填写电子版活动记录表……

针对出现的问题，对于下一次怎么样让每一个组员都准时参与、如何让大家都能及时填写活动记录表等，同学们都说了自己的想法，给出了建议。通过讨论和互相学习，各组的下一次活动方案一定会更优化吧！

三、总结反思

相比线下"雏鹰小队"活动，线上活动缺少了同伴之间面对面的交流和互动，但是给学生发展自主学习能力提供了一个特别的成长契机。

（一）基于群内讨论，自我计划更丰富

大家在群里自由讨论，最后一起商量确定了活动主题和活动时间。线下的小队活动常常会局限于学校的活动主题，家长们会寻找活动地点、商定活动时间。因此学生在自我计划方面参与度不够。而线上活动的自主性完全掌握在同学们手中，大家的自我计划能力有了提高。

（二）借助信息软件，活动方法的选择更多样

本次线上"雏鹰小队"活动和其他学科的线上教学一样，也是依托了钉钉这个软件。同学们在其他老师的在线课堂上使用过钉钉的各种功能，所以学生在线上"雏鹰小队"活动中自我选择了各种各样开展活动的方法和策略。例如，天鹰小队在讨论"如何安排课后时间"时，选择了群里打字、发语音和发照片的活动形式，守初心担使命小队在开展"疫情期间如何居家学习和坚持锻炼"活动时开启了视频直播，向日葵小队在进行"一起折四叶草"的活动时采用了在线课堂的方式。此外，活动后同学们都在线共同编辑了电子版活动记录表。相比于线下活动中同学们一个个排队填写纸质版活动记录表，这方便了许多。得益于信息化技术，同学们根据活动内容，自主选择了合适的活动方式并且在线共同完成了活动记录表，这也是自我学习能力的一种表现。

（三）依托线上班会，自我评价和反思更到位

每周五线上班会时，我们都会安排线上"雏鹰小队"评价和反思环节。本周内开展过线上"雏鹰小队"活动的同学们争先恐后地发表自己的感受，就连平时课堂上比较沉默寡言的同学都积极参与，这让我很意外。还记得之前线下"雏鹰小队"活动后的班会课上，大家的讨论都比较平淡。因为线下活动时同学们只是在活动的时候参与度较高，而前期计划和执行方面大都是家长包揽了，所以同学们比较难于发现问题。而线下小队活动的每个环节都是同学们自己讨论参与的，大家都发现了一些问题，都有话可说，所以线上班会讨论热烈，大家提出问题、指出不足，然后讨论出解决方案。同学们的反思更到位了，方案也更细致了，学生养成了自我评价和自我反思的习惯，也有了自我调控和优化的行为。

我原本担心线上"雏鹰小队"活动会因为活动条件有限、同学无法见面而难以开展。没想到线上"雏鹰小队"活动由于学生自主性更高、交流欲更强，反而更好地发展了学生的自主学习能力。有了这次线上"雏鹰小队"活动的成功尝试，我想疫情之后，我们可以保留线上活动的优势，将其融入线下活动，把"雏鹰小队"活动办得更好！

四、点评

在疫情防控的特殊时期，教师把"雏鹰假日小队"的活动迁移至线上进行，利用钉钉平台组建线上"雏鹰小队"群进行云发布；由组长带领，各组线上自我讨论活动计划，自我选择活动的方法和策略，形式丰富多样；自主召开线上班会，人人主动发言，反思"雏鹰假日小队"活动，自我反思调控评价到位。这个形式非常符合学生的自主学习需求，收到了事半功倍的成效。

后 记 ▶

　　福山唐城外国语小学创建于2013年9月，隶属福山教育集团。创造优质温馨的教育环境，让每一个孩子受到适切的教育，得到和谐的发展，是学校秉承的办学理念。近年来，学校牢牢抓住"四会"（学会生存、学会做事、学会学习、学会合作）育人目标展开教育实践与研究。2020年，学校申报的"基于元认知理论，培养学生自主学习能力的实践研究"被立项为区级重点课题。本课题期望从小学生的心理特征入手，结合元认知理论提升小学生自主学习能力，从而有效落实办学理念。

　　本课题历时三年，课题组成员积极探讨元认知理论视角下学生自主学习能力的内涵及特点，研究元认知理论下学生的自主学习能力内涵及组成要素。各学科教师尝试运用元认知理论，根据学生的心理特征，研究基于元认知理论培养学生自主学习能力的有效策略和途径，增强学生自主学习意识，使学生掌握学习方法，学会自我计划、自我调控、自我反思、自我评价、自主选择方法与策略，提高学生的元认知水平，充分发挥学生学习的主动性，提高学习效果，促进学生的发展。

　　本书是福山唐城外国语小学全体教师课题研究的成果，在研究过程中得到了很多专家的指导与帮助，上海师范大学张艳辉副教授和她带领的研究生团队、上海市师资培训中心顾立宁老师、上海浦东教育发展研究院吴为民老师、杨海燕老师参与了课题的研究与指导。本书中的语文学科案例由童燕燕老师作点评、数学学科案例由吴为民老师作点评、英语学科案例由董海运老师作点评、综合学科案例由杜玥老师做点评、班队活动案例由陶淑斐老师作点评，在此一并表示感谢！

上海市浦东新区福山唐城外国语小学

2022年12月